¡Echa un vistazo a la página 183 y descubre un dato curioso sobre mí!

5.000 DATOS SORPRENDENTES

(¡de todo tipo!)

NATIONAL GEOGRAPHIC
WASHINGTON, D.C.

SUMARIO

DATO **1**

Los SAPOS PATA

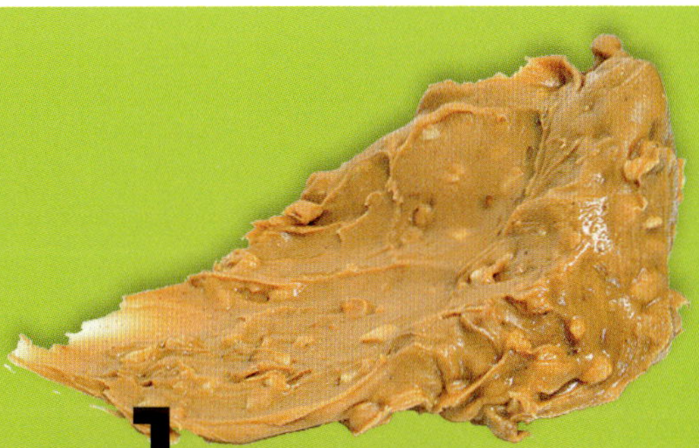

de PALA huelen a MANTEQUILLA de CACAHUETE.

(¡Sigue a pie de página el recuento de datos para ver cuántos has aprendido!)

15 DATOS SABROSOS SOBRE LA

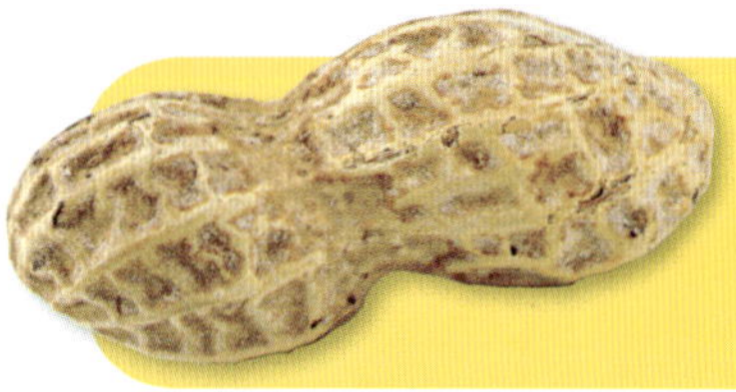

❶ Son necesarios alrededor de 540 cacahuetes para obtener un tarro de 340 g de mantequilla de cacahuete.

❷ Con media hectárea de cacahuetes podrían prepararse 30.000 SÁNDWICHES de mantequilla de cacahuete.

❸ El CARRAGENANO, ingrediente que hace posible que la mantequilla de cacahuete pueda untarse, se obtiene de un ALGA MARINA.

❹ En Estados Unidos les encanta la mantequilla de cacahuete. La gente que vive en la COSTA ESTE prefiere la mantequilla de cacahuete CREMOSA; los que viven en la COSTA OESTE la prefieren CRUJIENTE, con trocitos de cacahuete.

❺ En Estados Unidos, dos presidentes de la nación se dedicaron al CULTIVO DEL CACAHUETE antes de lanzarse a la política: Thomas Jefferson y Jimmy Carter.

❻ La ARAQUIBUTIROFOBIA es el miedo a que la mantequilla de cacahuete se quede pegada al paladar.

❼ El sándwich de mantequilla de cacahuete y mermelada MÁS GRANDE del mundo pesó 609 kg, ¡más o menos lo mismo que un OSO POLAR!

MANTEQUILLA DE CACAHUETE

❽ La fábrica de mantequilla de cacahuete más **GRANDE** del mundo produce **250.000** tarros al día.

❾ A **ELVIS PRESLEY,** el Rey del *rock and roll*, le encantaban los sándwiches de **MANTEQUILLA DE CACAHUETE** y **PLÁTANO.**

❿ En Estados Unidos, los estudiantes comen de media alrededor de **1.500** sándwiches de mantequilla de cacahuete y mermelada antes de acabar la **EDUCACIÓN SECUNDARIA.**

⓫ Los estadounidenses gastan cerca de **800 MILLONES DE DÓLARES** al año en mantequilla de cacahuete.

⓬ La FDA, que es la Agencia de Alimentos y Medicamentos de Estados Unidos, permite hasta **29 FRAGMENTOS DE INSECTO** por cada 100 g de mantequilla de cacahuete.

⓭ En la mantequilla de cacahuete **NO HAY MANTEQUILLA.**

⓮ Un vídeo de YouTube de un plátano **BAILANDO** al ritmo de la canción *It's Peanut Butter Jelly Time!!!* (¡Es hora de tomar mantequilla de cacahuete con mermelada!) tiene más de **25 MILLONES** de visitas.

⓯ En el espacio, los **ASTRONAUTAS** comen mantequilla de cacahuete, pero no untada en pan. El pan se desmenuza demasiado y las migas **FLOTANTES** podrían pegarse a los filtros de la nave espacial o a los ojos de los astronautas.

75 DATOS DE CASTILLOS DIGNOS DE UN REY

1 Los castillos eran residencia, fortaleza y símbolo del poder de nobles y monarcas.

2 Hace cerca de 1.000 años los castillos fueron adquiriendo cada vez más importancia a la hora de ayudar a monarcas y nobles a proteger sus tierras.

3 Los castillos protegían un radio de 16 km. Los monarcas y señores tuvieron que construir muchos castillos para vigilar sus posesiones.

4 En los castillos vivían no solo reyes y señores, sino también unos 70 sirvientes, artesanos y funcionarios.

5 EN ÉPOCA MEDIEVAL, LAS JUSTAS ERAN TORNEOS A CABALLO PARA ENTRETENER A LA REALEZA Y UNA OCASIÓN PARA QUE LOS CABALLEROS DEMOSTRARAN SUS HABILIDADES Y GANARAN GRANDES SUMAS DE DINERO.

6 El rey Enrique II de Francia murió en un torneo en 1559 cuando, al quedar abierta la visera de su armadura, una lanza le hirió en la cara.

7 El Castillo de Caerphilly, uno de los más grandes de Gales, tiene una torre con una inclinación de 3 m.

8 La Torre de Londres fue utilizada como prisión, cámara del tesoro ¡e incluso como zoo!

9 Cuenta la leyenda que en una ocasión se dejó ver en la Torre de Londres el fantasma de un oso, y que el vigilante murió del susto.

10 Dos jóvenes príncipes del siglo XV desaparecieron en la Torre de Londres tras la muerte de su padre. Se cree que fueron asesinados por su tío, Ricardo III, que los veía como una amenaza para alcanzar el trono.

11 El Crac de los Caballeros, un castillo de Siria, cuenta con muros de hasta 25 m de grosor.

12 El Castillo de Himeji, en Japón, tiene siete pisos y fue construido en lo alto de una colina. Su entrada en forma de laberinto confundía a los enemigos dispuestos al ataque.

13 En Francia se conservan las ruinas de 5.000 castillos.

14 Algunos castillos estaban rodeados por fosos de hasta 9 m de profundidad llenos de agua, para evitar que el enemigo alcanzara los muros de la fortaleza.

15 En ocasiones, los enemigos construían puentes para cruzar el foso durante el asedio, o lo llenaban con tierra.

16 A veces se dejaban secar los fosos y se llenaban con estacas afiladas.

17 Las saeteras eran aberturas verticales creadas en los muros del castillo, a través de ellas los defensores podían disparar flechas sin resultar heridos.

18 Las flechas lanzadas con arcos de gran alcance podían llegar a una distancia de 300 m.

19 Un arquero hábil disparaba más de 10 flechas por minuto.

20 Las escaleras de caracol de los castillos solían subir en el sentido de las agujas del reloj, lo cual suponía una clara desventaja para los asaltantes diestros.

21 En la Edad Media, los caballeros debían responder a los ideales caballerescos. Se esperaba de ellos que fueran valientes y corteses.

22 Hasta 60 hombres llegaban a trabajar en un trabuquete, un «tirachinas» gigante utilizado en los ataques.

23 Los primeros cañones podían disparar solo diez veces en una hora, debido en parte a que el metal se calentaba demasiado y tenía que enfriarse entre un disparo y otro.

24 El alcance de un cañón medieval era de alrededor de 45 m.

25 En los castillos, el heno era utilizado como papel higiénico.

26 LOS FOSOS SE UTILIZABAN COMO VERTEDEROS Y COMO LUGAR EN EL QUE VACIAR LAS LETRINAS.

27 Los defensores de los castillos arrojaban desde arriba agua hirviendo y arena caliente a los asaltantes.

28 No se han encontrado pruebas de que, en los fosos de los castillos de la Europa medieval, vivieran alguna vez cocodrilos o caimanes.

29 Nadie se molestaba en barrer los suelos de los castillos. En lugar de ello, se tapaba la porquería con paja y flores.

30 El rey Eduardo I utilizó los diseños de fortalezas concéntricas, ideados por los europeos durante las Cruzadas, para construir sus castillos en Inglaterra.

31 Los castillos concéntricos tenían un patio rodeado por varios muros de piedra y un conjunto interior de torres, garitas y edificaciones varias. Eran necesarios años, incluso décadas, y multitud de obreros para construir un castillo.

32 El castillo de la Bella Durmiente en Disneyland, una imitación del de Neuschwanstein en Alemania, fue bautizado con el nombre de la princesa de Disney, aunque la película se estrenó cuatro años después de la inauguración del parque.

33 No solo en Europa se edificaban castillos. Los árabes construyeron castillos en el norte de África.

34 EN EL MONTE SAINT-MICHEL, UN ISLOTE DE FRANCIA, SE ALZA UN CASTILLO AL QUE SOLO SE PUEDE LLEGAR POR TIERRA CON LA MAREA BAJA.

35 En época medieval, también se construyeron castillos en la India, Japón y Corea.

36 En el siglo XIV, los ejércitos empezaron a utilizar pólvora y cañones y a derribar con mayor facilidad los muros de los castillos. Los reyes se mudaron a lujosos palacios y defendían sus reinos con fortalezas de muros más bajos y gruesos.

37 En el siglo XVII el uso de castillos para fines militares llegó a su fin.

Castillo de Caerphilly, Gales

38 Entre 1347 y 1351, una epidemia conocida como la peste negra barrió Europa y acabó con la vida de 25 millones de personas. Los habitantes de los castillos corrían especial riesgo, debido al elevado número de personas que vivían en estrecha proximidad.

39 A menudo, los castillos se alzaban junto a montañas o ríos, como defensa natural frente al enemigo.

40 La mayor parte de los castillos nunca se terminaban de construir. Iban creciendo y adaptándose a nuevas amenazas y propósitos.

41 Si un lord inglés quería construir un castillo, primero tenía que obtener permiso del rey, pues de lo contrario su castillo podía ser demolido.

42 Un castillo en construcción solía crecer 3 m de altura al año.

43 La mayoría de los castillos tenía un sistema de recogida del agua de lluvia o depósito subterráneo para disponer de agua potable incluso si se encontraban sometidos a asedio.

44 El retrete de un castillo medieval también se conoce como letrina.

45 Un «recoge-cacas» medieval: el vaciador de pozos negros era el encargado de limpiar los fosos bajo las letrinas.

46 Algunos escuderos seguían a los caballeros a la guerra y se enfrentaban al enemigo en la batalla.

47 Siglos antes de la televisión, los bufones medievales eran los encargados de entretener y de contar chistes en el castillo e incluso tomaban el pelo a las visitas.

48 CUENTA LA LEYENDA QUE UNA CONDESA DEL SIGLO XI MANDÓ CORTAR LA CABEZA AL ARQUITECTO DE SU CASTILLO PARA QUE NO PUDIERA DISEÑAR FORTALEZAS PARA SUS ENEMIGOS.

49 En el siglo XIII se diseñó un tipo de puerta fortificada en forma de túnel oscuro para que los enemigos no pudieran ver bien durante el ataque.

50 La mayoría de los caballeros comenzaba su preparación cuando tenían unos siete años.

51 En torno a la edad de 14 años, los caballeros en formación, llamados escuderos, se convertían en ayudantes de caballeros.

52 A los 21 años un escudero estaba preparado par ser nombrado caballero y recibir el título de «señor», que habría de anteponer a su nombre.

53 Cuando un caballero se vestía para la batalla, su armadura podía pesar 25 kg.

54 El Castillo de Chillon, en Suiza, se alza en una isla y solo se puede llegar a él por un puente levadizo.

55 El Castillo de Matsumoto, en Japón, se conoce como el «El castillo del cuervo» por el color negro de sus muros.

56 La Familia Real Británica utiliza el Castillo de Windsor como residencia familiar. Es 200 veces más grande que la casa de una familia media.

57 El Castillo de Cenicienta del parque Disney de Florida, EE.UU., parece más grande de lo que es gracias a un truco de diseño llamado perspectiva forzada. En las partes más altas del castillo, las proporciones son menores.

58 El puente levadizo del castillo de la Bella Durmiente de Disneyland funciona de verdad, pero solo se ha utilizado dos veces.

59 Los turistas viajan a Rumanía para ver el Castillo de Bran, conocido también como el «Castillo de Drácula», por el personaje del libro. Es posible que la persona real en la que se basó el personaje solo estuviera en el castillo de visita y que nunca viviera en él.

60 En los libros de Harry Potter, Hogwarts parece localizarse en Escocia. En la primera película, Harry aprende a volar en su escoba en el Castillo de Alnwick, en Inglaterra.

61 Juana de Arco, heroína nacional francesa del siglo XV, puso toda su pasión en expulsar a los ingleses de Francia y, siendo aún una muchacha, se vistió con armadura y se puso al mando del ejército. Finalmente fue apresada por los ingleses y quemada en la hoguera.

62 El rey Arturo fue un personaje legendario de la Gran Bretaña medieval. Es probable que el verdadero Arturo no fuera mucho más que un caudillo militar, pero los escritores han divulgado historias sobre sus aventuras durante casi 1.000 años.

63 La construcción del gran castillo concéntrico de Caernarfon, en Gales, costó en el siglo XIII una suma equivalente a más de 22 millones de euros.

64 Merlín era supuestamente mago y consejero del rey Arturo. La historia de Merlín puede tener su origen en los relatos de un poeta y profeta celta que vivió hace 1.500 años.

65 Cuenta la leyenda que la mesa del rey Arturo era redonda para evitar que nadie se peleara por ocupar los asientos de honor.

66 Un millonario de California, EE.UU., comenzó la construcción del Castillo Hearst en 1919, pero nunca lo acabó. En la actualidad es un parque estatal, con 56 habitaciones, 61 cuartos de baño y un zoo.

67 El mayordomo era un sirviente de alto rango que ayudaba a la señora en la administración del castillo. Además, recaudaba las rentas de los campesinos que trabajaban las tierras de los alrededores.

68 Los zapadores tenían un trabajo arriesgado. Durante los asedios, cavaban bajo los muros del castillo enemigo, por lo que a menudo morían aplastados en derrumbes o alcanzados por los defensores de la fortaleza.

69 Los siervos estaban obligados a cultivar las tierras que rodeaban el castillo y a entregar una parte de sus cosechas a su señor. Se daba por sentado que con lo que les quedaba podían alimentar a su familia.

70 EL AJEDREZ, CUYAS PIEZAS REPRESENTAN A REYES, REINAS, CABALLEROS Y DEMÁS, SE JUEGA DESDE EL AÑO 600 d. C.

71 El barbero del castillo hacía algo más que cortar el pelo. A menudo era también dentista y cirujano.

72 La dama de compañía ayudaba a la señora del castillo a bañarse y a vestirse. Debía ser de origen noble y tener buenos contactos.

73 Para los banquetes festivos, los cocineros del castillo preparaban platos exóticos, como pavo real cocinado con sus plumas, marsopa asada y cigüeña frita.

74 Castle Island, una isla al sur de Boston, EE.UU., alberga una fortaleza inglesa en forma de estrella, construida originariamente en 1634 y conocida como Independence Fort.

75 El Castillo de Donnington, en Inglaterra, sufrió a mediados del siglo XVII uno de los asedios más largos que se conoce: duró dos años.

1. Los gatos ven por la noche **SEIS VECES MEJOR** que las personas.

2. En los meses más calurosos, los **ARMADILLOS BUSCAN COMIDA DE NOCHE** para aprovechar las **TEMPERATURAS MÁS FRESCAS.**

3. **LOS PEREZOSOS DUERMEN 15 HORAS AL DÍA** y por la noche se alimentan de hojas en las copas de los árboles.

4. Los **LORIS PIGMEOS,** primates arborícolas con actividad nocturna, se agarran a las ramas con las patas mientras usan las **MANOS PARA ATRAPAR INSECTOS.**

5. Los **ERIZOS NO SON BUENAS MASCOTAS:** son muy activos por la noche y duermen durante todo el día.

6. Los **BÚHOS** son los **ANIMALES CON MEJOR VISIÓN NOCTURNA.**

7. Por la noche, las **ARDILLAS VOLADORAS PLANEAN,** no vuelan, gracias a su **COLA PLANA Y A LA PIEL** que se extiende desde sus patas delanteras hasta las traseras.

8. Los **AGUDOS CHILLIDOS NOCTURNOS** de los **DEMONIOS DE TASMANIA** cuando comen aterrorizaron a los primeros colonos de la isla de Tasmania.

9. Por la noche, los **UOMBATS AUSTRALIANOS CAVAN HASTA 1 m** bajo tierra.

10. Al oscurecer, los **CANGUROS ARBORÍCOLAS DEJAN LAS COPAS DE LOS ÁRBOLES DEL BOSQUE HÚMEDO** y bajan al suelo en busca de larvas y arbustos.

11. El **PETAURO GIGANTE,** un marsupial que vive en los árboles, puede **PLANEAR MÁS DE 100 m** en la oscuridad y aterrizar con precisión en el tronco de un árbol.

12. Por la noche, los **PUERCOESPINES** emiten **GRUÑIDOS MIENTRAS BUSCAN** cortezas, raíces y bayas para **COMER.**

13. Los **HIPOPÓTAMOS** pasan **SEIS HORAS** de la noche comiendo una media de **40 kg DE HIERBA.**

14. Los **ESCORPIONES BRILLAN** si los alumbras con luz ultravioleta.

15. El **ALMIQUÍ DE LA ESPAÑOLA** –mamífero nocturno parecido a una musaraña– **ATURDE A PRESAS** como lagartijas e insectos con su **MORDEDURA VENENOSA.**

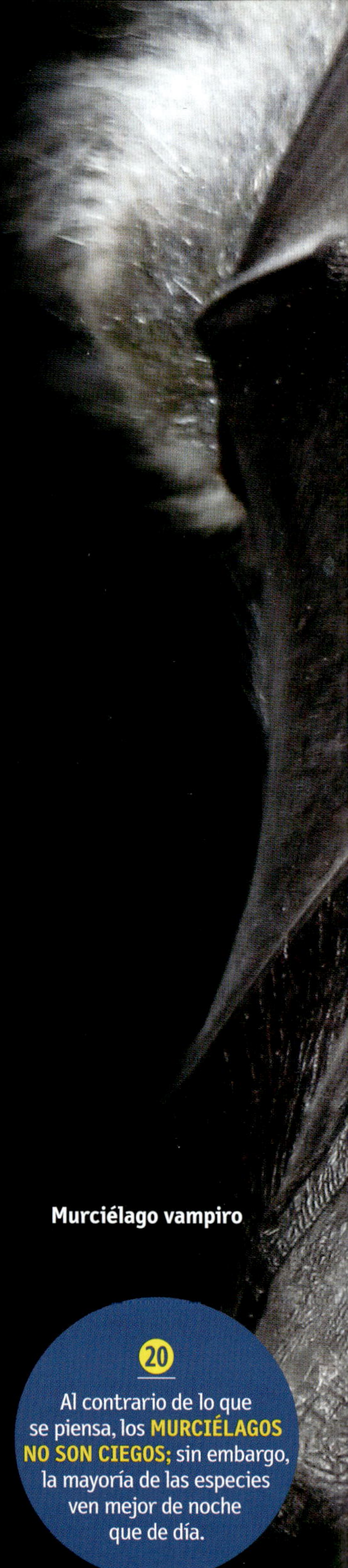

Murciélago vampiro

16. Los **JAGUARES** tienen **OJOS ESPECIALIZADOS** que son casi **DOS VECES MÁS POTENTES** de noche que de día, para acechar y **ATRAPAR** a sus presas en la oscuridad.

17. Las **TARÁNTULAS** cazan de noche. Emplean un **VENENO QUE DISUELVE LA CARNE** para capturar insectos, arañas, ranas y culebras.

18. Los **MIRONES DE PRIMAVERA** –un tipo de rana pequeña– **EMITEN SONIDOS AGUDOS** cuando se reúnen en torno a las charcas en las noches de primavera.

19. Un solo **MURCIÉLAGO** puede comer **CIENTOS DE MOSQUITOS** en una noche.

20. Al contrario de lo que se piensa, los **MURCIÉLAGOS NO SON CIEGOS;** sin embargo, la mayoría de las especies ven mejor de noche que de día.

21. El **CHOTACABRAS GRITÓN** es un ave que debe su nombre al fuerte sonido de su canto al atardecer.

22. La **ARAÑA DE TELA EN EMBUDO** de Sídney, cuya **MORDEDURA VENENOSA PUEDE SER MORTAL,** deja su casa y deambula alrededor después de las tormentas de tarde.

23. El **MURCIÉLAGO PESCADOR** utiliza sus **GRANDES PIES CON GARRAS** para capturar una media de **30 A 40 PECES** por noche.

24. Para mantener lejos a los **PREDADORES, LA MAYORÍA DE LAS SALAMANDRAS** son nocturnas y **SU PIEL ES TÓXICA.**

25. La **POLILLA VAMPIRO** asiática usa su **FUERTE PROBÓSCIDE** –tubo largo por el que come– para **ATRAVESAR LA PIEL DE FRUTAS Y ANIMALES** cuando se alimenta de noche.

35 DATOS SOBRE

26 El **ACRÓBATA PIGMEO,** un marsupial parecido a un ratón, usa su **LARGA LENGUA CON PUNTA EN CEPILLO** para recoger néctar, polen y pequeños insectos de las flores cuando oscurece.

27 La **ZARIGÜEYA DE VIRGINIA,** el único marsupial norteamericano, tiene hábitos nocturnos y puede pasar seis horas **HACIÉNDOSE LA MUERTA** si se siente amenazada.

28 Los **MAPACHES** usan sus **MANOS, PARECIDAS A LAS DEL SER HUMANO,** para abrir los cubos de basura y rebuscar comida, ocultos en la noche.

29 El **SATANELO SEPTENTRIONAL,** marsupial del tamaño de un gato, **DESPRENDE UN OLOR** que repele a los predadores mientras busca alimento por la noche.

30 La **ZARIGÜEYA DE LEADBEATER,** un diminuto marsupial presente solo en el sur de Australia, se consideró **EXTINGUIDA** durante más de **50 AÑOS,** hasta que fue redescubierta en **1961.**

31 La **RATA LUNAR** pasa las noches **NADANDO EN BUSCA DE PECES** y marcando su territorio con una secreción que **HUELE A CEBOLLA.**

32 El **LÉMUR VOLADOR PLANEA** por la noche gracias a una **MEMBRANA CORPORAL** que, cuando está totalmente extendida, hace que el animal **PAREZCA UNA COMETA.**

33 Los **MURCIÉLAGOS VAMPIRO** usan los dientes para **CORTAR LA PIEL** de animales que duermen ajenos al peligro y les **LAMEN LA SANGRE CON LA LENGUA.**

34 El gran **ZORRO VOLADOR,** que en realidad es un murciélago, debe su nombre a su **ENVERGADURA ALAR DE 1,5 m** y a su **CARA DE ZORRO.**

35 De noche, la silueta del **GECO CASERO COMÚN** puede verse proyectada dentro de las **PANTALLAS DE LÁMPARAS,** donde se alimenta de los **INSECTOS** que llegan **ATRAÍDOS POR LA LUZ.**

ANIMALES DE LA NOCHE

100 DATOS AÉREOS

F-15 Strike Eagle, *jet* de combate

1. Cuatrocientos años antes de que se inventaran los aviones, Leonardo da Vinci pensaba que se podía aprender a volar observando las aves. En su lecho de muerte, dijo que lamentaba no haber volado nunca. **2.** Los primeros aviones utilizaban neumáticos de moto o de coche para las ruedas de aterrizaje. **3.** En 1927, Charles Lindbergh se convirtió en la primera persona en cruzar el océano Atlántico en solitario en avión. Tardó 33 horas y media en volar de Nueva York a París. Hoy se tardan unas 7 horas y media. **4.** El Falcon HTV-2 del ejército de EE.UU. puede volar a una velocidad de casi 21.000 km/h. Desgraciadamente, este bombardero de alta velocidad falló en sus dos vuelos de prueba. **5.** Las cometas más antiguas se hicieron volar hace miles de años en China. **6.** Antes de construir aviones, los hermanos Wright construían bicicletas. **7.** Cuando los astronautas aterrizaron en la Luna en julio de 1969, dejaron allí las mochilas y una bandera de Estados Unidos. **8.** Los primeros vuelos en avión que cruzaban Norteamérica tardaban 48 horas. Hoy lo hacen en unas 6 horas y media. **9.** El Antonov A-225, el avión más grande jamás fabricado, tiene 32 ruedas de aterrizaje. **10.** Los globos aerostáticos se mantienen en alto porque el aire caliente (calentado por quemadores) es más ligero que el aire frío que rodea el globo en el cielo. **11.** La cometa más grande del mundo es casi tan ancha como un campo de fútbol. **12.** En 2001, un acaudalado empresario de Estados Unidos se convirtió en el primer «turista del espacio». Pagó 20 millones de dólares por viajar a la Estación Espacial Internacional. **13.** Puedes montarte en un avión 727 modificado y experimentar la ingravidez (o gravedad cero), exactamente igual que los astronautas. **14.** La nave espacial que llevó de vuelta a la Tierra a los primeros astronautas que habían pisado la Luna alcanzaba una velocidad de 40.200 km/h. **15.** Algunos de los primeros inventores pensaban que un día la gente volaría en cometas. **16.** Los primeros pilotos de avión volaban expuestos a temperaturas bajo cero y a fuertes vientos porque las cabinas no eran cerradas. **17.** Solo cuatro años después del histórico vuelo de los hermanos Wright, despegaba el primer helicóptero. **18.** Un pato, una oveja y un gallo fueron los pasajeros del primer vuelo en globo. **19.** Han viajado al espacio chimpancés, perros, monos, ratones y un conejillo de Indias. **20.** Los monos voladores de la película *El Mago de Oz* eran interpretados por actores suspendidos en el aire con cuerdas de piano. **21.** Los primeros aeronautas en globo tenían que soltar sacos de arena para mantenerse en equilibrio en el aire a una altitud estable. **22.** El primer vuelo de avión duró 12 segundos. **23.** La nave espacial Apollo 8, la primera nave tripulada que rodeó la Luna, entró en la órbita lunar la Nochebuena de 1968. **24.** La persona más joven que ha volado en un transbordador espacial ha sido Sultan bin Salman bin Abdul-Aziz Al Saud, de 28 años. Viajó en el *Discovery* en 1985. **25.** En 1981, un avión que funcionaba con energía solar voló de Francia a Inglaterra. Tardó cinco horas y 23 minutos en cubrir 258 km, una distancia que un avión convencional recorre en 20 minutos. **26.** En ruta hacia el Polo Sur, Richard Byrd y su tripulación aligeraron el avión para sobrevolar las montañas de Queen Maud arrojando sus bolsas de supervivencia. **27.** En un aeropuerto de Bangkok, en Tailandia, hay un golfo enclavado entre dos pistas. **28.** Los murciélagos son los únicos mamíferos que pueden volar (aunque hay otros que planean, como las ardillas «voladoras»). **29.** Algunos aviones pueden manejarse por control remoto mediante ordenador. **30.** El primer vuelo de un globo de aire caliente tuvo lugar en París en 1783. **31.** La «caja negra» de un avión graba información sobre los vuelos y suele ser naranja. **32.** La tripulación del Concorde, en servicio desde 1976 hasta 2003, volaba a una velocidad que duplicaba la del sonido. **33.** El Airbus A380 es el avión de pasajeros más grande del mundo: tiene asientos para 853 pasajeros. **34.** Una de las aves más primitivas que se conoce, llamada *Archaeopteryx*, vivió hace 150 millones de años. **35.** En 1923, el ejército de EE.UU. realizó por primera vez el reabastecimiento de combustible de un avión en vuelo. **36.** Unos 300 globos de helio fueron necesarios para elevar en el aire una pequeña casa (con gente dentro), como en la película *Up*, de Pixar. **37.** Un avión 747-400 se compone de seis millones de partes. **38.** En el año 2000, Estados Unidos empezó a desarrollar un «exoesqueleto» con la idea de que los soldados pudieran ponerse un traje que les permitiera despegar, volar y aterrizar. **39.** Desde cerca de 900 lugares desperdigados por todo el mundo se liberan dos veces al día globos meteorológicos para medir la velocidad del viento, la humedad y la temperatura. **40.** Los primeros pilotos contaban con pocos instrumentos que pudieran decirles a qué distancia se encontraban del suelo; tenían que mirar hacia afuera y hacia abajo. **41.** En 1680, un matemático italiano determinó que el cuerpo humano no tenía los músculos necesarios para poder volar por sí solo. **42.** En julio de 1937, cuando Amelia Earhart y su copiloto desaparecieron mientras sobrevolaban el océano Pacífico, Estados Unidos envió nueve barcos y 66 aviones para buscarlos. **43.** El vuelo más largo de un avión de papel duró 27,6 segundos. **44.** La NASA está desarrollando un «traje de vuelo», o avión personal, de 136 kg, al que ha llamado Puffin. **45.** Antes de convertirse en una gran estrella, el hada voladora Campanilla había aparecido, en 1904, en la obra de teatro *Peter Pan*.

46. **En 1979, el piloto del avión a pedales *Gossamer Albatross* cruzó el Canal de la Mancha. El artefacto pesaba 32 kg.** **47.** Los pilotos portugueses que sobrevolaron por primera vez el Atlántico Sur sobrevivieron a dos accidentes de avión durante su travesía. Acabaron en un tercer avión. **48.** **El primer hombre que viajó al espacio fue el cosmonauta soviético Yuri Gagarin.** **49.** El temerario «hombre bala», David Smith, ha sido disparado desde un cañón más de 5.000 veces. **50.** **En abril de 2010 un volcán en erupción de Islandia provocó la cancelación de miles de vuelos debido a una densa nube de cenizas.** **51.** En 1960, un piloto de las Fuerzas Aéreas de EE.UU. estableció el récord de salto cuando volaba en globo a 31.333 m de altura. Saltó en caída libre hasta la tierra protegido por un traje presurizado y equipado con un paracaídas para frenar el descenso. **52.** **Se dice que la banda de rock B-52s se puso este nombre por un peinado, muy cardado por arriba, que se asemeja al morro de un avión bombardero Boeing.** **53.** Hace más de 200 años, André Jacques Garnerin fue la primera persona en lanzarse en paracaídas desde un globo aerostático. **54.** **En 1924 dos aviones completaron el primer viaje alrededor del mundo.** **55.** Volar «a ciegas» significa pilotar una nave aérea utilizando solo el equipo de navegación y sin mirar fuera de la cabina. **56.** **La primera persona que rompió la barrera del sonido en un avión fue Chuck Yeager en 1947. Volaba a 1.100 km/h.** **57.** Los cinco transbordadores espaciales de la NASA hicieron posibles 135 misiones antes de que el programa llegara a su fin, en julio de 2011. **58.** **Los científicos consideran que los dinosaurios terópodos desarrollaron alas y plumas y evolucionaron hacia las aves de nuestros días.** **59.** El avión X-15, propulsado por cohetes, puede volar a una altura de 108.052 m. **60.** **Una mujer aviadora, Jacqueline Cochran, batió más récords que ningún otro piloto durante sus 30 años en la aviación. Rompió la barrera del sonido seis años después que Chuck Yeager.** **61.** Los albatros errantes pasan el 70 por ciento de su vida volando sobre el agua. **62.** **El inventor multimillonario del avión Learjet, utilizado por altos ejecutivos y famosos, también inventó la radio de los coches.** **63.** En 1931, un globo de hidrógeno llegó por primera vez a la estratosfera, a 15.781 m. **64.** **El avión más pequeño que ha volado nunca, el Bumblebee II, medía 2,7 m de largo.** **65.** Aerofobia es el miedo a volar. **66.** **Hay niños de siete años que han pilotado aviones.** **67.** La agachadiza real es una pequeña ave que puede volar hasta 96 horas seguidas y cubrir más de 6.500 km. **68.** **El personal de la fuerza aérea en la Marina estadounidense viste jerséis de diferentes colores según su labor en la cubierta de los portaaviones: la tripulación con traje morado se encarga del combustible, mientras que los comandantes llevan jersey marrón.** **69.** Un ave llamada agachadiza americana vuela a una velocidad de apenas 8 km/h: ¡se va más deprisa en bicicleta! **70.** **Las aves pueden volar y el ser humano no, a pesar de que las alas de las aves y los brazos de los seres humanos tienen la misma estructura ósea.** **71.** Un avión tiene en la cola un «elevador» que le permite moverse hacia arriba y hacia abajo. **72.** **Hubo un tiempo en que se utilizaron dirigibles llenos de hidrógeno para viajar entre Europa y Estados Unidos, pero tras la explosión del zepelín Hindenburg en 1937, la gente perdió interés por esta modalidad de viaje aéreo.** **73.** Snoopy, el perro de la tira comica *Peanuts*, se sentaba en el tejado de su casita y soñaba que era piloto de un Sopwith Camel, avión monoplaza de caza de la Primera Guerra Mundial. **74.** **El salto BASE es un deporte extremo que consiste en saltar desde acantilados pertrechado con un paracaídas que frena el aterrizaje.** **75.** El McDonnell Douglas F-15, que empezó a volar durante la Guerra de Vietnam, no ha sido nunca derrotado en combate aéreo. **76.** **Unos 4,5 millones de aves (de 185 especies diferentes) emigran a África cada invierno.** **77.** U2, nombre de la banda irlandesa de rock famosa en todo el mundo, es también el de un avión espía estadounidense. **78.** **Puedes comprar un kit para construirte tu propio avión (no una maqueta).** **79.** ¿Quieres volar como un pájaro? Martin Aircraft vende por unos 85.000 euros un *jetpack* o sistema de vuelo que se sujeta a la espalda y permite levantar el vuelo. **80.** **El vencejo mongol puede volar a 170 km/h.** **81.** En la compañía aérea Gulf Air, un chef a bordo te prepara la comida a tu gusto. **82.** **La mariposa monarca norteamericana recorre en su migración más de 4.800 km, desde el norte hasta California y México.** **83.** En el Airbus-380 el aire en cabina es siempre aire limpio, porque se renueva cada tres minutos. **84.** **Los antecedentes de los helicópteros pueden encontrarse en documentos de más de 500 años de antigüedad, en los bocetos de Leonardo da Vinci.** **85.** El aire se mueve más deprisa por la parte superior del ala de un avión y más despacio por debajo; esto es lo que produce la elevación. **86.** **Cuando un avión supera la barrera del sonido genera un fuerte ruido de explosión, llamado *boom* sónico.** **87.** Algunos paracaidistas usan un traje con alas –que hace que parezcan ardillas voladoras– para frenar su descenso cuando saltan de los aviones. **88.** **Los aviones ultraligeros fueron diseñados en un principio con un motor similar al de las motosierras.** **89.** Los aviones que aterrizan en portaaviones disponen de una pista de aterrizaje de apenas 150 m, por lo que tienen en la cola un gancho del que queda prendido uno de los cuatro fuertes cables de parada colocados en la pista. **90.** **En 2005, Steve Fossett dio la vuelta al mundo en avión sin parar –ni repostar– y estableció un récord. Su avión tenía 13 tanques de combustible.** **91.** A finales del siglo XIX, Otto Lillienthal realizó unos 2.000 vuelos con planeadores diseñados por él, antes de morir como consecuencia de una caída en vuelo. **92.** **Los mayores pterosaurios, reptiles voladores que convivieron con los dinosaurios, tenían una envergadura alar de unos 12 m, la anchura de un avión de combate F-16.** **93.** Puedes comprar un billete al espacio en Virgin Galactic, una línea aérea que ofrece a los pasajeros entre 4 y 5 minutos de ingravidez en el espacio. **94.** **Trescientas cincuenta y cinco personas han volado en transbordador espacial.** **95.** El Air Force One, el avión utilizado por el presidente de Estados Unidos, incluye instalaciones médicas que pueden utilizarse como quirófano. **96.** **En 1984, Joe Kittinger se convirtió en la primera persona en pilotar un globo aerostático para cruzar el océano Atlántico; viajó de Maine, EE.UU., a Italia en 83 horas y 40 minutos.** **97.** Es posible alquilar un jet privado por 1.700 euros la hora. **98.** **Las alas de una abeja y las aspas de un helicóptero utilizan el mismo principio para elevarse en el aire.** **99.** El primer vuelo sin escalas de un globo aerostático alrededor del mundo duró 19 días, 21 horas y 55 minutos. **100.** **En los años 20 del siglo XX en Estados Unidos había billetes de avión que costaban 5 dólares (menos de 5 euros).**

PARA QUE TU MENTE VUELE

50 Formidables DATOS SOBRE ARAÑAS

1
Las arañas tejedoras tienen un **GANCHO CON PELOS** en el extremo de las patas para sujetarse al hilo de seda sin quedarse pegadas.

2
Un grupo de científicos encontró dentro de una pieza de ámbar una tela de araña tejida **HACE 140 MILLONES DE AÑOS,** cuando en la Tierra había dinosaurios.

3
En Madagascar, más de 80 personas pasaron cuatro años recogiendo el **HILO** de un millón de arañas de seda dorada, para tejer un **VESTIDO.**

4
La **ARACNOFOBIA** es el miedo a las arañas.

5
Una araña saltadora puede saltar una distancia equivalente a **40 VECES** el tamaño de su cuerpo.

6
La mayoría de las arañas viven solo uno o dos años. **LAS TARÁNTULAS PUEDEN VIVIR 20 AÑOS.**

7
Un tipo de araña de Nepal parece una **CACA DE PÁJARO:** es una forma de camuflaje.

8
Las arañas son capaces de **REGENERAR PATAS PERDIDAS.**

9
Su mordedura es venenosa pero, además, la tarántula lanza a su oponente unos **PELOS** que provocan urticaria.

10
Cuando la tarántula Goliat o pajarera frota las patas, emite un **SONIDO SIBILANTE** que puede oírse a **4,5 m** de distancia.

11
La **ARAÑA MÁS VENENOSA** del mundo es la araña bananera: es **15 VECES** más venenosa que una serpiente de cascabel.

12
Hay una localidad en Carolina del Sur, EE.UU., llamada **SPIDERWEB** (telaraña).

13
La araña más venenosa de Norteamérica es la **VIUDA NEGRA.**

14
La araña **RECLUSA PARDA** tiene una marca en forma de violín en la cabeza.

15
Como su nombre indica, la araña reclusa parda prefiere vivir retirada. Cuando muerde, su veneno **DESTRUYE EL TEJIDO** próximo a la herida **DE LA VÍCTIMA.**

16
En algunos países una **TELARAÑA SOBRE LA PUERTA** significa que vas a tener **COMPAÑÍA** y una **ARAÑA EN EL BOLSILLO,** que pronto tendrás **DINERO.**

17
Las arañas pescadoras pueden **FLOTAR EN EL AGUA.**

18
Los ingenieros estudian las telas de araña para mejorar el **DISEÑO DE PUENTES.**

Araña tejedora

19
La araña más grande del mundo es mayor que una **PELOTA DE BÁSQUET.**

20
La araña más pequeña que se conoce es **MENOR** que el punto final de esta frase.

21
Todas las arañas son carnívoras.

22
E. B. White, autor de *La telaraña de Carlota*, sintió la **INSPIRACIÓN** para escribir el relato al descubrir una **TELARAÑA** especialmente bonita, cerca de su casa.

23
Algunas arañas han evolucionado hasta parecer hormigas: un camuflaje que utilizan para capturar a estos insectos.

24
Una araña de corteza, **DESCUBIERTA RECIENTEMENTE** en Madagascar, puede extender su tela a lo largo de más de 25 m, de orilla a orilla de un río.

25
En 1973, Arabella y Anita fueron las primeras arañas que **VIAJARON AL ESPACIO.**

26
Todas las arañas segregan seda por el abdomen, pero las tarántulas pueden también **DISPARAR HILO DE SEDA POR LAS PATAS.**

27
Existen más de **38.000 ESPECIES** de arañas en el mundo.

28
Algunas arañas se **COMEN SU PROPIA TELARAÑA** y reciclan la mayor parte de la proteína formando **SEDA NUEVA.**

29
Las arañas se clasifican como **ARÁCNIDOS.** También son arácnidos los escorpiones, las garrapatas y los ácaros.

30
Además de ocho patas, las arañas tienen un par de apéndices llamados **PEDIPALPOS,** que utilizan como manos, para palpar lo que las rodea y aferrarse a sus presas.

31
La mayor parte de las arañas tienen **OCHO OJOS,** aunque su disposición varía. A menudo, el experto puede identificar una araña mirándola a los ojos.

32
La mayoría de las arañas **NO TIENEN MUY BUENA VISIÓN.** Esto se debe a que la vista no es muy importante para atrapar a una presa cuando esta ha caído en su red.

33
Unas cuantas especies de araña **ACECHAN Y CAZAN** a sus presas. Estas arañas tienen una visión excelente.

34
Las arañas huelen y saborean mediante **ÓRGANOS SENSORIALES** especiales que tienen **EN LAS PATAS.**

35
Una araña **«OYE»** al percibir vibraciones mediante los pelos que cubren la mayor parte de su cuerpo.

36
Las arañas son tan **SENSIBLES A LAS VIBRACIONES** que pueden notar la diferencia entre una polilla y una abeja al chocar contra su red.

37
Muchas arañas orbitelares —que hacen telas en espiral plana, con forma de rueda— pueden hilar sus creaciones en **30 MINUTOS.** La mayoría fabrican cada día una red nueva.

38
Algunas arañas no capturan a su presa en una red. Simplemente **LANZAN** un hilo de seda y luego **RECOGEN SU ALMUERZO.**

39
Una araña pueden ingerir su peso en una sola comida.

40
A menudo las arañas noquean a su presa con una **PICADURA VENENOSA PARALIZANTE.**

41
Las arañas **ESCUPEN UN LÍQUIDO** sobre su comida para que se descomponga y así poder succionarla.

42
En el siglo XVI, en Italia, se pensaba que la única manera de curar la picadura de la araña lobo era bailar **UNA DETERMINADA DANZA AL SON DE LA MÚSICA.**

43
Distintos expertos afirman que la seda de una araña orbitelar es tan fuerte que una tira del grosor de un lápiz podría **DETENER EL VUELO DE UN AVIÓN JUMBO.**

44
Las crías de araña son versiones en miniatura del adulto.

45
Tras salir del huevo, las crías de araña planean sujetas únicamente por un filamento de seda, como si **«VOLARAN EN GLOBO».**

46
Algunas crías, subidas a un hilo de seda, llegan a volar **TAN ALTO COMO LOS AVIONES.**

47
Una araña casera europea puede correr **330 VECES** la longitud de su cuerpo en 10 segundos. Es como si tú corrieras seis veces la longitud de un campo de fútbol en diez segundos.

48
En algunas áreas de Sudamérica, la gente asa y come **TARÁNTULAS.**

49
El estudioso de las arañas se llama **ARACNÓLOGO.**

50
Los científicos están estudiando la seda de las arañas con el fin de reproducirla para uso humano, por ejemplo en la confección de **CHALECOS ANTIBALAS.**

24 DATOS SOBRE DELFINES

1
LOS DELFINES RECIÉN NACIDOS TIENEN UNA PEQUEÑA **ZONA CON PELO** EN LA BARBILLA.

2

SI UN **DELFÍN SE PONE ENFERMO**, OTROS DELFINES HACEN TURNOS PARA LLEVARLO A LA SUPERFICIE Y **QUE PUEDA RESPIRAR.**

3
EN UN LAGO DE LUISIANA, EN EE.UU., SE ENCONTRÓ UN DELFÍN **MULAR ROSA.**

4

Cada delfín tiene un **SILBIDO PROPIO** que utiliza para identificarse.

5

A veces los delfines «surfean» sobre las **ESTELAS DE LOS BARCOS.** Así toman impulso.

6

EL CALDERÓN GRIS PUEDE CONTENER LA RESPIRACIÓN DURANTE **30 MINUTOS.**

7

Los delfines tienen un «superpoder» especial que les ayuda a encontrar el camino bajo el agua. Utilizan un sistema de sonar llamado ecolocación para orientarse y buscar alimento.

8
ALGUNOS DELFINES EN LIBERTAD JUEGAN AL PILLAPILLA CON **COCOS.**

9
LOS DELFINES PUEDEN NADAR **SIETE VECES** MÁS DEPRISA QUE EL SER HUMANO MÁS RÁPIDO Y SUMERGIRSE A **600 m.**

10
EL DELFÍN LISO es el único miembro de la familia de los delfines que **CARECE DE ALETA DORSAL.** Es un **ANIMAL SOCIAL** y ha sido avistado en grupos de cerca de 3.000 individuos.

11

LOS DELFINES TIENEN ENTRE 80 Y 100 **DIENTES.**

12
Las **ORCAS** pueden capturar presas de gran tamaño. En el agua, se enfrentan a **LEONES MARINOS, TIBURONES,** ballenas y delfines. Atacan incluso a **CIERVOS O ALCES** que intentan cruzar a nado de una isla a otra en el océano Ártico.

PARA FLIPAR

13

LOS DELFINES TOMAN AIRE A TRAVÉS DE UN ESPIRÁCULO LOCALIZADO EN LA CABEZA.

14

Al **DELFÍN ROSADO** le gusta el agua dulce y se le puede encontrar en Sudamérica, en los ríos Amazonas y Orinoco. Con la crecida del río, puede llegar a zonas de bosque.

15

¡HACE CINCUENTA MILLONES DE AÑOS, LOS ANTEPASADOS DEL DELFÍN Y DE LA BALLENA CAMINABAN SOBRE LA TIERRA! SON PARIENTES LEJANOS DE ANIMALES DE PEZUÑA COMO EL CIERVO, EL HIPOPÓTAMO Y EL BISONTE.

16

Un delfín **«DUERME»** unas ocho horas al día, aunque nunca está totalmente inactivo. ¡Solo duerme la mitad de su cerebro!

17

NO TE DEJES ENGAÑAR POR EL APODO DE «BALLENAS ASESINAS»: LAS ORCAS SON DELFINES.

18

EL HOCICO PROMINENTE DEL DELFÍN SE DENOMINA ROSTRO.

19

LOS DELFINES TIENEN **DOS ESTÓMAGOS.** UNO LO USAN PARA ALMACENAR LA COMIDA Y EL OTRO PARA DIGERIRLA.

20

El **DELFÍN MÁS PEQUEÑO,** llamado delfín de Héctor, mide poco más de un metro. Es una de las especies más escasas y es más corto que la aleta dorsal de una orca.

21

La tableta es la última herramienta tecnológica que los investigadores utilizan en la comunicación entre humanos y delfines.

22

Gracias al **TRABAJO EN EQUIPO,** los delfines comunes de rostro largo «arrean» las sardinas en nutridos bancos, para luego poder comer a dos carrillos.

23

Algunos cuerpos del ejército de EE.UU. emplean delfines para ENCONTRAR EXPLOSIVOS BAJO EL AGUA.

24

LOS GLOBOS OCULARES DE UN DELFÍN SE MUEVEN **DE FORMA INDEPENDIENTE.** POR EJEMPLO, UN OJO PUEDE MIRAR HACIA DELANTE MIENTRAS EL OTRO MIRA HACIA ARRIBA.

15 DATOS RESERVADOS

❶ El **AUTOR** británico Ian Fleming, creador del personaje James Bond, fue un **ESPÍA** de verdad durante la Segunda Guerra Mundial.

❷ Aldrich Ames comenzó trabajando para la **CIA (Agencia Central de Inteligencia de EE.UU.)** cuando estudiaba **BACHILLERATO.** Treinta años más tarde, fue detenido por ser **AGENTE DOBLE** soviético.

❸ En las películas de James Bond, «Q» fabrica **ARTILUGIOS FUTURISTAS** y armas para las misiones del agente 007. El personaje está basado en un inventor real, maestro en el arte de camuflar herramientas en objetos corrientes, como por ejemplo una minúscula **SIERRA DE METAL** cosida dentro de un cordón de zapato.

❹ Un *bug*, «bicho» en inglés, es un **MICRÓFONO** diminuto que puede ocultarse en el **INTERIOR** de objetos corrientes, como un bolígrafo, para grabar conversaciones.

❺ ¿Por qué los agentes del Servicio Secreto de EE.UU. le hablan a su **RELOJ?** Porque en su interior hay un **DIMINUTO MICRÓFONO** que utilizan para comunicarse con otros sin llamar la atención. Los agentes también llevan auriculares para **ESCUCHAR** las instrucciones.

❻ Un **PARAGUAS** no parece un arma, pero en la década de 1970 un espía utilizó uno para disparar una **BOLITA DE VENENO** a un incauto.

❼ Durante la Segunda Guerra Mundial algunas mujeres **EJERCIERON EL ESPIONAJE HACIÉNDOSE PASAR** por amas de casa corrientes y utilizando cámaras camufladas en bolsos.

❽ **PERRY EL ORNITORRINCO,** el agente secreto de la serie ***PHINEAS Y FERB*** de Disney, tiene su propio tema musical.

SOBRE ESPÍAS

❾ En una ocasión, la CIA (Agencia Central de Inteligencia de EE.UU.) ató cámaras a palomas entrenadas para sobrevolar **OBJETIVOS ENEMIGOS.**

❿ Josephine Baker, actriz y bailarina estadounidense, se ofreció **VOLUNTARIA** como espía a los aliados durante la Segunda Guerra Mundial. Comunicaba la información que escuchaba de italianos y alemanes en **FIESTAS.**

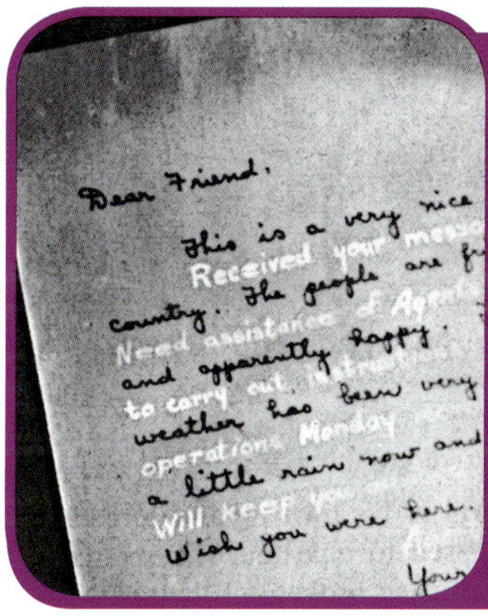

⓫ Durante la Revolución estadounidense, ambos bandos utilizaban **TINTA INVISIBLE** cuando enviaban mensajes, con el propósito de que no fueran interceptados. A menudo, **ENTRE LAS LÍNEAS** de una carta corriente, se escribía un mensaje invisible. Cuando el destinatario la calentaba o mojaba con ciertas sustancias químicas, el mensaje se hacía visible.

⓬ Determinadas **CÁMARAS** especiales pueden tomar fotos de textos o imágenes y reducirlas al tamaño del punto al final de esta frase. Estos **MICROPUNTOS** ocultan fácilmente la información. En la película *Misión imposible III*, se colocaba un micropunto en el reverso de un **SELLO,** éste, en lugar de texto, contenía un minúsculo vídeo.

⓭ Para **CAZAR A UN ESPÍA,** existen unos polvos invisibles que se aplican sobre documentos importantes. Bajo la luz ultravioleta, el polvo brilla en las manos del espía. Es la **PRUEBA** del fisgón.

⓮ En el **ESPACIO** también hay espías, se trata de satélites especiales que pueden ver una **NARANJA** en una mesa de pícnic, a 400 km de distancia de la Tierra.

⓯ *Spy Kids: todo el tiempo del mundo* añadió una «D» a la producción 3D. Además de las gafas, se entregaba a los espectadores tarjetas de «rasca y huele» con distintos olores de la película: **BEICON, CHUCHES** o... **¡CACA!**

75 COLOSALES DATOS SOBRE DINOSAURIOS

Tyrannosaurus rex

❶ Tenemos cierta idea de cómo era la piel de un dinosaurio gracias a fósiles de piel, impresiones dejadas en el barro y que más tarde se endurecieron.

❷ Algunos dinosaurios tenían plumas.

❸ El *Ankylosaurus* tenía en el extremo de la cola una imponente «maza» integrada por siete huesos fusionados.

❹ El dinosaurio más pequeño era tan diminuto que habrías podido sostenerlo en tus manos.

❺ Los saurópodos, un grupo de dinosaurios herbívoros, son los animales más grandes que han existido nunca, y llegaban a pesar 88 t.

❻ TODOS LOS DINOSAURIOS CAMINABAN SOBRE LOS DEDOS.

❼ Casi todos los dinosaurios tenían el cuello curvado en forma de «S».

❽ Algunos dinosaurios carnívoros tenían dientes serrados, es decir, con crestas puntiagudas, como los cuchillos de carne.

❾ Todos los dinosaurios ponían huevos.

❿ Sus largas extremidades anteriores y las fuertes garras en sus extremidades posteriores indican que el *Scansoriopteryx*, un dinosaurio carnívoro, podía trepar a los árboles.

⓫ El dinosaurio más alto que se conoce, el *Sauroposeidon*, era más alto que un edificio de cinco pisos.

⓬ El *Dracorex hogwartsia* tiene cuernos y debe su nombre a Hogwarts, el colegio de Harry Potter.

⓭ El nombre más largo de dinosaurio, *Micropachycephalosaurus*, pertenece a uno de los dinosaurios más pequeños, de poco más de medio metro de longitud.

14 Los huevos más grandes de dinosaurio contenían la misma cantidad de fluido que 85 huevos grandes de gallina.

15 Muchos dinosaurios tenían espinas en el dorso y en la cola, pero el *Tuojiangosaurus* tenía además un pincho en cada hombro.

16 El *Carnotaurus*, pariente del *T. rex*, estaba armado con un par de cuernos gruesos y cortos encima de los ojos.

17 EL *NIGERSAURUS* TENÍA ALREDEDOR DE 500 DIENTES EN LA BOCA.

18 El *Deinocheirus*, que significa «mano terrible», tenía patas delanteras de 2,5 m de largo, con tres garras de 25 cm.

19 Cuando el *Parasaurolophus* o «pico de pato», un dinosaurio con una cabeza «muy musical», respiraba por la nariz, el aire pasaba por un conducto situado en la parte superior de su cráneo, emitiendo un sonido similar al de una trompeta.

20 El *Epidendrosaurus* poseía un dedo extralargo en cada mano: el tercer dedo era casi el doble de largo que los demás.

21 Durante el tiempo en que existieron los dinosaurios, en la Tierra había solo dos continentes: Gondwana, en el hemisferio sur, y Laurasia, en el hemisferio norte.

22 Los primeros dinosaurios aparecieron hace alrededor de 230 millones de años y se extinguieron hace unos 65.

23 Una secuencia conservada de huellas de dinosaurio se denomina rastro. En Colorado, EE.UU., millones de rastros dibujan una ruta conocida como la Senda de los dinosaurios.

24 Basándonos en sus huellas, sabemos que los dinosaurios más veloces corrían a unos 42 km/h.

25 Aunque el ser humano solo aparecería 62 millones de años después de su extinción, algunos mamíferos llegaron a «convivir» con los dinosaurios.

26 Los dinosaurios no eran ni de sangre caliente ni de sangre fría; eran «de sangre de dinosaurio», es decir, combinaban características de ambos grupos.

27 La palabra *dinosaurio* deriva del griego y significa «lagarto terrible». Se utilizó por primera vez en 1842.

28 Los dinosaurios existieron durante un largo periodo de tiempo: hay más distancia entre el *Apatosaurus* y el *Tyrannosaurus* –65 millones de años– que entre el *Tyrannosaurus* y tú.

29 Los científicos han descubierto los restos de cerca de 1.000 tipos diferentes de dinosaurios.

30 Los dinosaurios se clasifican en dos grupos: saurisquios y ornitisquios. Los saurisquios tenían el pulgar bastante más grande que los demás dedos; los ornitisquios tenían dientes con forma de hoja.

31 Los fósiles muestran que algunos dinosaurios ponían sus huevos en grandes colonias de anidación, junto a otros cientos o incluso miles de dinosaurios.

32 La mayoría de los dinosaurios podían nadar.

33 Sue es el esqueleto de *T. rex* más grande (tanto en longitud como en peso), más completo y mejor conservado que se ha encontrado nunca. Se puede visitar en el Museo Field de Historia Natural de Chicago.

34 El Dinosaur National Monument es un yacimiento situado entre Colorado y Utah, EE.UU., famoso por su abundancia de fósiles y por una pared que contiene unos 1.500 huesos de dinosaurio.

35 Los nombres de los dinosaurios suelen deberse a una característica corporal, al lugar donde fueron encontrados o a la persona que los descubrió.

36 La forma del globo ocular de un dinosaurio puede indicar a los científicos en qué momento del día tenía actividad el animal.

37 El *Sinornithosaurus*, un dinosaurio con plumas del tamaño de un pavo, tenía una mordedura venenosa.

38 Existió un dinosaurio muy parecido al *T. rex*, pero en miniatura, llamado *Raptorex kriegsteini*: era del tamaño de un ser humano y pesaba 90 veces menos que el *T. rex*.

39 LA VISTA DEL *T. REX* ERA MEJOR QUE LA DE UN HALCÓN.

40 Aunque los pterosaurios, primeros vertebrados voladores, están relacionados con los dinosaurios, en realidad forman un orden distinto.

41 El *Triceratops horridus* tenía una cabeza de 1,5 m de ancho.

42 El peculiar *Mononykus olecranus* tenía un solo dedo en cada mano.

43 El hueso superior del cráneo del *Pachycephalosaurus wyomingensis* podía alcanzar los 23 cm de grosor.

44 La mandíbula del *T-rex* tenía una longitud de más de un metro.

45 El *T. rex* podía comer más de 200 kg de carne de un bocado.

46 El *Stegosaurus* medía 9 m de largo, pero tenía un cerebro del tamaño de una mandarina.

47 Muchos dinosaurios tenían huecos los huesos de piernas y brazos, eso les ayudaba a ser veloces corredores.

48 En Estados Unidos se han hallado ochenta y nueve tipos de fósiles de dinosaurio, más que en ningún otro país.

49 El *Fruitadens haagarorum* es el dinosaurio más pequeño encontrado en Estados Unidos: pesaba menos de un kilo y medía algo más de medio metro de largo.

50 En 2007, unos exploradores hallaron en la India un yacimiento con más de 100 huevos de dinosaurio. Dispuestos en grupos de seis a ocho, algunos eran tan grandes que necesitarías tus dos manos para sostenerlos.

51 El *Turiasaurus riodevensis*, con 150 millones de años de antigüedad, pesaba lo mismo que siete elefantes macho adultos.

52 LOS CIENTÍFICOS NO HAN PODIDO DEVOLVER LOS DINOSAURIOS A LA VIDA, COMO EN *JURASSIC PARK*.

53 El *Giganotosaurus* hacía honor a su nombre: era 1,5 m más largo y pesaba 2.700 kg más que Sue, el *T. rex* más grande. Fue descubierto en el desierto de Argentina por un mecánico de coches al volante de un *buggy*.

54 El *Nothronychus* y su primo el *Therizinosaurus* tenían las garras más largas que ha tenido jamás un animal.

55 Los grandes dinosaurios eran demasiado pesados para incubar sus huevos, por eso se cree que los cubrían con plantas para mantenerlos calientes.

56 Se han encontrado fósiles de dinosaurio en todos los continentes.

57 El dinosaurio más grande del mundo, llamado *Argentinosaurus* (91 t), fue hallado al tropezar un granjero con una tibia del animal.

58 La columna vertebral del *Argentinosaurus* es el conjunto óseo más grande del mundo: pesa 1,8 t e hicieron falta semanas para desenterrarlo.

59 En 1825, Gideon Mantell, un médico británico, fue el primer científico en identificar un dinosaurio: el *Iguanodon*, de 10 m de longitud.

60 EL *TSINTAOSAURUS* TENÍA UN HUESO LARGO, SIMILAR A UN ASTA DE UNICORNIO, EN LA PARTE SUPERIOR DEL CRÁNEO.

61 Los científicos piensan que el *Edmontosaurus*, de 12,8 m de longitud, recorría 2.575 km al año en sus migraciones.

62 *Apatosaurus* es el nombre correcto del dinosaurio conocido como *Brontosaurus*.

63 Los 6 m de cola del *Diplodocus* producían un ruido estruendoso cuando daba un golpe con ella.

64 El *Mamenchisaurus* tenía el cuello más largo –más de 9 m– que ha tenido jamás un animal.

65 Más del 80 por ciento de todos los fósiles de dinosaurio han sido descubiertos por casualidad.

66 La mayoría de los dinosaurios carnívoros ponían huevos estrechos y alargados; los de los herbívoros, en cambio, tendían a ser más redondeados.

67 El *T. rex* fue el dinosaurio con los dientes más grandes: del tamaño de un plátano; con uno de ellos, es posible mellar metal.

68 Algunos dinosaurios carnívoros tenían garras retráctiles, como un gato.

69 Los huesos hallados en el estómago de dinosaurios fosilizados han revelado la dieta de algunas de las especies carnívoras de estos animales.

70 El *Cryolophosaurus*, descubierto a unos 161 km del Polo Sur, fue el primer dinosaurio hallado en la Antártida.

71 Cuando se encontraron los primeros huesos de *Megalosaurus*, la gente creyó que pertenecían a un dragón de la antigüedad.

72 El *Lourinhanosaurus* comía piedras para moler el alimento en su aparato digestivo, como las gallinas tragan pequeños guijarros y granos de arena para facilitar la digestión.

73 El dinosaurio carnívoro *Baryonyx* tenía garras de 0,3 m en los pulgares.

74 El *Spinosaurus* tenía en el dorso espinas vertebrales estrechas y largas, de 2 m de alto. Algunos científicos piensan que estas creaban una estructura a modo de vela que ayudaba a bajar la temperatura del dinosaurio.

75 El cerebro del *T. rex* era el doble de grande que el de otros carnívoros gigantes.

35 DATOS HIGH-

1
Un móvil moderno tiene **MÁS CAPACIDAD DE COMPUTACIÓN** que **TODA LA NASA EN 1969**, cuando Estados Unidos envió al hombre a la Luna.

2
EMILY, iniciales de Emergency Integrated Lifesaving Lanyard, es un **ROBOT** que podrá **SALVAR VIDAS EN LAS PLAYAS**. Es **15 VECES MÁS RÁPIDO** que un socorrista humano.

3
Hay coches y trenes que usan aceite vegetal como combustible, aunque el futuro puede estar en las vacas. En EE.UU., un tren que circula entre Oklahoma y Texas, **¡FUNCIONA CON GRASA ANIMAL!**

4
Mediante el uso de **SENSORES DE RADAR Y CÁMARAS DE VÍDEO**, Google y otras empresas están diseñando **COCHES QUE SE CONDUCEN SOLOS**.

5
El dispositivo **E-LEGS** permite caminar a personas en silla de ruedas. Cuando las muletas envían señales sobre la dirección que desea tomar el usuario, las **PIERNAS ROBÓTICAS** caminan hacia allí.

6
Tras el éxito de taquilla de ***AVATAR***, **TODO EMPEZÓ A HACERSE EN 3D**, incluidos los teléfonos. Algunos móviles ya permiten grabar vídeos en 3D.

7
¡POR CONTROL REMOTO! Muchos aviones, helicópteros y coches de juguete funcionan hoy en día **CONTROLADOS POR TELÉFONO MÓVIL**.

8
Una pulsera de goma registra los pasos que das en un día y las horas que duermes. Si llevas tiempo inactivo, **¡VIBRA PARA RECORDARTE QUE HAY QUE MOVERSE!**

9
En **MENOS DE 30 AÑOS**, llevaremos lentillas que nos permitirán **OBTENER INFORMACIÓN** de Internet **AL PESTAÑEAR**.

10
Solo en el fin de semana de su lanzamiento, en septiembre de 2014, se vendieron más de **CUATRO MILLONES DE iPHONE 6**.

11
El **FLYBOARD** es una **TABLA A PROPULSIÓN** que te permite zambullirte y salir del agua como un delfín. Puedes saltar más de **9 m POR ENCIMA DEL AGUA**.

12
En la actualidad se están diseñando coches, frigoríficos y sistemas para andenes de metro que utilizan la misma **TECNOLOGÍA INTERACTIVA** que la pantalla táctil de tu móvil.

13
En un futuro, los portátiles se enrollarán como una **COLCHONETA DE YOGA**.

14
Pronto las **CONSOLAS** serán más interactivas. No habrá que moverlas para controlar el juego, **SE RETORCERÁN**. Los próximos modelos serán **FLEXIBLES, COMO DE GOMA**.

15
Hay ingenieros trabajando en **GAFAS ESPECIALES** que **TRADUCEN AL INSTANTE DISTINTOS IDIOMAS** y proporcionan una transcripción escrita al usuario.

16
Los móviles del futuro serán tan **FLEXIBLES Y FINOS COMO UNA TARJETA DE CRÉDITO**.

17
Los próximos **iPOD** se llevarán en la muñeca y **PARECERÁN PULSERAS**.

18
Los primeros **MÓVILES** eran del **TAMAÑO DE UN LADRILLO**.

19
Tras lanzar con éxito el **PRIMER ORDENADOR PERSONAL**, **STEVE JOBS** intervino en la creación del iPhone, del iPad, de iTunes y de Pixar, los estudios de *Toy Story*.

Un láser verde de vapor de cobre y un láser naranja con la longitud de onda del sodio emitidos por telescopios del Starfire Optical Range, en Nuevo México.

-TECH

20 **AIDA** (*Affective Intelligence Driving Assistant*) es un sistema GPS para el coche, capaz de escanear tu cara y reconocer tus emociones. Sus comentarios se adaptan a tu estado de ánimo.

21 En un futuro cercano, los **COCHES APARCARÁN SOLOS** y **VENDRÁN A RECOGERNOS** gracias al móvil.

22 Para **ABASTECER A LAS CIUDADES,** los investigadores buscan **ENERGÍA LIMPIA** en las **MAREAS Y LAS OLAS OCEÁNICAS.**

23 Cada día **UTILIZAMOS MÁS EL MÓVIL** para pagar, **EN LUGAR DE LA TARJETA DE CRÉDITO O DE DINERO EN METÁLICO.**

24 Los científicos utilizan **LÁSERES PARA CALCULAR DISTANCIAS.** Incluso **LANZARON UNO PARA QUE REBOTARA EN LA LUNA** y medir así la distancia con la Tierra.

25 El **KEVLAR,** un tejido flexible **CINCO VECES MÁS RESISTENTE QUE EL ACERO,** se utiliza para fabricar chalecos antibalas, raquetas de tenis, cascos y monopatines.

26 Las **ESCAMAS DE TIBURÓN** permiten **NADAR MÁS DEPRISA.** Los científicos las han estudiado para crear bañadores que **AUMENTEN LA VELOCIDAD DE LOS NADADORES.**

27 El **NOVENTA Y SIETE POR CIENTO** de los habitantes de **MARRUECOS E ISLANDIA** tienen acceso a Internet. Son los países más **«CONECTADOS»** del mundo.

28 Más de **CINCO MIL MILLONES** de los **SIETE MIL MILLONES** de personas que hay en el mundo tienen **MÓVIL.**

29 Cada día se redactan en el mundo **MÁS DE 500 MILLONES DE TUITS.**

30 Diariamente nos mandamos unos **30.000 MILLONES** de mensajes de **WHATSAPP.**

31 **LA BATERÍA SE CARGA ANDANDO.** Unos zapatos con suelas de goma convierten **EL CALOR CORPORAL** en corriente para cargar el teléfono.

32 El usuario medio de **FACEBOOK** tiene **338 «AMIGOS».**

33 Hay **BAÑADORES** que, con solo tirar de un cordón, se hinchan y llevan al deportista a la superficie del agua **EN CUESTIÓN DE SEGUNDOS.**

34 A algunas personas que que no pueden hablar por traumatismo craneal se les implanta un chip en el cerebro que permite mover **CON EL PENSAMIENTO** el cursor del ordenador y enviar *e-mails.*

35 En un instituto de Florida, EE.UU., los chicos no pagan la comida en caja. En lugar de ello, mueven la mano sobre un sensor, que detecta su **PATRÓN VENOSO** y les factura la consumición.

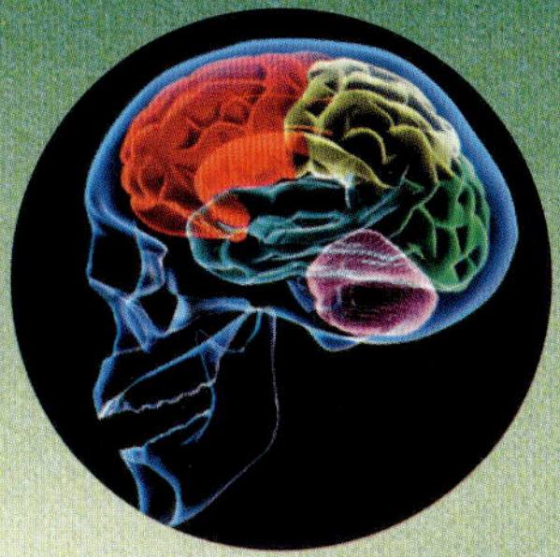

50 DATOS CURIOSOS SOBRE LAS PALABRAS

1
El remate del extremo de un cordón de zapato se llama **HERRETE.**

2
La palabra **«SIZIGIA»** se utiliza en astronomía para describir tres objetos situados en línea en el espacio.

3
En Estados Unidos, decir **«86»** significa «acabar con algo» o «librarse de alguien». Se trata de un código entre camareros para indicar que no van a servir a un cliente o que no tienen un plato.

4
Describir una despedida como **«CANTO DEL CISNE»** tiene su origen en la (falsa) creencia de que un cisne no canta nunca pero que, justo antes de morir, emite un sonoro canto.

5
Se dice que un archivador con la etiqueta 0-Z inspiró al escritor L. Frank Baum los nombres de su famoso reino y mago de «Oz».

6
El original inglés de 267 páginas de la novela *Gadsby*, de Ernest Vincent Wright, tiene unas 50.000 palabras, ninguna de las cuales contiene la letra *e*.

7
Es imposible saberlo con certeza, pero probablemente el inglés tenga más palabras —al menos 250.000— que cualquier otro idioma.

8
ANGRY (enfadado) y **HUNGRY** (hambriento) con las únicas palabras en inglés que acaban en **-GRY.**

9

Los cabritos se «vuelven locos» cuando son destetados, de ahí «estar como una cabra».

10
Veintitrés lenguas del mundo cuentan con más de 50 millones de hablantes cada una.

11
La India tiene 23 lenguas oficiales.

12
El nombre de océano Pacífico proviene del latín ***MARE PACIFICUM,*** que significa **«MAR TRANQUILO».**

13
TRISCAIDECAFOBIA es el miedo al número **13.**

14
Los gatos se comunican mediante un mínimo de 16 **«PALABRAS DE GATO».**

15
Un palíndromo es una palabra o frase que se deletrea igual hacia delante y hacia atrás, como «oso», «radar» o «luz azul».

16
La Piedra de Rosetta, que ayudó a los científicos a descifrar los jeroglíficos egipcios, tiene 2.000 años de antigüedad y está grabada en griego y dos tipos de egipcio antiguo.

17
Además de los jeroglíficos, los egipcios tenían otra forma más practica de escritura, el *sesh*, que significa «escritura para documentos».

18
La cultura celta existió durante unos 1.300 años, pero nunca tuvo un sistema propio de escritura. En lugar de ello, la tomó prestada de otras culturas, como el latín de los romanos.

50 DATOS CURIOSOS SOBRE LAS PALABRAS

1

El remate del extremo de un cordón de zapato se llama **HERRETE.**

2

La palabra **«SIZIGIA»** se utiliza en astronomía para describir tres objetos situados en línea en el espacio.

3

En Estados Unidos, decir **«86»** significa «acabar con algo» o «librarse de alguien». Se trata de un código entre camareros para indicar que no van a servir a un cliente o que no tienen un plato.

4

Describir una despedida como **«CANTO DEL CISNE»** tiene su origen en la (falsa) creencia de que un cisne no canta nunca pero que, justo antes de morir, emite un sonoro canto.

5

Se dice que un archivador con la etiqueta O-Z inspiró al escritor L. Frank Baum los nombres de su famoso reino y mago de «Oz».

6

El original inglés de 267 páginas de la novela *Gadsby*, de Ernest Vincent Wright, tiene unas 50.000 palabras, ninguna de las cuales contiene la letra *e*.

7

Es imposible saberlo con certeza, pero probablemente el inglés tenga más palabras —al menos 250.000— que cualquier otro idioma.

8

ANGRY (enfadado) y **HUNGRY** (hambriento) con las únicas palabras en inglés que acaban en **-GRY.**

9

Los cabritos se «vuelven locos» cuando son destetados, de ahí «estar como una cabra».

10

Veintitrés lenguas del mundo cuentan con más de 50 millones de hablantes cada una.

11

La India tiene 23 lenguas oficiales.

12

El nombre de océano Pacífico proviene del latín ***MARE PACIFICUM,*** que significa **«MAR TRANQUILO».**

13

TRISCAIDECAFOBIA es el miedo al número **13.**

14

Los gatos se comunican mediante un mínimo de 16 **«PALABRAS DE GATO».**

15

Un palíndromo es una palabra o frase que se deletrea igual hacia delante y hacia atrás, como «oso», «radar» o «luz azul».

16

La Piedra de Rosetta, que ayudó a los científicos a descifrar los jeroglíficos egipcios, tiene 2.000 años de antigüedad y está grabada en griego y dos tipos de egipcio antiguo.

17

Además de los jeroglíficos, los egipcios tenían otra forma más practica de escritura, el *sesh*, que significa «escritura para documentos».

18

La cultura celta existió durante unos 1.300 años, pero nunca tuvo un sistema propio de escritura. En lugar de ello, la tomó prestada de otras culturas, como el latín de los romanos.

-TECH

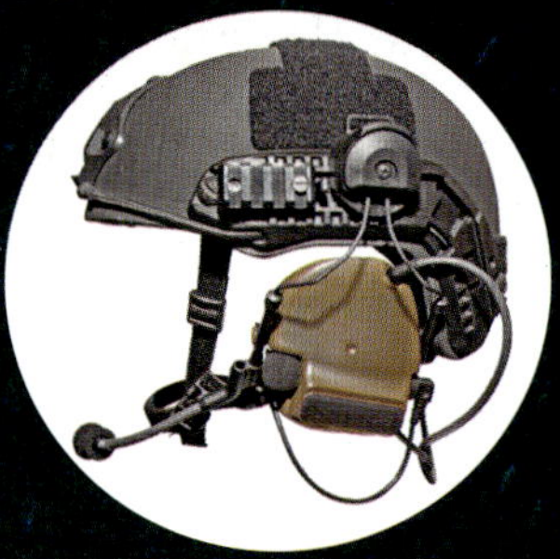

20
AIDA (*Affective Intelligence Driving Assistant*) es un sistema GPS para el coche, capaz de escanear tu cara y reconocer tus emociones. Sus comentarios se adaptan a tu estado de ánimo.

21
En un futuro cercano, los COCHES APARCARÁN SOLOS y VENDRÁN A RECOGERNOS gracias al móvil.

22
Para ABASTECER A LAS CIUDADES, los investigadores buscan ENERGÍA LIMPIA en las MAREAS Y LAS OLAS OCEÁNICAS.

23
Cada día UTILIZAMOS MÁS EL MÓVIL para pagar, EN LUGAR DE LA TARJETA DE CRÉDITO O DE DINERO EN METÁLICO.

24
Los científicos utilizan LÁSERES PARA CALCULAR DISTANCIAS. Incluso LANZARON UNO PARA QUE REBOTARA EN LA LUNA y medir así la distancia con la Tierra.

25
El KEVLAR, un tejido flexible CINCO VECES MÁS RESISTENTE QUE EL ACERO, se utiliza para fabricar chalecos antibalas, raquetas de tenis, cascos y monopatines.

26
Las ESCAMAS DE TIBURÓN permiten NADAR MÁS DEPRISA. Los científicos las han estudiado para crear bañadores que AUMENTEN LA VELOCIDAD DE LOS NADADORES.

27
El NOVENTA Y SIETE POR CIENTO de los habitantes de MARRUECOS E ISLANDIA tienen acceso a Internet. Son los países más «CONECTADOS» del mundo.

28
Más de CINCO MIL MILLONES de los SIETE MIL MILLONES de personas que hay en el mundo tienen MÓVIL.

29
Cada día se redactan en el mundo MÁS DE 500 MILLONES DE TUITS.

30
Diariamente nos mandamos unos 30.000 MILLONES de mensajes de WHATSAPP.

31
LA BATERÍA SE CARGA ANDANDO. Unos zapatos con suelas de goma convierten EL CALOR CORPORAL en corriente para cargar el teléfono.

32
El usuario medio de FACEBOOK tiene 338 «AMIGOS».

33
Hay BAÑADORES que, con solo tirar de un cordón, se hinchan y llevan al deportista a la superficie del agua EN CUESTIÓN DE SEGUNDOS.

34
A algunas personas que que no pueden hablar por traumatismo craneal se les implanta un chip en el cerebro que permite mover CON EL PENSAMIENTO el cursor del ordenador y enviar *e-mails*.

35
En un instituto de Florida, EE.UU., los chicos no pagan la comida en caja. En lugar de ello, mueven la mano sobre un sensor, que detecta su PATRÓN VENOSO y les factura la consumición.

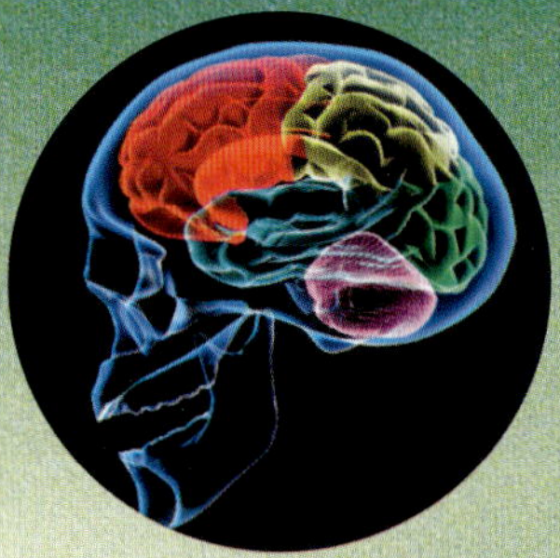

19
El **LENGUAJE DE SIGNOS** no es universal: cada país tiene el suyo y el vocabulario y la gramática varían según la región.

20
Los **HOMÓNIMOS** son palabras que se escriben o suenan igual pero significan cosas diferentes. Por ejemplo: **«VINO** a casa a beber **VINO».**

21
Un **PANGRAMA** es una frase que usa todas las letras del alfabeto de un idioma. Un ejemplo es: «La cigüeña tocaba cada vez mejor el saxofón y el búho pedía kiwi y queso».

22
La letra *e* es la que se utiliza con mayor frecuencia al escribir, tanto en inglés como en español.

23
Un grupo de gatos se denomina **GATERÍA.**

24
La condena de un prisionero se llama **PENA.**

25
En ruso, la palabra que se utiliza para «rojo» también significa **«BONITO».**

26
ONOMATOPEYA es la formación de una palabra por imitación del sonido que significa, como «cucú», «hipo», «chisporroteo» y «pimpón».

27
Cada **14 DÍAS** muere una lengua.

28
Un **OÓLOGO** es un coleccionista de huevos de ave.

29
INDIO es la única palabra del castellano que no rima con ninguna otra.

30
En Gales, existe una localidad llamada **LLANFAIR-PWLLGWYNGYLLGOGERY-CHWYRNDROBWLLLLAN-TYSILIOGOGOGOCH,** abreviada a menudo como Llanfair PG.

31
SCHADENFREUDE es una palabra alemana que significa «alegría derivada de los problemas de otros».

32
La gorila Koko entiende 2.000 términos en inglés hablado y puede expresar con signos 1.000 palabras. Sus oraciones suelen contener entre tres y seis palabras.

33
Los antiguos romanos se referían al mar Mediterráneo como *Mare nostrum*, «mar nuestro».

34
El **«VESRE»** es un hablar argentino que consiste en **CAMBIAR EL ORDEN DE LAS SÍLABAS.** Así «gomía» es «amigo» y «drema», «madre».

35
El esperanto es una lengua universal, no vinculada a un país ni a una cultura en particular, creado a finales del siglo XIX y hablado por unos dos millones de personas en el mundo.

36
Las seis lenguas oficiales de las Naciones Unidas son: árabe, chino, inglés, ruso, francés y español. Cerca de tres mil millones de personas hablan estas lenguas en todo el mundo.

37
La palabra inglesa ***MUGGLE*** –un «no mago» en la serie *Harry Potter*– fue incluida en el *Oxford English Dictionary* en 2003.

38
La lengua de los *pirahas*, una tribu remota de la cuenca del Amazonas, no tiene palabras para «todos», «cada uno», «mayoría» ni «pocos».

39
Un estudio de 2007 indica que mujeres y hombres pronunciamos aproximadamente el mismo número de palabras al día: 16.000.

40
La palabra hawaiana **«ALOHA»** significa tanto hola como adiós.

41
Una **FACA** es un cuchillo grande.

42
En Argentina **PILETA** es piscina, **SACO** es chaqueta y **REMERA** es camiseta.

43
Cerca del 80 por ciento de la población del planeta habla el uno por ciento de las lenguas del mundo.

44
La **COULROFOBIA** es el miedo a los payasos.

45
En 2011 el *Oxford English Dictionary* aceptó la palabra **LOL,** iniciales de *laughing out loud* (reírse a carcajadas), de uso en redes sociales y mensajes de móviles desde los años 80.

46
El equivalente sueco de LOL es **ASG,** abreviatura de *asgarv*, o risa fuerte.

47
Un **HAIKU** es un poema de tres líneas sin rima, con cinco sílabas en las líneas primera y tercera y siete en la segunda.

48
Sukanya Roy ganó en 2011 el Concurso Nacional de Deletreo de EE.UU. por deletrear correctamente ***CYMOTRICHOUS,*** que significa «que tiene el pelo ondulado».

49
En 2011, menos de una docena de personas hablaban con fluidez **HUILLICHESUNGUN,** la lengua de la comunidad Wequetrumao de Chile.

50
Las dos últimas personas que hablan con soltura la lengua de los ayapaneco de México viven a menos de 500 m, pero no se dirigen la palabra, por razones que se ignoran.

1. Una rana de Brasil come fruta. **2. La rana mono encerada envuelve su cuerpo en una suerte de capullo de cera para sobrevivir en temporada seca.** 3. En inglés un grupo de ranas es un ejército; un grupo de sapos es un coro. **4. Las ranas arborícolas de Australia desprenden todo tipo de olores; pueden oler a carne podrida, a anacardos tostados o a tomillo.** 5. El escuerzo común es una rana que puede comerse un ratón de un bocado. **6. En tiempo seco y caluroso, la rana arborícola pico de pato trepa a un agujero y utiliza su cabeza con forma de espátula para tapar el escondite.** 7. A las tortugas les resulta imposible sacar la lengua. **8. Las ranas mudan la piel en torno a una vez por semana, y después se la comen.** 9. La rana Goliat cubre cerca de 3 m de un salto. **10. Se dice que por tocar ranas o sapos te pueden salir verrugas.** 11. Las salamandras no oyen, de modo que tampoco emiten ningún sonido. **12. Si se siente amenazado, el gallipato tensa la musculatura y atraviesa su propia piel con la punta de sus costillas, pinchando a su predador.** 13. Antes de una tormenta, centenares de sapos pata de pala salen y croan, como diciendo «hoy va a llover». **14. El lagarto cornudo tiene el cuerpo aplanado, como un sapo.** 15. En EE.UU., muere más gente al año por picaduras de abeja que por mordeduras de serpiente. **16. El diminuto geco de Jaragua mide menos de 2,5 cm.** 17. Las serpientes se tragan a su presa empezando por la cabeza. **18. Las serpientes dejan de comer unas dos semanas antes de mudar la piel.** 19. Los caimanes tienen el hocico en forma de «U», los cocodrilos en forma de «V». **20. Las tortugas de mar perciben el campo magnético de la Tierra y utilizan este sentido, junto con otros, para orientarse.** 21. Los dinosaurios no eran reptiles, pero estaban emparentados con ellos. **22. Los primeros anfibios aparecieron en la Tierra hace alrededor de 300 millones de años, unos 70 millones de años antes que los dinosaurios.** 23. Las serpientes no tienen papilas gustativas en la lengua, sus receptores del sabor se encuentran en unos hoyitos en el paladar. Para captar los compuestos químicos del aire tienen que sacar y volver a meter la lengua. **24. Cuando están en reposo durante el día, los tuátaras pueden llegar a respirar tan solo una vez por hora.** 25. Las tortugas pueden ser terrestres o acuáticas. **26. Todas las tortugas carecen de dientes y en su lugar tienen un afilado pico.** 27. Las costillas de una tortuga están fusionadas con su caparazón. **28. Todas las tortugas, incluso las que viven en el mar, ponen huevos en tierra.** 29. Las placas geométricas del caparazón de una tortuga se denominan escudos.

Tortuga boba

100 GÉLIDOS DATOS SOBRE

30. La tortuga caimán, una de las mayores de agua dulce, puede pesar más de 100 kg y tiene el hocico puntiagudo como unas tijeras. 31. La tortuga boba o cabezona debe este nombre a su gran cabeza, armada con una poderosa mandíbula con la que puede despedazar incluso langostas. **32. Las tortugas de las Galápagos pesan más de 250 kg y viven más de 100 años.** 33. La tortuga apestosa o almizclera común se llama así por el repugnante olor que desprende como defensa. **34. La rana cuatro ojos tiene solo dos ojos, pero parece que tenga cuatro por las dos manchas blancas y negras que presenta en su parte posterior.** 35. Cuando es atrapada, la rana toro de Sudamérica emite un potente sonido que asusta al predador y le permite huir. **36. La rana paradójica se llama así por un rasgo singular: los renacuajos de esta especie son cuatro veces más grandes que los adultos.** 37. Cuando se siente amenazado, el sapo común europeo se pone de puntillas para parecer más grande. **38. El sapo de caña tiene por todo el cuerpo unas glándulas venenosas que liberan una toxina mortal para su predador en apenas 15 minutos.** 39. La mayoría de las ranas arborícolas tienen almohadillas pegajosas en los dedos para agarrarse mejor a las superficies. **40. La rana más grande del mundo, la rana Goliat, alcanza los 40 cm, pero no emite ningún sonido: carece de saco vocal.** 41. En la mayoría de las especies de rana, las hembras son más grandes que los machos. **42. La lagartija más pequeña del mundo cabe en una moneda de 10 céntimos.** 43. La rana voladora de Wallace no tiene alas, pero la membrana que presenta entre los dedos le permite planear de un árbol a otro.

44. La mayoría de ranas excavadoras cavan hacia atrás, utilizando las patas posteriores. 45. La rana toro africana permanece años bajo tierra, a la espera de fuertes lluvias. **46. Las serpientes de cascabel y ciertas boas y pitones tienen en la cara unos órganos llamados fosetas térmicas para detectar los pequeños cambios en la temperatura del aire producidos por la presencia de otros animales.** 47. Los ojos de una serpiente están cubiertos por una escama transparente, que es reemplazada cuando la serpiente muda la piel. **48. El ser humano tiene 26 vértebras; una serpiente puede llegar a tener 400.** 49. Una cría de serpiente puede ser hasta siete veces más larga que su huevo, nada más salir de él. **50. Las serpientes mantienen sus huevos calientes enroscándose encima y temblando para generar calor.** 51. Las boas utilizan la cola para colgarse de los árboles y así poder atrapar lagartos, aves y mamíferos de las ramas inferiores. **52. Ambos extremos de la llamada boa de goma parecen una cabeza, de modo que cuando se siente amenazada, se enrosca en una bola y eleva la cola para alejar a los predadores de su verdadera cabeza.** 53. La anaconda, con 250 kg, es la serpiente que más pesa del mundo; su cuerpo es tan fuerte que puede estrangular a un animal del tamaño de un caballo. **54. La pitón es la serpiente más larga, llega a alcanzar los 10 m.** 55. La serpiente acuática de Arafura, que parece una trompa de elefante, tiene una piel áspera que la ayuda a atrapar peces. **56. La serpiente comedora de huevos común engulle los huevos enteros; las espinas de sus vértebras rompen el cascarón al pasar por su garganta.** 57. La culebra de Esculapio se llama así por el dios griego de la medicina y aparece enroscada alrededor de una vara en el símbolo de la profesión médica. **58. La cobra de Mozambique escupe a sus víctimas un veneno cegador y muy doloroso.** 59. Todas las serpientes marinas son muy venenosas. **60. La mamba negra, que alcanza los 3,5 m de longitud, puede deslizarse a 20 km/h.** 61. Cuando está en peligro, la cobra rey, la serpiente venenosa más larga que existe, levanta del suelo el tercio anterior de su cuerpo hasta una altura de 1,5 m. **62. Hay víboras que viven en climas extremadamente fríos, como el del Ártico, donde hibernan durante ocho meses al año.** 63. El cascabel de la serpiente de cascabel crece un segmento cada vez que la serpiente muda la piel. **64. La solapa de piel suelta que tiene un lagarto por debajo de la cabeza se llama papada.** 65. Los camaleones cambian de color principalmente para ajustar su temperatura –una piel más oscura absorbe más la luz solar y calienta– o para comunicarse con otros miembros de su especie. **66. Los lagartos voladores planean de un árbol a otro gracias a sus «alas», que en realidad son pliegues de piel que se extienden a partir de las costillas.** 67. Las iguanas marinas son los únicos lagartos que buscan alimento en el mar; bajan hasta 12 m de profundidad y pueden permanecer sumergidas durante más de una hora. **68. El basilisco de doble cresta, un tipo de lagarto, puede correr erguido sobre las patas traseras sobre aguas quietas.** 69. El lagarto moteado mejicano y el monstruo de Gila norteamericano son los únicos lagartos venenosos del mundo, aunque su mordedura pocas veces es mortal para el hombre. **70. Los dragones de Komodo pueden detectar el olor de un animal muerto –su comida favorita– a una distancia de 5 km.** 71. Los lagartos de cristal, que parecen serpientes, carecen de patas pero tienen una larga cola. **72. Los gecos sin párpados utilizan la lengua para limpiarse los globos oculares.** 73. El varano de Gould, de casi un metro de altura, utiliza su larga y musculosa cola para mantenerse sobre sus patas posteriores y echar un vistazo a su alrededor. **74. Los dedos del camaleón están fusionados en dos grupos opuestos, lo cual permite a este lagarto agarrarse a las ramas más delgadas.** 75. Las anfisbenas viven bajo tierra y parecen gusanos, pero están emparentadas con los lagartos. **76. Los cocodrilos del Nilo pueden matar a presas del tamaño de un búfalo o un ñu.** 77. Los *Crocodylia* –cocodrilos, aligátores, caimanes y gaviales– tienen una solapa de piel en la parte posterior de la boca que se adapta cuando el reptil se sumerge, para que el agua no entre en los pulmones. **78. Los reptiles *Crocodrylia* tienen una poderosa mordedura, pero no pueden masticar: engullen enteros los pedazos desgarrados de su presa.** 79. El reptil *Crocodrylia* más grande del mundo es el cocodrilo marino, que puede alcanzar los 7 m de longitud y pesa casi una tonelada. **80. Los cocodrilos permanecen quietos con la boca abierta para enfriarse.** 81. En la punta de su hocico largo y estrecho, el gavial macho tiene un bulto que le sirve para producir sonidos y burbujas. **82. Algunas salamandras excavadoras carecen de pulmones y respiran a través de la piel, la boca y la garganta.** 83. Las sirenas, un tipo de anfibio parecido a la anguila, respiran mediante pulmones y unas agallas externas, situadas a los lados del cuello, que se asemejan a una boa de plumas. **84. La salamandra gigante japonesa, de 1,5 m, puede vivir más de 50 años.** 85. La hembra del tritón crestado pone decenas o cientos de huevos y los envuelve en hojas, por separado o en grupos de dos o tres, para protegerlos. **86. La baba pegajosa de una salamandra babosa tarda varios días en quitarse.** 87. Las cecilias, anfibios sin extremidades parecidos a gusanos, pocas veces se dejan ver porque viven bajo la tierra o el agua. **88. A diferencia de ranas y sapos, los tritones y las salamandras conservan la cola cuando se hacen adultos.** 89. Ranas y sapos tienen cuatro dedos en las extremidades anteriores, y cinco en las posteriores. **90. Cuando comen, las ranas y los sapos cierran los ojos, así los globos oculares rotan hacia abajo y crean más presión en la boca, de manera que pueden terminar la comida en menos degluciones.** 91. Las ranas viven en todos los continentes, excepto en la Antártida. **92. La pequeña rana coquí emite un sonido similar a su nombre: «¡Co-quí!».** 93. Un tipo de rana que vive junto a saltos de agua ruidosos danza en lugar de croar. **94. Si tu lengua fuera tan larga como la de una rana, te llegaría por debajo del ombligo.** 95. La rana más pequeña que se conoce es del tamaño de una uña de persona. **96. Los renacuajos son las crías de rana adaptadas a la vida acuática: tienen branquias para respirar y cola para nadar.** 97. En la región de los Everglades de Florida, EE.UU., se soltaron serpientes pitón de Birmania mantenidas como mascotas, y ahora se comen a los caimanes. **98. Los cocodrilos no pueden mover la lengua, la tienen fijada a la base de su boca.** 99. La serpiente hilo de Barbados es la serpiente más pequeña que se conoce hasta la fecha: es tan fina como un espagueti y más o menos del tamaño de un ratón de ordenador. **100. Los dragones de Komodo, con un peso medio de 70 kg, pueden devorar hasta la mitad de su peso corporal en una sola comida.**

Monstruo de Gila

REPTILES y ANFIBIOS

25 DATOS AL ROJO

1

Las **HORMIGAS DE FUEGO** –hormigas rojas que pican, originarias de Sudamérica– fueron introducidas por mar en Estados Unidos de manera accidental a principios del siglo XX.

2

LA **TEMPERATURA MÁS ALTA** JAMÁS REGISTRADA EN LA TIERRA ES DE **58 °C** Y SE ALCANZÓ EN LIBIA EN 1922.

3

LOS CAMÉLIDOS SE HAN ADAPTADO A VIVIR EN CLIMAS MUY CÁLIDOS Y SECOS. El denso pelaje de la parte superior de su cuerpo los protege del sol, mientras que la piel fina del resto del cuerpo los ayuda a deshacerse del calor corporal.

4

UN HORNO SOLAR UTILIZA MATERIALES REFLECTANTES PARA COCINAR CON LA **ENERGÍA DEL SOL**

5

Con una **LENTE DE AUMENTO** es posible concentrar los rayos de sol y **GENERAR FUEGO.** Algunos montañeros prefieren este sistema a las cerillas.

6

La energía de los rayos calienta el aire hasta **33.300 °C.** ¡Una temperatura seis veces mayor que la de la superficie del Sol!

7

EN EL **CINTURÓN DE FUEGO** DEL PACÍFICO SE ENCUENTRAN TRES CUARTAS PARTES DE LOS VOLCANES ACTIVOS DE LA TIERRA.

8

EL SAPO ORIENTAL VIENTRE DE FUEGO MUESTRA TODO SU COLORIDO CUANDO SE SIENTE AMENAZADO. Verde con manchas negras por arriba, revela su vientre rojo vivo arqueando el dorso o incluso dándose la vuelta, para advertir a los predadores de que es tóxico.

9

La temperatura en la superficie de **VENUS,** el planeta más caliente de nuestro sistema solar, es de **457 °C.**

10

Un tercio de la lava que ha salido de la Tierra por erupción en los últimos 500 años lo ha hecho en **ISLANDIA.**

11

LA MAYORÍA DE LAS LANGOSTAS SON MARRÓN VERDOSO, PERO SE VUELVEN DE COLOR ROJO BRILLANTE CUANDO SE LAS METE EN AGUA HIRVIENDO.

12

CALENTEMOS EL AMBIENTE: UNA VEZ UN HOMBRE APAGÓ 39 ANTORCHAS EN 30 SEGUNDOS, METIÉNDOSELAS UNA A UNA EN LA BOCA.

13

Los **TORNADOS DE FUEGO** son poco habituales. Se producen cuando el fuego, en condiciones de fuerte viento y altas temperaturas, adquiere una **VORTICIDAD VERTICAL** y forma un remolino.

14

EN SUS CÉLEBRES VUELOS, LA AVIADORA AMELIA EARHART SOLÍA BEBER CHOCOLATE CALIENTE.

15

EL SAHARA
ES EL DESIERTO CALIENTE MÁS EXTENSO DEL MUNDO. ES CASI TAN GRANDE COMO ESTADOS UNIDOS.

16

Todos los años, en Arizona, EE.UU., se celebra un «concurso de huevos fritos al sol». Los participantes fríen un huevo sobre el asfalto, sirviéndose de espejos, lupas y otros artilugios, para ganar.

VIVO

17

EL RITUAL DE CAMINAR SOBRE BRASAS ARDIENDO se ha mantenido durante miles de años. La temperatura alcanza los

500 ºC,

pero la gente no suele resultar herida porque solo se transfiere a sus pies una pequeña cantidad de calor.

18

La guindilla ***INFINITY***, **LA VARIEDAD MÁS PICANTE, ES**

200

veces más picante que un jalapeño. A mucha gente se le saltan las lágrimas solo con probar una puntita.

19

El **EQUIPO DE UN BOMBERO** –que incluye casco, cinturón, botas, guantes, pantalones, chaquetón y aparato para respirar– pesa unos

30 kg: más o menos como tres neumáticos de coche.

20

EL PERRITO CALIENTE MÁS LARGO QUE SE HA LLEGADO A PREPARAR MIDIÓ 204 m, ¡LA LONGITUD DE DOS CAMPOS DE FÚTBOL!

21

EL MAR MÁS CALIENTE DEL MUNDO ES EL MAR ROJO. EN SU PUNTO DE MÁS CALOR ALCANZA LOS

31 ºC.

22

EN EL TÓRRIDO DESIERTO AUSTRALIANO, LOS CANGUROS SE LAMEN LOS BRAZOS PARA REFRESCARSE.

23

En algunos países, **EL VAPOR DE AGUA VOLCÁNICO Y LAS AGUAS TERMALES** se utilizan para generar electricidad.

24

COMER UNA GUINDILLA PICANTE PUEDE HACER QUE TE ARDA LA BOCA, pero beber agua no te ayudará. El agua no arrastra el aceite de la guindilla, que es la causa del ardor. Comer pan o arroz, que empapan el aceite, es un remedio más rápido.

25

Hace más de 200 años, dos hombres idearon el primer globo de aire caliente. Se inspiraron en un pedazo de papel que flotaba en el aire gracias a la corriente ascendente generada por un fuego.

35 ASOMBROSOS

1 **ASIA** es el **MÁS GRANDE DE LOS CONTINENTES,** es incluso mayor que la superficie de la Luna.

2 Asia y Europa tienen el mismo número de países: **46.**

3 Aunque Bangkok, capital de Tailandia, es conocida como el **GRAN MANGO,** el mango es la fruta nacional de la **INDIA.**

4 Las **50 MONTAÑAS MÁS ALTAS** del mundo están en Asia.

5 Asia alberga los dos países más poblados del mundo, China y la India, cada uno de ellos con más de **MIL MILLONES DE HABITANTES.**

6 En 2010, más de **10.000** personas formaron una **CADENA DE DOMINÓ HUMANA** en la región de Mongolia Interior, en China.

7 Los puntos **MÁS ALTO** y **MÁS BAJO** del mundo están en Asia: el más bajo, en el mar Muerto, a 422 m por debajo del nivel del mar; el más alto, el pico del Everest, más de 8 km por encima.

8 En Corea del Sur, los jugadores profesionales de videojuegos son **TRATADOS COMO ESTRELLAS DEL ROCK.** Algunos practican 16 horas al día y no pueden salir de casa sin que les pidan un autógrafo.

9 Cuarenta aviones Jumbo cabrían en la gruta de Sarawak de las **CUEVAS DE LA BUENA SUERTE,** en Malasia. Es la **CÁMARA SUBTERRÁNEA MÁS GRANDE** jamás hallada.

10 **BOLAS DE ARROZ ENVUELTAS** en algas son la comida más popular en Japón. Se llaman *onigiri*.

11 En **NUREK, TAYIKISTÁN,** hay una presa que se alza en torno a **300 m** (100 pisos) sobre el río Vakhsh.

12 Un zoo de **SINGAPUR** abre solo de noche. Muestra animales nocturnos, como el leopardo, el tapir, el tigre de Malasia y el loris perezoso.

13 En **SANÁ,** capital de Yemen, ya vivía gente hace más de 2.500 años. Los muros de la ciudad encierran más de 40 jardines «secretos».

14 La **CIUDAD PROHIBIDA,** en el centro de **PEKÍN, CHINA,** fue construida con **3,1 MILLONES DE LADRILLOS.**

15 En **KAZAJISTÁN** hay un deporte tradicional llamado *kokpar*, en el que dos equipos de jugadores a caballo compiten por llevar una **CABRA MUERTA** hasta el centro del campo.

16 En Vietnam puedes pasar la noche en un **HOTEL TALLADO DE UN ÁRBOL.** La gente lo llama la **«CASA LOCA».**

17 **CHINA INVENTÓ LOS FUEGOS ARTIFICIALES.** Los más difíciles de crear son los de color azul-violeta porque sus concentraciones de agentes químicos resultan muy **INESTABLES Y PELIGROSAS.**

La Ciudad Prohibida, Pekín, China

18 Los primeros **HÁMSTERES** fueron encontrados en **SIRIA.** A estas adorables mascotas les gusta almacenar cualquier alimento extra que encuentran.

19 En **MALASIA, LOS MURCIÉLAGOS SUPERAN EN NÚMERO** a cualquier otro mamífero, incluido el ser humano.

20 En Arabia Saudí **NO HAY SALAS DE CINE.**

21 En la modalidad **COREANA** de la **LUCHA SUMO** el ganador tiene que tirar a su oponente al suelo. En **JAPÓN,** el ganador es el que saca a su oponente del círculo de lucha.

22 En Filipinas, se envían a diario una media de **400 MILLONES DE MENSAJES DE TEXTO.**

DATOS SOBRE ASIA

23

En **AFGANISTÁN** algunos niños participan en **LUCHAS DE COMETAS.** Los jugadores pegan cristales a sus cuerdas para tratar de cortar las del oponente.

24

Alrededor del **70 POR CIENTO** del agua que se bebe en Arabia Saudí es en realidad **AGUA SALADA DEPURADA.**

25

Japón es sacudido por más de **1.000 TERREMOTOS AL AÑO** y tiene uno de los sistemas de alerta de terremotos más eficaces del mundo.

26

En Mongolia, en verano, a la gente le gusta beber ***AIRAG*, LECHE FERMENTADA DE CABALLO.**

27

Se cree que el **ESCARABAJO ASIÁTICO DE CUERNOS LARGOS** llegó a EE.UU. en **PALÉS DE MADERA** en los 80. Hoy es una grave plaga para los árboles caducos de Norteamérica.

28

Cuando Filipinas está en guerra, su **BANDERA ONDEA AL REVÉS.**

29

Los **JARDINES COLGANTES DE BABILONIA** eran una de las **SIETE MARAVILLAS DEL MUNDO ANTIGUO.** Su localización exacta sigue siendo un misterio.

30

Una especie pequeña de ciervo, el **CIERVO DE LA HOJA,** vive en **MYANMAR** (antigua Birmania). Mide menos de medio metro de altura y los cuernos del macho apenas tienen 3 cm.

31

El **IMPERIO MÁS GRANDE** que jamás ha existido fue fundado en Asia por **GENGIS KAN.** En su apogeo, se extendía desde Asia hasta el este de Europa.

32

ESTAMBUL, la ciudad más grande de Turquía, se encuentra **ENTRE ASIA Y EUROPA.**

33

TURQUÍA celebra en abril una festividad nacional dedicada a los niños, en la que se les regala **ROPA NUEVA.**

34

Los **TORAJA** de Indonesia construyen sus casas **SIN CLAVOS.** Utilizan solo madera y bambú.

35

Los **DRAGONES DE KOMODO** viven en las islas de Indonesia. Son los **LAGARTOS MÁS GRANDES QUE EXISTEN** hoy en día en el mundo y alcanzan los **3 m** de longitud.

15 MARAVILLOSOS

❶ El ***S'MORE*** es un dulce típico de Estados Unidos. Para el más grande preparado hasta ahora se usaron **40.000** nubes de azúcar, **8.000** tabletas de chocolate y **55.000** galletas.

❷ En Suiza, un hombre ha reunido cerca de **9.000 CARTELES DE «NO MOLESTAR»** de diferentes hoteles.

❸ Un hombre de Long Island, Nueva York, EE.UU., ha recorrido con su **VOLVO CERCA DE 4,8 MILLONES DE KILÓMETROS.**

❹ En **LOS ÁNGELES, CALIFORNIA, EE.UU.,** puedes comprar un perrito caliente envuelto en beicon, hecho a la plancha y acompañado de mayonesa.

❺ **LA ATRACCIÓN DE CAÍDA LIBRE BIG SHOT,** en Las Vegas, Nevada, EE.UU., se encuentra **EN LO ALTO DE UN RASCACIELOS** y sube a sus ocupantes hasta una altura de 50 m.

❻ Un **BUQUE ROMPEHIELOS** canadiense **PESA 15.000 t** y puede romper planchas de hielo de **19 m DE GROSOR.**

❼ Existe una **GUINDILLA TAN PICANTE** que dos de cada tres personas que la comen **VOMITAN.**

Y EXTRAÑOS DATOS

8 La **GRAN MURALLA CHINA** tiene una longitud estimada de **8.850 km,** mayor que la del continente africano.

9 El templo de **LA SAGRADA FAMILIA,** en Barcelona, España, lleva **EN CONSTRUCCIÓN MÁS DE 100 AÑOS.** Es uno de los lugares de la ciudad más visitados por los turistas.

10 En 2011, **SAMIT IJON** batió un nuevo récord mundial al caminar unos **30 m SOBRE UN CABLE** suspendido a **15 m DE ALTURA ENTRE DOS GLOBOS AEROSTÁTICOS.**

11 En 2009, más de **2.500 PERSONAS SE DISFRAZARON DE PITUFO** y se reunieron en la plaza de una localidad del Reino Unido.

12 En 1960, un piloto de la Fuerza Aérea de EE.UU. **SE TIRÓ EN PARACAÍDAS DESDE UN GLOBO A 31.333 m** de altura.

13 **EL ROYAL GORGE BRIDGE,** en Colorado, EE.UU., es un puente que se extiende a lo largo de más de **290 m** sobre el río Arkansas. La atracción llamada **ROYAL RUSH SKYCOASTER** te hará volar a **80 km/h** colgado sobre el río a unos **300 m DE ALTURA.**

14 En 2010, **DOS HOMBRES SALTARON DESDE EL EDIFICIO MÁS ALTO DEL MUNDO,** el Burj Kalifa de Dubái, utilizando paracaídas para frenar el descenso. El edificio tiene **828 m DE ALTURA.**

15 La **BLENOFOBIA** es el **MIEDO** que tienen determinadas personas **A TODO LO VISCOSO.**

75 INCREÍBLES

1 Las plumas están hechas de queratina, igual que el pelo de los mamíferos y las escamas de los reptiles.

2 Casi todas las aves mudan y sustituyen sus plumas al menos una vez al año.

3 El fósil de ave más antiguo tiene 150 millones de años y presenta alas y plumas de pájaro, pero hocico de reptil.

4 Para facilitar el vuelo, la mayoría de los huesos de ave son huecos y ligeros.

5 LAS AVES NO TIENEN DIENTES.

6 La mayoría de las aves nacen ciegas y sin plumas.

7 Los avestruces son las aves más grandes, con un peso de hasta 160 kg y una altura de 3 m.

8 Solo los avestruces tienen dos dedos en cada pie; las demás aves tienen tres o cuatro.

9 Los avestruces no vuelan, pero pueden correr a 70 km/h durante 30 minutos.

10 Con 3,5 m, el albatros errante es el ave de mayor envergadura alar; mide apenas 30 cm menos que un coche Mini.

11 Los flamencos son de color rosa por las algas y gambas que comen.

12 Los flamencos se sostienen sobre una pata para mantenerse calientes.

13 Los colibríes son las únicas aves que pueden volar hacia atrás y cabeza abajo.

14 El colibrí zunzuncito es el ave más pequeña que se conoce. Mide apenas 6 cm de largo y pesa menos de 2 g.

15 El huevo de ave más pequeño tiene aproximadamente el tamaño de un guisante.

16 Los búhos engullen entera a su presa y, más tarde, escupen bolitas que contienen pelo, plumas, huesos y otras partes no digeribles.

17 Los colibríes no usan los pies para saltar o caminar, solamente para posarse y agarrarse.

18 Algunas aves emplean la seda de las telas de araña para sujetar sus nidos.

19 Para atraer a las hembras, los pájaros pergoleros macho construyen elaboradas estructuras con ramitas, bichos, flores e incluso objetos encontrados, como juguetes, espejos y CD.

20 El ave del paraíso cola de moños es el pájaro con la cola más larga: sus plumas miden 1 m, tres veces más que su cuerpo.

21 LAS AVES SON LOS DINOSAURIOS DE NUESTROS DÍAS.

22 La magnífica ave lira es una experta en imitar sonidos, entre ellos los de una motosierra y una alarma de coche.

23 Un vídeo de YouTube de una cacatúa reveló que algunas aves tienen ritmo: antes, los científicos creían que solo los seres humanos tenían esta capacidad.

24 Los cuervos de Nueva Caledonia son capaces de hacer y usar sus propias herramientas, aun sin tener manos.

25 Cada año, entre 100 y 1.000 millones de aves mueren estrelladas contra cristales de ventanas.

26 En *Barrio Sésamo*, Paco Pico mide 2,5 m de altura, aproximadamente 30 cm menos que un avestruz real.

27 Einstein, un loro gris africano, tenía un vocabulario de más de 200 palabras y sonidos.

28 UN «PÁJARO» ES TAMBIÉN UN HOMBRE ASTUTO.

29 La cola de un pavo real representa más de la mitad de la longitud total del animal.

30 Antiguamente se «leía el futuro» en el vuelo de las aves.

31 Contrariamente a la opinión popular, los avestruces no entierran la cabeza en la arena.

32 El charrán ártico recorre cerca de 40.200 km al año en sus migraciones entre el Ártico y el Antártico. ¡Es como dar una vuelta al mundo a la altura del ecuador!

33 El tordo cabeza marrón esconde sus huevos en los nidos de otras aves, que crían la prole del intruso como si fuera suya.

34 EN EL MUNDO EXISTEN ALREDEDOR DE 10.000 ESPECIES DE AVES CONOCIDAS.

35 Cada marzo, medio millón de grullas canadienses se reúnen durante un mes a orillas del río Platte de Nebraska, EE.UU., para descansar y comer durante su viaje de migración.

36 En Estados Unidos está prohibido importar aves vivas de Afganistán, Albania, Azerbaiyán, Bangladesh, Benín, Burkina Faso, Camerún, Camboya, Yibuti, Egipto, Ghana, Hong Kong, India, Indonesia, Irán, Irak, Israel, Costa de Marfil, Japón, Jordania, Kazajistán, Kuwait, Laos, Malasia, Myanmar, Nepal, Níger, Nigeria, Pakistán, Palestina, China, Rumanía, Rusia, Arabia Saudí, Sudáfrica, Corea del Sur, Sudán del Sur, Sudán, Tailandia, Togo, Turquía, Ucrania y Vietnam.

37 El pájaro dodo, de considerable peso e incapaz de volar, se extinguió antes de cumplirse los 80 años de su descubrimiento.

38 El cascanueces americano es un pájaro que almacena entre 20.000 y 30.000 nueces al año en cerca de 1.000 escondites distintos. Hay estudios que demuestran que recuerda el 75 por ciento de estos lugares.

39 Los cuervos americanos forman a veces bandadas de millones.

40 EN LAS BANDERAS DE 15 PAÍSES APARECEN AVES.

41 El pitohuí encapuchado de Nueva Guinea es el primer pájaro tóxico descubierto por los científicos: su piel y sus plumas son venenosas.

42 El cisne de la tundra tiene más plumas –alrededor de 25.000– que cualquier otra ave.

43 El vuelo del halcón peregrino puede alcanzar los 188 km/h, una velocidad similar a un chut a puerta de fútbol profesional.

44 Los pelícanos tienen una bolsa debajo del pico en la que pueden almacenar más comida que en su estómago.

45 La llamada de la cucaburra, que suena a carcajada, se oye en muchas películas; se utiliza para emular el griterío de un grupo de monos.

46 El martín pescador común puede zambullirse en el agua a través de una fina capa de hielo para atrapar peces.

47 EL REGISTRO MÁS ANTIGUO DE UN LORO DATA DE 400 AÑOS ANTES DE CRISTO.

48 El ave martillo construye nidos que pueden formar una circunferencia de 2 m y pesar más de 45 kg.

49 El kiwi, ave no voladora del tamaño de una gallina, es el símbolo nacional de Nueva Zelanda, a cuyos habitantes a menudo se les llama «kiwis».

50 Los kiwis existen desde hace más de 30 millones de años, lo que los convierte en el ave viva más antigua que existe.

51 El nido del tejedor republicano puede albergar a más de 100 familias, un verdadero «complejo residencial» que llega a medir 6 m de ancho y 3 de alto.

52 Los hindúes consideran sagrados a los pavos reales porque las manchas de su cola parecen los ojos de una deidad.

53 La estruendosa llamada del casuario es el sonido de tono más bajo que emite un ave.

54 Los emúes – grandes aves australianas no voladoras– no pueden caminar hacia atrás.

55 En Kazajistán, los cazadores entrenan águilas reales –aves rapaces muy fuertes y rápidas– para cazar antílopes y ciervos.

56 Más de un millón de ibis fueron momificados en el Antiguo Egipto, donde eran considerados animales sagrados.

57 En inglés, la palabra murder significa tanto «asesinato» como «bandada de cuervos».

58 Un conjunto de gallinas es un gallinero, que también es un lugar donde hay mucho alboroto de gente hablando y gritando.

59 Los polluelos de chotacabras gritón salen del huevo diez días antes de la luna llena.

60 De vuelta al nido y para mejorar la aerodinámica del vuelo, el águila pescadora carga los peces de frente.

61 LOS PÁJAROS CANTORES CANTAN MÁS ALTO CUANDO HAY RUIDO DE TRÁFICO URBANO.

62 La golondrina común hembra se siente atraída por los machos con la cola más larga y simétrica.

63 Los cuervos atraen la atención de lobos y coyotes sobre sus posibles presas mediante fuertes graznidos y luego se dan un festín con lo que esos predadores mayores dejan tras de sí.

64 El diseño del Estadio Nacional de Pekín, construido para la Olimpiada de 2008, está inspirado en un nido de ave.

65 En 2010, la India registró un incremento de búhos como mascotas, debido en parte a la popularidad de Hedwig, el búho nival de Harry Potter.

66 Los pavos salvajes pueden correr a 40 km/h.

67 Algunos patos cierran un ojo cuando duermen, lo cual pone en reposo una mitad del cerebro mientras la otra permanece alerta.

68 LOS PINGÜINOS SON LAS ÚNICAS AVES INCAPACES DE PLEGAR SUS ALAS.

69 Los colibríes pueden comer el equivalente a su peso corporal en un día.

70 Las aves también juegan; a los cuervos comunes les gusta deslizarse por la nieve sobre su cola y dejarse caer ladera abajo para divertirse.

71 El buitre americano de cabeza roja utiliza su sentido del olfato para localizar presas muertas.

72 Las aves pueden ver una mayor variedad de colores que el ser humano.

73 El cuitlacoche rojizo tiene 2.000 tipos distintos de canto.

74 Cuando busca alimento, el pájaro carpintero golpea el árbol y escucha; así detecta el sonido de los insectos moviéndose en su interior.

75 Los pelícanos incuban su puesta poniéndose de pie sobre los huevos para darles calor.

Avestruz

DATOS SOBRE AVES

1
BEBER AGUA SALADA ES PEOR que no beber nada de agua. En realidad, el agua salada **DESHIDRATA.**

2
La **SEÑAL INTERNACIONAL DE SOS**, cuando se utiliza fuego, consiste en formar un **TRIÁNGULO CON TRES PUNTOS DE FUEGO.**

3
En EE.UU., The Hershey Company sirve desde 1937 **CHOCOLATE DE CLASE MILITAR** a hombres y mujeres en servicio. Es muy energético y rico en grasas.

4
33 HOMBRES QUEDARON ATRAPADOS 69 DÍAS EN UNA MINA EN CHILE: TODOS SOBREVIVIERON. Nadie había pasado tanto tiempo bajo tierra.

5
En Missouri, EE.UU., un chico de un instituto **FUE ALCANZADO POR UN TORNADO Y LANZADO A 398 m.** Sufrió un corte en la cabeza, pero ninguna otra lesión.

6
Lo mejor para escapar de **ARENAS MOVEDIZAS** es echarse con calma hacia atrás, como haciendo el muerto, mover despacio los pies en círculos cortos hasta librarse y bracear hacia tierra firme.

7
Hay **COLAS DE LAGARTIJA** diseñadas para **SOLTARSE CON FACILIDAD** y que su propietario pueda **ESCAPAR EN CASO DE ATAQUE.** En unos meses suelen regenerarse.

8
MOVER LOS BRAZOS COMO SI NADARAS y **MANTENER LA BOCA CERRADA** para que la nieve no te tapone la garganta, puede ayudarte a sobrevivir a una **AVALANCHA.**

9
Como las paredes de un estudio de grabación, **LA NIEVE COMPACTA INSONORIZA.** Sepultado bajo la nieve, **DESPERDICIARÁS OXÍGENO SI GRITAS** pidiendo ayuda, a menos que haya alguien cerca de ti.

10
Es más fácil **SOBREVIVIR A UN TIBURÓN QUE NADA EN CÍRCULOS ALREDEDOR DE TU TABLA DE SURF** si mantienes la calma. **SI CHAPOTEAS,** parecerás **SU COMIDA PREFERIDA: UNA FOCA.**

11
Hay gente que ha resultado **INTOXICADA POR EL VENENO DE UNA SERPIENTE** incluso **DESPUÉS DE MORIR** el reptil.

12
Se **TARDA DIEZ MINUTOS EN PERDER LA SENSIBILIDAD EN PIERNAS Y BRAZOS** después de caer al agua a través del hielo.

13
La mejor manera de **SALIR DE UNA POZA CONGELADA** y volver al hielo es **CONTONEARSE COMO UNA MORSA** y golpear el agua con los pies **COMO UN DELFÍN.**

14
Tras agotar el combustible en medio del océano Pacífico, **TRES PESCADORES SOBREVIVIERON** a la deriva **NUEVE MESES Y NUEVE DÍAS,** comiendo **AVES MARINAS Y PECES CRUDOS.**

15
Por la **CABEZA** se pierde el **10 POR CIENTO** del **CALOR CORPORAL.**

16
Para **SEÑALIZAR UNA EMERGENCIA CON SONIDO,** por ejemplo con un silbido, **REPITE EL SONIDO TRES VECES RÁPIDAMENTE.**

17
La señal de **S.O.S., TANTO VISUAL COMO SONORA,** consiste en **TRES SEÑALES CORTAS, TRES LARGAS Y OTRAS TRES CORTAS.**

18
En 1912, los **OPERADORES DE RADIO** a bordo del **TITANIC** pidieron ayuda mediante señales de **S.O.S.**

19
Los **INSECTOS SON UNA BUENA FUENTE DE PROTEÍNAS Y GRASAS,** por lo que pueden resultar muy útiles también en situaciones de supervivencia.

20
En Nueva York, EE.UU., un hombre estuvo **ATRAPADO EN UN ASCENSOR DURANTE 41 HORAS.**

21
Si vas en un **ASCENSOR QUE SE PRECIPITA** al vacío, no te vas a salvar por saltar justo antes del impacto. No hay manera humana de contrarrestar semejante velocidad de un salto.

22
Juana María, que inspiró el libro *La isla de los delfines azules*, sobrevivió **18 AÑOS SOLA** en la isla de San Nicolás, después de que su tribu sufriera el ataque de cazadores rusos en 1835.

23
El primer episodio de la serie ***LA ISLA DE GILLIGAN*** se rodó en la **ISLA HAWAIANA DE KAUAI.** El resto **SE RODÓ EN UN PLATÓ.**

24
A los **CONCURSANTES DE *SUPERVIVIENTES* NO SE LES DA REPELENTE DE INSECTOS,** pero sí protector solar.

35 DATOS VITALES SOBRE

SUPERVIVENCIA

25

Lo mejor para **SOBREVIVIR A UN TORNADO,** si estás al aire libre y no hay refugio cerca, es **PEGARSE AL SUELO COMO UNA TORTILLA.**

26

Algunos montañeros llevan un dispositivo capaz de precisar **SU LOCALIZACIÓN EXACTA** vía satélite y enviar un mensaje de alerta a un equipo de búsqueda y rescate.

27

En 1914, **E. SHACKLETON** y su equipo pretendían **CRUZAR LA ANTÁRTIDA,** pero quedaron atrapados en el mar helado y tardaron **DOS AÑOS** en llegar a casa. Milagrosamente, no murió nadie.

28

En 1950, un osezno sobrevivió al **INCENDIO FORESTAL** de Nuevo México, EE.UU., y pudo recuperarse gracias a las atenciones del Zoo Nacional. Desde entonces es conocido como **SMOKEY.**

29

DAR UN PUÑETAZO O UNA PATADA A UN TIBURÓN en sus áreas más sensibles **–NARIZ, OJOS Y AGALLAS–** puede inducirle a nadar en otra dirección en medio de un ataque.

Baliza de localización personal

30

PENDIENTES Y RELOJES pueden confundirse con escamas de pez y **PROVOCAR EL ATAQUE DE UN TIBURÓN** hambriento.

31

A los **TIBURONES** les atraen los **OLORES FUERTES, INCLUIDO EL DE LA ORINA.**

32

Puedes **HACER FUEGO** con una **BATERÍA DE MÓVIL, ESTROPAJO Y RAMITAS SECAS.**

33

Ahora se hacen **MÓVILES SOLARES** para montañeros y excursionistas. Pones el teléfono al sol durante una hora y dispones de 25 minutos para hablar.

34

En la Segunda Guerra Mundial, la lancha comandada por **J. F. KENNEDY** fue alcanzada por los japoneses. Él y otros supervivientes nadaron hasta una isla y fueron rescatados días más tarde.

35

Hay quien cree que un bizcocho tipo **PANTERA ROSA** es el mejor alimento para un kit de supervivencia. Lo cierto es que caduca en apenas 25 días.

100 DATOS SOBRE TIBURONES

1. El tiburón blanco es el pez carnívoro más grande del mar. **2. Existen en torno a 350 especies de tiburón.** 3. Los tiburones viven en todos los océanos de la Tierra. **4. Los tiburones ya vivían en los mares de la Tierra 170 millones de años antes que los dinosaurios.** 5. Aunque los tiburones son peces, su esqueleto no es óseo: está formado por un material flexible y gomoso llamado cartílago. **6. La punta de tu nariz y el lóbulo de tu oreja también son de cartílago, un tejido que facilita al tiburón el movimiento en el agua.** 7. El tiburón ballena es el más grande del mundo y, aunque puede llegar a medir 20 m, es un gigante inofensivo. Se alimenta sobre todo de plancton. **8. Los tiburones ballena pueden pesar hasta 34.000 kg, más o menos lo mismo que 12 rinocerontes blancos.** 9. Un tiburón ballena recién nacido mide apenas 64 cm **10. El tiburón ballena tiene 3.000 diminutos dientes de 3 mm de longitud.** 11. La boca de un tiburón ballena se abre hasta 1,5 m, casi lo que mide un coche de ancho. **12. El tiburón leopardo, de 1,5 m, tiene manchas, como su nombre indica.** 13. El pez piloto nada alrededor del tiburón nodriza y come parásitos de su piel. **14. Más de la mitad del peso de un tiburón es músculo.** 15. Toda esa masa lo hace más pesado que el agua de mar, de manera que debe nadar constantemente para no hundirse. **16. La mayoría de los tiburones también nada para que el agua fluya a través de sus agallas y poder así respirar.** 17. Los tiburones de los fondos marinos son vistos a menudo reposando sobre el suelo oceánico. Buscan puntos de corrientes lentas o aguas ricas en oxígeno. **18. La piel de un tiburón es tan dura como el papel de lija y está recubierta de escamas puntiagudas.** 19. Aunque los tiburones tienen seis o más hileras de dientes, solo las dos primeras son funcionales; a veces, solo la primera. **20. Las hileras posteriores de dientes actúan como reserva, avanzando a medida que las delanteras se desgastan o caen.** 21. De media, un tiburón pierde un diente a la semana. **22. Debido a que la luz del Sol penetra en el océano hasta una profundidad de apenas 120 m —más abajo reina la más absoluta oscuridad—, algunos tiburones tienen detrás del ojo una estructura similar a un espejo, que potencia la luminosidad.** 23. Los tiburones tienen un buen sentido del olfato. Algunos pueden distinguir una gota de sangre entre 25 millones de gotas de agua de mar. **24. Los tiburones usan los oídos como órgano del equilibrio, como nosotros.** 25. Todos los tiburones tienen en el lateral un canal interno lleno de líquido que les sirve para percibir las ondas producidas por movimientos o sonidos. **26. Los tiburones tienen diminutas fosas sensoriales en el hocico que les permiten detectar corrientes eléctricas producidas por otros animales, lo cual les ayuda a encontrar alimento.** 27. Algunos tiburones –como la mielga– cazan en grupo cuando atacan a una presa mayor, aunque la mayoría comen solos. **28. Para golpear a su presa contra el fondo del océano, igual que la raya látigo utiliza su cola, el tiburón martillo se sirve de la cabeza.** 29. El tiburón blanco caza sorprendiendo a su presa desde abajo e inutilizándola con una mordedura devastadora. Si le gusta cómo sabe, termina con ella. **30. El gran tiburón blanco tiene el dorso oscuro y el vientre claro, de manera que es difícil distinguirlo tanto desde arriba (contra la oscuridad del mar) como desde abajo (contra la superficie del agua).** 31. Los veloces tiburones mantienen el cuerpo rígido mientras su cola les proporciona rápidos y potentes impulsos. **32. El lóbulo superior de la cola del tiburón zorro tiene casi la misma longitud que el resto de su cuerpo. Lo utiliza para golpear el agua cuando acecha una presa.** 33. El tiburón de Port Jackson usa sus dientes planos para comer crustáceos y erizos de mar. **34. El tiburón ballena, el tiburón peregrino y el tiburón de boca ancha se alimentan por filtración. Abren bien la boca para engullir litros y litros de agua, que después pasan por sus branquias, donde queda retenido el plancton.** 35. Cuando el tiburón peregrino sube a alimentarse a la superficie, da la sensación de estar tomando el sol. **36. Los tiburones comen poco en relación con su peso corporal. No necesitan la comida como fuente de energía para mantener el cuerpo caliente porque son animales de sangre fría.** 37. En todo el mundo, se registran al año 50-80 ataques no provocados de tiburones. Mueren una media de doce personas. **38. Los lugares donde se producen más ataques de tiburones son Florida y California, en EE.UU., Sudáfrica y Australia.** 39. ¡Muere mucha más gente por ataques de perros, elefantes o abejas que de tiburones! **40. Los tiburones blanco, tigre y sarda son los más peligrosos para las personas. Sus ataques se deben a menudo a un error de identificación, ya que suelen alimentarse de animales de tamaño similar al del ser humano.** 41. Se sabe que ciertas especies de tiburón viven 100 o más años. **42. El tiburón cigarro es uno de los más feroces: puede llegar a morder más de**

Tiburón blanco

20 veces el cuerpo de una ballena. 43. En función de la especie, las crías de tiburón pueden crecer en el interior de su madre o salir de huevos que eclosionan fuera. 44. **La piel de tiburón se emplea para fabricar zapatos y bolsos. Los dientes se usan en joyería.** 45. El tiburón globo pone sus huevos en unos estuches duros conocidos como «bolsos de sirena». 46. **La hembra de tiburón globo pone hasta 5 estuches de huevos en cada puesta. En nueve meses, los huevos eclosionan y salen las crías.** 47. Si hay luz, nuestra visión es aproximadamente igual que la de un tiburón. En la oscuridad, los ojos de un tiburón son diez veces más sensibles a la luz. 48. **Un tiburón usa más de 10.000 dientes a lo largo de su vida.** 49. Los tiburones prehistóricos tenían dientes de hasta 15 cm de longitud. 50. **Se estima que el tiburón prehistórico *Carcharocles megalodon* tenía una longitud de más de 16 m y un peso de 25.000 kg, igual que un tráiler lleno.** 51. El tiburón pigmeo tiene una longitud de unos 20 cm. Su vientre brilla en la oscuridad. 52. **Cuando un gran blanco muerde a su presa, sus globos oculares giran hacia atrás. Este movimiento protege los ojos si la presa se revuelve.** 53. El marrajo salta fuera del agua para capturar a sus presas. 54. **El tiburón linterna está recubierto por una sustancia viscosa que brilla en la oscuridad.** 55. El tiburón linterna es un tiburón de aguas profundas. Los científicos creen que la luminiscencia podría ayudar a estos predadores a atraer a sus presas. 56. **Los tiburones alfombra tienen el color del fondo marino. En su boca hay partes que parecen algas.** 57. Cuando tenía 13 años, la surfista Bethany Hamilton fue atacada por un tiburón tigre en Hawái, EE.UU. Aunque el animal le arrancó el brazo izquierdo de un mordisco, Bethany sigue practicando surf. La película *Soul Surfer* está basada en su vida. 58. **El tiburón blanco es la especie de tiburón vivo con los dientes más grandes: tienen una longitud de 5 cm.** 59. Los tiburones son parientes cercanos de las rayas. 60. **Un tiburón tiene siete hendiduras branquiales a cada lado de la cabeza. Un pez óseo tiene solo una a cada lado.** 61. Para determinar la edad de los peces óseos se tienen en cuenta los huesos, dientes o escamas; en el caso de los tiburones es más complicado, dado que no tienen huesos, dientes permanentes ni escamas. 62. **Los tiburones de cola roja, habituales en los acuarios domésticos, son en realidad peces óseos.** 63. El tiburón linterna enano tiene el tamaño de un lápiz. 64. **Cuando se siente amenazado, el tiburón globo duplica su tamaño engullendo agua. Una vez a salvo, emite una especie de ladrido y eructa el agua.** 65. Los marrajos son más veloces que los delfines mulares y que las orcas. Pueden nadar a 50 km/h. 66. **Durante el día, hasta 36 tiburones nodriza llegan a amontonarse unos encima de otros para descansar en cuevas y grietas.** 67. La jaula a prueba de tiburones es el único lugar seguro para observar y fotografiar los tiburones más grandes y agresivos. 68. **Los tiburones tienen papilas gustativas no solo en la lengua, sino por toda la boca.** 69. El cerdo marino espinoso debe su nombre a los duros dentículos de su piel. Para observarlo, lo mejor es servirse de un sumergible en las aguas profundas de Nueva Zelanda y Australia. 70. **El tiburón de Groenlandia vive en el Atlántico Norte y en el Ártico. Se alimenta de aves marinas y ballenas muertas. Las poblaciones indígenas emplean su piel para hacer botas y sus dientes, para cuchillos.** 71. El tiburón nodriza se mueve de noche por los arrecifes y las costas rocosas del Atlántico oriental y occidental, el Golfo de México y el Pacífico oriental, desde México hasta Perú. 72. **El tiburón aleta negra captura bancos de peces mientras salta y gira fuera del agua.** 73. El tiburón de puntas negras de arrecife se deja ver por los arrecifes del mar Mediterráneo y los océanos Pacífico e Índico. 74. **Seis especies insólitas de tiburón habitan aguas dulces en ríos de Borneo, Australia y la India.** 75. El corazón de un tiburón ballena pesa 80 veces más que el tuyo, ¡más de 18 kg! 76. **Estudiosos y pescadores han encontrado de todo en las tripas de tiburones, desde placas de matrícula hasta colchonetas de barco.** 77. Los tiburones blancos son capaces de recorrer 11.000 km en 99 días en sus migraciones desde Sudáfrica hasta Australia; más o menos, dos veces la distancia de costa a costa de EE.UU. 78. **Por lo general, los bañistas de Florida no son conscientes de que cerca de ellos hay tiburones trozo, angelote, cabeza de pala, de puntas negras, de aleta negra y martillo.** 79. Dos tercios del cerebro de un tiburón están destinados a su sentido del olfato. 80. **El hígado del tiburón es rico en aceites, lo que proporciona flotabilidad al animal y almacena energía; en el caso del tiburón peregrino, además, representa el 25 por ciento de su peso corporal.** 81. Algunas especies, como el tiburón alfombra, alteran el color de su piel para camuflarse. 82. **Los tiburones tigre no son escrupulosos con la comida: devoran peces, otros tiburones, aves, serpientes y tortugas de mar, iguanas y basura marina.** 83. Los tiburones blancos alcanzan una longitud media de 4,6 m, aunque se han registrado ejemplares algo mayores, de más de 6 m y con un peso de alrededor de 2.200 kg. 84. **Con la luz y la corriente adecuadas, un tiburón oye a su presa a 250 m, huele su sangre a 1 km, percibe el movimiento a 15 m y es capaz de sentir su aleteo a dos cuerpos de distancia.** 85. ¡El sentido del olfato de un tiburón es 10.000 veces mejor que el tuyo! 86. **El tiburón blanco y el de puntas negras oceánico sacan la cabeza fuera del agua para captar los olores que lleva el aire.** 87. Un importante predador de tiburones es otro tiburón. 88. **A diferencia de los mamíferos, el maxilar superior de un tiburón no está fusionado con el cráneo. Al morder, los huesos maxilares superior e inferior bajan y se desplazan hacia delante, con rotación de los dientes hacia fuera. Esto proporciona al tiburón una mordida más grande y una mayor capacidad de succión al capturar a sus presas.** 89. Un tiburón blanco adulto grande es tres veces más largo que una persona. 90. **El esqueleto intacto de tiburón más antiguo que se conoce (*Doliodus problematicus*) se encontró en Canadá. Vivió hace 409 millones de años.** 91. El tiburón anguila ha cambiado muy poco desde los tiempos prehistóricos; vive en las profundidades marinas, se alimenta de calamares y puede alcanzar el tamaño de un *jeep*. 92. **Los tiburones ángel se esconden bajo la arena y esperan absolutamente quietos a su presa.** 93. La carne del tiburón de Groenlandia es tóxica. Se sabe que este tiburón ha llegado a apresar renos directamente del borde del agua. 94. **Para comer como un tiburón, deberías hacer una sola comida poco abundante, como un trozo de pizza, cada varios días. ¡Y tendrías que tragártela entera!** 95. La primera aleta dorsal de un tiburón blanco tiene una altura aproximada de 1 m. ¡Mide más que un niño de cuatro años! 96. **¿Qué distancia eres capaz de nadar en cinco segundos? El marrajo puede recorrer unos 70 m, el ancho de un campo de fútbol. Un tiburón blanco nada en ese tiempo 56 m, dos veces la longitud de una cancha de baloncesto. El de boca ancha es algo más lento, apenas alcanza los 1,3 m, lo que ocupan dos asientos de un estadio.** 97. Un ictiólogo estudia los peces, incluidos los tiburones. 98. **Las personas son para los tiburones un problema mayor del que representan los tiburones para las personas: millones de tiburones mueren en redes tendidas para pescar otras especies, muchos otros son capturados a propósito.** 99. En los últimos 20 años, la media anual de tiburones capturados es de 816.466 t. 100. **Los tiburones son capturados también para preparar sopa de aleta, un verdadero manjar en China.**

¡PARA HINCAR EL DIENTE!

50 Datos AL LÍMITE sobre LA TIERRA

1
La **BASE** de la mayoría de los volcanes se encuentra 95 km o más por **DEBAJO DE LA SUPERFICIE DE LA TIERRA.**

2
Los **VOLCANES** en erupción arrojan al exterior todo tipo de detritos, como **BOMBAS VOLCÁNICAS,** enormes rocas que alcanzan el tamaño de **UN ELEFANTE.**

3
El **MAUNA LOA,** el volcán activo más grande del mundo, mide unos 9.150 m desde el suelo oceánico hasta la cima. ¡Es más alto que el **MONTE EVEREST!**

4
En la Tierra hay alrededor de **1.900 VOLCANES ACTIVOS.**

5
Todas las **ISLAS HAWAIANAS** se formaron por **VULCANISMO,** aunque solo el Mauna Loa y el Kilauea, en la isla de Hawái, siguen activos.

6
Todos los años, 400.000 personas suben en peregrinaje los 3.776 m de altitud del **MONTE FUJI,** en **JAPÓN.**

7
El Parque Nacional de Yellowstone, EE.UU., está en la cumbre de un enorme **SUPERVOLCÁN.** Un supervolcán presenta las erupciones más intensas conocidas en la Tierra.

8
En el mundo, de media, se produce la **ERUPCIÓN DE UN VOLCÁN** cada semana.

9
El **VOLCÁN KILAUEA,** en Hawái, EE.UU., **PRESENTA ERUPCIONES CONTINUAS DESDE 1983.** El material que arroja ha ampliado la costa sur de la isla en 200 ha.

10
En 1980, en Washington, EE.UU, la **ERUPCIÓN DEL MONTE SANTA HELENA** afectó a los bosques de alrededor, causando la pérdida de 9,4 millones de m² de madera.

11
En algunas culturas, se cree que los volcanes **ENCIERRAN UN MONSTRUO EN SU INTERIOR** o que son la entrada a un **HORRIBLE LUGAR.**

12
La palabra «volcán» procede del nombre del **DIOS ROMANO DEL FUEGO, VULCANO.**

13
En **ISLANDIA** hay volcanes **DENTRO DE GLACIARES.**

14
El Nevado Ojos del Salado, en la frontera Chile/Argentina, es el **VOLCÁN MÁS ALTO** del mundo, con **6.887 m** sobre el nivel del mar.

15
Antes de una **ERUPCIÓN VOLCÁNICA** suelen producirse **TERREMOTOS Y TEMBLORES DE TIERRA.**

16
La **FALLA DE SAN ANDRÉS,** en California, EE.UU., es una grieta en la corteza terrestre que, crece unos 5 cm anuales, como **LAS UÑAS DEL SER HUMANO.**

17
Alaska **REGISTRA MÁS TERREMOTOS QUE NINGÚN OTRO ESTADO** de Estados Unidos.

18
Los **LUNAMOTOS** son terremotos en la luna.

19
Durante un terremoto, **LAS PISCINAS PUEDEN DESBORDARSE.** En Arizona, EE.UU., una piscina perdió agua por un terremoto producido a 2.000 km de distancia.

20
En el interior de la **ANTÁRTIDA HAY CRIOSEÍSMOS.** Son como los terremotos, pero solo afectan a la capa de hielo, no a la tierra debajo del hielo.

21
Cada año se detectan una media de **500.000 TERREMOTOS,** aunque realmente **EL SER HUMANO** solo llega a **PERCIBIR 100.000.**

22
En 1960 tuvo lugar frente a la **COSTA DE CHILE** el **TERREMOTO DE MAYOR MAGNITUD** jamás registrado, un 9,6.

23
En 1958 embistió Alaska la **OLA DE TSUNAMI MÁS ALTA** que haya entrado en tierra firme conocida hasta el momento: tenía una **ALTURA DE 7 PISOS.**

24
La energía de un **RAYO SERÍA SUFICIENTE PARA QUE UN COCHE DE TAMAÑO MEDIO** recorriera **1.465 km.**

25
Los **RAYOS** pueden saltar de **UNA PERSONA A OTRA.**

26
Si cuentas los segundos entre **EL RELÁMPAGO Y EL TRUENO** y los divides por cinco, obtendrás la distancia en kilómetros a la que se encuentra el rayo.

27
Los **RAYOS** pueden viajar por los **CABLES DE TELÉFONO.**

28
En 1885, **CINCO RAYOS CAYERON SOBRE EL MONUMENTO A WASHINGTON,** en la ciudad de Washington, EE.UU., pero no se oyó trueno alguno.

29
De media, **UN AVIÓN COMERCIAL ESTADOUNIDENSE** es alcanzado por **MÁS DE UN RAYO CADA AÑO.**

30
UN **INCENDIO FORESTAL** PUEDE AVANZAR **A MÁS DE 9,7 km/h.**

31
Los incendios forestales **AVANZAN MÁS DEPRISA LADERA ARRIBA** que ladera abajo.

32
El **TERREMOTO DE LOMA PRIETA** sacudió la bahía de San Fransisco y **RETRASÓ DIEZ DÍAS** la Serie Mundial de béisbol de 1989 entre los Giants y los Oakland Athletics.

33
Los **«RAYOS EN BOLA»**, esferas de electricidad de tamaño variable entre una pelota de tenis y un balón de playa, mantienen perpleja a la comunidad científica.

34
SALTO ÁNGEL, EN VENEZUELA, es el **SALTO DE AGUA MÁS ALTO** de la Tierra. El agua cae desde una altura de 979 m y apenas toca la vertical de roca por la que cae.

35
El **MAR MUERTO** es la **ELEVACIÓN MÁS BAJA** de la Tierra, a **416 m** por debajo del nivel del mar.

36
Las aguas del **OCÉANO PROFUNDO** están sometidas a una **PRESIÓN** de alrededor de 62.000 kPa, es decir, **300 VECES** la presión de aire de una **RUEDA DE COCHE.**

37
El **HIELO DE UN GLACIAR** no es del mismo color que el hielo corriente: **¡PARECE AZUL!**

38
La **TIERRA SE DESPLAZA** alrededor del Sol a una velocidad de **30 km/h.**

39
Existen **MÁS GÉISERES** en el Parque Nacional de Yellowstone, EE.UU., que en cualquier otro lugar de la Tierra.

40
En 1901, el **PEOR INCENDIO FORESTAL** de la historia de EE.UU. quemó más de **1,2 MILLONES DE ha** de bosques maderables en Idaho y Montana.

41
Tarde o temprano, el **DESLIZAMIENTO DE LAS PLACAS TECTÓNICAS** hará que el **CUERNO DE ÁFRICA SE SEPARE** del resto del continente.

42
Cada año caen sobre la Tierra de **33.600 a 70.800 t DE MATERIAL ESPACIAL,** la mayor parte en forma de partículas de polvo.

43
Se registran **TORMENTAS DE ARENA** por toda la Tierra, las más fuertes en Oriente Medio y China. Hay evidencia de que se producen ¡incluso **EN MARTE!**

44
En 1953, en Pakistán, el **KUTIAH** alcanzó la **MAYOR VELOCIDAD** registrada jamás en un **GLACIAR,** llegó a desplazarse más de **12 km EN 3 MESES.**

45
Las **ROCAS VOLCÁNICAS MÁS ANTIGUAS** de la Tierra están en Canadá. Tienen **3.800 MILLONES DE AÑOS** de antigüedad.

46
La **PERSONA DE MÁS EDAD** en subir la **MONTAÑA MÁS ALTA** del mundo **TENÍA 76 AÑOS** cuando lo consiguió.

47
El **PACÍFICO** es el **MÁS ANTINGUO** de los océanos actuales. Debido al movimiento de las placas tectónicas, **ENCOGE** un poco cada año, mientras que el **ATLÁNTICO CRECE.**

48
El **BAIKAL, EN RUSIA,** es el **LAGO MÁS ANTIGUO** del mundo. Contiene más agua que todos los Grandes Lagos de Norteamérica juntos.

49
El **LUGAR MÁS FRÍO** de la Tierra habitado permanentemente es la **ALDEA SIBERIANA DE OYMYAKON.** En una ocasión alcanzó los **-68 °C.**

50
EL GOBI ES EL MÁS FRÍO DE LOS DESIERTOS CALIENTES. Las temperaturas allí pueden caer por debajo de **–20 °C.**

25 DATOS DEL

1

Los viajes de vacaciones a la ISLA deshabitada de GALESNJAK, en Croacia, aumentaron después de que imágenes tomadas por satélite revelaran su dulce **FORMA DE CORAZÓN.**

2

Heart Island, una pequeña isla con forma de **CORAZÓN HUMANO,** en Nueva York, EE.UU., alberga el Castillo de Boldt, construido por su propietario como **MUESTRA DE AMOR POR SU MUJER.**

3

Si te hospedas en el Heartbreak Hotel de Memphis, Tennessee, EE.UU., podrás nadar en su **PISCINA CON FORMA DE CORAZÓN.**

4

El corazón de un elefante pesa **21** kg, aproximadamente lo mismo que un niño de cuatro años.

5

BUSCAR HEART (CORAZÓN) EN LA WEB MUSICAL *BILLBOARD* DEVUELVE MÁS DE **50.000** CANCIONES COMO RESULTADO

6

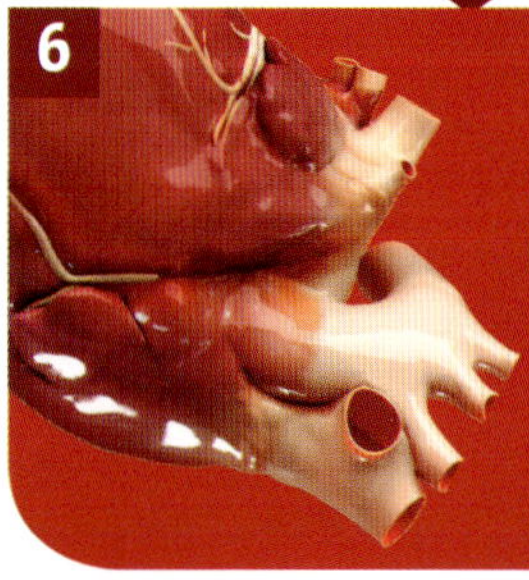

El corazón del ser humano pesa en torno a 280 g y tiene **FORMA DE PUÑO.**

7

CADA AÑO se producen en EE.UU. más de 8.000 MILLONES de caramelos *sweethearts*, CORAZONES DE AZÚCAR CON MENSAJES DE AMOR.

8

El corazón del ser humano late 100.000 veces al día, o **40 MILLONES DE VECES AL AÑO.**

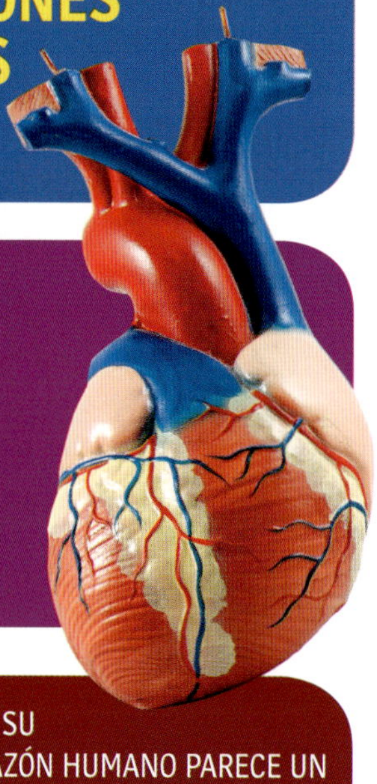

9

EL CORAZÓN DEL SER HUMANO **BOMBEA** A TODO EL CUERPO ALREDEDOR DE 5,5 l DE SANGRE.

10

AL PRINCIPIO DE SU DESARROLLO, EL CORAZÓN HUMANO PARECE UN **CORAZÓN DE PEZ,** DESPUÉS UNO DE RANA, LUEGO UNO DE SERPIENTE Y AL FINAL TIENE LA TÍPICA FORMA **HUMANA.**

11

El corazón de una jirafa mide **0,6 m DE LARGO** y pesa **11 kg.**

12

EN AUSTRALIA HAY UN ARRECIFE DE CORAL CON FORMA DE CORAZÓN.

13
LAS ESTRELLAS DE MAR **NO TIENEN PULSO,** PORQUE **NO TIENEN CORAZÓN.**

14
UNA ALCACHOFA ES EN REALIDAD EL CAPULLO DE UNA FLOR Y SU «CORAZÓN» ESTÁ EN LA BASE.

15

LAS LOMBRICES DE TIERRA TIENEN CINCO CORAZONES.

16
El corazón del colibrí tiene el tamaño aproximado de un **ARÁNDANO.**

17
EL CORAZÓN DE LA BALLENA AZUL ES TAN GRANDE COMO UN **COCHE PEQUEÑO.**
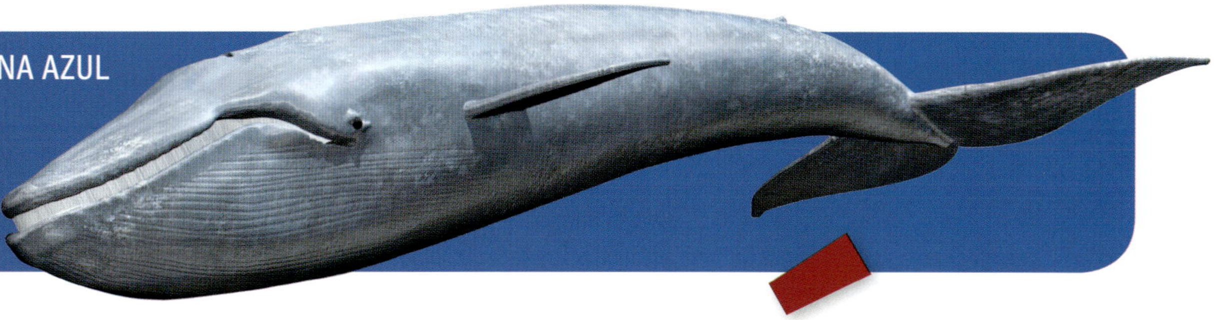

CORAZÓN

18
El corazón del ser humano bombea sangre a una red de vasos de **96.500 km DE LONGITUD.**

19
Con **CADA LATIDO,** el corazón de cuatro cavidades del ser humano se llena de sangre oxigenada.

20
Richard Cadbury creó en 1861 la **PRIMERA CAJA DE BOMBONES CON FORMA DE CORAZÓN** para el día de San Valentín.

21
Aunque el símbolo del corazón represente el amor, este sentimiento **NO TIENE NADA QUE VER CON EL CORAZÓN.** Proviene de respuestas neurológicas que **PRODUCEN SUSTANCIAS QUÍMICAS EN TU CEREBRO.**

22
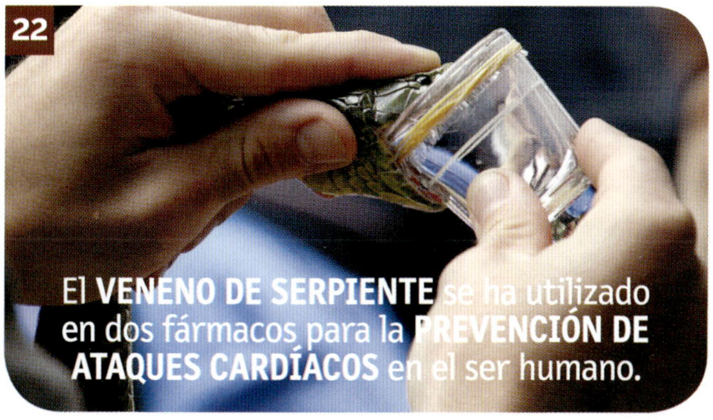
El **VENENO DE SERPIENTE** se ha utilizado en dos fármacos para la **PREVENCIÓN DE ATAQUES CARDÍACOS** en el ser humano.

23
La esmeralda rosa con forma de corazón más grande del mundo pesa **169** QUILATES Y ESTÁ VALORADA EN **2,5 MILLONES DE DÓLARES.**

24

En algunos restaurantes de Vietnam, puedes pedir **CORAZÓN DE SERPIENTE LATIENDO.**

25
El corazón de un humano adulto **LATE 75 VECES POR MINUTO;** el de una beluga, **100 VECES POR MINUTO,** aunque su frecuencia baja hasta 12-20 durante las inmersiones.

15 DATOS SOBRE ALIENS DEL

❶ **UNO DE CADA CUATRO CIUDADANOS DE ESTADOS UNIDOS** cree que la Tierra ha sido visitada por **EXTRATERRESTRES.**

❷ Los científicos han comenzado a buscar **CONTAMINACIÓN LUMÍNICA Y ATMOSFÉRICA** en otros planetas como posible **SIGNO DE TECNOLOGÍA GENERADA POR VIDA INTELIGENTE.**

❸ En la película ***AVATAR,*** se contó con un lingüista para crear **LA LENGUA NA'VI DE LOS ALIENÍGENAS.** Diseñada para que los actores pudieran pronunciarla, la lengua no se parece, sin embargo, a ningún idioma hablado en la Tierra.

❹ Un grupo de científicos ha creado **UNA PÁGINA WEB EN LA QUE PIDEN A LOS ALIENÍGENAS QUE LES ENVÍEN UN EMAIL.** Hasta ahora, solo han recibido **MENSAJES DE BROMA.**

❺ Los antiguos griegos consideraron ya la posibilidad de que en el universo **HUBIERA OTROS SERES ADEMÁS DE NOSOTROS.**

❻ En su búsqueda de vida extraterrestre, los **CIENTÍFICOS SE FIJAN EN LAS ESTRELLAS CON METALES PESADOS.** Sin estos metales no se pueden formar planetas terrestres ni vida. También **BUSCAN LUZ LÁSER,** el único tipo de luz que procede de una fuente inteligente.

❼ Hace treinta y cinco años, un ingeniero detectó una **MISTERIOSA PULSACIÓN DE 72 SEGUNDOS** originada a una gran distancia de la Tierra. Hay quien dice que pudo ser un episodio de agujero negro. Nunca se a vuelto a ver nada igual.

❽ En otro tiempo se creyó que los **MARCIANOS CONSTRUÍAN CANALES** en el **PLANETA ROJO.**

❾ Hasta el momento, la búsqueda de vida inteligente se ha limitado a algunos miles de estrellas a unos 100 años luz de la Tierra. Con **400.000 MILLONES DE ESTRELLAS ESPARCIDAS A LO LARGO DE 100.000 AÑOS LUZ,** queda aún mucho por investigar; **Y ESO ES SOLO NUESTRA GALAXIA.**

ESPACIO EXTERIOR

10 Los avistamientos de ovnis estuvieron durante mucho tiempo ligados al **«ÁREA 51»**, parte de una base aérea militar en **NEVADA, EE.UU.**, que se utilizó en su día para realizar experimentos con aviones.

11 La Fuerza Aérea estadounidense afirma que en **1947** tuvo lugar cerca de **ROSWELL, EE.UU.**, la colisión de un globo de vigilancia experimental. Hay quien dice que fue una **NAVE EXTRATERRESTRE** y que las criaturas que viajaban en su interior fueron **CAPTURADAS Y ESTUDIADAS EN SECRETO.**

12 El **SETI INSTITUTE** trabaja en la detección de vida inteligente fuera de la Tierra a partir de los datos recogidos por distintos radiotelescopios, como el del **OBSERVATORIO DE ARECIBO**, en **PUERTO RICO.** Con 305 m de diámetro, se trata del radiotelescopio más grande del mundo.

13 Alrededor del **98 POR CIENTO** de todas las estrellas del Universo podrían albergar planetas con vida.

14 **EN 1977, SE LANZARON DOS NAVES ESPACIALES** cargadas con sonidos e imágenes representativos de la vida en la Tierra. Pasarán **40.000 AÑOS** antes de que se acerquen a algún otro sistema planetario.

15 **EN 1938,** un programa de radio informó de que un enorme meteorito se había estrellado en Nueva Jersey y Nueva York había sufrido **EL ATAQUE DE MARCIANOS CON TENTÁCULOS.** En realidad era todo una dramatización de la novela ***LA GUERRA DE LOS MUNDOS***, pero miles de personas **CREYERON QUE ERA VERDAD Y SE MOSTRARON ATERRORIZADAS.**

75 DATOS SOBRE PLANTAS

❶ La puya titanca florece solo una vez cada 80 o más años.

❷ Alguna arañas y pequeños murciélagos duermen entre los pliegues de la corteza de los árboles.

❸ Los pelos que rodean las flores de la planta *Pedicularis lanata* atrapan el calor del sol y elevan 20 ºC la temperatura en torno a la flor.

❹ EL ARO GIGANTE SE CONOCE TAMBIÉN COMO FLOR CADÁVER POR SU FÉTIDO OLOR A CARNE PODRIDA, QUE ATRAE A MOSCAS Y OTROS INSECTOS POLINIZADORES DE LA PLANTA.

❺ Los animales no podrían existir sin las plantas, que convierten la energía solar en alimento y liberan oxígeno a la atmósfera.

❻ Los antiguos griegos, romanos y egipcios preparaban adornos funerarios con apio.

❼ En 1876, se plantaron más de un millón de árboles en Nebraska, EE.UU., para celebrar el primer Día del Árbol.

❽ En la tumba de una reina que gobernó hace unos 4.500 años la antigua ciudad de Ur, en el actual Irak, se encontraron sartas de manzanas secas.

❾ En 1623, un colono europeo llegó a Nueva Inglaterra con las primeras semillas de manzana que se plantaron en América.

❿ LOS MILES DE CEREZOS QUE RODEAN LA ENSENADA DE WASHINGTON D.C., LA TIDAL BASIN, FUERON UN REGALO A ESTADOS UNIDOS DEL ALCALDE DE TOKIO, EN 1912. EN RESPUESTA A ESTE REGALO, EE.UU. ENVIÓ A JAPÓN CORNEJOS EN FLOR.

⓫ Las flores del dondiego de día se abren por la mañana, estimuladas por la luz del sol y el calor, y se cierran al atardecer, cuando las temperaturas caen y la luz disminuye.

⓬ Las raíces de mandrágora, famosas por sus inquietantes gritos en las novelas de *Harry Potter*, se utilizaron en otro tiempo para aliviar el dolor y llevar el paciente al «delirio» durante las operaciones.

⓭ El matalobos, una poción que se menciona en *Harry Potter*, se empleaba hace siglos en Europa precisamente para envenenar lobos.

⓮ En la Edad Media, se pensaba que la belladona, una planta tóxica, ayudaba a las brujas a volar.

⓯ En la Antigua Grecia se creía que el acebo protegía frente a los rayos, el veneno y la brujería.

⓰ La varita mágica de Voldemort en *Harry Potter* es de madera de tejo; la realidad es que el tejo contiene una sustancia química que se utiliza para tratar varios tipos de cáncer.

⓱ PARA LOS HINDÚES EL COCO ES UN FRUTO SAGRADO, POR LO QUE A MENUDO SE OFRECE COMO REGALO A LOS DIOSES.

⓲ Los olivos son un símbolo de paz en muchas culturas.

⓳ El bambú es la hierba más grande del mundo.

⓴ En 2004, varios científicos descubrieron una pícea noruega –utilizada a menudo como árbol de Navidad– con raíces que habían crecido bajo tierra durante 9.550 años.

㉑ Los pinos Bristlecone se cuentan entre los árboles más longevos del mundo. Un ejemplar que crece en California, EE.UU., llamado el árbol de Matusalén, tiene más de 4.700 años.

㉒ Un girasol no es una flor; el centro negro de su cabeza es en realidad un conjunto de 1.000 a 2.000 diminutas flores que crecen en dos espirales opuestas.

㉓ Comer cualquier parte de la planta conocida como acónito puede resultar mortal.

Dondiego de día

PARA ABRIR TU MENTE

24 La savia del perejil gigante puede causar dolorosas ampollas, pero solo si la sustancia pegajosa está expuesta a la luz solar.

25 Los cerezos son tóxicos para los caballos.

26 AFORTUNADAMENTE PARA LAS ARDILLAS, LAS BELLOTAS PUEDEN SER TÓXICAS PARA EL SER HUMANO.

27 El humo de la hiedra venenosa quemada es tóxico.

28 Se conocen alrededor de 40.000 especies vegetales, menos de la mitad que especies de insectos.

29 Contrariamente a la creencia popular, la flor de Pascua no es tóxica para el ser humano.

30 Un enorme almacén subterráneo en una isla de Noruega alberga cientos de millones de semillas –y un día llegarán a ser miles de millones–, para su conservación.

31 Hay una planta en EE.UU. cuya flor parece unos calzoncillos tendidos. Por este motivo se la conoce como «calzones del holandés».

32 En 1981 se encontró la primera planta, un altramuz azul, que conseguía crecer en la zona devastada por la erupción del monte Santa Helena, en mayo de 1980, en Washington, EE.UU.

33 Cualquier especie de árbol de hoja perenne puede llegar a ser el árbol de navidad de la Casa Blanca. La única condición es que mida unos 5,5 m, para llegar al techo.

34 La drosera se sirve de unas secreciones pegajosas que parecen gotas de rocío para atraer y atrapar insectos que después devora.

35 El dulce olor de la planta de jarra norteamericana atrae a todo tipo de insectos y babosas hasta una cámara de paredes resbaladizas y llena de sustancias químicas que digieren la presa atrapada.

36 La Venus atrapamoscas se cierra bruscamente cuando un insecto roza por segunda vez los diminutos pelos de su «boca».

37 Existen muchas variedades de orquídea, de hecho, una cuarta parte de las plantas de flor del mundo lo son. Se conocen cuatro veces más especies de orquídeas que de mamíferos y dos veces más que especies de aves.

37 Si condensáramos la historia de la Tierra en una hora, las plantas de flor existirían solo en los últimos 90 segundos.

37 El árbol más grande del mundo es una secuoya llamada General Sherman, con más de 1.487 m^3.

40 Las piñas del pino de azúcar pueden crecer hasta una longitud de cerca de 60 cm.

41 Originalmente, el principio activo de la aspirina se extraía del sauce.

42 Musgos, helechos y muchos tipos de algas producen esporas en lugar de flores y semillas.

43 Las delicadas flores amarillas de *Azara Microphylla* huelen a vainilla y chocolate.

44 Las hojas de la mimosa púdica, también llamada «vergonzosa», se pliegan y caen si las tocas.

45 LAS ROCAS VIVAS SON EN REALIDAD PEQUEÑAS PLANTAS PLANAS DEL DESIERTO QUE PARECEN PIEDRAS.

46 Sin agua, la planta de la resurrección del desierto parece marchitarse formando una bola seca y muerta, que se mantiene así durante años. Cuando por fin llueve, se despliega y crece verde de nuevo.

47 Una secuoya de California, EE.UU., la *Hyperion*, es el árbol vivo más alto del mundo. Alcanza los 115,3 m, unos 20 más que la Estatua de la Libertad.

48 El jarabe de arce se fabrica a partir de la savia del arce dulce, que puede recogerse solo cuando los días son soleados y fríos –pero no helados– y las noches son de escarcha.

49 Rosa, Azucena o Margarita son nombres de flor también frecuentes como nombres de mujer.

50 El ámbar es resina de árbol fosilizada, un material vegetal líquido diferente de la savia.

51 EL CAFÉ KOPI LUWAK SE PREPARA EN INDONESIA A PARTIR DE GRANOS DE CAFÉ "PARCIALMENTE DIGERIDOS" POR UNA CIVETA.

52 El sabor a regaliz se obtiene de la raíz del regaliz, pero también de las hierbas de anís e hinojo.

53 El balso florece de noche y la reserva de néctar de sus flores, de 2,5 cm de profundidad, atrae a aves, murciélagos, kinkayúes, zarigüeyas y monos.

54 El tallo de la caña de azúcar puede rebasar los 5 m de altura.

55 La mayor parte del carbón se forma a partir de restos vegetales muy antiguos.

56 El maíz es el cultivo más frecuente en los campos de Estados Unidos.

57 Aladdin, dreaming maid, ice cream, kung-fu y Mrs. John T. Scheepers son variedades de tulipán.

58 Las flores de la onagra, de la flor de luna y del dondiego de noche se abren desde el crepúsculo hasta que oscurece.

59 Un tipo de palmera llamado coco de mar produce las semillas más grandes del reino vegetal: pueden llegar a pesar 30 kg.

60 Tendrías que alinear una tras otra 300 semillas de las más pequeñas del mundo –producidas por un tipo de orquídea– para llegar a 2,5 cm.

61 El algodoncillo, alimento de la oruga monarca, hace que su piel sea tóxica y sepa mal a los predadores.

62 La canela es la corteza seca del árbol de la canela.

63 Todas las plantas de Tomorrowland en el parque Disney de Anaheim, California, EE.UU., son comestibles.

64 La welwitschia o tumboa vive 1.500 años y tiene solamente dos hojas, que pueden crecer hasta 9 m.

65 La flor más grande del mundo se encuentra en la selva indonesia y puede alcanzar un tamaño mayor que el de una rueda de coche.

66 El compuesto que da el color rojo a la manzana, la antocianina, es el mismo que produce el color rojo en rosas, petunias y otras flores.

67 Las «semillas» de un higo son en realidad más de 1.000 diminutos frutos.

68 La alcachofa de Jerusalén no es una alcachofa.

69 La rúcula, también llamada oruga, es una verdura de hoja ligeramente amarga que se utiliza para ensaladas.

70 En la antigua Grecia se plantaba perejil sobre las sepulturas.

71 LAS SEMILLAS DEL ANÍS ESTRELLADO SE ENCUENTRAN DENTRO DE VAINAS CON FORMA DE ESTRELLA.

72 La vainilla proviene de un tipo de orquídea.

73 El jengibre se ha utilizado durante más tiempo con fines médicos que como alimento.

74 El kudzu, una vid trepadora de Asia, es una importante especie invasora en Norteamérica, debido a que crece 30 cm al día.

75 El cactus saguaro alcanza una altura de 15,2 m, pero en los primeros ocho años de vida crece solo entre 2,5 y 4 cm.

35 DATOS DE AUSTRALiA

1 Nueva Zelanda está en las **ANTÍPODAS** de España.

2 Australia forma parte de **OCEANÍA**, donde también se encuentran algunas islas de Nueva Zelanda y el Pacífico. Australia y Nueva Zelanda están a la misma distancia entre ellas que Madrid y Bagdad, Irak.

3 En el edificio del Parlamento de Camberra, puedes pasear por el **CÉSPED QUE CUBRE EL TEJADO.**

4 Los **KOALAS**, nativos de Australia, beben poca agua. La mayor parte de la que necesitan la obtienen de las hojas que comen.

5 Si bien Oceanía es el más pequeño de todos los continentes, Australia es **TRES VECES MAYOR** que la isla más grande del mundo: Groenlandia.

6 En el este de Australia existen **40 ESPECIES** de arañas de tela de embudo, algunas de ellas venenosas.

7 La árida región de **OUTBACK**, en el centro de Australia, alberga los mayores desiertos del país, con temperaturas abrasadoras y muy poca agua.

8 La mayor **ERUPCIÓN VOLCÁNICA** que se conoce tuvo lugar en Taupo, Nueva Zelanda, hace alrededor de 26.500 años; alcanzó los 50 km de altura.

9 Hasta 1995, la **LÍNEA INTERNACIONAL DE CAMBIO DE FECHA** partía en dos el archipiélago de **KIRIBATI**, de forma que en la parte occidental del país podía ser lunes y en la oriental, martes.

10 Muchos de los primeros colonos que se asentaron en Australia eran **CRIMINALES**, enviados allí por el gobierno británico como condena.

11 Las diez **SERPIENTES MÁS VENENOSAS** del mundo viven en Australia. Las serpientes marinas pueden tener un veneno **DIEZ VECES** más potente que el de una **COBRA.**

12 Las precipitaciones de la **ESTACIÓN LLUVIOSA** acumulan en el norte de Australia más agua en dos meses que toda la lluvia de Londres en un año.

13 Los habitantes de **PAPÚA NUEVA GUINEA** hablan más de **700 LENGUAS**, más que los de ningún otro país.

14 Los **COCODRILOS DE AGUA SALADA**, originarios de Australia, se cuentan entre los animales más mortíferos del mundo.

15 En Australia se juega al **NETBALL**, que es parecido al baloncesto, salvo en que no se regatea.

16 Australia prácticamente **DUPLICÓ SU POBLACIÓN** en 8 años, después de que se encontrara oro en 1851.

17 Los **DINGOS,** perros salvajes australianos, llegaron a la isla hace 3.500 años a bordo de barcos procedentes de Asia.

18 Cada agosto se celebra en el este de Australia el **KANGAROO HOPPET,** un acontecimiento internacional de esquí, que incluye la carrera más larga de esquí de fondo: 42 km.

19 Los primeros colonos británicos llegaron a Australia en 1788, pero los aborígenes llevan viviendo en el continente **60.000 AÑOS.**

20 Hace miles de años, la isla de **TASMANIA** estaba unida a Australia por un puente de tierra.

21 En Papúa Nueva Guinea los **BUQUES HUNDIDOS** durante la II Guerra Mundial son una atracción muy popular entre los buceadores.

22 Australia tiene más de 9.300 áreas protegidas que ayudan a conservar **SU FAUNA Y SU FLORA ÚNICAS.**

23 En Nueva Zelanda hay unas **20 OVEJAS** por **HABITANTE.**

24 Casi una cuarta parte de las personas que viven en Australia nacieron **EN OTRO PAÍS.**

25 El **EMÚ,** el ave más grande de Australia, **NO VUELA,** pero puede correr a una velocidad de 64 km/h.

26 La dura corteza del **EUCALIPTO** protege el árbol de los peligrosos incendios, que en Australia se producen de forma natural en las áreas secas.

27 En Australia viven más **CANGUROS** que personas.

28 El **UALARÚ,** un marsupial más pequeño que un canguro, nada moviendo por separado las extremidades posteriores, algo que no hace cuando se desplaza por tierra firme.

29 Alrededor del **90 POR CIENTO** de las plantas que crecen en Nueva Zelanda no existen en **NINGÚN OTRO LUGAR** del mundo.

30 Los Sing-sing son reuniones festivas entre pueblos de **PAPÚA NUEVA GUINEA** en las que la gente se **PINTA EL CUERPO** y la cara e interpreta canciones y danzas tradicionales.

31 Los samoanos beben **KAVA** en actos importantes. La bebida se obtiene a partir de la planta del mismo nombre y se dice que tiene propiedades relajantes.

32 El **EMÚ** puede alcanzar los 2 m de altura. Dado que no puede volar, cuando es atacado por aves de rapiña corre en zigzag.

33 En los Juegos Olímpicos del año 2000 celebrados en Sidney, Australia ganó **58 MEDALLAS,** el mayor número conseguido nunca por el país.

34 La montaña rocosa más grande de la Tierra, el **ULURU,** se encuentra en el centro de Australia y es más alta que un edificio de 114 plantas.

35 En un parque público de Rotorua, Nueva Zelanda, hay burbujeantes **POZAS DE AGUAS GEOTERMALES.** En 2001, rocas y pegotes de barro del tamaño de balones de fútbol salieron disparados a más de 10 m de altura.

ASOMBROSOS Y OCEANÍA

1. En Estados Unidos, una compañía aérea especial solo admite mascotas como pasajeros. **2. Un guepardo puede acelerar más deprisa que un coche de carreras.** **3.** Un barco de vela fabricado con 12.500 botellas de refresco navegó de California, EE.UU., a Australia. **4. Los coches no empezaron a funcionar con llave de arranque hasta 1949.** **5.** Dos pilotos batieron un récord mundial al dar la vuelta al mundo en helicóptero en 11 días y 7 horas. **6. En 1930, dos hombres condujeron marcha atrás un coche de Nueva York a Los Ángeles, ida y vuelta. Tardaron 42 días.** **7.** Un conductor asturiano fue detectado por un radar en la autopista León-Burgos circulando a 260 km/h. Le retiraron el carnet. **8. Un tractor de 1769 fue el primer vehículo de vapor de la historia. Circulaba a 4 km/h.** **9.** El caballo de vapor es la unidad de potencia de una máquina. Un caballo puede realizar un trabajo de 75 kg/m en un segundo. Un Honda Civic tiene 140 caballos. **10. El primer automóvil propiamente dicho tenía solo tres ruedas.** **11.** Los aviones pueden trazar líneas en el cielo añadiendo un aceite especial al tubo de escape. Una compañía de Nueva York, EE.UU., escribe en el cielo más de 50 propuestas de matrimonio cada año. **12. El tren de pasajeros más rápido del mundo –580 km/h– se encuentra en Japón.** **13.** La Ruta 66, en EE.UU., conocida como «La calle principal de América», se diseñó en 1926 como carretera estatal para unir el Medio Oeste con el suroeste del país y el sur de California. **14. Radiator Springs, el pueblo de la película *Cars* de Disney Pixar, está inspirado en la localidad de Peach Springs, en Arizona, EE.UU. Como en la ficción, en su día fue una joya de la Ruta 66, pero se convirtió en un pueblo fantasma cuando el tráfico fue desviado hacia la autopista interestatal.** **15.** Las primeras ruedas usadas en un coche eran de bicicleta. **16. El primer coche con motor de gasolina tenía una potencia de tres caballos y corría a 30 km/h.** **17.** Los primeros coches tenían asientos adicionales frente al asiento del conductor, no detrás. ¡Había que mirar entre cabezas para ver la carretera! **18. En 1901 la mayoría de los países empezaron a utilizar placas de matrícula numeradas, aunque los conductores tenían que hacérselas ellos mismos, ¡y a menudo utilizaban cartón!** **19.** Una campanilla fue la primera versión del claxon actual de automóvil. El conductor la accionaba con el pie, para poder mantener las manos en el volante. **20. Antes de que se inventaran los intermitentes y las luces traseras, los conductores se servían de las manos para señalizar las maniobras a los otros coches.** **21.** Con un precio de unos 450 euros, el Ford T, producido por Henry Ford, fue el primer automóvil asequible; en cinco años se vendieron 250.000. **22. Para reducir costes, el Ford T solo se vendía en un color: negro.** **23.** Antes de que se introdujeran los faros delanteros en los años 20, los coches estaban equipados con farolillos de vela. **24. Los coches de carreras utilizan neumáticos lisos, en inglés *slicks*. La goma se calienta y se vuelve pegajosa durante la carrera, proporcionando agarre al asfalto.** **25.** La mayor parte de las bocinas de coche estadounidenses suenan en clave de fa. **26. El primer estadounidense sancionado con una multa por exceso de velocidad fue un taxista de Nueva York. Circulaba a 19 km/h.** **27.** La primera señal de tráfico del mundo se instaló en Londres en 1868, antes de que se inventaran los coches. Iba dirigida a los carruajes de caballos. **28. En 1920, Detroit, en EE.UU., fue la primera ciudad del mundo que utilizó las luces roja, verde y amarilla para controlar el tráfico. Los agentes de tráfico tenían que pulsar un botón o mover una palanca para cambiar la señal.** **29.** Oklahoma City, EE.UU., instaló los primeros parquímetros en 1935. Aparcar una hora costaba un *nickel*, unos cinco céntimos de euro. **30. El primer McAuto de McDonald's abrió en 1975 cerca de una base militar en Arizona, EE.UU. Los soldados no podían salir de su vehículo de uniforme, de modo que la compra desde el coche solucionaba el problema.** **31.** Una vez un hombre batió un récord mundial al montar en un auto de choque durante 24 horas. **32. El coche Smart For Two es el automóvil de dos plazas más corto que se fabrica. Tiene 2,5 m de longitud.** **33.** El Toyota Corolla es el automóvil superventas del mundo. Se han fabricado más de 32 millones. **34. Las primeras motocicletas tenían un pequeño motor de vapor.** **35.** Los pistones del motor de una motocicleta pueden subir y bajar 100 veces en un segundo. **36. Las motos no tienen marcha atrás.** **37.** Theodore Roosevelt fue el primer presidente de EE.UU. que tuvo coche. **38. El primer tranvía eléctrico, el *cable car*, se inauguró en EE.UU. en 1873, después de que su inventor viera el esfuerzo de los caballos al tirar de los carros cuesta arriba por las empinadas calles empedradas de San Francisco. El vagón va enganchado a un cable subterráneo como medio de tracción.** **39.** El *ferry* más grande del mundo puede llevar 230 coches y 300 vehículos de carga. Recorre el trayecto de Holanda a Gran Bretaña en seis horas y media. **40. El coche más rápido del mundo, llamado Bloodhound, ha sido diseñado para alcanzar una velocidad de 1.600 km/h.** **41.** Los marines de EE.UU. cuentan con helicópteros de tamaño normal que operan por control remoto y pueden llevar bienes y productos a bases aisladas. **42. Un nuevo avión equipado con tecnología antiturbulencias se adapta a las sacudidas para evitar que te marees durante el vuelo.** **43.** Un francés ha diseñado un yate de lujo futurista que puede transformarse en avión. Sus cuatro velas se pliegan para dar lugar a las alas y su forma de bala favorece el deslizamiento tanto en el agua como en el aire. **44. Ingenieros suizos diseñaron un avión equipado con células solares para alimentar los motores eléctricos del aparato durante 24 horas de vuelo continuado.** **45.** Las locomotoras de vapor obtienen fuerza motora del vapor de agua generado en una caldera por la acción del calor del combustible al arder. Son necesarias tres horas para que se produzca el vapor suficiente para mover una locomotora. **46. El ferrocarril que recorre EE.UU. de este a oeste se inauguró en 1869. El remache final del ferrocarril se fabricó en oro.** **47.** También se ha inventado un coche que funciona con virutas de madera. **48. El puente de la bahía de Sídney, en Australia, es el puente con arco de acero más grande del mundo. El arco se extiende a una altura de 134 m por encima del mar.** **49.** El actor Tom Hanks interpretó seis papeles en la película *Polar Express*. **50. Los trenes del ferrocarril Qinghai-Tíbet, el más alto del mundo, llegan a circular a una altura de 5.000 m. Los pasajeros van provistos de oxígeno para combatir el mal de altura.**

51. El Eurotúnel, un túnel submarino que cruza el canal de la Mancha, une Inglaterra con Bélgica y Francia. El tren que lo recorre alcanza velocidades de más de 322 km/h. **52. Japón inauguró en 1964 el primer tren moderno de alta velocidad, que fue bautizado como «tren bala».** **53.** Existen 31.180 tornos de seguridad en el sistema de metro de la ciudad de Nueva York. La estación más frecuentada es Times Square. **54. En Tokio se realizan cada año 3.200 millones de viajes en metro.** **55.** Desde su inauguración en 1937, alrededor de 2.000 millones de vehículos han cruzado el puente Golden Gate de San Francisco, EE.UU. **56. Con sus 42,5 km, el puente de la bahía de Jiaozhou, en China, es el más largo del mundo sobre aguas abiertas. Si lo recorres de punta a punta, ¡habrás corrido una maratón!** **57.** La Ruta de la Seda no era realmente un único camino, sino una antigua y muy extensa red de rutas comerciales que conectaba China con otros países asiáticos, europeos y africanos. **58. Abbey Road es una calle de Londres conocida, entre otras cosas, por aparecer en la portada y dar nombre al famoso álbum de los Beatles.** **59.** El túnel ferroviario de San Gotardo, en los Alpes Lepontinos, redujo significativamente el tiempo de viaje entre el norte y el sur de Europa. Cuando se inauguró, en 1881, era el más largo del mundo. **60. La Lombard Street en San Francisco, EE.UU., es la calle más tortuosa del mundo. En uno de sus tramos, tiene ocho curvas consecutivas.** **61.** El Transiberiano es el ferrocarril más largo del mundo. ¡Recorre 9.288 km y atraviesa siete husos horarios! **62. Un *hovercraft* o aerodeslizador no es un barco, sino un vehículo con un colchón de aire que se mueve por encima del agua.** **63.** La diferencia entre una barca y una balsa es que, en general, una persona se sienta «dentro» de una barca, pero «sobre» una balsa. **64. Durante el rodaje de *Transformers: El lado oscuro de la luna* se destruyeron más de 500 coches.** **65.** Los antiguos griegos y romanos construyeron barcos de guerra para los que eran necesarios hasta 1.800 remeros. **66. La embarcación fluvial más grande del mundo es el Mississippi Queen. Puede acoger a 422 pasajeros.** **67.** El récord mundial de velocidad de una embarcación –una lancha hidroplano con motor a reacción– es de 511 km/h. **68. Un bote es una pequeña embarcación sujeta a un barco mayor o remolcadoda como barca salvavidas.** **69.** Los barcos de dragón, tradicionalmente chinos, funcionan con remos y lucen en la proa una cabeza ornamental de dragón. El viaje más largo realizado por una de estas embarcaciones recorrió, curso abajo, cerca de 545 km del río Missouri, en EE.UU. **70. La bandera que ondeaba en el barco Endurance del explorador Ernest Shackleton se vendió por 160.000 euros, la suma más alta pagada jamás por una bandera.** **71.** El barco de pasajeros más grande del mundo tiene una longitud de 362 m. Es casi 100 m más largo que el *Titanic*. **72. Los científicos están trabajando en coches que se mueven con la energía obtenida de posos de café y pañales usados.** **73.** En una ocasión, un hombre dio 24 trompos en un minuto montado en una moto. **74. En Washington D.C. y en Chicago, EE.UU., los conductores pasan más de 70 horas al año en atascos de tráfico.** **75.** El airbag fue patentado en 1953, pero no se utilizó durante décadas por la dificultad de fabricar uno que se inflara con la rapidez necesaria. Hoy en día un airbag se hincha en 0'04 segundos. **76. En Fórmula 1 se cambian las 4 ruedas y se pone combustible al coche en 2'5 segundos aproximadamente.** **77.** Los primeros camiones de bomberos eran bombas de agua sobre ruedas, tiradas por caballos. **78. Las ruedas de un camión volquete son tan altas como dos adultos.** **79.** Los coches blancos sufren menos accidentes que los coches de otros colores. **80. En EE.UU. hay 756 coches por cada 1.000 personas, una relación mayor que en cualquier otro país.** **81.** Un hidrodeslizador tiene un propulsor como el de un avión en la parte trasera, para moverse por aguas poco profundas. Se utiliza mucho en la zona pantanosa de los Everglades de Florida, EE.UU. **82. En Venecia, Italia, se utilizan góndolas para moverse por los canales de la ciudad; suelen ser negras.** **83.** Los taxis deben su nombre al taxímetro, un instrumento utilizado para medir la distancia recorrida y el tiempo empleado por un automóvil. **84. En la ciudad de Nueva York hay cerca de 13.000 taxis con licencia.** **85.** Los perros de trineo han sido utilizados durante cientos de años para el transporte. En Alaska, EE.UU., se celebra la Iditarod, una carrera de perros de trineo de 1.851 km que se disputa entre Anchorage y Nome. **86. En el Parque Nacional Kaziranga, en India, los guardias patrullan sobre elefantes.** **87.** Virgin Galactic es una compañía privada que planea llevar turistas espaciales en un vuelo a 109.728 m sobre la Tierra, donde experimentarían la gravedad cero. Precio: unos 175.000 €. **88. Una *habel-habel* es una motocicleta utilizada en Filipinas, con un asiento *superlargo* en el que caben cuatro o cinco personas.** **89.** En Tailandia, los taxis o *tuk-tuk* son vehículos de tres ruedas, con los laterales abiertos y techo. **90. En una ocasión, la construcción de una carretera en Pekín causó un atasco de tráfico que duró diez días.** **91.** El 85 por ciento del Toyota Prius es reciclable. **92. El primer espejo retrovisor de coche se utilizó en la primera edición de las 500 millas de Indianápolis, en 1911.** **93.** Dado que los camellos pueden resistir ocho días sin beber y llevar pesadas cargas, son una forma de transporte habitual en los desiertos de África y Oriente Medio desde hace miles de años. **94. La *couchbike* es un sofá con ruedas de bicicleta a los lados, que permite dar una vuelta por la ciudad pedaleando.** **95.** Aunque los sensores y las cámaras de visión trasera se han utilizado en la fabricación de camiones desde la década de 1970, la tecnología acaba de empezar a aplicarse a los coches particulares. **96. Cuando fue inaugurado en 1959, el monorraíl de Disneyland, California, EE.UU., era el primer monorraíl que operaba diariamente en el hemisferio norte.** **97.** Al metro en Londres se le llama Underground y también Tube. **98. Muchas veces, la palabra «ambulancia» aparece escrita al revés en el capó del vehículo de urgencias para que, al acercarse por detrás a otros vehículos, los conductores puedan leer correctamente la palabra en el espejo retrovisor.** **99.** Con un precio de 1,5 millones de euros, el Bugatti Veyron es el coche de circulación legal más caro a la venta. Su velocidad máxima es de 407 km/h. **100. China está considerando la posibilidad de utilizar «autobuses a caballo» para solucionar los atascos. Tendrían el ancho de dos carriles y una capacidad para 1.200 personas en una cabina a una altura de 2 m por encima de la calzada, permitiendo el paso de coches por debajo.**

100 DATOS SOBRE COSAS QUE SE MUEVEN

45 ADORABLES DATOS SOBRE CACHORROS (Y 5 NO TANTO)

Cachorro de guepardo

1
Las crías de **CABALLITO DE MAR** nacen de sus **PAPÁS, NO DE SUS MAMÁS.**

2
Las **CRÍAS DE OSO HORMIGUERO GIGANTE** pasan su primer año de vida **SUBIDAS AL LOMO** de su madre.

3
En inglés a las **CRÍAS DE CABRA** se les llama **«KIDS»**, es decir, **«NIÑOS».**

4
Las crías de **ARMADILLO** tienen un **CAPARAZÓN BLANDO,** que se endurece pasados unos días del nacimiento.

5
Las crías de **ZORRO OREJUDO** parecen **CHIHUAHUAS.**

6
Los **CACHORROS DE GUEPARDO** tienen una crin en el cuello y los hombros que los hace parecer pequeños **INDIOS MOHAWK.**

7
Tras salir del huevo, algunas crías de **CECILIA,** anfibios con aspecto de gusano, usan los **DIENTES** para extraer y comerse una fina capa de piel del **DORSO DE SU MADRE.**

8
A las crías de **DEMONIO DE TASMANIA** les queda mucho por crecer. Nacen con el tamaño de un **GRANO DE ARROZ** y se desarrollan hasta pesar **8 kg.**

9
Al nacer, la cría de **JIRAFA CAE DE CABEZA** al suelo **DESDE UNA ALTURA DE 1,8 m.**

10
LAS CRÍAS DE DAMÁN DE EL CABO COMEN CACA, así obtienen las bacterias que necesitan para digerir las plantas.

11
Muchos cerditos nacen **A RAYAS.**

12
Los **POLLUELOS DE FLAMENCO** se alimentan de una sustancia lechosa que se forma en el tramo superior del tubo digestivo de su padre y de su madre.

13
Las crías de conejo se llaman **GAZAPOS.**

14
La rana de Australia nace de una manera extraña: **LOS RENACUAJOS SALEN DE HUEVOS EN EL ESTÓMAGO DE SU MADRE** y después **SON VOMITADOS.**

15
Al nacer, las **CRÍAS DE PEREZOSO** se cuelgan del **PELO DE SU MADRE.**

16
Los chimpancés no son capaces de **ANDAR COMPLETAMENTE SOLOS** hasta los **CUATRO AÑOS DE EDAD.**

17
El **OKAPI,** el único pariente vivo de la jirafa, no hace sus primeras **DEPOSICIONES** hasta cumplir **UN MES DE EDAD.**

18
Las crías del **TEJÓN MELERO,** pariente de las mofetas, ya lucen su característica **LÍNEA BLANCA TRES SEMANAS DESPUÉS DE NACER.**

19
Las crías de **HIPOPÓTAMO** nacen bajo el agua o en tierra firme.

20
Una **CRÍA DE LEÓN MARINO** puede encontrar a su mamá entre una multitud porque **RECONOCE EL SONIDO** que emite.

21
Las **CEBRAS,** al nacer, son de color **MARRÓN OSCURO** y **BLANCO.**

22
Una **CRÍA DE PANDA** es del tamaño de una **BARRA DE MANTEQUILLA.**

23
Aunque el **EQUIDNA** es un mamífero, sus crías salen de huevos.

24
Los cuidadores de zoo que trabajan con **CRÍAS DE KOALA** las envuelven en una manta para que se **SIENTAN COMO** en la **BOLSA DE SU MADRE.**

25
Las **NUTRIAS NO PUEDEN NADAR** hasta que tienen **DOS MESES.**

26
UN ANTÍLOPE AMERICANO DE DOS DÍAS corre más deprisa que un **CABALLO TOTALMENTE DESARROLLADO.**

27
La práctica hace al maestro: al principio, **LAS CRÍAS DE ELEFANTE SON MUY PATOSAS** con la trompa.

28
Las crías de **ERIZO** tienen púas al nacer, pero son **BLANDAS Y FLEXIBLES.**

29
El **CASUARIO,** ave grande no voladora, es criado **SOLO POR SU PADRE.**

30
Un reno de **UN DÍA DE VIDA** puede **CORRER MÁS DEPRISA** que tú.

31
Los **POLLUELOS DE COLIBRÍ** tienen un pico muy corto, apenas una protuberancia.

32
Al **SALIR DEL HUEVO, LA MAYORÍA DE COLIBRÍES** miden unos 2,5 cm.

33
Los **CRIADEROS DE AVESTRUCES** pueden tener hasta **300 POLLUELOS.**

34
Las crías de **ESCORPIÓN NO PUEDEN PICAR.**

35
Cuando el arroyo corre más deprisa, los **RENACUAJOS** de la rana dorada de Panamá **SE AGARRAN A LAS ROCAS CON LOS DIENTES.**

36
Los **RENACUAJOS DE RANA DARDO VENENOSA** salen de los huevos en tierra y **SUBEN A LA ESPALDA DE SU PROGENITOR** para llegar al agua.

37
Una **CRÍA DE UÓMBAT** tarda **SEIS MESES** en echar el primer vistazo fuera de la bolsa de su madre.

38
Muchas **CRÍAS DE REPTIL** utilizan **UN DIENTE** en la parte frontal de su hocico para **SALIR DEL HUEVO.**

39
A veces, las crías de cocodrilo y caimán **NADAN HASTA EL INTERIOR DE LA BOCA DE SU MADRE,** por seguridad.

40
El mismo día en que sale del huevo, una **CRÍA DE COBRA** puede ya desplegar su **CAPUCHA Y MORDER.**

41
Tras **SALIR DEL HUEVO BAJO TIERRA,** las tortuguitas tardan hasta un mes en **ABRIRSE CAMINO A LA SUPERFICIE.**

42
Al cabo de una o dos semanas, **LAS CRÍAS DE SERPIENTE DE CASCABEL FORMAN EL PRIMER SEGMENTO DE SU CASCABEL.**

43
Las **CRÍAS DE CAMELLO Y DROMEDARIO** nacen **SIN JOROBA.**

44
Durante el primer mes de vida, los **OSOS PARDOS** viven con su **MADRE EN LETARGO:** ¡pueden estar dormidas incluso **CUANDO DAN A LUZ!**

45
Una **CRÍA DE RINOCERONTE** puede pesar tanto como un **ADULTO HUMANO.**

46
Una **CRÍA DE TITÍ PIGMEO** es del **TAMAÑO DE TU PULGAR.**

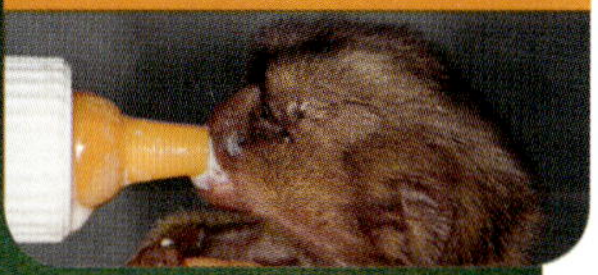

47
Las mayoría de los **POLLUELOS** comen alimento **REGURGITADO** o parcialmente digerido, **DIRECTAMENTE DE LA BOCA DE SU MADRE.**

48
El **CAMALEÓN DE PARSON** puede tardar **DOS AÑOS EN SALIR DEL HUEVO.**

49
UNA CRÍA DE BALLENA AZUL gana alrededor de **90 kg AL DÍA.**

50
Un **CANGURO** recién nacido tiene la **LONGITUD APROXIMADA DE UN CLIP.**

1

En el **IGLÚ MÁS GRANDE** del mundo caben **200 PERSONAS.**

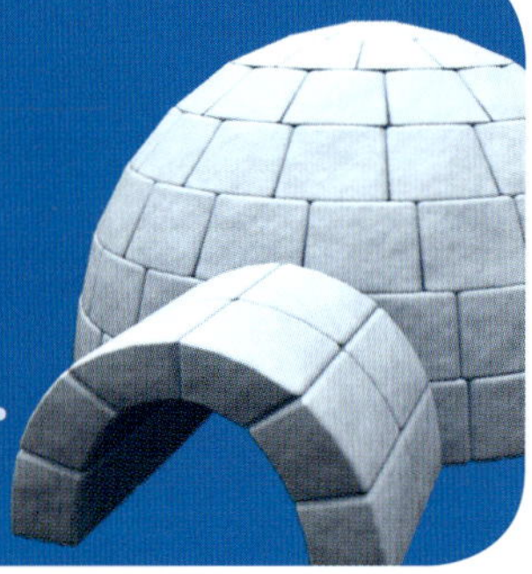

3

EL **90%** DE LOS **METEORITOS RECUPERADOS** proceden de la Antártida; allí las condiciones climatológicas los conservan y es más fácil encontrarlos sobre el hielo.

4

CUANDO SE PRODUCEN RAYOS AL MISMO TIEMPO QUE NIEVA, SE HABLA DE TORMENTA DE NIEVE CON APARATO ELÉCTRICO.

2

DURANTE LA ÚLTIMA EDAD DE HIELO, HACE 11.500 AÑOS, el hielo cubría un tercio de la superficie de la Tierra. Hoy, solo una décima parte.

5

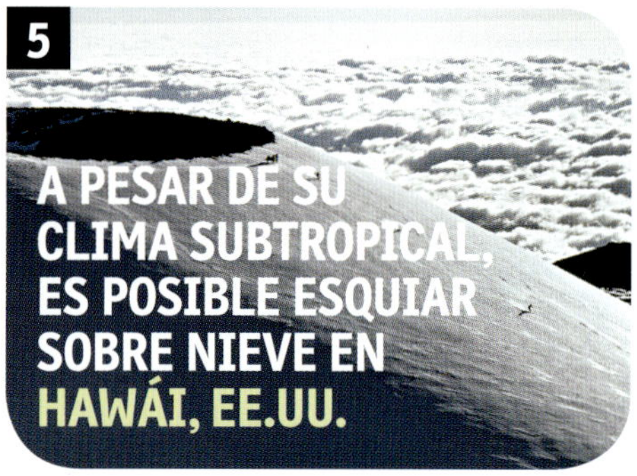

A PESAR DE SU CLIMA SUBTROPICAL, ES POSIBLE ESQUIAR SOBRE NIEVE EN HAWÁI, EE.UU.

25 DATOS PARA DEJARTE

6

En San Petersburgo, Rusia, se construyó un **PALACIO DE HIELO** réplica exacta del que la emperatriz Anna Ivanovna mandara construir 200 años antes.

7

EL HELADO JAPONÉS POR EXCELENCIA ES EL **KAKIGORI,** BOLAS DE HIELO PICADO REGADAS CON SIROPE DE COLORES.

8

NO INTENTES HACERLO EN CASA: si tocas con la lengua una barra de metal en un día bajo cero, PUEDE QUE SE TE QUEDE PEGADA.

9

Los primeros discos de hockey eran **ESTIÉRCOL DE VACA CONGELADO.**

10

EN MARTE, EL AGUA HIERVE A UNA TEMPERATURA DIEZ GRADOS POR ENCIMA DEL PUNTO DE CONGELACIÓN.

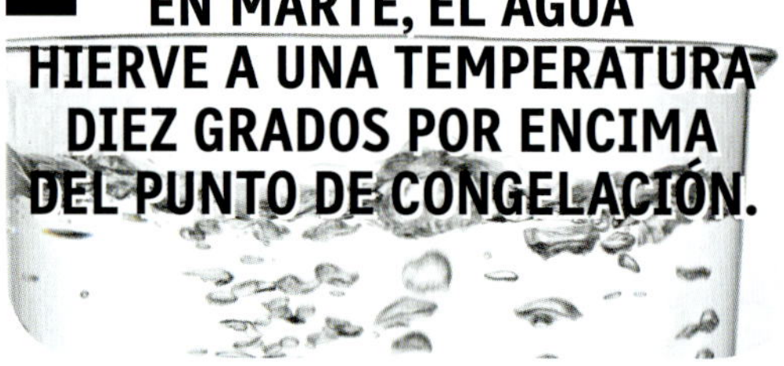

11

La **RANA DE BOSQUE** cuenta en sus células con una sustancia química, similar a un anticongelante, que le permite llegar **CASI A LA CONGELACIÓN** y despertar con el deshielo.

12

EL DOLOR DE CABEZA POR TOMAR HELADO, O SENSACIÓN DE «CEREBRO CONGELADO», NO TIENE NADA QUE VER CON EL CEREBRO. SE PRODUCE AL DILATARSE LOS VASOS SANGUÍNEOS DE LA CABEZA.

13 En Suiza hay un hotel hecho de nieve y hielo, que debe reconstruirse cada año. **¡INCLUSO LAS SILLAS, MESAS Y CAMAS SON DE HIELO!**

14 **CON LOS GRANIZADOS QUE SE VENDEN SOLO EN UN AÑO PODRÍAS LLENAR 12 PISCINAS OLÍMPICAS.**

15 **UNA MUJER ESTABLECIÓ UN RÉCORD MUNDIAL AL SOSTENER EN SUS MANOS UNA PILA DE 73 GOFRES CONGELADOS.**

16 Los niños tienen una media de **8 RESFRIADOS** al año.

HELADO

17 Un artista holandés está realizando una escultura llamada **GLACIAR SOLAR EN MEDIO DEL DESIERTO** para concienciar a la gente sobre el **CAMBIO CLIMÁTICO.**

18 Si un pedazo de hielo tiene más de 5 m de anchura, hablamos de **ICEBERG;** entre 5 y 2 m, se considera un **TÉMPANO,** y con menos de 2, un **BLOQUE DE HIELO.**

19 **EN ALGUNAS PARTES DE LA ANTÁRTIDA, ¡EL HIELO TIENE 5 km DE GROSOR!**

20 **EN LA ANTÁRTIDA, EXISTE LA REGLA 30-30-30:** Cuando la temperatura es de -30 °F (-34,4 °C) y el viento sopla a 30 millas por hora (48,3 km/h), la piel del ser humano se congela en 30 segundos.

21 La temperatura más baja registrada en la Tierra fue de **-89,2 °C EN LA ANTÁRTIDA.**

22 Dos placas de hielo cubren la mayor parte de **GROENLANDIA Y LA ANTÁRTIDA** y representan más del **99 POR CIENTO** del hielo glaciar del mundo.

23 **LA LECHUGA ICEBERG ES REDONDEADA Y COMPACTA.**

24 Los icebergs se forman a partir de glaciares en tierra firme, se desprenden y avanzan a la deriva por el mar. **EN SU MAYOR PARTE SON DE AGUA DULCE, NO DE AGUA SALADA.**

25 Hace unos 100 años, en Estados Unidos, **FRANK EPPERSON** dejó en el porche de su casa un vaso de gaseosa con un palito durante toda una larga y helada noche: tenía 11 años y acababa de **INVENTAR EL HELADO POLO.**

15 BREVES DATOS

❶ Las **MARIQUITAS** son señal de **BUENA SUERTE** en todo el **MUNDO.**

❷ Durante más de **2.600** años, los habitantes de Europa Occidental han considerado que las patas de **CONEJO** dan buena suerte.

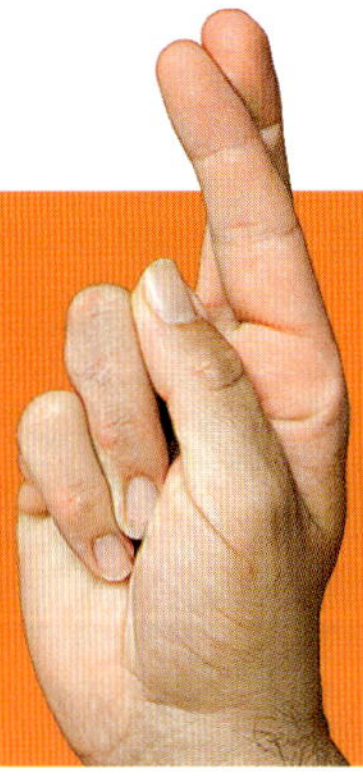

❸ Muchas personas creen que **CRUZAR LOS DEDOS** da buena suerte.

❹ En Perú, llevar ropa interior **AMARILLA** el día de Año Nuevo trae buena suerte.

❺ En Alemania, da buena suerte **TOCAR** un cepillo deshollinador de chimeneas.

❻ El **OCHO** es un número de la suerte en China: más de 300.000 **PAREJAS** se casaron en aquel país el día **08/08/08.**

❼ Se considera que los tréboles de cuatro hojas dan buena **SUERTE,** pero quizá el trébol portador de más fortuna sea el que ostenta el **RÉCORD MUNDIAL: 56 HOJAS.**

SOBRE LA SUERTE

❾ En Estados Unidos, se cree que colgar una **herradura** sobre una **puerta** da buena suerte.

❿ Se supone que la expresión **«¡Mucha mierda!»** da buena suerte a los actores que se disponen a salir al **escenario.**

⓫ Muchas culturas consideran que el **7** es portador de buena suerte: en Estados Unidos, el día **07/07/2007** se triplicó el número de **bodas.**

⓬ En Reino Unido, encontrarse una araña en el **vestido de novia** se considera un signo de buena suerte.

⓭ En España, comer **12 UVAS** cuando suenan las campanadas de Nochevieja da buena suerte.

⓮ En el sur de EE.UU., se cree que **comer alubias** el día de Año Nuevo da **buena suerte.**

⓯ Cuando hacía campaña para la **presidencia** de Estados Unidos, Barack Obama llevaba una **pulsera de soldado,** una moneda de la suerte y varias **medallitas** religiosas, para tener suerte.

❽ Lo creas o no, en **varias culturas,** que te caiga una **caca** de pájaro es señal de buena suerte.

Mandril

75 DATOS PARA HACER EL MONO

1. Los monos y los grandes simios pertenecen al mismo orden, pero a diferentes familias. Los grandes simios engloban a los gorilas, chimpancés, bonobos, orangutanes y al ser humano.

2. **LOS MONOS TIENEN COLA, LOS GRANDES SIMIOS, NO.**

3. Algunos monos de Tailandia enseñan a sus crías a usar hilo dental.

4. A diferencia de muchos padres mono, los machos de siamang ayudan a cuidar de sus hijos.

5. En la película de ciencia ficción *Doce monos* aparecen doce especies de monos diferentes.

6. Los monos saki tienen mucho pelo enmarañado. Si se mojan, a veces chupan el agua que queda atrapada en él.

7. «Hacer el mono» significa hacer tonterías.

8. Existe una localidad en el oeste de Kentucky, EE.UU., llamada Monkeys Eyebrow (ceja de mono).

9. Tanto los grandes simios como los monos se acicalan entre ellos, hurgando en el pelo del vecino para quitarse bichos y porquería.

10. A una gorila llamada Koko le enseñaron a usar el lenguaje de signos para comunicarse.

11. Los monos aulladores deben su nombre a los poderosos gritos de advertencia que pueden oírse casi a 3 km de distancia a través de los árboles del bosque.

12. Cuando en 1960 Jane Goodall comenzó a estudiar a los chimpancés en Tanzania, las autoridades no le permitían estar allí sola, de modo que la acompañó su madre.

13. Los lémures viven en estado salvaje solo en la isla de Madagascar.

14. Cuando un babuino muestra a otro la planta del pie, significa que lo acepta como macho alfa o jefe.

15. La mascota mono de *Superman* se llama Beppo. Apareció por primera vez en el cómic en 1959.

16. Uno de cada tres orangutanes se ha caído alguna vez de un árbol y se ha roto un hueso.

17 Los macacos aprenden muy deprisa. En una ocasión, una hembra de macaco llamada Imo aprendió a lavar las batatas para quitarles la arena y, muy pronto, todo el grupo estaba imitándola.

18 En Tailandia se celebra el Festival del Mono, en el que se preparan para los monos golosinas, verduras y frutas, y se les deja que coman todo lo que quieran.

19 Las parejas de macho y hembra de gibón cantan a dúo.

20 Mike, un chimpancé con el que trabajó Jane Goodall en sus estudios, golpeaba un bidón de gasolina para intimidar a sus rivales.

21 EL LANGUR JASPEADO PUEDE SALTAR 6 m ENTRE LOS ÁRBOLES.

22 Un orangután, de nombre Fu Manchú, solía escaparse de su recinto en el zoo de Omaha, EE.UU., abriendo la cerradura con un alambre que ocultaba en la boca.

23 El mono patas corre por tierra alcanzando velocidades de 56 km/h.

24 Al igual que el ser humano, los monos pueden quedarse calvos con la edad.

25 La mayoría de los grandes simios tienen los brazos más largos que las piernas. Los brazos de los orangutanes son casi el doble de largos que sus piernas.

26 Los monos araña deben su nombre a su parecido con las arañas cuando mueven sus largas extremidades y su cola.

27 Un grupo de gorilas es una «manada».

28 Los colobos eructan para hacerse amigos de otros monos.

29 Los machos adultos de mandril tienen la nariz roja y azul. Sus colores se hacen más vivos cuando están agitados o enfadados.

30 Los chimpancés atrapan termitas introduciendo palos largos en los termiteros.

31 El tití emperador aprovecha sus bigotes para parecer más grande.

32 Los pequeños micos nocturnos del Amazonas son presa del gran búho cornudo.

33 Los viejos juguetes de cuerda que representan a un mono tocando el tambor o los platillos pueden alcanzar en eBay un precio de cientos de euros.

34 En 1996, un gorila llamado Binti Jua rescató a un niño de tres años que había caído dentro de su recinto en un zoo de Brookfield, EE.UU.

35 Los siamang son un tipo de gibón. Emiten poderosos sonidos para comunicar su localización a otros monos de su misma especie.

36 Los macacos japoneses hacen peleas de bolas de nieve.

37 Los monos tienen el mismo número de dientes que un adulto humano: 32.

38 A la mayoría de los monos y los grandes simios les gusta hacerse un cómodo nido con ramas para dormir.

39 Dian Fossey estudió los gorilas en Ruanda, África. El primer gorila al que pudo acercarse y que le tocó la mano fue luego llamado Peanuts (Cacahuetes).

40 Los chimpancés utilizan las hojas como paraguas para protegerse de la lluvia.

41 LOS HUMANOS SON LOS ÚNICOS GRANDES SIMIOS QUE PUEDEN EXPRESARSE CON PALABRAS.

42 Los langures son sagrados para los hindúes, que incluso les dejan recoger frutos de sus jardines.

43 Los chimpancés pueden construir un nido en diez minutos.

44 Del mismo modo que el ser humano se echa la siesta durante el día, los micos nocturnos se echan la siesta en plena noche.

45 En 1966, se encontró en Sudáfrica un gorila de pelo blanco, Copito de Nieve. Desde entonces, su casa pasó a ser el Zoo de Barcelona, ¡donde tuvo 30 hijos!

46 Los gibones son tan rápidos que pueden cazar aves en pleno vuelo mientras saltan entre los árboles.

47 LOS MONOS Y LOS GRANDES SIMIOS PUEDEN CONTRAER ENFERMEDADES DE LOS HUMANOS.

48 Los monos de Allen tienen una singular forma de pescar. Colocan hojas sobre el agua y después atrapan al pez que va a esconderse debajo.

49 Los monos pelan los plátanos y tiran la piel.

50 Los chimpancés se abrazan entre ellos.

51 Los monos tití se alimentan, entre otras cosas, de la savia de los árboles.

52 Los monos hacen muecas cuando juegan entre ellos.

53 Los primeros monos que sobrevivieron a un viaje al espacio pasaron allí 15 minutos, en 1959.

54 En Malasia, los macacos cola de cerdo trepan a los árboles y recogen cocos. Se les paga en bananas por el trabajo realizado.

55 La mascota del equipo de baloncesto Phoenix Suns, en EE.UU., es un gorila que realiza exhibiciones de mates en los descansos de los partidos.

56 Alrededor de 500 macacos cangrejeros tienen su hogar en Bali, en el Sagrado Bosque de los Monos. Son considerados guardianes de los templos del bosque.

57 Los gorilas, cuando están tristes, lloran.

58 Michael Jackson tenía como mascota a un mono llamado Bubbles. En ocasiones se vestían los dos a juego.

59 Los chimpancés utilizan las hojas a modo de esponja para absorber agua y luego bebérsela.

60 Simiolón, el gorila morado de los dibujos animados de Hanna-Barbera en la década de 1970, medía 12,2 m de alto. La estatura de un gorila real es de 1 a 2 m.

61 Cuatro pinturas realizadas por un chimpancé fueron expuestas en una galería de arte y elogiadas por los críticos, que pensaron que eran obra de una persona.

62 La actriz que interpretaba el papel de Jane en las películas de Tarzán se quejaba de que la amiga chimpancé de Tarzán, Chita, le mordía al menor descuido.

63 Ni a los siamangs ni a los gibones les gusta el agua y nunca intentarán cruzar arroyos ni pozas.

64 En Delhi, la India, se utilizaban langures para que los macacos más pequeños no molestaran a las personas.

65 En 1981, Universal Studios demandó a Nintendo por considerar a Donkey Kong un plagio de King Kong. Los estudios de cine no ganaron.

66 Las bolsas de las mejillas del macaco pueden contener tanto alimento como su estómago.

67 LOS CHIMPANCÉS CAZAN ANIMALES PARA ALIMENTARSE. UTILIZAN INCLUSO LANZAS.

68 Durante algún tiempo los científicos pensaron que los bonobos eran un tipo de chimpancé, cuando en realidad son una especie aparte.

69 Las huellas dactilares de los monos son tan identificativas como las de los humanos.

70 Bajo el pelo de los grandes simios hay piel de distintos colores. La piel del orangután puede tener un tono azul.

71 Los monos aulladores a veces orinan sobre la persona que camina por debajo de ellos.

72 Los gibones viven juntos en grupos familiares: madre, padre y crías.

73 «Mono» es también el nombre de una prenda de vestir de una sola pieza, con pantalón y parte superior.

74 Cuando hace calor en primavera, los macacos japoneses se dan baños para refrescarse.

75 En el Caribe, los monos vervet roban a menudo las bebidas a los bañistas que toman el sol en la playa.

35 DATOS SOBRE MUJERES QUE HAN HECHO HISTORIA

1. En Estados Unidos, una niña de 11 años escribió una carta al candidato presidencial **ABRAHAM LINCOLN** sugiriéndole que se dejara barba, y él lo hizo.

2. La superheroína de comic **WONDER WOMAN** –que combatía a los villanos con su Lazo de la Verdad– apareció por primera vez en 1941 y fue portada del primer número de la revista *Ms. magazine* en 1972.

3. Las famosas **HERMANAS BRONTË** –Charlotte, Emily y Anne– publicaron sus novelas con **FALSOS NOMBRES DE HOMBRE:** Currer Bell, Ellis Bell y Acton Bell.

4. **LA REINA VICTORIA** reinó desde 1837 hasta 1901, el periodo más largo en la historia británica y uno de los más largos en toda Europa.

5. En 1965, **MARY WALKER**, cirujana del Ejército Federal en la Guerra de Secesión, recibió la Medalla de Honor de EE.UU. Es la **ÚNICA MUJER** a la que se ha concedido tal reconocimiento.

6. **JULIA WARD HOWE**, activista defensora de los derechos de la mujer y autora de la canción ***BATTLE HYMN OF THE REPUBLIC***, sugirió dedicar el Día de la Madre a la paz.

7. En 2006 se descubrió una **MOMIA** de 1.600 años de un rey peruano, que resultó ser una mujer; el hallazgo pone en duda la idea de que el Perú de entonces fuera gobernado solo por hombres.

8. En 1903, **MARIE CURIE** se convirtió en la primera mujer galardonada con un **PREMIO NOBEL**, el de Física. Ganaría también el de Química, en 1911, y su hija recibiría otro en 1935.

9. En 1977, la activista ecologista keniata y ganadora del **PREMIO NOBEL DE LA PAZ WANGARI MAATHAI** animó a sus conciudadanos a plantar más de 45 millones de árboles en su país.

10. **ISABEL I**, que reinó en Inglaterra desde 1558 hasta 1603, **TENÍA 25 AÑOS** cuando se convirtió en reina.

11. La antigua **REINA SUMERIA PUABI** fue hallada enterrada con montones de joyas de oro, un juego de mesa y una lira, así como diez sirvientas y cinco soldados, sacrificados tras su muerte.

12. La corredora **WILMA RUDOLPH** superó la polio infantil y ganó tres **MEDALLAS DE ORO** en las Olimpiadas de 1960, y fue la primera mujer estadounidense en llevarse tres oros en un año.

La reina Victoria

13
Hace unos 2.000 años, las hermanas **TRUNG TRAC** y **TRUNG NHI** lideraron las fuerzas vietnamitas en una rebelión contra el poder chino, y controlaron docenas de fortalezas durante años.

14
CLARA BARTON fundó la **CRUZ ROJA DE ESTADOS UNIDOS** en 1881, a los 60 años, después de arriesgar su vida para proporcionar alimento, ropa, provisiones y apoyo a los soldados en la Guerra de Secesión.

15
En las pruebas que se realizaron en el campo Wrigley Field de Chicago, en 1943, 60 mujeres fueron seleccionadas para la **PRIMERA LIGA DE BÉISBOL PROFESIONAL FEMENINA.**

16
ELLEN SIRLEAF JOHNSON, presidenta de Liberia desde 2006, es la primera mujer elegida en África para la presidencia de un Estado.

17
En 1805, la india americana **SACAGAWEA,** que aparece en las monedas de dólar, exploró el Oeste americano como traductora para Lewis y Clark, llevando siempre a su bebé a la espalda.

18
Antes de ser una famosa chef, **JULIA CHILD** trabajó para el gobierno de EE.UU. durante la Segunda Guerra Mundial. Ayudó a desarrollar un repelente de tiburones y participó en operaciones secretas en Asia.

19
En Estados Unidos, la afroamericana **ROSA PARKS** prendió la mecha de las protestas pacíficas contra la discriminación en 1955, cuando se negó a ceder su asiento a una persona blanca en un autobús de Alabama.

20
En 1893, **NUEVA ZELANDA** se convirtió en el primer país en el que las mujeres podían **VOTAR.** En 2011, 118 años más tarde, se concedió este derecho a las mujeres en Arabia Saudí.

21
J.K. ROWLING, autora de *Harry Potter*, ha vendido más de 450 millones de libros, traducidos a 70 idiomas, y es la escritora más vendida de la primera década del siglo XXI.

22
En 1901, **ANNA EDSON TAYLOR** se convirtió en la primera persona en superar con éxito las **CATARATAS DEL NIÁGARA** dentro de un barril.

23
En 2011, la canciller alemana **ANGELA MERKEL** se situó en el puesto número 4 –la única mujer en el top 10– de la lista de las 100 personas más poderosas del mundo.

24
MARY ANDERSON ideó los limpiaparabrisas en 1903, tras ver a los conductores de Nueva York sacar la cabeza por la ventanilla para ver en medio de la lluvia.

25
En 1926, **GERTRUDE EDERLE** se convertía en la primera mujer en cruzar a nado el **CANAL DE LA MANCHA.** Cubrió 56 km de gélidas aguas en 14 horas y 36 minutos.

26
HELLEN KELLER se quedó ciega y sorda antes de los dos años, pero aun así aprendió a **LEER, ESCRIBIR Y HABLAR,** y se graduó en la universidad con sobresaliente.

27
En 2007, la India eligió a su **PRIMERA PRESIDENTA MUJER: PRATIBHA PATIL,** de 72 años.

28
BENAZIR BHUTTO, elegida primera ministra de Pakistán en dos ocasiones, en las décadas de 1980 y 1990, fue la primera mujer gobernante en un país islámico.

29
VALENTINA V. TERESHKOVA se convirtió en la primera mujer que viajaba al **ESPACIO** cuando, en 1963, dio 48 vueltas alrededor de la Tierra en 70,8 horas.

30
En los Juegos Olímpicos de Pekín de 2008, las hermanas **VENUS** y **SERENA WILLIAMS** se llevaron a casa la medalla de oro en los dobles de tenis femenino.

31
La japonesa **JUNKO TABEI** fue la primera mujer en alcanzar la cima del **MONTE EVEREST,** el 16 de mayo de 1975.

32
El 17 de julio de 1984, **SVETLANA SAVITSKAYA** se convirtió en la primera mujer que daba un paseo por el espacio fuera de la nave.

33
Al menos 35 mujeres se han presentado como candidatas a la **PRESIDENCIA DE ESTADOS UNIDOS.**

34
La estrella internacional del cine **MARLENE DIETRICH,** de origen alemán, trabajó como **ESPÍA** para Estados Unidos durante la Segunda Guerra Mundial.

35
ELIZABETH SMITH MILLER fue una de las impulsoras del uso de **PANTALONES.** En 1852, cuando trataba de trabajar en su jardín con falda, decidió que no soportaba más esos «grilletes».

100 DATOS SOBRE

1. Los árboles que componen el dosel de los bosques húmedos pueden tener la altura de un edificio de 20 plantas. **2. Los bosques húmedos están integrados por varios «estratos». Los animales que viven en el estrato más bajo son completamente distintos de los que viven en el más alto. 3.** Cada segundo que pasa se tala un área de bosque húmedo del tamaño de un campo de fútbol. **4. En la selva del Congo existen 700 especies de peces. 5.** Debido a la densa vida vegetal en el suelo de los bosques húmedos, los animales que viven sobre el suelo deben usar la voz para comunicarse. **6. Las piraguas son un medio de transporte corriente para moverse por los bosques húmedos. 7.** Las cotas más altas del Parque Nacional de El Yunque, en Puerto Rico, llegan a recibir 508 cm de lluvia al año. **8. La mitad de las plantas y de los animales de la Tierra viven en bosques húmedos. 9.** El calao rinoceronte macho es un ave que encierra a sus crías y a su pareja en árboles huecos para mantenerlos a salvo. Los alimenta a través de un agujero lo suficientemente amplio para meter el pico. **10. Los perezosos pasan 15-18 horas al día durmiendo para conservar energías. 11.** Menos del uno por ciento de las plantas de los bosques húmedos han sido investigadas con fines medicinales. **12. En los bosques húmedos, ¡el camuflaje es el rey! Hay flores con forma de insecto e insectos con forma de hoja. 13.** Puedes ir a clases para aprender a sobrevivir en la selva. **14. Las copas del dosel arbóreo de los bosques húmedos actúan como un paraguas, evitando que gran parte del viento, el agua y la luz llegue a las plantas y a los animales que se encuentran debajo. 15.** La selva tropical empezó a crecer hace 100 millones de años. **16. Cuando un árbol cae, puede convertirse en un «tronco criadero», que servirá a otras plantas de alimento y como base sobre la que crecer. 17.** El veinte por ciento de toda el agua dulce de la Tierra se encuentra en la cuenca del Amazonas. **18. En un bosque húmedo, la planta de la violeta puede alcanzar la altura de un manzano. 19.** Los bosques húmedos suelen recibir un mínimo de 200 cm de agua de lluvia al año; si toda esta lluvia se recogiera de una sola vez en el suelo, alcanzaría una profundidad mayor que la altura de un hombre adulto. **20. Antiguamente los bosques húmedos cubrían la Tierra; hoy apenas se extienden sobre el 2 por ciento de su superficie. 21.** La densidad de árboles es tan alta en los bosques húmedos, que solo el dos por ciento de la luz solar es capaz de penetrar hasta el suelo. **22. En los bosques húmedos hay árboles de más de 1.000 años. 23.** La Antártida es el único continente sin bosques húmedos. **24. La goma elástica se produce a partir de la savia del árbol del caucho, que crece en la cuenca del Amazonas. 25.** Un tipo de árbol de bosque húmedo florece una vez, libera sus semillas y después muere. **26. Aunque son ciegas, millones de hormigas marabunta avanzan en columna por los bosques húmedos, devorándolo todo a su paso. 27.** Podemos dar gracias a los bosques húmedos por las piñas, la canela, el chocolate, la vainilla y otros alimentos que comemos a diario. **28. En los bosques húmedos no solo habitan animales: también viven en ellos más de 30 millones de personas. 29.** Una medicina para tratar la malaria, enfermedad que puede ser mortal y que transmite un mosquito, se obtiene en los bosques húmedos. **30. El árbol de la nuez de Brasil produce flores que duran solo un día. 31.** Un cuarto de las especies conocidas de mariposas del mundo viven en los bosques húmedos de Sudamérica. **32. Por la selva amazónica corren más de 6.400 km de ríos.**

Loro gris africano

BOSQUES HÚMEDOS

33. El perezoso es el mamífero más lento sobre la Tierra: se mueve a 1,8-2,4 m por minuto. **34. Los científicos consideran que más de 2.000 plantas de los bosques húmedos podrían utilizarse para combatir el cáncer.** **35.** El fruto del durián, que sabe muy bien, pero huele a calcetines sucios, crece en los bosques del sudeste de Asia y es el alimento favorito de los orangutanes. **36. La cayena, la pimienta negra y la guindilla proceden de los bosques húmedos.** **37.** Los vivos colores de algunas mariposas indican que son venenosas. **38. Más de la mitad de los árboles que se talan en la región del Amazonas son eliminados para hacer sitio a granjas ganaderas.** **39.** Los perezosos tardan hasta un mes en procesar lo que comen. **40. Los bosques inundados del Amazonas son los únicos lugares de la tierra donde los peces se alimentan de frutos y semillas.** **41.** Los bosques húmedos es el hogar de serpientes de vivos colores, entre ellas la cascabel cornuda morada. **42. Algunos científicos estiman que en los bosques húmedos habitan 30 millones de especies diferentes de insectos.** **43.** La mariposa más grande del mundo, conocida como alas de pájaro, puede alcanzar una envergadura alar de 30,5 cm. **44. Para los antiguos pobladores de Centroamérica, el jaguar era un símbolo de realeza y creían que los protegía del diablo.** **45.** Durante la estación lluviosa en el Amazonas, un área del tamaño de Inglaterra queda inundada por el agua. **46. El wapití de Roosevelt, el ciervo más grande de Norteamérica, vive en el bosque húmedo templado. Los machos llegan a medir 1,5 m a la altura de los hombros.** **47.** En Alaska hay un bosque húmedo. **48. La lluvia que cae sobre un bosque húmedo puede tardar diez minutos en llegar al suelo.** **49.** En los bosques húmedos de Australia viven canguros arborícolas. En el suelo son torpes, mientras que en los árboles son ágiles y veloces. **50. Ciertas pirañas del Amazonas quitan la cáscara a los frutos secos y se los comen.** **51.** Los manatíes del Amazonas pueden llegar a pesar 454 kg. **52. El escarabajo Goliat puede pesar 100 g, como media manzana.** **53.** Es posible cruzar media hectárea de bosque húmedo y no ver una misma especie de árbol más de una vez: ¡intenta hacerlo en un jardín! **54. Los monos aulladores gritan para hacer saber a otros monos que ese territorio está ocupado.** **55.** Los habitantes de la región del Amazonas comen un pez llamado tambaquí, que puede pesar tanto como un guepardo. **56. La selva amazónica tiene dos veces el tamaño de la India.** **57.** Las higueras estranguladoras deben su nombre a que ocupan el lugar del árbol muerto en el que crecen. **58. Algunas plantas crean «tazas» con sus hojas que pueden recoger litros de agua.** **59.** Después de darse un festín de hojas en descomposición, el ave llamada hoacín huele a estiércol de vaca. **60. Los armadillos viven en bosques húmedos y pueden contener la respiración durante seis minutos para cruzar una masa de agua. A veces lo hacen caminando por el fondo del río.** **61.** Los organismos que viven entre el pelaje del perezoso le confieren un tono verdoso, de modo que resulta aún más difícil distinguirlo en los árboles. **62. Cuando en un bosque húmedo una hoja cae al suelo, se descompone en alrededor de seis semanas; cuando cae en un bosque de coníferas septentrional, puede tardar siete años en descomponerse.** **63.** Los monos capuchinos, que viven en la selva amazónica, son muy listos. Recientemente se ha descubierto que pueden ser entrenados para ayudar a personas con alguna discapacidad. **64. En los bosques húmedos abundan los escarabajos; recientemente, en Panamá, unos científicos encontraron en un árbol cerca de 1.000 especies distintas.** **65.** Las ranas verdes de ojos rojos tienen un moco pegajoso que les recubre los dedos y les sirve para agarrarse mejor a las superficies húmedas y resbaladizas. **66. Las pirañas son famosas por sus gustos carnívoros, pero algunas, en realidad, son vegetarianas.** **67.** Para moverse por el dosel de copas de árbol, algunas serpientes arborícolas se deslizan de una rama a otra, evitando en todo momento el suelo. **68. Las mariposas Morpho del bosque húmedo son de colores tan brillantes que pueden verse desde los aviones que vuelan bajo.** **69.** En el río Amazonas, los delfines son de distintos tonos de rosa. **70. Brasil alberga el 30 por ciento de los bosques húmedos del planeta; el segundo lugar es para la República Democrática del Congo.** **71.** Los bosques húmedos tropicales no tienen inviernos fríos: la temperatura media es de unos cálidos 24 °C. **72. Ciertas orquídeas crecen bajo tierra.** **73.** Los mayas y los incas crearon magníficas civilizaciones en su tierra, el bosque húmedo. **74. Puedes comprar chocolate que se produce respetando los bosques húmedos.** **75.** En un año, un árbol del dosel de un bosque tropical puede dejar caer en torno a 760 l de agua desde sus hojas. **76. Un chaparrón tropical puede descargar 5 cm de agua en una hora.** **77.** Hay animales que no bajan nunca del dosel del bosque al suelo. **78. Los saltamontes de los bosques húmedos de Perú pueden tener los colores del arcoíris.** **79.** Los murciélagos frugívoros comen fruta; las semillas recorren su sistema digestivo y son expulsadas con las heces mientras vuelan. **80. Los bosques húmedos de las tierras altas se llaman «bosques de niebla», por la presencia de nubes y niebla.** **81.** Los guacamayos macao, de vivo colorido, son en ocasiones capturados ilegalmente en los bosques y después vendidos como mascotas exóticas. **82. Los investigadores usan globos aerostáticos para volar por encima de los bosques húmedos y estudiarlos.** **83.** Si la tala de árboles continúa al ritmo actual en la selva del Amazonas, puede que en torno al año 2030 más de la mitad de sus bosques hayan desaparecido. **84. En los bosques húmedos, las vides pueden crecer hasta alcanzar el grosor de tu pierna.** **85.** Las ranas verdes de ojos rojos tienen el vientre de un brillante color neón. **86. Originalmente, el chicle procedía de los árboles de los bosques húmedos; en la actualidad puede obtenerse de forma artificial.** **87.** En un solo árbol pueden posarse hasta 100 loros grises africanos. **88. Los bosques húmedos actúan absorbiendo el dióxido de carbono, que es uno de los gases causantes del calentamiento global.** **89.** En Australia, puedes alojarte en una casa ecológica, en un árbol, y observar la vida salvaje. **90. Las pirañas carnívoras se comen a mordiscos las cabras que caen al agua.** **91.** Algunas tarántulas lanzan pelos de su cuerpo a los animales que intentan atacarlas. **92. Los árboles del caucho producen un látex pegajoso, de modo que cuando un animal se los intenta comer, la boca se le queda pegada.** **93.** Algunas plantas de bambú llegan a crecer hasta 0,3 m al día. **94. Los bosques húmedos están más «vivos» de noche: el 80 por ciento de toda la actividad animal se desarrolla en la oscuridad.** **95.** La cría del orangután se cuelga del vientre de su madre mientras ésta busca fruta para comer. Cuando sea algo mayor, ¡irá a caballito! **96. Las hormigas cortadoras de hojas se comen más del 15 por ciento de todas las hojas que crecen en ciertos bosques.** **97.** En la selva amazónica, cuando se construye una piragua, se le quema el exterior para hacerla impermeable al agua. **98. Algunos pobladores de la región del Amazonas, que tienen un hogar perfecto en el bosque, no han visto nunca un coche ni un móvil.** **99.** Las crías del tapir de Brasil tienen rayas y manchas, mientras que los adultos son totalmente marrones. **100. Los grandes ojos del gálago nocturno aprovechan toda la luz nocturna posible.**

50 DATOS BESTIALES SOBRE OSOS

1
A muchos de los **OSOS PARDOS** que viven en Norteamérica se los denomina osos *grizzly*.

2
Los osos polares tienen gruesas almohadillas en manos y pies, para no resbalar sobre el hielo.

3
Cuando un oso polar y un oso pardo *grizzly* tienen un hijo, se habla de **«OSO GROLAR»** o **«*PIZZLE*»**.

4
La hembra de **OSO MALAYO** suele tener **UN OSEZNO** por parto. Otras osas tienen entre dos y tres crías por camada.

5
Los **SAMI,** habitantes indígenas de Escandinavia, se refieren a los osos como «grandes pasos» o «dormilones invernales».

6
Un **OSO PARDO** puede **PERDER MÁS DE 50 kg** cuando hiberna; es como perder lo que pesa una lavadora.

7
A pesar de su nombre, los **OSOS HORMIGUEROS** no tienen un parentesco cercano con los osos.

8
Se sabe que los **OSOS POLARES** son capaces de nadar 160 km de una sola vez.

9
El oso bezudo tiene un espacio entre los dientes frontales que le sirve para succionar termitas.

10
El oso negro asiático también es conocido como **OSO LUNA,** porque tiene una mancha blanca en el pecho que parece una media luna.

11
El oso de **ANTEOJOS** puede trepar a un cactus a comer los frutos más altos.

12
El **ESCUDO DE MADRID** está formado por un **OSO RAMPANTE Y UN MADROÑO.** Tienen su propia estatua en la Puerta del Sol.

13
Cuando hibernan, los osos no suelen despertarse para nada. **PUEDEN INCLUSO PASAR MESES SIN IR AL BAÑO.**

14
Fuera de los zoos, los **PANDAS** viven solamente en las remotas montañas de la China central.

15
Aunque es insólito, los osos negros pueden ser totalmente blancos. A menudo se hace referencia a ellos como **«OSOS ESPÍRITU».**

16
Los osos de anteojos son los únicos osos que viven en **SUDAMÉRICA.**

17
El oso malayo es más activo de noche, aunque en inglés se lo conoce como *sun bear*, oso del sol.

18
Los **ANTIGUOS GRIEGOS** creían que los hombres podían convertirse en osos.

19
Los osos polares **NO HIBERNAN** si las condiciones son buenas para cazar.

20
Baloo, de *El libro de la selva*, es un **OSO BEZUDO.**

21
El presidente de EE.UU. Thomas Jefferson **TUVO COMO MASCOTA DOS OSOS *GRIZZLY*** en una jaula en la Casa Blanca.

22
La piel de los osos polares es en realidad **NEGRA.**

23
El **OSO YOGI** fue llamado así por la leyenda del béisbol Yogi Berra.

24
Un grupo de investigadores siguieron a un oso polar que **NADÓ DURANTE NUEVE DÍAS** sin parar, algo así como nadar de Finisterre a San Sebastián.

25
Michael Bond creó al **OSITO PADDINGTON** inspirado por un peluche de una tienda cercana a la estación de Paddington, en Londres.

26
En **MÉXICO** solía haber osos pardos, pero en la actualidad están **EXTINGUIDOS** en toda esa zona.

27
Cuando un oso pardo se pone **DE PIE** sobre sus patas traseras no siempre quiere amenazar. A menudo solo quiere tener una **MEJOR VISIÓN** de los alrededores.

28
Los osos polares tienen el **PELO TRANSPARENTE,** con una parte central hueca que refleja la luz del sol, lo cual hace que parezcan blancos.

29
Los pandas pasan entre **10 Y 16 HORAS** al día comiendo hasta 18 kg de bambú.

30
Los osos malayos son los **OSOS MÁS PEQUEÑOS.** Algunos pesan tan solo 26 kg, es decir, el tamaño aproximado de un perro Golden retriever.

31
Un ***BEAR CLAW*** (garra de oso) es un sabroso dulce relleno de pasta de almendras que se come en Estados Unidos.

32
Un **OSITO PANDA RECIÉN NACIDO** mide y pesa lo mismo que un **HELADO ALMENDRADO.**

33
Las hembras de bezudo son **LAS ÚNICAS OSAS** que llevan sus oseznos cargados **A LA ESPALDA.**

34
Aunque el **KOALA** es en realidad un marsupial, los primeros colonos ingleses lo llamaron ***KOALA BEAR*** (oso koala), debido a su parecido con los osos.

35
Los osos polares no tienen enemigos naturales.

36
Los **OSOS NEGROS MACHO** pueden tener un territorio de más de 200 km².

37
El **OSO MALAYO,** es conocido también como «oso melero», porque le gusta la miel, que come con su larga lengua.

38
Un grupo de osos se denomina **«MANADA»,** pero no es habitual ver una manada de osos, ya que en general se mueven solos.

39
En otoño, para engordar antes de hibernar, un oso pardo puede comer hasta **40 kg DE COMIDA** al día. ¡Esto equivale a **340 PLÁTANOS!**

40
La mayoría de **ESPECIES DE OSO** están en peligro de **EXTINCIÓN.**

41
Los osos ***GRIZZLY*** son rápidos. Pueden correr a 50 km/h, **MÁS DEPRISA QUE UN CABALLO.**

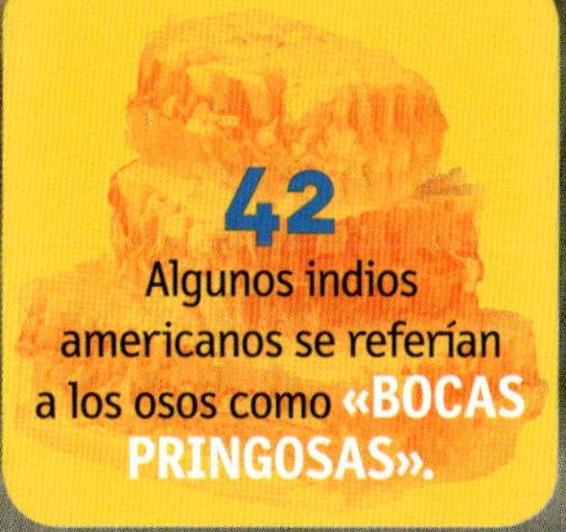
42
Algunos indios americanos se referían a los osos como **«BOCAS PRINGOSAS».**

43
Los **OSOS DE ANTEOJOS** pueden pasar días sentados en un árbol esperando a que la **FRUTA MADURE.**

44
Los **OSITOS DE GOMA** fueron inventados en Alemania.

45
Hay osos **INCLUSO EN EL CIELO,** en forma de constelaciones: la Osa Mayor y la Osa Menor.

46
En lugar de construir un cubil, las madres de oso malayo **CONSTRUYEN UN NIDO** en el suelo para tener a sus crías.

47
Es un mito que los osos negros aúllen. Gruñen y rugen.

48
Los estudios Pixar realizaron un falso anuncio del **OSO AMOROSO LOTSO** en *Toy Story 3*.

49
WINNIE THE POOH comenzó llamándose **EDWARD BEAR** (el oso Edward).

50
El osito de peluche conocido en Inglaterra como *Teddy bear* (oso Teddy) se llamó así por el presidente **THEODORE ROOSEVELT.** Los primeros eran conocidos como **«TEDDY'S».**

25 DATOS Envenenados

1

ALGUNOS **ANIMALES VENENOSOS** DEBEN **SER INGERIDOS** PARA AFECTAR A OTRO ANIMAL.

2

La **ARAÑA RECLUSA MARRÓN** vive en **LUGARES OSCUROS,** pero tiene solo **TRES PARES DE OJOS. LA MAYORÍA DE ARAÑAS TIENEN CUATRO PARES.**

3

Ciertas plantas propias de **FESTIVIDADES** pueden hacer enfermar a los gatos. La savia de la **FLOR DE PASCUA,** por ejemplo, puede provocarles **VÓMITOS,** aunque no parece ser causa de muerte.

4

ALGUNOS ANIMALES **VENENOSOS** TIENEN EN SU CUERPO UN VENENO QUE PUEDEN **INYECTAR A OTROS ANIMALES.**

5

STEVE IRWIN, **«EL CAZADOR DE COCODRILOS»,** murió por el golpe de una raya látigo, que le clavó su aguijón venenoso en el corazón, **UN SUCESO REALMENTE INSÓLITO.**

6

EXISTEN CIERTOS TIPOS DE **BACTERIAS** QUE SON DAÑINAS PARA LOS HUMANOS, PERO NO PARA LOS ANIMALES Y VICEVERSA.

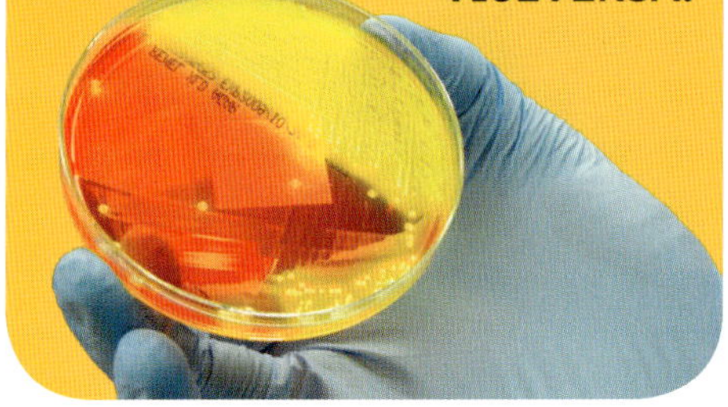

7

Un poco de **NUEZ MOSCADA** da sabor a los postres, pero en grandes cantidades puede ser realmente **DAÑINA PARA EL ESTÓMAGO.**

8

Cuando el ganso con espolones se alimenta de ciertos **ESCARABAJOS,** su carne puede resultar **TÓXICA.**

9

La **VIUDA NEGRA NO TIENE DIENTES.** Inyecta un veneno con los quelíceros que convierte el interior de su presa en **UNA SUSTANCIA GELATINOSA Y, LUEGO, SE LA BEBE.**

10

EN 2004, EL PRESIDENTE DE UCRANIA FUE **ENVENENADO** Y SOBREVIVIÓ.

11

La madre del presidente Abraham Lincoln murió de la **«enfermedad de la leche».** Bebió leche de vacas que habían estado comiendo una planta tóxica: **LA SERPENTARIA BLANCA.**

12

LA SERPIENTE VENENOSA MÁS LARGA DEL MUNDO, LA **COBRA REAL,** ES TAN LARGA COMO UN COCHE.

13

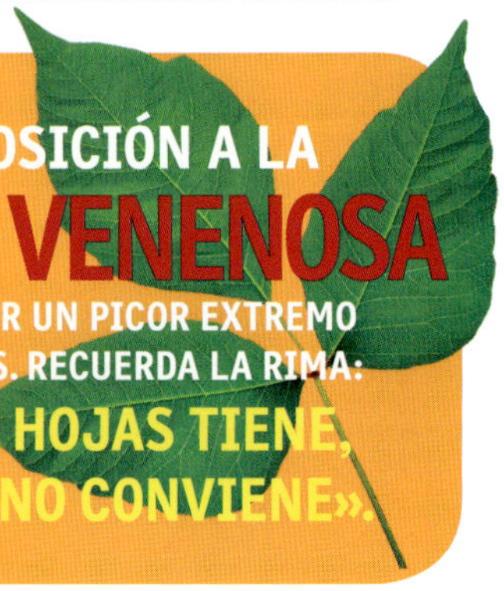

LA EXPOSICIÓN A LA **HIEDRA VENENOSA** PUEDE CAUSAR UN PICOR EXTREMO Y ERUPCIONES. RECUERDA LA RIMA: **«SI TRES HOJAS TIENE, TOCARLA NO CONVIENE».**

14

LA CUBOMEDUSA, el animal más venenoso del mundo, no es tóxica para las tortugas. Por eso se la comen.

15

CUIDADO CON LOS LORIS PEREZOSOS.

LAMEN UNA TOXINA DE LA CARA INTERNA DE SUS CODOS, LA MEZCLAN CON SALIVA Y DESPUÉS MUERDEN A SU PRESA.

16

EL ÚNICO LAGARTO VENENOSO DE ESTADOS UNIDOS, **EL MONSTRUO DE GILA,** INYECTA VENENO CUANDO MUERDE A SU **PRESA.**

17

LAS BAYAS VERDES DE LA PLANTA DE LA **HIERBA MORA** SON MÁS TÓXICAS QUE LAS MADURAS.

PARA caerse muerto

18

La venenosa serpiente de **CASCABEL DIAMANTE** occidental tiene en la piel manchas con forma de diamante.

19

Las **ORUGAS DE LA MARIPOSA HARPÍA** son incluso más peligrosas cuando mueren. Su veneno puede seguir inyectándose a través de los pelos de su cuerpo.

20

Algunos **PECES,** como el róbalo y el mero, pueden estar cargados de tóxicos. Si comes pescado contaminado, sentirás un doloroso CALOR ABRASADOR AL TOCAR TU PIEL CON UN CUBITO DE HIELO.

21

LA PLANTA DEL **MUÉRDAGO** puede causar frecuencia cardíaca lenta y molestias estomacales si se come.

22

Muchas **SETAS** son seguras y se pueden comer, pero hay variedades silvestres que pueden ser mortales, como la «seta engañosa» o la «cicuta verde». Existen especies que se conocen como «ángeles destructores» y «hongos de la muerte».

23

Para recordar la diferencia entre la serpiente de cascabel venenosa y otras no venenosas con los mismos colores, pero dispuestos en diferente orden, los primeros colonos de Norteamérica desarrollaron una rima que venía a decir:

si el rojo toca el negro, yo me alegro; si el rojo toca el amarillo, muere un amiguillo.

¡ESTA REGLA NO ES APLICABLE EN OTRAS PARTES DEL MUNDO!

24

Los **BROTES DE SOJA CRUDOS** pueden ser portadores de bacterias mortales y la única manera de acabar con ellas consiste en cocer el alimento; un simple lavado no las mata.

25

BEBER DEMASIADA **AGUA** DE UNA SOLA VEZ PUEDE ALTERAR EL CONTENIDO DE SALES DE TU SANGRE Y **MATARTE.**

15 REVOLTOSOS DATOS SOBRE

❶ Las **PRIMERAS MONTAÑAS RUSAS** fueron probablemente unos **TOBOGANES DE HIELO** –madera cubierta por varios centímetros de hielo– construidos en **RUSIA EN EL SIGLO XVII.**

❷ La montaña rusa **KINGDA KA,** en Nueva Jersey, EE.UU., sube una altura de **139 m** y desciende **127,4 m** en una sola bajada.

❸ La montaña rusa **STEEL DRAGON 2000,** en Japón, tiene un recorrido de más de **2.479 m,** es decir, supera en **210,6 m** a la siguiente montaña rusa más larga.

❹ Una montaña rusa de China pone **BOCA ABAJO A SUS PASAJEROS 11 VECES, UN RÉCORD MUNDIAL.**

❺ En una montaña rusa de **CUARTA DIMENSIÓN,** las personas se sientan en puestos individuales que **GIRAN 360 GRADOS** durante el recorrido.

❻ **RIDDLER'S REVENGE,** en California, EE.UU., **ACUMULA TODOS LOS RÉCORDS** en la categoría **«MONTAÑAS RUSAS DE PIE»:** mayor velocidad, mayor altura, caída más larga y más inversiones.

MONTAÑAS RUSAS

❼ Los pasajeros de la montaña rusa **SUPERMAN: ESCAPE FROM KRYPTON,** en California, EE.UU., experimentan la **INGRAVIDEZ** durante **6,5 SEGUNDOS,** más de un cuarto del tiempo total del recorrido.

❽ La **MONTAÑA RUSA MÁS RÁPIDA** del mundo se encuentra en Abu Dhabi y alcanza los 240 km/h en **CUATRO SEGUNDOS.** Obliga a los pasajeros a ponerse **GAFAS DE PROTECCIÓN.**

❾ La maratón **MÁS LARGA** de montañas rusas duró **405 HORAS Y 40 MINUTOS** y tuvo lugar durante varias semanas en 2007.

❿ Asia tiene más montañas rusas –**1.101**– que ningún otro continente. Oceanía es es el que menos tiene: 24.

⓫ La **MONTAÑA RUSA MÁS ANTIGUA** del mundo en funcionamiento se llama **LEAP-THE-DIPS,** se inauguró en 1902, está en Pensilvania, EE.UU, ¡y es de madera!

⓬ La primera montaña rusa que alcanzó los **160 km/h** fue la **TOWER OF TERROR** en Australia, inaugurada en 1997.

⓭ **1.920 PERSONAS** montan en **UNA HORA** en la montaña rusa **INCREDIBLE HULK** en Florida, EE.UU.

⓮ En la cima de la montaña rusa **MATTERHORN BOBSLEDS DE DISNEYLAND** hay una **CANASTA DE BALONCESTO** para que la usen los empleados en su tiempo de descanso.

⓯ El 8 de agosto de 2010, **102 PERSONAS DESNUDAS** montaron en la montaña rusa **GREEN SCREAM,** en Inglaterra, estableciendo el récord mundial de **GENTE DESNUDA** en una atracción de parque temático.

75 DATOS QUE TE HARÁN ESTREMECER

❶ En el antiguo Egipto, el *Libro de los muertos* contenía los conjuros para que los muertos realizaran el peligroso viaje a la otra vida de manera segura.

❷ La misteriosa Mansión Winchester, en California, es uno de los lugares embrujados más asombrosos del mundo. Se dice que aún se nota el olor a sopa procedente de las cocinas, que llevan décadas paradas.

❸ UN HOMBRE CREÓ UNA ESTATUA DE SÍ MISMO UTILIZANDO SUS PROPIOS DIENTES, PELOS Y UÑAS.

❹ Algunas pinturas rupestres en Europa representan animales de la época, como los mamuts lanudos, pero también formas que parecen platillos volantes.

❺ En tu nariz pueden vivir minúsculas sanguijuelas. El primer caso fue descubierto en 2007, en Perú.

❻ El parásito conocido como solitaria puede alcanzar los 7,5 m en el intestino de una persona. Entra en el cuerpo con la ingesta de carne de vacuno poco hecha portadora de quistes o directamente infestada de gusanos.

❼ El argumento de un libro publicado en 1898 guarda un inquietante parecido con el hundimiento del Titanic en abril de 1912. En el libro, un gigantesco transatlántico llamado Titan choca contra un iceberg en su primer viaje, en el mes de abril.

❽ Un artista medieval pintó el rostro de un demonio en las nubes de un fresco realizado en la Basílica de San Francisco, en Asís, Italia.

❾ Si te aguantas un estornudo puedes dañar tus oídos.

❿ En Asia, las polillas vampiro macho pueden chupar sangre humana durante 20 minutos.

⓫ EL MIEDO A LOS REPTILES Y A OTROS BICHOS QUE SE ARRASTRAN SE LLAMA HERPETOFOBIA.

⓬ Algunas marcas de gelatina utilizan piel y huesos de animales como la vaca y el cerdo.

⓭ Una aparición es la presentación visible de un fantasma. Se dice que en la mansión Major Graham, en Virginia, EE.UU., se aparecen una novia y una jovencita.

⓮ En Fort Mifflin, un fuerte utilizado durante la Guerra de Secesión en Filadelfia, EE.UU., varias personas afirman haber escuchado gritos de mujer. Dicen que son tan fuertes que la gente de los alrededores ha llamado a la policía para que investigue el caso.

⓯ En Ucrania, un parque temático tuvo que cerrar nada más ser inaugurado debido a un desastre nuclear en una planta próxima, suceso que hizo que toda el área fuera declarada radiactiva.

⓰ En 1932, Harry Price, un cazafantasmas, intentó en Alemania convertir una cabra en un muchacho.

⓱ Cristóbal Colón anotó tres avistamientos de sirenas en su diario.

⓲ Un parásito marino del orden de los isópodos se come la lengua de un pez, ocupa el lugar que deja y se queda a vivir en su boca.

⓳ CIEN GRAMOS DE CHOCOLATE PUEDEN CONTENER 60 FRAGMENTOS DE INSECTO Y, AUN ASÍ, VENDERSE EN LAS TIENDAS.

⓴ La creencia en los vampiros es muy antigua: una pieza de arte babilónico de 2.300 años de antigüedad muestra la persecución de un vampiro por parte de un cazador de vampiros.

㉑ El Hotel Krüeger, en el parque de atracciones del Tibidabo, en Barcelona, aloja a los personajes más terroríficos de la historia del cine fantástico.

㉒ UN POLLO DE NOMBRE MIKE VIVIÓ 18 MESES SIN CABEZA.

㉓ El pigmento llamado negro de hueso se prepara a partir de huesos de vaca.

㉔ Tu estómago alberga una cantidad de bacterias similar a la que cabría en una lata de sopa.

㉕ Las historias del Kraken, un terrorífico monstruo marino destructor de barcos, podrían basarse en avistamientos reales de un calamar gigante. Hasta el año 2004 los científicos no obtuvieron imágenes claras de esta criatura.

㉖ El Centro de investigación y Museo Internacional del OVNI de Rooswell, EE.UU., es muy popular por la supuesta visita de ovnis a la zona. Después de visitarlo, puedes comer en su restaurante temático.

27 En Turkmenistán, un cráter se mantiene encendido desde hace más de 40 años, cuando un martillo mecánico realizó accidentalmente un agujero en una gran bolsa de gas natural. Para evitar los peligrosos vapores, se decidió prender fuego al gas.

28 La elefantiasis causa la inflamación de brazos y piernas. La enfermedad es transmitida por mosquitos en ciertas regiones tropicales.

29 En Corea del Sur, un hombre sufrió un desmayo después de jugar online a un videojuego durante 50 horas. Murió poco después.

30 UNA IGLESIA DE LA REPÚBLICA CHECA TIENE UN CANDELABRO HECHO CON HUESOS HUMANOS.

31 Un hombre se hizo 3.900 *piercings* corporales en 7 horas y 46 minutos.

32 Ciertas enfermedades intestinales se tratan mediante la ingestión de huevos vivos de gusano.

33 El personaje de ficción Drácula está basado en un noble rumano, Vlad Dracul, que vivió en Transilvania hace más de 500 años y que era conocido por su crueldad y por empalar a sus víctimas. Se dice de él que mató a decenas de miles de personas.

34 Hay quien cree que aviones y barcos «desaparecen» en un área del Atlántico llamada el Triángulo de las Bermudas. En realidad, en esta zona del océano no se encuentran más restos que en cualquier otra, si bien es verdad que la fuerte Corriente del Golfo puede borrar el rastro de cualquier desastre.

35 Se dice que la tripulación del Holandés errante, un barco que se hundió frente a las costa de Sudáfrica en 1641, tiene que encontrar almas que ocupen su lugar para poder descansar en paz.

36 El buitre americano, conocido por darse un festín con los huesos de los animales muertos, en realidad no es capaz de llegar a su interior. Así, antes de comer, debe esperar a que empiecen a descomponerse.

37 Los mayas, en Centroamérica, usaban pozos profundos llamados cenotes para ofrecer sacrificios humanos a los dioses.

38 En Europa, en la Edad Media, se dio muerte a millones de gatos negros porque la gente pensaba que tenían poderes mágicos.

39 Las «casas OVNI» de Sanzhi eran lujosos módulos construidos en Taiwán en la década de 1980 para turistas adinerados. Sin embargo, el proyecto fue abandonado a medio camino tras una serie de misteriosos accidentes que llevaron a la gente a pensar que las casas estaban encantadas. Las edificaciones del pueblo fantasma se mantuvieron en pie durante 30 años, hasta que fueron demolidas en 2010.

40 Las personas que sufren licantropía creen que son lobos.

41 Una serpiente pitón hambrienta decidió comerse un caimán en la región de los Everglades, en Florida, EE.UU. El caimán era tan grande que los científicos pensaron que la pitón iba a estallar.

42 LAS CUCARACHAS PUEDEN VIVIR VARIAS SEMANAS SIN CABEZA.

43 En la antigua Rusia se creía que, recitando unas determinadas palabras, una persona podía convertirse en hombre lobo. Se pensaba también que si un hombre lobo te arañaba, te convertías en uno de ellos.

44 La lombriz gigante azul puede crecer hasta los 2 m de longitud. ¡Es más alta que tú!

45 El megalodón, un tiburón extinguido, tenía la boca llena de dientes del tamaño aproximado de tu mano (18 cm).

46 Las personas con un trastorno alimentario llamado pica quieren comer cosas que no son comida, como cerillas quemadas, piedras, arena y pelo.

47 Cinco submarinos nucleares se hallan en el fondo del Océano Atlántico, con su carga radiactiva a bordo.

48 Las arañas tienen la sangre transparente.

49 En la década de 1940, una abuela tenía como afición recrear escenas de crímenes en miniatura dentro de cáscaras de nuez. La policía llegó a utilizarlas como material educativo.

50 Los renacuajos de la rana vampiro voladora tienen dos colmillos que les sobresalen de la boca.

51 En el Parque Nacional del Valle de la Muerte, en California, EE.UU., se extiende una depresión conocida como «El campo de golf del Diablo» por sus formaciones de sal puntiagudas, algunas de ellas de más de medio metro de altura.

52 EN LA ANTÁRTIDA HAY UN GLACIAR DEL QUE MANA LENTAMENTE UNA CASCADA DE AGUA ROJO SANGRE. EL COLOR SE DEBE AL ALTO CONTENIDO EN HIERRO DEL AGUA.

53 El astrólogo John Hazelrigg realizó una predicción según la cual los hombres elegidos como presidentes de EE.UU. en 1920, 1940 y 1960 morirían durante su mandato. Y así fue.

54 Algunos propietarios de animales someten a sus mascotas a operaciones de cirugía plástica.

55 La araña Goliat tiene el tamaño de un plato. Vive en Sudamérica.

56 Una «*zombie walk*» es una marcha de gente disfrazada de zombi. El Festival Internacional de Cine Fantástico de Sitges organiza anualmente su *zombie walk* por las calles de la ciudad.

57 Los perros pueden tener gusanos en el corazón, por la transmisión de larvas a través de la picadura de un mosquito. Cuando crecen y se convierten en gusanos, es posible encontrarlos en el corazón y en el pulmón del perro.

58 Los ácaros del polvo se comen tu piel muerta. Sin ellos, estarías lleno de células muertas de la piel.

59 Cuenta la leyenda que si oyes en el viento el lamento triste de una vieja bruja, pronto se producirá la muerte de un ser querido.

60 Los gusanos no tienen brazos ni piernas, ni tan siquiera ojos. En media hectárea de tierra puede vivir un millón de gusanos.

61 En el Museo de lo Raro de Austin, EE.UU., se exponen cabezas reducidas y tarántulas.

62 El pez tigre Goliat vive en el río Congo, en África. Tiene dientes afilados como cuchillas, pesa más que un niño de diez años y crece hasta alcanzar 1,5 m.

63 Existe un instrumento musical llamado *theremin* que suena sin tocarlo. El músico mueve las manos alrededor de las dos antenas del instrumento para producir sonidos.

64 Las cecilias son anfibios sin patas que parecen lombrices o pequeñas culebras. Viven en túneles bajo tierra y utilizan sus dientes como cuchillas para engullir enteras a sus presas.

65 En 1692, 19 mujeres y hombres murieron ahorcados en la localidad de Salem, EE.UU., acusados de brujería.

66 Las medusas pueden picar incluso muertas.

67 En Arkansas, EE.UU., en la víspera de Año Nuevo caen mirlos muertos del cielo. Los científicos creen que su mala visión nocturna puede ser la causa.

68 Hay una rima inglesa que viene a decir: «Que duermas bien y que no te piquen las chinches». En efecto, las chinches atacan de noche y se alimentan de sangre humana.

69 El Castillo Hachioji, en Tokio, Japón, está supuestamente habitado por los fantasmas de las mujeres que murieron al saltar desde sus muros durante un asedio.

70 Antiguamente se utilizaba un pigmento elaborado a partir de momias egipcias molidas. Se llamaba simplemente color «momia».

71 En un ocasión, las aguas de un río de Canadá corrían de color rojo. Las fuertes lluvias habían lavado y arrastrado sedimentos hasta el río.

72 EN 1942, SE ENCONTRÓ EN UN VALLE DE LA INDIA UN LAGO LLENO DE ESQUELETOS. LOS CIENTÍFICOS CREEN QUE, EN TORNO AL AÑO 850 d. C., CERCA DE 200 PERSONAS MURIERON POR UNA EXTRAÑA TORMENTA DE PEDRISCO.

73 Solo 23 personas viven en la Reserva india de Skull Valley, en Utah. EE.UU.

74 Dice la gente que todos los años se oye gritar al fantasma del rey Eduardo II de Inglaterra, el día del aniversario de su muerte, ocurrida en 1327.

75 La rata crestada africana mastica la corteza de un árbol tóxico y después extiende la mezcla sobre su pelo. El predador que intenta comérsela se intoxica y muere.

35 DATOS SOBRE NÚMEROS

1
Alex, un loro gris africano, puede contar hasta **SEIS.**

2
Si **CONTARAS A RAZÓN DE UN NÚMERO POR SEGUNDO** sin parar hasta **MIL MILLONES,** tardarías 31 años, 259 días, 1 hora, 46 minutos y 40 segundos.

3
Un **BILLÓN** es un un **MILLÓN DE MILLONES** pero, ¡cuidado!, en algunos países, como Estados Unidos, un billón equivale a **MIL MILLONES.**

4
Una piscina con 4 millones de litros de agua tendría algo así como **81 m** de longitud, **15 m** de anchura y **3 m** de profundidad.

5
UN MILLÓN DE DÍAS suponen alrededor de 2.700 años; 1 millón de horas son más de 114 años; 1 millón de minutos son cerca de dos años.

6
A principios del siglo XX, un **CABALLO** llamado **CLEVER HANS** resolvía problemas matemáticos pateando el suelo. Al final resultó que su entrenador le chivaba las respuestas.

7
Un **NÚMERO PRIMO** puede dividirse solo por **1** y por sí mismo.

8
Cuando se pide a la gente que elija un **NÚMERO DEL 1 AL 20,** la mayoría elige el **17.**

9
En un **PELLIZCO DE SAL** hay alrededor de 1.000 granos. En una **CUCHARADA** hay unos 100.000 y para llenar una bañera con sal hacen falta 1.000 millones de granos.

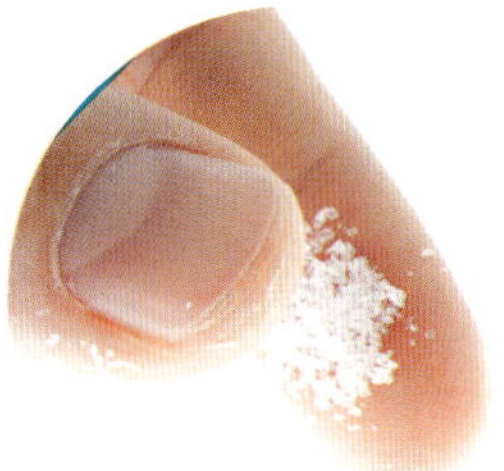

10
Una pecera lo bastante grande como para albergar mil millones de peces dorados tendría que tener el tamaño de un **ESTADIO DE FÚTBOL.**

11
Existen en el mundo más de **MIL MILLONES DE COCHES.**

12
Dependiendo de tu zancada, en 1 km das entre **1.100 Y 1.650 PASOS.**

13
Siete es la **TIRADA MÁS COMÚN** con dos dados de seis caras.

14
Nuestro **SISTEMA NUMÉRICO** se basa en el arábigo, que data del siglo V.

15
En un tablero de ajedrez hay **64 CASILLAS.**

16
Todas las manzanas tienen **CINCO HUECOS PARA LAS SEMILLAS,** pero el número de semillas de cada manzana depende de la salud del árbol.

17
Un **GÚGOL** es el número 1 seguido de **100 CEROS.**

CON LOS QUE PUEDES CONTAR

18 Un número palíndromo o capicúa es el aquel que se lee igual de izquierda a derecha que de derecha a izquierda, como el **523.325.**

19 Cuando la leyenda del béisbol **BABE RUTH** logró la marca de 60 *home runs* en 1927, no llevaba número a la espalda. Los números en las camisetas no empezaron a usarse hasta 1929.

20 Un **TRIDECÁGONO** es un polígono de **13 LADOS.**

21 El **NÚMERO 4** es considerado **DE MALA SUERTE** por algunas culturas asiáticas. Hay edificios en los que no aparece **INDICADA LA CUARTA PLANTA.**

22 En la estación King's Cross de Londres no es posible tomar el **HOGWARTS EXPRESS,** pero junto al andén 9, en una pared de ladrillo, hay una placa con la indicación **9¾.**

23 Un **CENTENARIO** es alguien o algo que tiene **100** años o más.

24 Un hombre saltó **238 VECES EN UN MINUTO** con un saltador de juguete.

25 Un octágono tiene **8 LADOS.** Un octacontágono tiene **80.**

26 El **MILPIÉS** más largo tiene **750 PATAS,** no 1.000 como indica su nombre.

27 La palabra **«CIEMPIÉS»** se refiere a unos miriápodos que en realidad pueden tener entre **30 Y 300 PATAS, O MÁS.**

28 Un año solar dura **365,2422 DÍAS.**

29 EL **NÚMERO DE URGENCIAS** en **ESPAÑA** es el **112** y en Estados Unidos es el **911.** En Reino Unido, Arabia Saudí y Hong Kong es el **999.**

30 Un hombre consiguió **365 PUNTOS** por la palabra **«QUIXOTRY»** (quijotismo) en una partida de Scrabble.

31 La **NUMEROLOGÍA** es el estudio del misterioso significado de los números.

32 Los tuits tienen un máximo de **140 CARACTERES** porque la mayoría de mensajes de texto se limitan a una cantidad similar.

33 El **SÍMBOLO PI (Π)** es la decimosexta letra del **ALFABETO GRIEGO.**

34 Una **DOCENA** son **12.** Una **DOCENA DE FRAILE** son **13.**

35 El jugador de baloncesto **SHAQUILLE O'NEAL** calza una **TALLA 53.**

100 DATOS EXCÉNTRICOS SOBRE EL UNIVERSO

1. La nave espacial Deep Space 1 recorrió 1.000.000 km en cuatro días. Para cubrir esa distancia en avión, tendrías que volar sin parar durante seis semanas. **2.** **El programa de transbordadores espaciales de la NASA llegó a su fin el 21 de julio de 2011, tras más de 30 años de misiones espaciales.** **3.** Al despegar, un transbordador espacial de la NASA pesaba más de 2.000 t. **4.** **Los transbordadores espaciales de la NASA fueron las primeras naves espaciales reutilizables del mundo.** **5.** Snoopy, el perro del cómic *Peanuts*, es la mascota de los astronautas de la NASA en lo referente a seguridad. **6.** **La Estación Espacial Internacional pesa 390.908 kg y desde el 2 de noviembre de 2000, ha estado ocupada en todo momento por astronautas.** **7.** El espacio no tiene una temperatura concreta: solo las cosas que están en el espacio tienen temperatura. **8.** **La unidad astronómica, o UA, es una unidad de medida utilizada para calcular distancias en nuestro sistema solar. Una UA equivale a la distancia aproximada entre el Sol y la Tierra: 149.597.890 km.** **9.** La Tierra es el único planeta de nuestro sistema solar con agua líquida. **10.** **Venus se halla cubierto por gruesas nubes que reflejan en gran medida la luz solar, lo que lo convierte en el planeta más luminoso del cielo nocturno.** **11.** El Big Bang, que dio origen al universo hace 13.700 millones de años, no fue una explosión, sino algo más parecido a la consecuencia de inflar un enorme globo. **12.** **El Barringer Crater, en el sur de Arizona, EE.UU., es una depresión de 1,2 km de ancho y unos 180 m de profundidad creada por un meteorito que cayó sobre la Tierra hace 50.000 años.** **13.** El universo está lleno de luz visible y radiación, un tipo de luz imperceptible a simple vista que incluye rayos x y ondas de radio.

14. **En nuestro sistema solar –formado hace alrededor de 4.500 millones de años– 13 planetas orbitan alrededor de nuestra gran estrella, el Sol. Los científicos han identificado en torno a 300 estrellas distintas con planetas que orbitan alrededor de ellas.** **15.** El universo es tan vasto que los científicos miden las distancias cósmicas utilizando años luz. Un año luz es la distancia que recorre la luz en un año: aproximadamente 9,46 billones de kilómetros. **16.** **La atmósfera de Venus es más densa que la de ningún otro planeta del sistema solar: es tan densa que, si intentaras caminar por la superficie del planeta, quedarías al momento aplastado como una lata de refresco.** **17.** Vistos desde la Tierra, los tres objetos más luminosos del cielo son el Sol, la Luna y Venus. **18.** **En Venus jamás llueve y la temperatura no cambia nunca: hay siempre unos abrasadores 462 °C.** **19.** Un día en Mercurio equivale a 176 días en la Tierra. **20.** **En Mercurio se encuentra uno de los cráteres más grandes del sistema solar: la cuenca Caloris, que tiene una amplitud de unos 1.200 km y se formó al chocar contra el planeta un asteroide gigante.** **21.** Teniendo en cuenta la edad de los astros, el Sol, con más de 4.000 millones de años, es de mediana edad. **22.** **En el Sol cabrían un millón de planetas Tierra, pero aun así el gran astro se considera de tamaño medio.** **23.** El sol, como todas las estrellas, es fundamentalmente una enorme bola de gas hidrógeno. No tiene una superficie sólida. **24.** **Los planetas de nuestro sistema solar orbitan alrededor del Sol, al tiempo que el Sol orbita en nuestra galaxia, la Vía Láctea.** **25.** Todos los elementos de tu cuerpo son el resultado de dos explosiones de estrellas que ocurrieron miles de millones de años antes de que existiera el ser humano. **26.** **Para los astronautas en el espacio el Sol es blanco.** **27.** La corona del Sol –la capa externa, como un halo, que puede ser millones de veces más caliente que la superficie de la estrella– es visible desde la Tierra solo si existe un eclipse solar. **28.** **La superficie del Sol tiene manchas solares, áreas ligeramente más frías que se muestran como áreas oscuras; la más grande de todas ellas tiene casi dos veces el tamaño de la Tierra.** **29.** Cuando la gente dice que «ha nacido bajo el signo de...» quiere decir que, el día en que nacieron, el Sol se encontraba entre la Tierra y esa determinada constelación. **30.** **Los volcanes marcianos pueden llegar a ser hasta unas 100 veces más grandes que los de la Tierra.** **31.** No podrías caminar por Júpiter, Saturno, Urano ni Neptuno, porque no tienen una superficie sólida. **32.** **El astronauta Alan Shepard dio unos golpes de golf a tres pelotas en la Luna cuando exploraba su superficie en 1971.** **33.** Una tormenta cuyo tamaño casi triplica el de la Tierra lleva siglos amenazando sobre Júpiter. **34.** **La Tierra tiene una luna; Júpiter tiene 50, o quizá más; y Mercurio no tiene ninguna.** **35.** Saturno, Júpiter, Neptuno y Urano tienen anillos, aunque solo los de Saturno pueden verse con un telescopio desde la Tierra. **36.** **Los científicos no han encontrado vida fuera de la Tierra aunque, en 2010, un astrónomo del Vaticano anunció que la Iglesia Católica recibiría con los brazos abiertos formas de vida alienígena.**

37. Urano tiene una inclinación de 98° sobre su eje, de manera que parece estar tumbado sobre un lado. **38.** La mayoría de las lunas de Urano tiene nombre de personajes de Shakespeare. **39.** En Neptuno, los vientos soplan a más de 2.000 km/h. **40.** La temperatura en el núcleo de Neptuno es superior a la de la superficie del Sol, pero las nubes que lo rodean están a –212 °C. **41.** Las estrellas mueren cuando se quedan sin combustible y cuanto más pesa una estrella, más corta es su vida: las más grandes viven unos pocos millones de años, mientras que las estrellas más ligeras pueden vivir billones de años. **42.** Todas las estrellas proceden de «guarderías» cósmicas llamadas nebulosas, que son nubes gigantes de gas hidrógeno. **43.** Las estrellas con más masa son azules; las más ligeras son rojas. **44.** Una supernova es la muerte explosiva de una estrella muy grande. Los agujeros negros, que tienen la fuerza gravitatoria más fuerte del universo, pueden formarse a partir de restos de una supernova. **45.** Los astrónomos han encontrado cientos de planetas que orbitan en torno a estrellas lejanas. Algunos giran alrededor de dos estrellas, lo cual significa que tienen amaneceres y atardeceres dobles. **46.** Nuestra galaxia, la Vía Láctea, tiene forma de espiral y contiene miles de millones de estrellas (el Sol es solo una de ellas). **47.** Nuestro vecino galáctico más cercano es Andrómeda, cuyo tamaño casi duplica el de la Vía Láctea. Ambas galaxias se mueven una hacia la otra a una velocidad de unos 480.000 km/h y chocarán dentro de unos cuantos miles de millones de años. **48.** Los astronautas han cultivado patatas en el transbordador espacial. **49.** El universo está en expansión –creando literalmente más espacio– a una velocidad creciente. **50.** Algunos científicos creen que existen otros universos, pero incluso si existieran, no podríamos comunicarnos con ellos ni viajar hasta ellos. **51.** En distintas misiones espaciales, la NASA ha lanzado al espacio figuritas de LEGO que representaban al astrónomo Galileo Galilei, al dios romano Júpiter y a su esposa Juno. **52.** Los cometas son restos procedentes de la creación de nuestro sistema solar hace alrededor de 4.500 millones de años y están integrados por arena, hielo y dióxido de carbono. **53.** La cola de un cometa, que siempre apunta en sentido contrario al Sol, tiene cientos de millones de kilómetros de longitud. **54.** Las explosiones más luminosas del universo se denominan estallidos de rayos gamma; se producen cuando se genera un agujero negro. **55.** La puesta de sol en Marte es azul. **56.** En 1969, el astronauta estadounidense Neil Armstrong se convirtió en la primera persona en dar un paseo por la Luna. **57.** El Cinturón de Kuiper es una región más allá de la órbita de Neptuno en la que se encuentran cometas, objetos congelados y los planetas enanos Plutón, Haumea, Makemake y, a veces, Eris. **58.** En 2006 Plutón –más pequeño que la luna de la Tierra– fue degradado a planeta enano. **59.** El objeto más alejado y frío hallado en nuestro sistema solar es el planeta enano Eris. Completa una órbita alrededor del Sol una vez cada 557 años. **60.** Debido a su inclinación, cada lado de Urano tiene 42 años de luz solar, seguidos de 42 años de oscuridad. **61.** El Sol quema una cantidad estimada de 600 millones de toneladas de hidrógeno por segundo. **62.** Un agujero negro extraordinariamente grande puede ser millones o incluso miles de millones de veces más grande que el Sol. **63.** En octubre de 2009, los científicos provocaron el choque de un cohete contra la Luna para estudiar su superficie. El impacto dio lugar a vapor de agua y hielo, demostrando que la Luna está integrada en parte por agua (y no por queso). **64.** Desde 1991, los astrónomos han descubierto más de 550 exoplanetas, es decir, mundos fuera de nuestro sistema solar. **65.** Más de medio millón de niños y adultos han asistido a los campamentos Space Camp, en Huntsville, EE.UU., desde los comienzos del programa, en 1982. **66.** La mayoría de las galaxias tienen forma de espiral, como la Vía Láctea. Sin embargo, las galaxias pueden tener otras formas, como de huevo, de palillo o de anillo. **67.** Marte tiene dos lunas, Fobos y Deimos, ambas con forma de patata. **68.** Marte fue llamado así por los romanos en honor a su dios de la guerra. En cambio los egipcios se referían al planeta como «*Her Desher*», que significa «el rojo». **69.** El 5 de abril de 2010 coincidieron a bordo de la Estación Espacial Internacional cuatro mujeres astronautas –tres estadounidenses y una japonesa–, estableciendo el récord de mayor número de mujeres en órbita al mismo tiempo. **70.** Urano comparte nombre con la diosa griega del cielo, aunque el astrónomo que descubrió el planeta en 1781 quiso ponerle el nombre del rey Jorge III. **71.** Un asteroide del tamaño de un coche entra en la atmósfera de la Tierra aproximadamente una vez al año, pero se quema antes de chocar contra la superficie. **72.** La NASA realiza el seguimiento de más de 1.200 asteroides potencialmente peligrosos, es decir, de cuerpos rocosos en órbita alrededor de la Tierra y lo suficientemente próximos a ella como para suponer una amenaza de impacto. **73.** El cinturón de asteroides que se extiende entre Marte y Júpiter es la región en la que se encuentran la mayoría de los asteroides del sistema solar. **74.** En 2005, una nave espacial japonesa aterrizó en un asteroide. **75.** Los asteroides suelen tener nombres singulares: Mr. Spock, Pato Donald, Santa y Yes, entre otros. **76.** Los asteroides miden entre 952 km y 1 km, de lado a lado. **77.** Cerca de 150 de los aproximadamente 550.000 asteroides conocidos tienen lunas que orbitan alrededor de ellos. **78.** Según la Unión Astronómica Internacional, la definición de un planeta es: un objeto casi redondo que orbita alrededor del Sol, que no es una luna y que se mantiene alejado de otros planetas vecinos. **79.** Si pesas 45 kg sobre la Tierra, pesarás una fracción mínima de kilo (0,005 kg) en un cometa y 17 kg en Mercurio. **80.** En Venus, el Sol sale por el oeste y se pone por el este, al contrario que en la Tierra. **81.** Las estrellas fugaces son en realidad meteoros, material espacial que se calienta y arde con mucha luz al entrar en la atmósfera de la Tierra; algunas pueden verse en determinadas noches del año. **82.** Los meteoritos son meteoros que no arden completamente en la atmósfera de la Tierra e impactan contra la superficie del planeta. El más grande que se ha encontrado en la Tierra, con 54.000 kg, cayó en el suroeste de África. **83.** En 1954, un meteorito de 3,6 kg atravesó el tejado de la casa de una mujer en Alabama, EE.UU. **84.** Entre 1.000 y 10.000 t de material meteorítico caen sobre la Tierra a diario, aunque la mayoría lo hace en forma de minúsculas partículas o polvo espacial. **85.** En el asteroide Vesta hay una montaña tres veces más alta que el monte Everest. **86.** Encélado, la luna de Saturno, se halla cubierta por 100 m de nieve. **87.** Algunos científicos creen que en el gigantesco océano cubierto de hielo de Europa, la luna de Júpiter, podría existir vida alienígena. **88.** El Hubble, un telescopio espacial con la longitud de un autobús escolar y el peso de dos elefantes, lleva orbitando desde 1990 alrededor de la Tierra a 28.160 km/h. Ha tomado cientos de miles de imágenes de distintos planetas, estrellas y galaxias. **89.** Los astronautas comen el pan en «tortillas», porque no se desmigajan y así se evita que algunas partes del equipo puedan obstruirse. **90.** Los astronautas no llevan la ropa sucia de vuelta a casa; la meten en una bolsa, que luego queman al reentrar en la atmósfera de la Tierra. **91.** Los astronautas que trabajan a bordo de la Estación Espacial Internacional tienen libres los fines de semana. Algunos de sus pasatiempos favoritos son las carreras por la estación, con volteretas y saltos mortales incluidos, o la observación del espacio por las ventanillas. **92.** Los astrónomos mayas realizaron observaciones muy precisas de Venus hace más de 1.300 años. **93.** La palabra «planeta» proviene de la palabra griega «planetes», que significa errante. **94.** La nave espacial Cassini tardó menos de siete años en recorrer cerca de 3.200 millones de kilómetros hasta Saturno. Para cubrir esta distancia en coche tendrías que conducir a 100 km/h durante 3.653 años. **95.** Hay seis banderas estadounidenses plantadas en la Luna. **96.** Una ley internacional de 1967 prohíbe a todos los países apropiarse de planetas, estrellas o cualquier otro objeto natural en el espacio. **97.** Si pudieras volar en avión a Plutón, el viaje te llevaría más de 800 años. **98.** Neptuno tiene nubes de tormenta del tamaño de la Tierra. **99.** La palabra «Sol» proviene del latín y con ella se referían los antiguos romanos a nuestra luminosa estrella, mientras que los antiguos griegos la llamaban «Helios». **100.** Neptuno fue descubierto en 1846 y, desde entonces, no completó una órbita alrededor del Sol hasta 2011.

50 DULCES DATOS SOBRE GOLOSINAS

1
Un paquete de caramelos **PEZ** de tamaño normal contiene **12 CARAMELOS.**

2
El fundador de **HERSHEY'S** emprendió su negocio de fabricación de chocolatinas cuando **TENÍA APENAS 18 AÑOS.**

3
¡DINAMARCA ES EL PAÍS MÁS GOLOSO! Cada danés gasta al año una media de 213 euros en unos 10 kg de chucherías.

4
CHARLES SCHULZ, el creador del cómic ***PEANUTS,*** puso el nombre de Peppermint Patty al personaje de Patricia tras ver un plato de caramelos en una mesa.

5
La palabra **«REGALIZ»** proviene del griego «glycyrrhīza», que significa **«RAÍZ DULCE».**

6
El **AZÚCAR PIEDRA** es una de las golosinas más antiguas. En un principio **SE VENDÍA EN LAS FARMACIAS** y **SE UTILIZABA EN MEDICINA.**

7
Alejandro Magno **COMÍA REGALIZ.**

8
Los antiguos griegos creían que **LA MENTA QUITABA EL HIPO.**

9
El azúcar no **ESTROPEA TUS DIENTES.** A las **BACTERIAS** estreptococos **DE TU BOCA LES GUSTA COMER EL AZÚCAR** y excretan ácidos que pueden causar caries.

10
La palabra **«CHICLE»** viene de **«CHICLERO»,** el árbol con cuya sabia se elaboraba hasta hace poco la goma de mascar.

11
El primer jueves de carnaval en la localidad catalana de Vilanova i la Geltrú se celebra la **MERENGADA.** Niños y adultos salen a la calle para arrojarse cientos de quilos de este pegajoso dulce.

12
En España se consume una media de **3,5 kg DE CHOCOLATE** por persona al año.

13
La **PIRULETA MÁS GRANDE DEL MUNDO** pesaba **2.955 kg** y medía **7,50 m** de alto. Hizo falta una grúa para ponerla de pie.

14
NUEVA ZELANDA es el país del mundo que más **HELADO** consume: **¡26,3 l POR PERSONA AL AÑO!**

15
Los antiguos egipcios hacían ya **NUBES DE AZÚCAR.**

16
En muchos países asiáticos, la **FRUTA ENCURTIDA Y EN CONSERVA,** recubierta con un **POLVO ÁCIDO Y DULCE,** es un postre muy popular.

17
La **PALABRA FRANCESA «BONBON»,** de la que deriva «bombón», significa **«BUENO-BUENO».**

18
En América Central y del Sur **ANTIGUAMENTE LOS GRANOS DE CACAO SE UTILIZABAN COMO MONEDA DE CAMBIO.**

19
Los caramelos **TIC TAC,** se empezaron a vender en 1969, con sabores como uva y canela. Ahora, entre otros, existen el de **FRESA** y el de **FRUTAS.**

20
Un estudio sobre padres sacó a la luz que el **90 POR CIENTO** comía **ALGUNA GOLOSINA DE HALLOWEEN** a escondidas de sus hijos.

21
El 30 de octubre es, en Estados Unidos, el **DÍA NACIONAL DEL MAÍZ DULCE.**

22
El **«TOCINO DE CIELO»** no es un animal sagrado, es un dulce con más de 500 años de tradición elaborado con **YEMA DE HUEVO Y AZÚCAR.**

23
Estados Unidos fabrica cada año suficientes **BASTONES DE AZÚCAR** para cubrir la distancia entre Indiana y Alaska, EE.UU., ida y vuelta, **32 VECES.**

24
El **54 POR CIENTO DE LOS NIÑOS** se comen a lametazos los bastones de azúcar. Los niños son el **DOBLE DE PROPENSOS** a morderlos que las niñas.

25
Dos universidades crearon **MÁQUINAS LAMEDORAS,** destinadas a contar los lametazos necesarios para llegar al centro de un popular caramelo americano.

26
NO ES CIERTO QUE SI TE TRAGAS UN CHICLE tarde **SIETE AÑOS** en recorrer todo tu sistema digestivo.

27
EL AZÚCAR NO SE ESTIRA, de modo que si quieres hacer **GLOBOS MÁS GRANDES** con chicle, mastícalo hasta que el azúcar se haya disuelto.

28
En algunos países, al **ALGODÓN DE AZÚCAR** se le llama **«HILO DE HADAS».**

29
Los **CUBITOS DE HIELO** ayudan a **DESPEGAR EL CHICLE** de a la ropa.

30
La fiesta en la que **SE VENDEN MÁS** chucherías en Estados Unidos es **HALLOWEEN.**

31
A partir de 1981, todos los **TRANSBORDADORES ESPACIALES** americanos llevaban **M&M'S.** Los astronautas los comían al estilo **PAC-MAN** mientras flotaban por la nave.

32
Los ositos de goma se llamaron en origen «ositos bailongos» o **DANCING BEARS.**

33
El envoltorio de los **SUGUS DE PIÑA ES AZUL** por la bandera de Barbados –antaño un importante exportador de esta fruta– y porque el amarillo ya se usaba para los de limón.

34
Estados Unidos, México, Argentina, Reino Unido y Japón son los **CINCO MAYORES CONSUMIDORES DE CHICLE DEL MUNDO.**

35
Las primeras máquinas de piruletas fabricaban **40 PIRULETAS POR MINUTO.** Las máquinas actuales fabrican **5.900 PIRULETAS** en el mismo tiempo.

36
¿No te decides entre dulce y salado? No hay problema, en Japón puedes conseguir unas deliciosas **CHOCOLATINAS CON SABOR A HAMBURGUESA.**

37
En 1969, para ganar proyección fuera de España, **CHUPA CHUPS** pidió al artista Salvador Dalí que «rediseñara» su logotipo. La nueva imagen fue un éxito internacional.

38
El **76 POR CIENTO** de la gente **EMPIEZA A COMERSE SU CONEJITO DE PASCUA DE CHOCOLATE POR LAS OREJAS.**

39
El **HUEVO DE PASCUA** más grande del mundo se realizó en Italia. Tenía la **ALTURA DE TRES PLANTAS** y **PESABA COMO UN ELEFANTE.**

40
En 2008 la prestigiosa web allrankings.com nombró **«MEJOR HELADO DE LA HISTORIA»** al mítico **FRIGOPIÉ.**

41
***M* ES LA PRIMERA LETRA DEL APELLIDO** de los dos fundadores de la compañía de golosinas **M&M.**

42
A lo largo de su historia **EL HUEVO KINDER** ha contenido más de **120.000 JUGUETES** distintos.

43
Chocolate, espinacas, cera de oídos o vómito son algunas de las **GRAGEAS DE TODOS LOS SABORES** de Bertie Bott en *Harry Potter.* Ahora existen también en el mundo Muggle.

44
EL RÍO DE CHOCOLATE de la película *Willy Wonka y la fábrica de Chocolate* **NO ERA DE CHOCOLATE.** Era de agua teñida.

45
Hace más de 60 años, **LA PRIMERA «M» ESTAMPADA EN LOS M&M'S ERA NEGRA, NO BLANCA** como ahora.

46
Se crearon más de **700 TIRAS CÓMICAS** del personaje **JOE** para envolver los chicles **BAZOOKA.**

47
Las **BARRAS DE REGALIZ ROJA NO LLEVAN REGALIZ;** solo las negras.

48
Hace mucho tiempo que los explosivos **PETA ZETAS** están entre las «chuches» preferidas de los niños, pero ¿sabías que ya forman parte de las recetas de los mejores chefs del mundo?

49
Los **PETA ZETAS** contienen **GAS DIÓXIDO DE CARBONO** a presión elevada, que provoca la formación de **MINÚSCULAS BURBUJAS.**

50
Los **PETA ZETAS NO SOLO EXPLOTAN EN TU BOCA.** Si los aplastas en un bol, también podrás oír cómo estallan.

25 DATOS GENIALES

1 LOS **NANORROBOTS** TIENEN EL TAMAÑO DE UN ÁTOMO Y PUEDEN AVANZAR DESPACIO, PERO NO SON DE METAL; SON DE **ADN HUMANO.**

3 EL ROBOT HUMANOIDE MÁS PEQUEÑO MIDE **15,3 cm** DE ALTO Y PUEDE CAMINAR, DAR PATADAS Y HACER FLEXIONES.

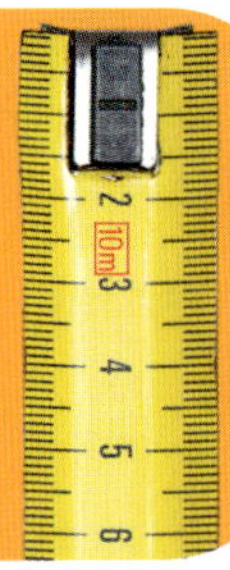

5 

El 16 de mayo de 2010, **TOMOHIRO SHIBATA Y SATOKO INOUE** fueron declarados marido y mujer por I-FAIRY, el primer robot que ha oficiado una ceremonia de matrimonio.

2 LAS PRIMERAS **OLIMPIADAS INTERNACIONALES DE ROBOTS** SE CELEBRARON EN ESCOCIA E INCLUYERON PRUEBAS COMO **ESCALAR PAREDES, HABLAR Y EVITAR COLISIONES.**

4 

Los científicos estudiaron el comportamiento de los **CHIMPANCÉS** para desarrollar Nao, un robot humanoide que puede imitar las emociones de un niño de un año.

6 LA PALABRA «ROBOT» TIENE MENOS DE 100 AÑOS. APARECIÓ POR PRIMERA VEZ EN 1920, EN UNA OBRA DE TEATRO CHECA.

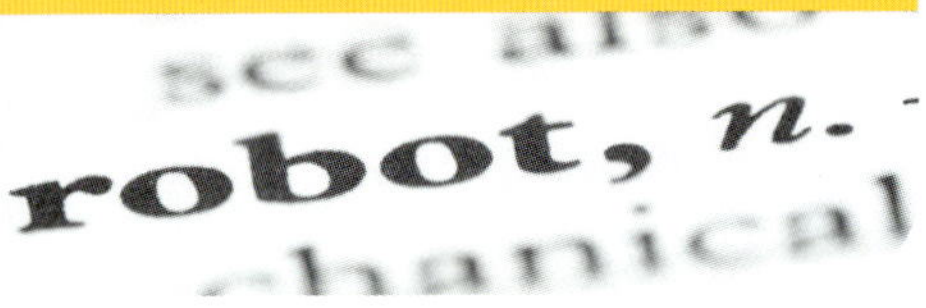

7 Los **LINGODROIDES** usan combinaciones de **SONIDOS** para crear su propio **LENGUAJE HABLADO** y **COMUNICARSE ENTRE ELLOS.**

9 **PAPERO, EL ROBOT CUIDADOR,** es una niñera mecánica que utiliza un vocabulario de 3.000 palabras, dos «ojos» y ocho «orejas» para interactuar con los niños.

10 

Todos los años, **EQUIPOS DE TODO EL MUNDO** se reúnen para la **ROBOCUP,** una **LIGA DE FÚTBOL** en la que los jugadores son **ROBOTS.**

11 La mujer que prestó su voz a **ROSIE LA ROBOTINA** en *Los Supersónicos*, también daba voz a **WILMA EN *LOS PICAPIEDRA*.**

8 

EN FEBRERO DE 2011, LA NASA LANZÓ EL PRIMER **ROBOT HUMANOIDE** AL ESPACIO: EL **ROBONAUTA 2,** QUE AYUDARÁ A LOS ASTRONAUTAS A REALIZAR LAS TAREAS DIARIAS A BORDO DE LA ESTACIÓN ESPACIAL INTERNACIONAL.

12 **SNACKBOT,** UN PEQUEÑO ROBOT MÓVIL, ES UNA MUESTRA DE CÓMO LOS ROBOTS INTERACTÚAN CON LAS PERSONAS. Y ADEMÁS SIRVE TENTEMPIÉS.

SOBRE ROBOTS

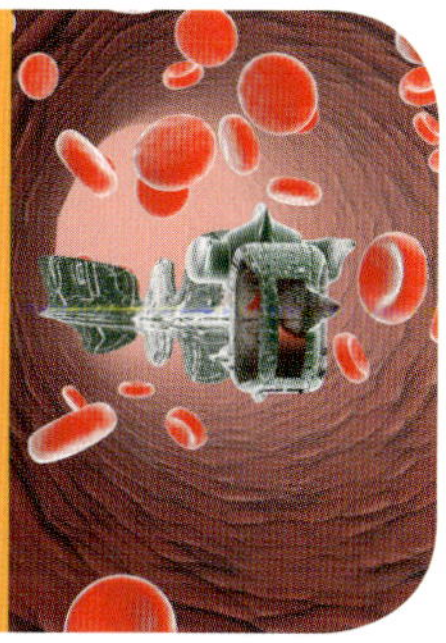

13 Un equipo de investigadores suizos construyó un ROBOT TAN PEQUEÑO QUE PODÍA AVANZAR POR LAS ARTERIAS HUMANAS.

15 INVESTIGADORES DE LA UNIVERSIDAD DE CORNELL CONSTRUYERON UN ROBOT DE CUATRO PIERNAS que puede caminar y, si resulta dañado, APRENDE A COJEAR.

17 C-3PO de STAR WARS tiene una altura de 1,7 m; R2-D2 mide 0,97 m de alto.

14 Científicos de la Universidad de California, en San Diego, EE.UU., construyeron un doble robot de ALBERT EINSTEIN que sonríe, frunce el ceño y puede aprender otras expresiones faciales.

16 EL ROBOTISTA HIROSHI ISHIGURO CONSTRUYÓ UN ROBOT DE ROSTRO EXACTAMENTE IGUAL AL SUYO PARA ESTUDIAR CÓMO REACCIONA LA GENTE ANTE MÁQUINAS REALISTAS.

18 EL PRIMER ROBOT DEBUTÓ EN 1961 Y TRABAJÓ EN UNA FÁBRICA DE AUTOMÓVILES DE GENERAL MOTORS.

21 *WALL·E,* un film sobre un robot recoge-basura, ganó en 2009 el Oscar a la mejor película de animación.

23 EN UN RESTAURANTE ROBÓTICO DE HONG KONG, LOS ROBOTS RECIBEN, ACOMODAN Y SIRVEN A LOS CLIENTES.

19 En 2004, dos robots geólogos gemelos, de nombre SPIRIT y OPPORTUNITY aterrizaron en MARTE para explorar la superficie del planeta.

24 ISAAC ASIMOV, AUTOR DE CIENCIA FICCIÓN, ESCRIBIÓ LAS TRES LEYES DE LA ROBÓTICA:

1) UN ROBOT no puede hacer daño a un ser humano ni, por inacción, dejar que un ser humano resulte dañado.
2) UN ROBOT debe obedecer las órdenes dadas por los seres humanos, salvo si entran en conflicto con la primera ley.
3) UN ROBOT debe proteger su propia existencia, siempre y cuando tal protección no entre en conflicto con las leyes primera y segunda.

20 EN 2011, EL ROBOT CUBE STORMER II RESOLVIÓ UN CUBO DE RUBIK EN 5,7 SEGUNDOS, HASTA AHORA EL TIEMPO RÉCORD.

22 La SEASWARM es una flota de robots que absorben aceite y se utilizan para limpiar vertidos de petróleo. El robot Each puede absorber hasta 20 veces su peso en aceite.

25 El 19 de septiembre de 2010, 525 estudiantes de un instituto de Illinois establecieron EL RÉCORD del «mayor grupo de gente interpretando el BAILE DEL ROBOT».

15 DATOS SOBRE EXTRAÑAS

❶ El **PEZ COFRE,** que habita en las aguas que rodean Indonesia, tiene una perfecta **FORMA CÚBICA** y fue la fuente de inspiración para **UN COCHE** de bajo consumo de **MERCEDES-BENZ.**

❷ El **CALAMAR VAMPIRO,** de 15 cm de longitud, vive en las oscuras profundidades oceánicas y evita los ataques plegando los brazos sobre el cuerpo, de manera que parece que está **DEL REVÉS.**

❸ El **PEZ GOTA** está considerado el animal más feo del mundo. De color blancuzco y piel flexible, este habitante del océano parece un viejo gruñón con una **NARIZ MUY GRANDE.**

❹ La espinas de las aletas dorsales del **PEZ PIEDRA** contienen el **VENENO DE PEZ MÁS TÓXICO** del mundo.

❺ El **GUSANO ÁRBOL DE NAVIDAD** vive en la Gran Barrera de Coral y parece un **ADORNO NAVIDEÑO DE INTENSO COLORIDO.** Cuando se le acerca un predador, se retira a un túnel que excava en el coral vivo.

❻ La **ANÉMONA VENUS ATRAPAMOSCAS,** que vive en el Golfo de México, parece una planta carnívora de la selva tropical. Sin embargo, en lugar de atrapar insectos, **PICA A LA PRESA** con sus tentáculos.

❼ El **CANGREJO YETI** tiene las patas cubiertas de pelo blanco sedoso lo que le da ese aspecto de **ABOMINABLE HOMBRE DE LAS NIEVES** submarino.

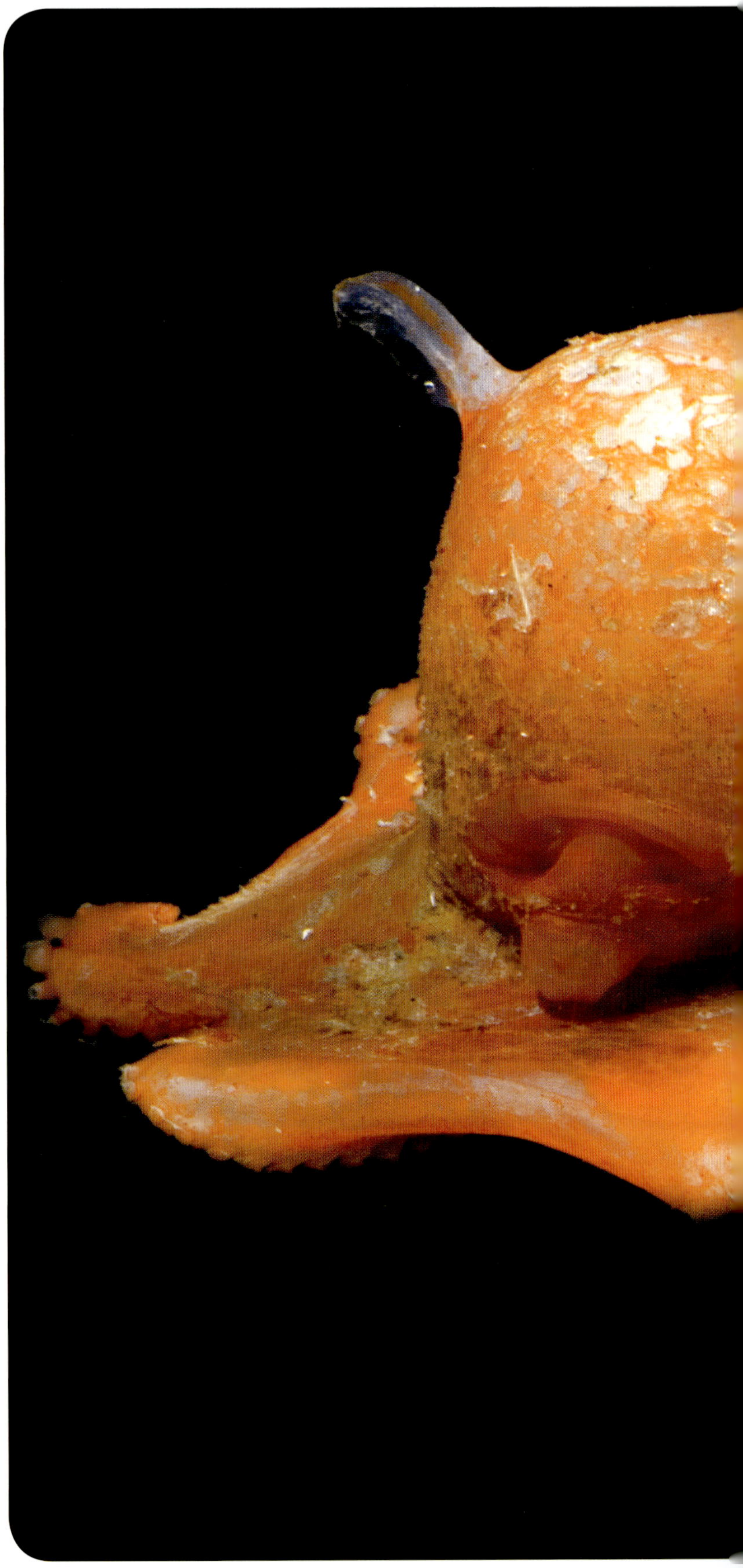

CRIATURAS DEL MAR

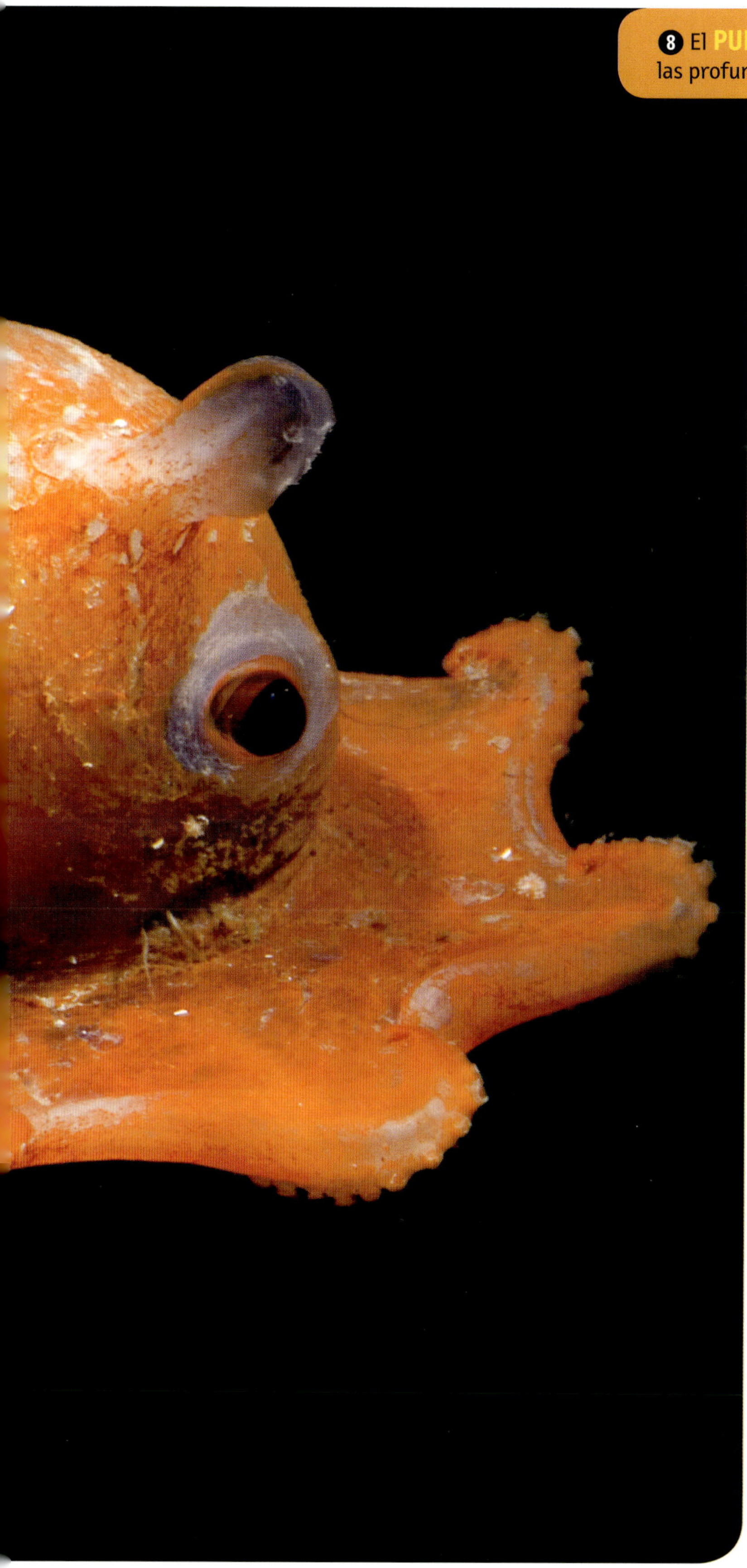

❽ El **PULPO DUMBO** despliega unas aletas que parecen orejas para nadar en las profundas aguas oceánicas.

❾ El **PEZ ROSA CON MANOS,** de 10 cm de longitud, no nada: usa sus aletas para a **CAMINAR** por el suelo del océano en las proximidades de Tasmania.

❿ La **PLUMA DE MAR** parece más una **PLUMA DE AVE DE *HARRY POTTER*** pegada al fondo oceánico que una criatura marina. Cada «pluma» es una comunidad de numerosos pólipos, individuos similares a las anémonas que trabajan juntos para la supervivencia de su colonia.

⓫ El **DRAGÓN DE MAR FOLIÁCEO** –pariente cercano del caballito de mar– se camufla perfectamente para parecer un **ALGA.**

⓬ El **CALAMAR DANA DE MARES PROFUNDOS** captura a su presa después de atontarla con cegadores destellos luminosos que produce con los brazos.

⓭ La **ARAÑA MARINA GIGANTE,** del tamaño de un plato de mesa, vive en las gélidas aguas de la Antártida.

⓮ Uno de los caballitos de mar más pequeños del mundo, el **CABALLITO DE MAR PIGMEO DENIS,** tiene aproximadamente el **TAMAÑO DE UN CLIP.**

⓯ En aguas próximas a Tasmania se ha encontrado una medusa que se parece al juguete clásico **COLORINES.** Su luminosidad arcoíris procede de la luz que reflejan las **DIMINUTAS EXTREMIDADES** que usa para nadar.

75 CURIOSOS

1 Un estudiante de instituto inventó en Estados Unidos un guante que traduce el lenguaje de signos a palabras en una pantalla.

2 Recientemente se diseñó un paraguas aerodinámico que soporta vientos de algo más de 100 km/h.

3 Los mandos a distancia de los televisores se inventaron en la década de 1950, aunque las primeras versiones emitían un sonido molesto para el agudo oído de los perros.

4 Una empresa creó en una ocasión una línea de artículos para la vida diaria con un toque de beicon: hilo dental de beicon, ambientador de beicon, bastones de caramelo de beicon y sopa de beicon.

5 EN 1971 EL DUEÑO DE NIKE CREÓ LAS ZAPATILLAS PARA CORRER CON SUELA TIPO GOFRE VERTIENDO GOMA CALIENTE EN UNA PLANCHA DE GOFRES.

6 El primer *smartphone*, inventado en 1992, se llamó Simon y pesaba cinco veces lo que pesa un iPhone.

7 En 1968 se creó un ordenador tipo tableta para niños parecido a un iPad, aunque la versión de Apple –junto con Angry Birds– tardaría aún 40 años en salir a la luz.

8 Se ha inventado un brazalete que envía electricidad a músculos y articulaciones para controlar los movimientos de los dedos. Permite agarrar una guitarra, deslizar los dedos y tocar una canción sin ni siquiera pensar en ello.

9 ACABA DE INVENTARSE UNA BOMBILLA QUE SOLO TIENE QUE CAMBIARSE UNA VEZ CADA 20 AÑOS.

10 El lápiz Inkling recuerda todo lo que dibujas. Al conectarlo al ordenador, tu boceto aparece en pantalla.

11 Unos diseñadores de moda han inventado unas orejas de gato que se adaptan a la cabeza y reflejan tu estado de ánimo. Si sientes curiosidad, se levantan, si estás relajado, bajan.

12 La compañía IBM creó Watson, un sistema informático diseñado para dar con las respuestas correctas a las preguntas del concurso de televisión estadounidense *Jeopardy!* En 2011 Watson ganó al campeón de *Jeopardy!*, que tenía en su haber 74 victorias.

13 ¿El primer invento del ser humano? Herramientas. Afilando los bordes de las piedras el ser humano creó hachas, flechas y martillos.

14 La rueda se inventó hace unos 5.000 años en lo que ahora es Oriente Medio.

15 El Nyfork es un tenedor con una rueda para cortar pizza en un lado, que permite cortar la comida y pincharla con el mismo utensilio, ¡y una sola mano!

16 Antes de conseguir levantar vuelo en 1903 en la primera máquina autopropulsada y controlable, los hermanos Wright pasaron años realizando modelos de prueba.

17 John Deere, fabricante estadounidense de los emblemáticos tractores color verde brillante, creó el arado de acero fundido en 1846. En 1855, vendía 13.000 arados al año. Hoy en día Deere & Co. tiene un valor de más de 28.000 millones de euros.

18 Thomas Edison no inventó la primera bombilla de luz incandescente, pero sí la primera que funcionaba bien. Su primera bombilla con éxito lució durante trece horas y media seguidas.

19 En 1455, Johannes Gutenberg inventó la imprenta, cosa que permitió copiar una página tantas veces como uno quisiera. Antes, se tardaban meses o años en copiar a mano un libro.

20 Cuando Alexander Graham Bell inventó su teléfono, lo primero que dijo por el aparato fue: «Sr. Watson, venga, quiero verle».

21 El primer programa de TV en color se emitió en Estados Unidos el 1 de enero de 1954, aunque para entonces solo se habían vendido 200 de los recién inventados televisores en color.

22 Samuel Morse se ganaba la vida como pintor cuando, en 1838, inventó el telégrafo eléctrico utilizado para transmitir el código Morse, una serie de puntos y rayas que se traducen en letras y números.

23 Thomas Edison empezó a perder audición cuando era niño. Él decía que eso le ayudó a ser mejor inventor, al trabajar con menos distracciones y dormir más profundamente.

24 EL LABORATORIO DE THOMAS EDISON EN NUEVA JERSEY SE CONOCÍA COMO «LA FÁBRICA DE INVENTOS».

25 En 2009, un universitario de 19 años inventó una motocicleta eléctrica con una sola rueda y respetuosa con el medioambiente.

26 De niño, Benjamin Franklin inventó unas palas para ponerse en las manos y nadar más deprisa.

27 Benjamin Franklin inventó también una cocina estufa, unas lentes bifocales y un «brazo» largo para bajar los libros de las estanterías más altas.

28 El pararrayos, inventado por Benjamin Franklin en 1752, proporciona una vía segura para que los rayos lleguen al suelo. Hoy en día sigue utilizándose en casas y edificios para prevenir incendios.

29 Para demostrar que los rayos son electricidad, Benjamin Franklin voló en medio de una tormenta una cometa a cuya cola había atado una llave. Los rayos golpearon la cometa, que desprendió chispas por la llave.

30 La sopa instantánea de fideos fue inventada por un japonés, que pasó a ser conocido como Mr. Noodle (Señor Tallarín). Cuando empezó a venderse, era un caro producto de lujo.

31 Los primeros coches no tenían limpiaparabrisas. La gente se hacía a un lado y pasaba un trapo por el cristal cuando estaba tan sucio que ya no se veía nada. Todo cambió en 1905, cuando Mary Anderson patentó un dispositivo que movía de un lado a otro un brazo con una pala de goma en un extremo.

32 EL PLÁSTICO SE INVENTÓ EN 1907. EN UN PRINCIPIO, SE EMPLEÓ PARA FABRICAR BOTONES, BOLAS DE BILLAR Y TAPAS DE INODORO.

33 El primer submarino funcional se llamó «Tortuga». Era de madera y se utilizó en la Guerra de Secesión para colocar bombas en los barcos enemigos.

34 El Gatorade lo inventó en 1965 un médico de Florida, EE.UU., para dar de beber a los atletas algo que potenciara su energía. Puso a la bebida el nombre del equipo de fútbol americano de la Universidad de Florida, los Gators.

35 El inventor del velcro tuvo la idea en 1955, al observar al microscopio un cardo llamado «arrancamoños», que se pegaba al pelo de su perro.

36 Las tiritas se inventaron en 1917 en Estados Unidos, con el nombre de Band-Aids, y se hicieron populares siete años más tarde, cuando su fabricante fue regalándolas por todo el país a los Boy Scouts. ¡Desde entonces se han fabricado más de 100.000 millones!

DATOS SOBRE INVENTOS

37 El celo fue inventado en 1930. Inicialmente tenía adhesivo solo en los bordes, no en el centro.

38 George Ferris, inventor de la noria moderna, inauguró en 1893 su primera noria, de 80 m de altura. La noria más alta está en Singapur y su altura es de 165 m, como 42 pisos.

39 Slinky, el popular juguete basado en un muelle, se inventó por casualidad. En la década de 1940, un inventor intentaba crear un sistema de muelles que estabilizara los instrumentos en los barcos cuando uno de esos muelles se le escapó y fue bajando por una pila de libros. Pensó que podía ser un juguete divertido.

40 LA AMETRALLADORA DE AGUA SUPERSOAKER FUE CREADA EN 1989 POR UN INGENIERO NUCLEAR.

41 Aunque se inventó en 1893, la cremallera solo se hizo popular cuando se incorporó a los pantalones en 1937.

42 Will Kellogg inventó los copos de maíz en 1894, a partir de una receta de rosquillas que le salió mal.

43 En la década de 1970, en Estados Unidos, un hombre tuvo la idea de comercializar la Pet Rock, la «mascota piedra». La piedra se vendía por unos 3,5 euros en una cajita de cartón, con agujeros para respirar. Se hizo millonario.

44 El inventor estadounidense de la cama elástica puso a su invento el nombre de *trampoline*, del término español trampolín, que designa la tabla para realizar saltos acuáticos.

45 El inventor de la Coca-Cola era farmacéutico, médico y cirujano. En un principio se vendió como medicina para la fatiga y los dolores de cabeza.

46 Un cineasta canadiense, ciego de un ojo desde niño, ha creado un ojo artificial que también es una cámara de vídeo inalámbrica. Puede grabar un vídeo digital de lo que ve.

47 Los zapatos de plataforma se inventaron en el siglo XVII en Venecia, Italia, para mantener los pies secos al caminar por las calles encharcadas.

48 En 1877, un joven de 18 años de Maine, EE.UU., patentó un «protector de oídos», las primeras orejeras del mundo. Se le ocurrieron cuando, con 15 años, quería jugar fuera de casa pero no soportaba tener las orejas frías.

49 El telescopio se inventó en 1608 y un año después, Galileo construyó el suyo para observar la Luna.

50 El origen de la cinta americana está en la Segunda Guerra Mundial, cuando se vio que los soldados necesitaban un material práctico e impermeable para fijar objetos.

51 ¿Sueñas con el día en que los coches vuelen? Puede que no esté tan lejos. La NASA ha creado ya un coche volador llamado Highway in the Sky (autopista en el cielo).

52 El hombre que inventó el inodoro con cisterna de agua en 1596, llevó directamente su invento a la reina Isabel I de Inglaterra, que lo instaló enseguida en uno de sus palacios.

53 El despertador «Bomba sónica» se creó para personas con sueño muy pesado. Su timbre de 113 decibelios es tan ruidoso como un trueno.

54 SE HA INVENTADO UN RELOJ QUE FUNCIONA CON LA ENERGÍA OBTENIDA DE MOSCAS MUERTAS.

55 Antes de que se inventaran los neumáticos hinchables de goma en 1888, las ruedas eran de madera, a veces con los bordes de acero.

56 El Pool PC (PC de piscina) es un ordenador sumergible que puede fijarse a un flotador, para «navegar» por Internet en la piscina.

57 El primer e-mail fue enviado en EE.UU. en 1969, entre la Universidad de California y la de Stanford. El remitente intentaba teclear «*login*», pero el sistema se colgó en la «g», de modo que el mensaje fue «lo».

58 Durante la Segunda Guerra Mundial, H. W. Cooper intentaba desarrollar minas de plástico transparente para el ejército. Uno de los materiales que probó resultó ser super pegajoso. Años después empezó a venderse como «super glue».

59 LOS CINTURONES DE SEGURIDAD DE TRES PUNTOS QUE SE USAN HOY EN LOS COCHES FUERON INVENTADOS EN 1959. SALVAN ALREDEDOR DE 400.000 VIDAS AL AÑO.

60 Las notas Post-It se crearon en 1980, cuando se descubrió un adhesivo pegajoso, pero no permanente. Estas notas de papel son hoy uno de los cinco productos de oficina más vendidos.

61 Antes de que se encontrara una forma económica de producirlo, el aluminio de las latas de refresco era considerado un valioso metal y se utilizaba en joyería.

62 Se acabó llegar tarde al colegio porque se ha formado hielo sobre el parabrisas: se ha inventado un dispositivo que, conectado a la batería del coche, calienta el líquido limpiaparabrisas antes de derramarlo sobre el cristal helado, fundiendo al instante nieve y hielo.

63 Un hombre con un gorro provisto de sensores que monitorizaban su actividad cerebral fue capaz de enviar a un ordenador un mensaje de 23 carácteres solo con el pensamiento.

64 Uno de los primeros sistemas de escaleras mecánicas fue utilizado como atracción en Coney Island, Nueva York, EE.UU., en 1896. Llevaba a los pasajeros hasta una altura de 2 m ¡y se subieron unas 75.000 personas!

65 El inventor de la primera aspiradora eléctrica portátil era conserje. La construyó con un motor de ventilador, una caja de detergente y un palo de escoba.

66 La puerta giratoria fue inventada para los rascacielos. Los edificios altos generan una diferencia de presión entre la columna de aire caliente en el interior y la de aire frío exterior, lo cual hace difícil abrir una puerta convencional.

67 Para alisar la superficie de una pista de hielo antes se recurría a un equipo de barrenderos que tardaba alrededor de hora y media en conseguirlo. La primera pulidora de hielo, utilizada en las Olimpiadas de Invierno de 1960, tardó apenas 15 minutos.

68 Antes de 1855, los candados de combinación se abrían con relativa facilidad; entonces Yale, un ingeniero estadounidense, inventó el «infalible candado mágico», un diseño utilizado aún en los bancos, que permite a los propietarios cambiar la combinación de acceso.

69 AstroTurf, el césped artificial inventado en 1967 y utilizado en los estadios cubiertos, se llamó en un principio Chemgrass.

70 El inventor de la aspiradora Dyson ha ideado recientemente un ventilador sin aspas. Un chorro ininterrumpido de aire frío pasa por un aro e inunda la habitación.

71 En 1906, trabajando en una escuela, un fontanero vio a los niños compartir un vaso para beber agua. Sabía que eso propagaba los gérmenes, así que en cinco años patentó la primera fuente para beber.

72 Levi Strauss inauguró su tienda de San Francisco, EE.UU., en 1853 para vender artículos a los mineros. Su socio y él utilizaron tejido de lona y añadieron unos pespuntes para que los pantalones resultaran más fuertes. Levi's sigue siendo hoy una de las marcas más populares de pantalones tejanos.

73 La gelatina fue descubierta en el siglo XVIII al cocer huesos de animales, pero hasta 1902 no se convirtió en el divertido postre que es hoy. Actualmente la gelatina se fabrica del mismo modo y es el postre oficial del estado de Utah, EE.UU.

74 Pintarse los labios es una costumbre de hace miles de años, pero no fue hasta 1915 cuando se inventó el lápiz de labios.

75 EL MONOPATÍN FUE INVENTADO POR SURFISTAS EN LA DÉCADA DE 1950 PARA PRACTICAR EN TIERRA CUANDO HACÍA MAL TIEMPO O HABÍA UN FUERTE OLEAJE. PARA ELLO, ATORNILLARON RUEDAS DE PATINES A TABLAS DE MADERA.

1

Conservados por sustancias químicas o por su entorno natural, los cuerpos de las **MOMIAS NO SE PUDREN.**

2

En las frías turberas del norte de Europa, las conocidas como **MOMIAS DE LOS PANTANOS** se conservan en muy buen estado. Muestran el aspecto de los difuntos al morir, e incluso tienen pelo.

3

En una **PIRÁMIDE DE PERÚ** se halló una momia del año 450 d. C. con dibujos de arañas, culebras y criaturas imaginarias **TATUADAS** en el cuerpo.

4

LAS CATACUMBAS DE LOS CAPUCHINOS, en Palermo, Italia, contienen más de 8.000 momias.

5

En la primera década del siglo XIX, en Londres, la gente acudía a espectáculos en los que se **DESENVOLVÍAN MOMIAS EGIPCIAS REALES** sobre el escenario.

7

Del mismo modo que se emplean máquinas para **VER EL INTERIOR DEL CUERPO,** éstas se pueden utilizar para observar el interior de una momia.

8

Una **NIÑA DE DOS AÑOS** que murió en 1920 se conserva en tan buen estado que los científicos la han apodado la **«BELLA DURMIENTE».**

9

La momia conocida como la **«DAMA DE HIELO DE SIBERIA»,** de 2.500 años, fue encontrada congelada; sus globos oculares habían sido sustituidos por bolas de pelo.

10

Aunque muriese joven, a los 19, **TUTANKAMÓN** fue faraón durante 10 años.

11

Se piensa que el **HOMBRE DE TOLLUND,** hallado en Dinamarca, es el cuerpo de un criminal que fue ahorcado y después arrojado a una turbera hace 2.400 años.

12

Una momia conocida como la **«BELLEZA DE KRORÄN»,** encontrada en la Cuenca del río Tarim, en China, presenta el cabello dispuesto en un **ELABORADO PEINADO.**

13

Los egipcios momificaron **HIPOPÓTAMOS,** monos, perros y gatos.

14

La momia de **EUNG TAE,** que corresponde a un hombre que murió por enfermedad en 1586, fue hallada en 1998 por unos obreros de la construcción en Corea del Sur.

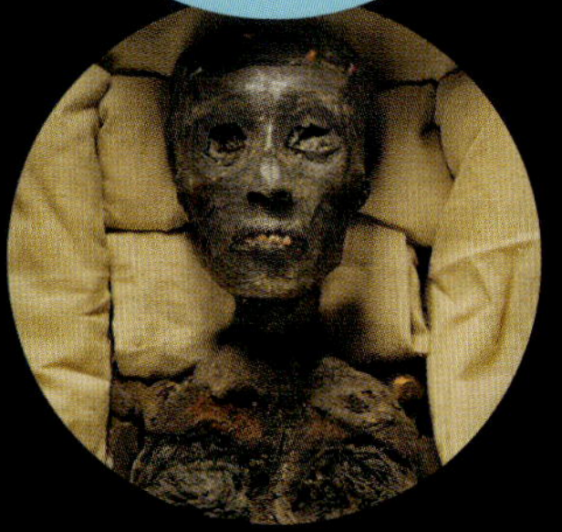

15

«Momia» viene del árabe *mummia*, que significa **SUSTANCIA NEGRA Y PEGAJOSA.** Durante un tiempo se pensó que en el antiguo Egipto se utilizaba una pasta así para preparar las momias.

17

Más de cien **NIÑOS** del pueblo de Chinchorro, en el norte de Chile, murieron por **ENVENENAMIENTO** accidental por **ARSÉNICO** y después fueron momificados.

18

Las momias halladas más allá del Círculo Polar Ártico quedaron **CONGELADAS** en su día bajo una placa de hielo.

19

La tumba del rey Tutankamón fue descubierta por Howard Carter en 1922, aunque hay pruebas de que los **LADRONES** llegaron antes.

20

En Puruchuco, una localidad próxima a Lima, en Perú, se han encontrado más de **2.200 MOMIAS.**

35 DATOS SOBRE

22

Se han encontrado momias egipcias con un **AMULETO DE UN SOL NACIENTE,** símbolo de la **VIDA ETERNA.**

23

Las momias egipcias eran enterradas en un **SARCÓFAGO** al que a veces se daba forma de cuerpo humano, decorándolo para que se pareciera al difunto.

24

En Papúa Nueva Guinea, la tribu de los Anga momificó al **JEFE DEL POBLADO** al morir, en 1950; la momia estuvo **SUSPENDIDA DE LA PARED DE UN ACANTILADO** durante varias décadas.

25

Las momias no son de hace tanto; el líder soviético **VLADIMIR LENIN** fue momificado en 1924.

26

Los científicos pueden asegurar que el **HOMBRE DE HIELO,** cuya momia se ha conservado, murió al ser alcanzado por la espalda con una **FLECHA.**

29

Los antiguos egipcios enterraban a sus **FARAONES** con muchas de sus pertenencias para asegurarles una vida feliz en el **MÁS ALLÁ.**

30

Aunque no hay evidencia de ello, hay quien aún sostiene que Tutankamón **MALDIJO A LOS MIEMBROS DEL EQUIPO DE EXCAVACIÓN** que lo desenterraron.

31

Se ha encontrado una momia egipcia con la **LENGUA FUERA.**

32

En todos los continentes se han hallado momias, **SALVO EN LA ANTÁRTIDA.**

33

Los arqueólogos piensan que la **DAMA DE HIELO INCA** fue sacrificada en los Andes hace cerca de 500 años como ofrenda a los dioses.

MOMIAS

6

En 2007, un pastor encontró en el Ártico ruso la **MOMIA DE UNA CRÍA DE MAMUT LANUDO** de unos 40.000 años. La conservó el mismo barro en el que un día se había ahogado.

16

La **MOMIA DE HIELO**, de 5.300 años de antigüedad, se dio un atracón antes de morir.

21

Cuando preparaban las momias, los antiguos egipcios les **EXTRAÍAN EL CEREBRO**, pero conservaban el corazón y los demás órganos de la persona.

27

El **CALENTAMIENTO GLOBAL** podría dar lugar al **DESCUBRIMIENTO** de nuevas momias, al descongelarse estas en lugares como los Andes o Siberia.

28

Las momias no pesan mucho, porque todo su contenido en agua se ha secado. La momia conocida como la **«BELLEZA DE KRORÄN» PESA SOLO 10,6 kg.**

34

¿Quieres saber qué se siente cuando **TE PERSIGUEN MOMIAS?** ¡Súbete a la montaña rusa de la Venganza de la Momia, en los Universal Studios de Florida, EE.UU!

35

En Holanda se encontró a un **ADOLESCENTE MOMIFICADO** hace 2.000 años. Murió por una cuchillada en el pecho o estrangulado con la misma cuerda que rodeaba el cuello de su momia.

1. Las células de la piel viven 28 días; los eritrocitos viven 120 días. **2. Los seres humanos comparten el 99,9 por ciento de sus genes.** **3.** Los seres humanos y los chimpancés comparten el 98,8 por ciento de sus genes; el ser humano y la mosca comparten solo el 60 por ciento de sus genes. **4. Tu cuerpo libera en torno a medio litro de sudor al día.** **5.** Los gemelos idénticos son siempre del mismo sexo. **6. Cada minuto, se desprenden de tu cuerpo entre 30.000 y 40.000 células muertas de la piel.** **7.** La piel más fina es la de los párpados y la más gruesa la de las palmas de las manos y los talones. **8. El 85 por ciento de chicos y chicas tienen acné.** **9.** Cuando se expone a la luz directa del sol, el cuerpo fabrica vitamina D, que favorece la salud ósea y el sistema inmunitario. **10. El sudor contiene muchas de las sustancias presentes en el pis.** **11.** Las huellas dactilares nunca cambian y no hay dos iguales. **12. En el cuerpo crecen unos cinco millones de pelos, pero el cuero cabelludo contiene solo 100.000.** **13.** El pelo de la cabeza crece en torno a 0,35 mm al día. **14. El pelo de la parte superior de la cabeza crece más deprisa que el de los laterales.** **15.** Las uñas de las manos tardan 6 meses en crecer, las de los pies 18. **16. Las uñas de los niños crecen más deprisa en verano.** **17.** Más de 400 articulaciones conectan los 206 huesos del esqueleto humano. **18. El esqueleto de un adulto medio pesa 9 kg.** **19.** El fémur es el hueso más largo del cuerpo, con una longitud de unos 46 cm en los adultos. **20. El hueso más corto del cuerpo se encuentra en el oído y mide apenas 2,6 mm de largo.** **21.** Todos los días, tu cuerpo produce más de 100.000 millones de células nuevas. **22. En la cara hay 14 huesos.** **23.** Los dientes no están hechos de hueso, sino de unas sustancias duras llamadas esmalte, dentina y cemento y de un tejido blando llamado pulpa. **24. Cada mano tiene 27 huesos; cada pie tiene 26.** **25.** Los bebés tienen más huesos que los adultos; al crecer, algunos de los huesos más pequeños se fusionan entre sí. **26. Casi todo el mundo nace con los pies planos (sin arco en la planta del pie).** **27.** La palabra «músculo» procede del latín *musculus*, que significa «pequeño ratón». Los romanos decían que un músculo en flexión parecía un roedor moviéndose bajo la piel. **28. De los 650 músculos del cuerpo, el glúteo mayor (el músculo del culo) es el más amplio.**

100 DATOS SOBRE EL CUERPO

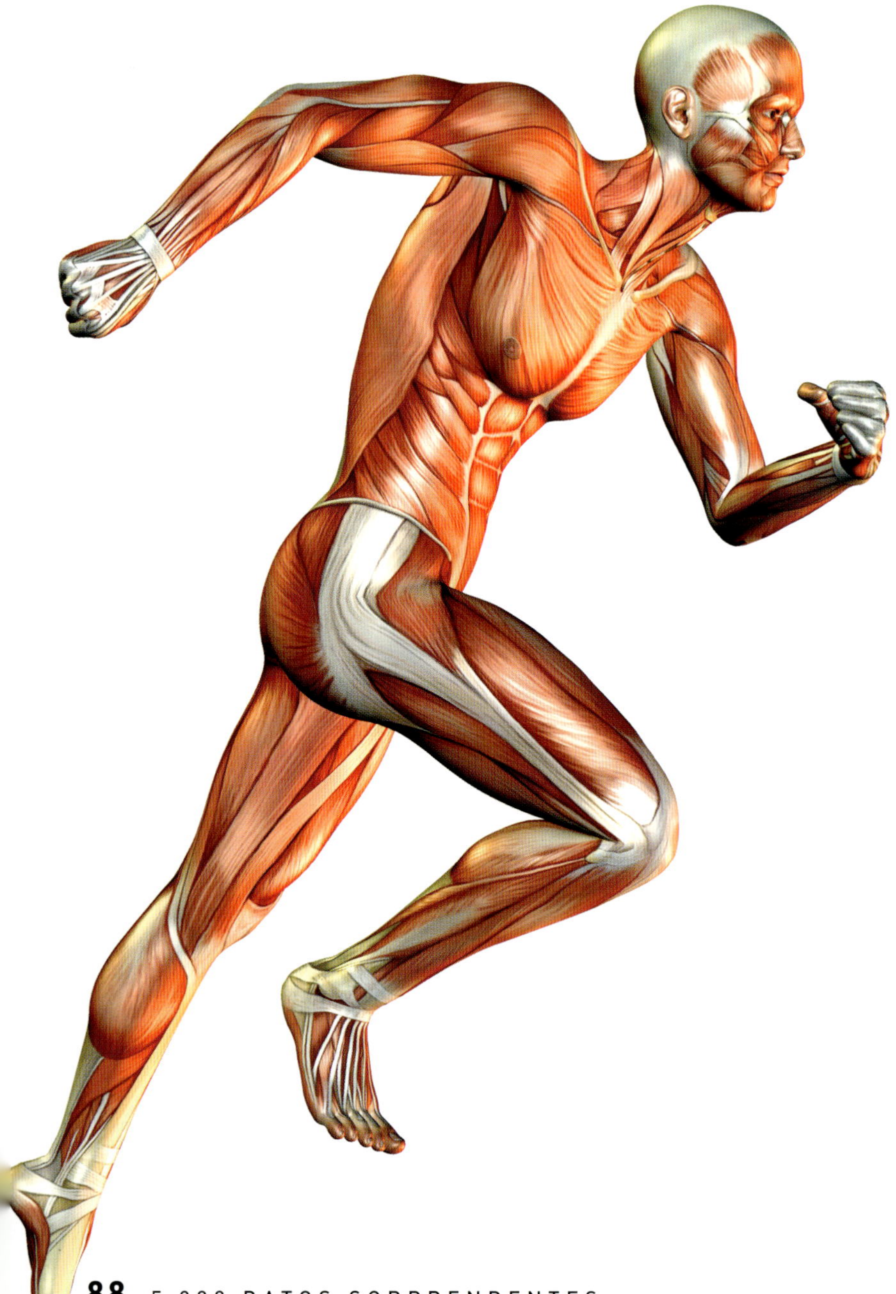

29. El cuerpo emplea 12 músculos de las piernas para caminar. **30. Todos los vasos sanguíneos de un adulto, colocados uno tras otro, extremo con extremo, darían dos vueltas y media a la Tierra.** **31.** Hacen falta 12 músculos para sonreír y 11 para fruncir el ceño. **32. La sangre recorre 19.000 km en un día.** **33.** El corazón bombea sangre a través de su arteria de mayor calibre aproximadamente a 1,6 km/h. En los vasos pequeños, la sangre circula tan solo a 109 cm/h. **34. Un tejido blando en el interior de los huesos llamado médula produce la mayor parte de las células nuevas de la sangre.** **35.** La sangre se encuentra a unos 38 °C, algo más caliente que la temperatura corporal media. **36. La sangre es siempre roja, aunque su tono varía según la parte del cuerpo en la que se encuentre.** **37.** El miedo y la rabia incrementan la frecuencia cardíaca en 30 o 40 latidos por minuto. **38. Apretar una pelota de tenis con la mano te dará una idea de la fuerza que ejerce el corazón para bombear la sangre.** **39.** El corazón del ser humano pesa 0,2 kg en la mujer y ligeramente más en el hombre. **40. Los vasos sanguíneos más pequeños del cuerpo son mucho más finos que un cabello humano y lo suficientemente grandes como para que pasen por ellos los eritrocitos en fila india.** **41.** Un hombre brasileño batió un récord mundial al contener la respiración bajo el agua durante 20 minutos y 21 segundos. **42. Cada día pasan por tus pulmones 10.000 l de aire.** **43.** La palabra «pulmón» tienen sus raíces en el latín *pulmo* y en el griego *pneuma*, que significan soplo, aire, en referencia a su función y a su contenido; de hecho, tus dos pulmones juntos pesan apenas 1,1 kg. **44. ¡Muerte al mito! El corazón no se para cuando estornudas.** **45.** Es muy difícil mantener los ojos abiertos mientras se estornuda. **46. Reír entre 10 y 15 minutos quema unas 50 calorías.** **47.** Un estadounidense medio ingiere alrededor de 45.359 kg de comida a lo largo de su vida. **48. Cada día tu boca produce entre 1 y 1,4 l de saliva.** **49.** El estómago puede expandirse desde un volumen de 60 ml a casi 4 l. **50. Un alimento tarda entre tres y cinco horas en recorrer los 3 m de longitud del intestino delgado.**

51. El hígado pesa aproximadamente 1,3 kg y es la glándula más grande del cuerpo humano. **52. Un adulto produce una cantidad media de 181,7 l de gas al año.** 53. La «carne de gallina» se produce por una contracción de los músculos en la base del vello corporal. 54. Tu estómago hace ruidos cuando tienes hambre y cuando está digiriendo alimentos. 55. Cada día se caen de tu cabeza entre 50 y 100 cabellos. **56. Al caminar, el pie de una persona golpea el suelo con una fuerza equivalente a unas tres veces su peso corporal.** 57. La mandíbula o maxilar inferior es el único hueso móvil del cráneo. 58. El dedo gordo se llama también pulgar. 59. Un golpe de tos puede arrojar material a velocidades superiores a 160 km/h. **60. El pulmón izquierdo es aproximadamente un 10 por ciento más pequeño que el derecho porque tiene una muesca.** 61. Los pulmones son de color rosa pálido en el momento de nacer, pero con el tiempo tienden al gris o el negro, a medida que van cargándose de carbono. 62. Es físicamente imposible contener la respiración hasta morir; el cerebro fuerza a tu cuerpo a tomar aire. 63. Los científicos que trabajan en el Proyecto Biodiversidad del Ombligo han encontrado más de 1.400 tipos distintos de bacterias que viven en el ombligo de las personas. **64. El cuerpo humano necesita entre 2 y 2,8 l de agua al día.** 65. El ácido del estómago es lo suficientemente fuerte para disolver un clavo. 66. Los eritrocitos son planos en el centro porque carecen de núcleo, estructura que tienen todas las demás células. 67. Los alvéolos pulmonares, que son sacos diminutos, cubrirían 80 m² si se extendieran planos. **68. El cuerpo humano pierde alrededor de 0,3 l de agua al día a través de la respiración.** 69. La inspiración dura aproximadamente dos segundos; la espiración dura tres. 70. El corazón de una persona en reposo late entre 70 y 80 veces por minuto; el de una ballena azul solo 6 veces por minuto. 71. Los adultos tienen en general 32 dientes, aunque el récord está en 35. **72. El cuerpo de un adulto tiene 50-100 billones de células.** 73. Las células nerviosas que se extienden desde la columna vertebral hasta los dedos de los pies tienen más de 1 m de largo. 74. Cada minuto de cada día, los riñones purifican en torno a 1 l de sangre. 75. Una comida tarda entre 15 horas y 2 días en pasar por todo tu organismo. **76. Diminutos pliegues similares a dedos, llamados vellosidades y presentes en el intestino delgado, multiplican por más de ocho la superficie interna de este tramo intestinal.** 77. La heterocromía, o tener un ojo de color distinto del otro, es insólita en el ser humano, pero frecuente en los perros. 78. El cerebro humano puede detectar más de 10.000 olores diferentes. 79. Tu cerebro representa solo el 2 por ciento de tu peso corporal total, pero utiliza el 20-25 por ciento de la energía de tu organismo. **80. La médula espinal tiene una longitud aproximada de 44 cm, pero contiene 1.000 millones de células nerviosas.**

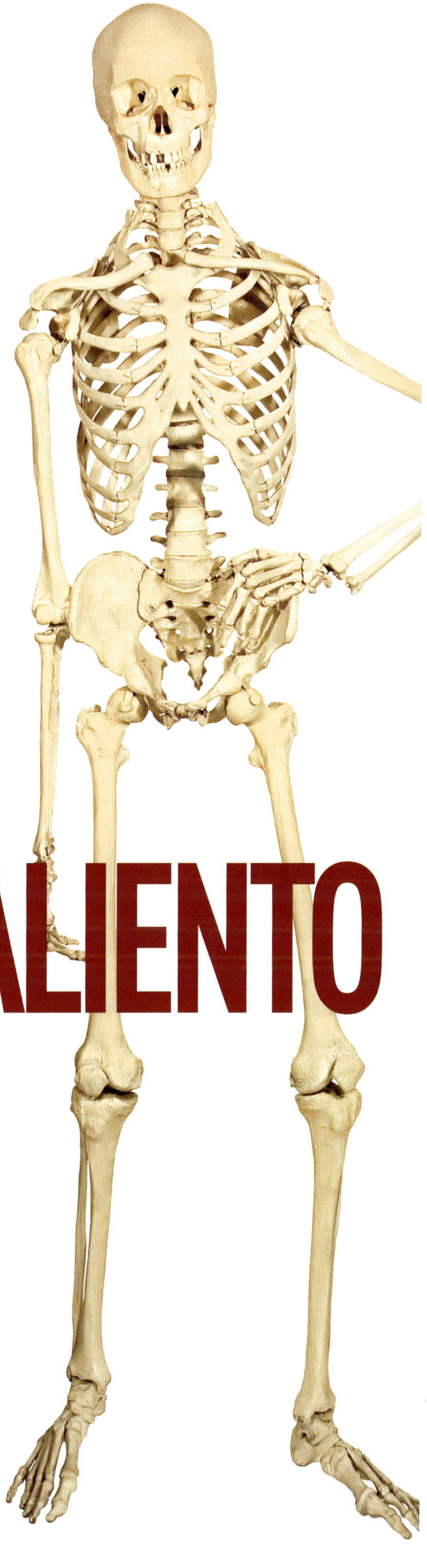

QUE TE DEJARÁN SIN ALIENTO

81. La lengua del ser humano tiene alrededor de 9.000 papilas gustativas. 82. Hipócrates, médico en la antigua Grecia, recomendaba a la gente usar una bola de algodón impregnada de miel para lavarse los dientes. 83. Los alimentos han de disolverse en agua para tener sabor; esta es una de las razones por las que tu boca produce saliva. **84. En tu cuerpo hay diez veces más células bacterianas que células humanas.** 85. Un globo ocular pesa aproximadamente lo mismo que una moneda de 1 euro: 7,5 g. 86. El tiempo medio entre dos parpadeos es de 2,8 segundos. 87. La piel de un hombre pesa 4 kg. **88. Si te pudieras quitar toda la piel y extenderla sobre el suelo, cubrirías 2 m².** 89. En general, en las personas bajas y gruesas el estómago tiende a situarse en horizontal; en cambio, en las personas más altas y delgadas el estómago se dispone verticalmente. 90. El síndrome de «la mano ajena» es una enfermedad en que la persona pierde el control de los movimientos de su mano. 91. Las uñas más largas del mundo miden en total 6 m, más o menos la longitud de una ballena asesina. **92. La lengua más larga que se ha medido nunca salió 9,8 cm de la boca de su propietario.** 93. La nariz más larga de una persona viva midió 8,8 cm del puente a la punta. 94. El orgulloso propietario de los pelos en las orejas más largos del mundo lucía un mechón de 15 cm en sus pabellones auriculares. 95. La lengua más fuerte del mundo puede levantar un peso de 12,5 kg. **96. La mujer con el cabello más largo del planeta –5,6 m– no se lo corta desde 1973.** 97. Es imposible hacerse cosquillas a uno mismo. 98. El pelo y las uñas no siguen creciendo después de la muerte. 99. Si comes demasiadas zanahorias, la piel se te pondrá naranja. **100. Como ocurre con las huellas dactilares, no hay dos huellas de lengua iguales.**

50 ASOMBROSAS ADAPTACIONES ANIMALES

1

Las **SURICATAS,** que viven en lugares secos, obtienen el agua de las raíces y los frutos que comen.

2

Los **FACÓCEROS** salen corriendo de sus madrigueras a toda velocidad, así, si fuera hay **PREDADORES** esperándolos, pueden esquivarlos.

3

Los **KOALAS** son excelentes trepadores gracias al **PAR DE PULGARES QUE TIENEN EN CADA MANO.**

4

Los **NIDOS DEL MARTÍN PESCADOR,** cavados en las laderas de colinas y acantilados, están **INCLINADOS HACIA ARRIBA** para evitar inundaciones.

5

La **BOLSA** para llevar a la cría del **MARSUPIAL UÓMBAT** hembra, se abre **HACIA ATRÁS** y no hacia la cabeza, para que no entre suciedad mientras la madre cava.

6

El **PEREZOSO** –que está casi siempre patas arriba– tiene el **PELO DEL VIENTRE PEINADO HACIA LOS COSTADOS** para que el agua se escurra hacia abajo cuando llueve.

7

El **ERIZO** se hace una bola para proteger su **SUAVE VIENTRE** frente a los predadores.

8

Para escapar de los predadores, las **HORMIGAS DE MANDÍBULA TRAMPA** cierran la boca a **233 km/h** y salen disparadas por los aires.

9

Las dos hileras de **PESTAÑAS EXTRALARGAS** de los camellos les ayudan a mantener los ojos limpios de arena.

10

Aunque parezca que el **CAMALEÓN DEL YEMEN** lleve un gorro de cumpleaños, en realidad esta estructura recoge y canaliza el agua hasta la boca del lagarto.

11

Las **PLUMAS CON FLECOS DE LOS BÚHOS** les permiten volar y atacar **SIGILOSAMENTE.**

12

Los **CAMELLOS** pueden beber hasta **145 l** de agua de una sola vez.

13

La gacela del desierto de Arabia Saudí puede **ENCOGER SU HÍGADO** hasta dejarlo en un tercio de su tamaño habitual y así **AHORRAR AGUA.**

14

La **GANGA** es un ave que se empapa las plumas del pecho en agua para llevarla hasta el nido. Los polluelos chupan las plumas como si fueran una **ESPONJA.**

15

Algunas aves pescan desde la espalda de **HIPOPÓTAMOS METIDOS EN EL AGUA.**

16

Los **BÚHOS** tienen una excelente amplitud de movimiento de cabeza porque sus **OJOS SON DEMASIADO GRANDES** para moverse de un lado a otro y de arriba abajo.

17

Los **ÑUS** y las **CEBRAS** se alimentan de pastos duros; las **GACELAS DE THOMSON** los siguen y se comen los brotes tiernos que dejan.

18
La RATA TOPO LAMPIÑA no tiene pelo. No lo necesita para mantenerse caliente ni para protegerse del sol porque vive bajo tierra en desiertos cálidos.

19
La mayoría de buitres NO TIENEN PLUMAS EN LA CABEZA, para que NO LES ESTORBEN cuando comen animales muertos.

20
Un ESCORPIÓN NO PUEDE PICARSE A SÍ MISMO: es inmune a su veneno.

21
El TEJÓN MELERO, al que le encanta la miel, desprende un OLOR NAUSEABUNDO que hace que las abejas abandonen la colmena. Su gruesa piel es resistente a las picaduras.

22
Las RAYAS DE LAS CEBRAS confunden a sus predadores, a quienes resulta difícil ELEGIR un animal de la manada como objetivo.

23
Para evitar las quemaduras solares, los RINOCERONTES SE REVUELCAN EN EL BARRO.

24
El OSO HORMIGUERO GIGANTE utiliza su largo hocico como TUBO DE BUCEO CUANDO NADA.

25
Al tener los ojos, la nariz y las orejas en LA PARTE SUPERIOR DE LA CABEZA, los HIPOPÓTAMOS pueden pasar mucho tiempo bajo el agua, muy fresquitos.

26
Los AMPLIOS ORIFICIOS NASALES del guepardo dejan entrar más aire después de una carrera.

27
La DENSA MELENA del león le PROTEGE EL CUELLO en las peleas con otros felinos.

28
El GRAN PICO DEL TUCÁN le permite coger alimentos incluso de aquellas ramas demasiado finas para aguantar su peso.

29
Las extremidades y la cola del BUEY ALMIZCLERO DEL ÁRTICO, al ser cortas, REDUCEN AL MÍNIMO LA PÉRDIDA DE CALOR.

30
Las pequeñas plumas de las PATAS DE LA PERDIZ NIVAL le mantienen CALENTITOS los dedos de los PIES cuando hiela.

31
Las aves árticas se calientan MANTENIÉNDOSE DE PIE SOBRE UNA PATA y METIENDO LA CABEZA BAJO EL ALA.

32
El GECO DEL DESIERTO TIENE UNAS SOLAPAS ENTRE LOS DEDOS que impiden que el animal se hunda en la arena.

33
Los AGUTÍES, roedores de los bosques lluviosos, SIGUEN A LOS MONOS Y A LOS LOROS que se mueven entre los árboles para coger la comida que cae al suelo.

34
El BICHO ESPINO sudamericano es un insecto de forma picuda, lo cual le ayuda a CAMUFLARSE y hace que resulte DIFÍCIL DE TRAGAR.

35
Cuando se siente amenazada, la MARIPOSA CAIMÁN despliega sus alas con dos ENORMES MANCHAS EN FORMA DE OJOS, así parece más grande.

36
El DAMÁN DE EL CABO, que parece un conejo de orejas cortas, tiene los pies pequeños con una especie de VENTOSAS EN LAS PLANTAS.

37
Las GARRAS DELANTERAS DE LOS LEMINOS CRECEN MÁS en invierno, así estos pequeños roedores pueden cavar mejor sus túneles en la nieve.

38
La JACANA puede MANTENERSE EN PIE Y CAMINAR SOBRE LAS HOJAS QUE FLOTAN en el agua gracias a sus largos dedos, muy separados entre sí.

39
Los HIPOPÓTAMOS NO SUDAN, pero SEGREGAN UN LÍQUIDO ROJO por la piel que les proporciona humedad y los protege de los rayos del sol.

40
Las arañas de agua UTILIZAN LA SEDA PARA CREAR UNA BURBUJA que utilizan como «guardería seca» bajo el agua.

41
Muchos peces de las profundidades marinas CREAN SU PROPIA LUZ para atraer presas.

42
Algunas criaturas de las profundidades marinas tienen el CUERPO TRANSPARENTE, lo cual las hace casi INVISIBLES PARA LOS PREDADORES.

43
El PEZ LUMPO tiene una VENTOSA EN EL ABDOMEN para pegarse a las rocas marinas cuando hay fuertes corrientes.

44
Los BIGOTES sensibles que tiene la nutria marina alrededor de la boca la ayudan a DETECTAR PECES.

45
En la montaña, MUCHOS INSECTOS CARECEN DE ALAS para no ser arrastrados por los fuertes vientos.

46
Las RAYAS EN EL PELAJE DEL TIGRE LO CAMUFLAN entre la hierba alta cuando se dispone a cazar.

47
El CRÁNEO DE UN PÁJARO CARPINTERO ES MÁS GRUESO de lo habitual, así absorbe el impacto de los picotazos.

48
Para salir a flote, LOS MANATÍES TIENEN SIEMPRE MUCHOS GASES; para mantenerse bajo el agua, sus huesos son pesados.

49
Las OREJAS DE LAS CEBRAS, LARGAS Y MUY MÓVILES, permiten al animal detectar el origen de los sonidos sin tener que mirar alrededor.

50
Cuando se sienten AMENAZADOS, LOS TAMANDÚAS, parientes de los osos hormigueros, sacan sus garras delanteras para luchar y se ponen DE PIE SOBRE LA COLA.

25 DATOS CURIOSOS

1

Cada año, los estadounidenses compran casi **22 MILLONES** de kilos de chocolate para el **DÍA DE SAN VALENTÍN.** ¡Es el peso de 128 **BALLENAS AZULES!**

2

EL CHOCOLATE BLANCO TÉCNICAMENTE **NO ES CHOCOLATE.** ESTA VARIEDAD SE FABRICA SOLO CON MANTECA DE CACAO, NO CON POLVO DE CACAO, QUE ES EL INGREDIENTE DEL CHOCOLATE DE VERDAD.

3

HERSHEY, EN PENSILVANIA, EE.UU., huele a chocolate. ¿Por qué? Porque existe allí una fábrica de chocolate que produce (entre otras cosas) más de 20 MILLONES DE BOMBONES KISSES («BESOS») AL DÍA.

4

EL **BEICON** RECUBIERTO DE CHOCOLATE ES UNA RECETA MUY POPULAR EN LAS FERIAS DE ESTADOS UNIDOS.

5

EL CHOCOLATE SE FABRICA A PARTIR DE LAS SEMILLAS DE LA PLANTA DEL CACAO, QUE CRECE SOLO EN ÁREAS PRÓXIMAS AL ECUADOR.

6

EN LA SEGUNDA GUERRA MUNDIAL, LOS SOLDADOS DE ESTADOS UNIDOS FUERON LOS PRIMEROS EN COMER M&M'S. SU COBERTURA DE AZÚCAR PERMITE LLEVAR ENCIMA ESTA ENERGÉTICA DELICIA SIN QUE SE DERRITA.

7

¿Alguna vez te ha apetecido más COMER CHOCOLATE QUE TU ALMUERZO HABITUAL? No eres el único: uno de los primeros anuncios de chocolate proclamaba que llena más que la carne.

8

EN UNA OCASIÓN SE CONSTRUYÓ UNA «MINIATURA» DE LA ESTATUA DE LA LIBERTAD CON **104 kg** DE CHOCOLATE.

9

EL NOMBRE CIENTÍFICO DEL **CHOCOLATE** ES ***THEOBROMA CACAO,*** QUE SIGNIFICA «ALIMENTO DE LOS DIOSES».

10

CADA VAINA DE CACAO, CON FORMA DE BALÓN DE RUGBY, CONTIENE ENTRE 30 Y 50 SEMILLAS, SUFICIENTES PARA FABRICAR SIETE TABLETAS DE CHOCOLATE CON LECHE.

MMM... HISTORIA CHOCOLATEADA

21 EN EL AÑO 1000 a. C.

Se cree que los antiguos olmecas (famosos por sus gigantescas estatuas de cabezas), pobladores de las actuales regiones de México y Centroamérica, fueron los primeros en utilizar la planta del cacao.

22 1300

Los aztecas mezclaban las semillas de cacao con guindilla para preparar una bebida espumosa y picante.

SOBRE EL CHOCOLATE

11 UN CIUDADANO MEDIO DE ESPAÑA COME CERCA DE **3,9 kg** DE CHOCOLATE AL AÑO.

12 UNA EMPRESA SUIZA INVENTÓ UN CHOCOLATE QUE SOLO SE FUNDE A PARTIR DE LOS 55 ºC.

13 Los antiguos aztecas creían que el chocolate tenía propiedades mágicas; la realeza bebía una mezcla amarga y picante en cálices de oro.

14 LA PRÓXIMA VEZ QUE TENGAS UN RESFRIADO, pide un poco de chocolate. Un componente natural del chocolate ayuda a calmar la tos.

15 Por cada tableta de chocolate que se come en China, en Reino Unido se comen 1.000.

16 SE DICE QUE EL EMPERADOR AZTECA MOCTEZUMA II BEBÍA 4 LITROS DE CHOCOLATE AL DÍA.

17 EN MÉXICO, LAS HORMIGAS CUBIERTAS DE CHOCOLATE SON UNA DELICIA CULINARIA.

18 EL SIMPLE OLOR DEL CHOCOLATE PUEDE HACER QUE LA GENTE SE SIENTA FELIZ. UN COMPONENTE QUÍMICO DEL CACAO FAVORECE LA LIBERACIÓN EN EL CEREBRO DE UNAS SUSTANCIAS QUE HACEN QUE TE SIENTAS BIEN.

19 María Teresa, reina de Francia entre 1660 y 1683, designó un cocinero real encargado de preparar el chocolate caliente.

20 HARÍAN FALTA 15.133.852.800 ONZAS DE CHOCOLATE HERSHEY, UNA TRAS OTRA, PARA LLEGAR A LA LUNA.

23 1528

El explorador Hernán Cortés llevó a España la bebida de los aztecas.

24 MEDIADOS DEL SIGLO XVI

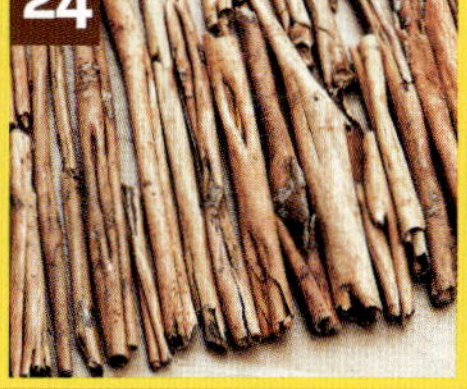

Los nobles franceses y españoles endulzaban la bebida amarga con canela y azúcar de caña.

25 1847

En Inglaterra, Joseph Fry & Sons creó la primera tableta de chocolate.

15 MISTERIOS

❶ En varios poemas de la antigua Grecia se narra cómo los griegos se escondieron en el interior de un **GRAN CABALLO** de madera para vencer a los troyanos. Fue introducido en **TROYA** como una muestra de «buena voluntad». Se cree que la ciudad existió realmente y los arqueólogos hace más de un siglo que la buscan.

❷ En la isla de Pascua se encontraron unas inscripciones en tablas de madera, conocidas como los **JEROGLÍFICOS DE RONGORONGO,** que hasta ahora nadie ha sabido descifrar. Cada línea está invertida con respecto a la anterior.

❸ En 1937, **AMELIA EARHART** quiso ser la primera mujer en dar la vuelta al mundo en avión. Tras comunicar por radio que se encontraba en el Pacífico Sur y que se estaba quedando sin combustible, no se volvió a tener noticia de ella, del piloto ni de su avión.

❹ Pruebas halladas en una pequeña isla del Pacífico Sur indican que Amelia Earhart pudo haber sobrevivido un tiempo como **NÁUFRAGA** tras estrellarse su avión.

DE LA HISTORIA

5 Cuando los barcos de provisiones llegaron a la primera **COLONIA INGLESA** en Norteamérica, en la Isla de Roanoke, los colonos habían desaparecido. Lo único que encontró la tripulación fue la palabra **«CROATAN»** grabada en un árbol.

9 Los antiguos pobladores del desierto peruano dibujaron en la tierra formas gigantescas y siluetas de animales, conocidas como las **LÍNEAS DE NAZCA.** Los investigadores creen que podrían ser **OFRENDAS A LOS DIOSES** para pedir lluvia.

10 Hay quien piensa que las líneas de Nazca, en Perú, fueron trazadas para ser vistas desde primitivos globos aerostáticos. Otra teoría es que eran pistas de aterrizaje para **NAVES ESPACIALES ALIENÍGENAS.**

6 En torno al año 360 a. C., el filósofo griego **PLATÓN** escribió sobre la **CIUDAD PERDIDA DE ATLÁNTIDA** y sobre una civilización fundada por seres mitad divinos y mitad humanos que habría existido miles de años antes que él. Aunque se ha buscado, la mayor parte de los científicos piensan que nunca existió.

11 Los bloques de piedra de mayor tamaño de **STONEHENGE,** Inglaterra –de un peso simiar al de una camioneta– se transportaron hasta ese sitio desde un lugar a 400 km de distancia. Nadie sabe cómo pudieron hacerlo.

7 Nadie sabe qué les sucedió a los habitantes de la **ISLA DE PASCUA** que construyeron las famosas estatuas de piedra de 4 m de altura llamadas **MOAIS.** Es posible que cambios medioambientales –o una plaga de roedores– les obligaran a abandonar la isla.

12 Los expertos siguen debatiendo sobre la finalidad de la construcción de **STONEHENGE.** Principales teorías: **CALENDARIO ASTRONÓMICO;** lugar de adoración al sol; lugar de sanación, o una combinación de las anteriores.

13 Tan alta como un edificio de seis plantas, la **ESFINGE** de Egipto, con cuerpo de león y cabeza humana, es una de las **ESTATUAS MÁS GRANDES** del mundo. ¿Pero cuál es su significado? Hallazgos recientes señalan que la Esfinge y las pirámides están alineadas con el Sol en momentos concretos del día.

8 En 1911, en Perú, un explorador de Estados Unidos llegó al **MACHU PICCHU,** la ciudad «perdida» en la cordillera de los Andes. Los incas habían abandonado la ciudad siglos antes, no se sabe con certeza por qué motivo.

14 Según algunos expertos es probable que los enormes bloques de piedra caliza que componen las **PIRÁMIDES EGIPCIAS** fueran trasladados desde las canteras en **BALSAS,** río abajo por el Nilo, y después **EMPUJADOS** por rampas y colocados en su lugar.

15 La situación de las pirámides egipcias es tan **EXACTA** que algunas personas se han preguntado si es posible que, en lugar de tumbas, las pirámides fueran construidas como **GIGANTESCOS OBSERVATORIOS ASTRONÓMICOS.**

1 Declarado en 1872, Yellowstone fue el primer parque nacional del mundo.

2 El territorio del Parque de Yellowstone se reparte entre tres estados de EE.UU.: un 96% está en Wyoming, un 3% en Montana y un 1% en Idaho.

3 El Parque Nacional del Valle de la Muerte, en California y Nevada, es el lugar más caluroso de EE.UU. Las temperaturas han alcanzado los 56,7 °C.

4 El árbol más alto de la Tierra, la secuoya roja, crece solo en Oregón y California, EE.UU., por ejemplo, en el Parque Nacional de las Secuoyas. El ejemplar más alto mide 115 m.

5 El lago más profundo de EE.UU. llena el cráter de un volcán en el Parque Nacional del Lago del Cráter, en Oregón. Tiene 593 m de profundidad.

6 Las dunas más altas de Norteamérica se encuentran en el Parque Nacional Grandes Dunas de Arena, en Colorado, EE.UU., y tienen una altura equivalente a 75 pisos.

7 UN PINO LONGEVO DEL PARQUE NACIONAL DE LA GRAN CUENCA, EN NEVADA, EE.UU., VIVIÓ CERCA DE 5.000 AÑOS ANTES DE SER TALADO.

8 Después de casi desaparecer de Estados Unidos, en 1995 los lobos fueron reintroducidos por biólogos en el Parque Nacional de Yellowstone. Hoy viven allí alrededor de 100 ejemplares.

9 El Parque Nacional Galápagos, a 965 km de la costa de Ecuador, protege especies nativas, como tortugas, iguanas y leones marinos, y es el lugar en el que Charles Darwin estudió la evolución de las especies.

10 El Parque Nacional Sagarmatha, en Nepal, protege el Monte Everest. Con 8.850 m de altitud, el Everest es la montaña más alta del mundo.

11 En un lugar llamado Racetrack, en el Parque Nacional del Valle de la Muerte, EE.UU., las rocas se mueven misteriosamente, probablemente por acción del viento y de resbaladizos fangos subyacentes.

12 Más de tres millones de personas al año visitan el Parque Nacional de las Grandes Montañas Humeantes en Tennessee y Carolina del Norte, EE.UU.; más de las que visitan ningún otro parque nacional estadounidense.

13 En el Parque Nacional de las Cavernas de Carlsbad, en Nuevo México, EE.UU., hay que tomar un ascensor para bajar 229 m hasta una cueva.

14 En Yellowstone viven 67 especies de mamíferos, entre ellos osos pardos, alces, pumas, leones de la montaña, carneros de las Rocosas y búfalos.

15 El Parque Nacional Cañón Bryce, en Utah, EE.UU., está lleno de *hoodoos*, agujas de roca caliza creadas por la climatología y la erosión.

16 La Cuenca Badwater, en el Valle de la Muerte, está 86 m por debajo del nivel del mar, y es el punto más bajo de Estados Unidos. Se encuentra asimismo a tan solo 145 km del monte Whitney, el pico más alto de los Estados Unidos continentales (excluida Alaska).

17 El Parque Nacional Wrangell-St. Elias de Alaska, el más grande de Estados Unidos, es famoso por sus 150 glaciares. Es el doble de grande que los parques Yellowstone, Gran Cañón y Valle de la Muerte juntos.

18 63 millones de personas visitan cada año los 58 parques nacionales de EE.UU.

19 En el Parque Nacional Cueva del Mamut, en Kentucky, EE.UU., se encuentra el sistema cavernario más grande del mundo. Más de 560 km de pasadizos subterráneos han sido cartografiados.

20 Se sabe que los dinosaurios se pasearon por lo que hoy es el Parque Nacional Badlands, en Dakota del Sur, EE.UU. Se han encontrado fósiles de 75 millones de años de antigüedad.

21 Los lobos llegaron en migración al Parque Nacional de Isle Royale, en Michigan, EE.UU., atravesando los 22 km de aguas congeladas del lago Superior.

22 En el Parque Nacional Voyageurs, en Minnesota, EE.UU., hay más de 500 islas.

23 EL GRAN CAÑÓN TIENE UNA AMPLITUD DE 29 km Y 1,6 km DE PROFUNDIDAD.

24 El Parque Nacional de Yosemite, en California, EE.UU., tiene la misma extensión que el estado de Rhode Island.

25 Unas 600 ballenas jorobadas visitan cada año el área del Parque Nacional Glacier Bay, en Alaska, EE.UU.

26 La carretera que conduce a la cima del volcán en el Parque Nacional de Haleakala, en Hawái, EE.UU., tiene una longitud de 61 km y asciende desde el nivel del mar a 3.048 m de altitud. Es una de las carreteras con mayor pendiente del mundo.

27 En el Parque Nacional de Katmai, en Alaska, viven más de 2.000 osos pardos, a los que se puede ver pescando salmones en los ríos.

28 Un safari por el Parque Nacional Kruger, en Sudáfrica, te lleva a ver los «cinco grandes» del parque: búfalos, leones, elefantes, rinocerontes y leopardos.

29 EN EL PARQUE NACIONAL DE YOSEMITE, UN HOMBRE DE 23 AÑOS ESCALÓ, SIN CUERDAS NI MEDIDA DE SEGURIDAD ALGUNA, LA CARA DE GRANITO DE 649 m DE LA FORMACIÓN LLAMADA LA MEDIA CÚPULA. TARDÓ 2 HORAS Y 45 MINUTOS.

30 Old Faithful Inn, en el Parque Nacional de Yellowstone, EE.UU., es uno de los hoteles de troncos de madera más antiguos del mundo.

31 El Salto de Yosemite, con una altura de 739 m, es la cascada más alta de Norteamérica. La nieve, al derretirse, alimenta su caudal.

32 Antes de ser presidente de Estados Unidos, Gerald Ford fué guarda forestal en el Parque Nacional de Yellowstone.

33 El monte McKinley, en el Parque Nacional de Denali, en Alaska, presenta las temperaturas más frías de Estados Unidos. La sensación térmica puede alcanzar los -83 °C.

34 113.000 parques nacionales y áreas protegidas de características similares cubren alrededor del 6 por ciento de la superficie terrestre del planeta.

35 Fundado en 1885, el Parque Nacional Banff fue el primer parque nacional de Canadá y el tercero que se declaraba en el mundo. Tiene más de 1.000 glaciares.

36 El árbol conocido como General Sherman, en el Parque Nacional de Secuoyas de California, es el ser vivo más grande que existe sobre la Tierra. Pesa unos 1,2 millones de kilos y tiene 2.100 años. ¡Y sigue creciendo!

37 Con 87,6 m de longitud, el arco de Kolob, en el Parque Nacional de Zion, Utah, EE.UU., es uno de los arcos naturales más grandes del mundo.

38 En el Parque Nacional de los Arcos, en Utah, EE.UU., hay más de 2.000 arcos. Para ser incluido en la lista, un arco debe medir al menos 1 m de ancho. El mayor de todos ellos, el arco Landscape, tiene una longitud mayor que la de un campo de fútbol.

39 El Parque Nacional de los Everglades, en EE.UU., es el único lugar del mundo en el que coexisten cocodrilos y caimanes.

40 Los cursos de agua que nacen en el Parque Nacional de los Glaciares, en Montana, EE.UU., desembocan en el Pacífico, en el golfo de México y en la bahía de Hudson.

41 El Parque Nacional del Gran Cañón es una de las áreas con el aire más limpio de Estados Unidos; se tiene una visibilidad de entre 145 y 177 km, en todas las direcciones.

42 El parque nacional más extenso del mundo, con 972.000 km², es el Parque Nacional del Noreste de Groenlandia.

43 El Capitán, en Yosemite, es la roca de granito expuesto más grande del mundo, con una altura equivalente a 350 pisos.

44 El *letterboxing* es un juego que comenzó en el Parque Nacional Dartmoor de Inglaterra en 1854. Los participantes leen un mapa y utilizan pistas para encontrar una caja del tesoro escondida en el campo. Dentro hay un cuaderno de notas y un sello, para firmar y dejar constancia de que has estado ahí.

45 El *Petit Train* de Artouste, el pequeño ferrocarril del Parque Nacional de los Pirineos franceses, lleva a los turistas hasta 2.000 m de altitud para que disfruten de las vistas de las montañas. Es el ferrocarril con mayor desnivel de Europa.

46 Se dice que la escalada libre de rocas (sin ayuda de equipo alguno) comenzó en el Parque Nacional de la Suiza Sajona, en el siglo XIX.

47 El Parque Nacional del Olimpo, en Grecia, debe su nombre al monte más alto del país, mitológica morada de los dioses.

48 El Parque Nacional de Killarney, en Irlanda, alberga la cordillera montañosa más alta del país , los MacGillycuddy's Reeks. Su cota máxima se encuentra a 1.041 m.

49 EN EL PARQUE NACIONAL DEL ETNA, EN ITALIA, ESTÁ UNO DE LOS VOLCANES MÁS ACTIVOS DE LA TIERRA. ¡EL MONTE ETNA LLEVA MEDIO MILLÓN DE AÑOS EN UN ESTADO DE ERUPCIÓN CASI CONSTANTE!

50 Cientos de especies de animales –entre ellas elefantes, gacelas, rinocerontes, leones, guepardos, ñus y cebras– emigran a la Reserva Nacional Masai Mara de Kenia en busca de alimento en los meses de verano.

51 En el Parque Nacional Fiordland de Nueva Zelanda puedes realizar el tour *El Señor de lo Anillos*. La trilogía se rodó en ese lugar.

52 En el Parque Nacional Redwood, en EE.UU., se rodaron las escenas de la película *Star Wars: El retorno del Jedi* en las que aparecen los ewoks en el planeta Endor.

75 DATOS ESPECTACULARES SOBRE PARQUES NACIONALES

53 El Parque Nacional del Kilimanjaro, en Tanzania, protege la cumbre más elevada de África, el monte Kilimanjaro, con una altitud de 5.895 m.

54 EL PARQUE NACIONAL DE BANDHAVGARH, EN LA INDIA, ES EL HOGAR DE ALREDEDOR DE 50 TIGRES SALVAJES.

55 En el Parque Nacional de Kaziranga, en la India, viven 2.000 rinocerontes unicornio, que pueden correr a 40 km/h.

56 La Svartifoss (cascada negra) del Parque Nacional Skaftafell, en islandia, se halla rodeada por columnas hexagonales creadas por ríos de lava.

57 LA MAYOR PARTE DE LA POBLACIÓN DE LEONES SALVAJES DE SUDÁFRICA VIVE EN EL PARQUE NACIONAL KRUGER, O ALREDEDOR DEL MISMO.

58 En el Parque Nacional Tikal, en Guatemala, se encuentran ruinas de asentamientos mayas de más de 1.000 años de antigüedad.

59 Las cataratas de Kaieteur, en el Parque Nacional de Kaieteur, en Guyana, son cinco veces más altas que las cataratas del Niágara.

60 Más de 200 tipos distintos de aves vuelan por el Parque Nacional de Zion, en Utah, EE.UU.

61 En el Parque Nacional de las Montañas Rocosas, en Colorado, EE.UU., habita el carnero de las Rocosas. Es posible distinguir al macho de la hembra por sus cuernos. Los del macho adulto son cóncavos, mientras que los de la hembra adulta crecen rectos y en punta.

62 LOS ALCES DEL PARQUE NACIONAL DE LAS MONTAÑAS ROCOSAS DE EE.UU. TIENEN HÁBITOS ALIMENTARIOS MUY PREVISIBLES. EL MISMO ALCE VUELVE AL MISMO GRUPO DE SAUCES CASI EL MISMO DÍA CADA INVIERNO.

63 El Parque Nacional de Serengueti, en Tanzania, asiste a la migración anual de cientos de miles de ñus, cebras y gacelas. Se considera que cuenta con uno de los ecosistemas más antiguos que existen.

64 El Parque Nacional Suizo protege el edelweiss alpino, una flor que crece a miles de metros de altitud. Es la protagonista de una canción de *Sonrisas y lágrimas*.

65 Se dice que el Parque Nacional de la Región de los Lagos y el área que lo rodea, en Inglaterra, inspiró a Beatrix Potter, autora del cuento infantil *Peter Rabbit*.

66 El Parque Nacional Manuel Antonio, en Costa Rica, alberga animales del bosque húmedo, como perezosos, iguanas y monos ardilla.

67 El Parque Nacional Kakadu, en Australia, ha estado habitado por aborígenes durante más de 50.000 años.

68 El Parque Nacional Joshua Tree, en California, EE.UU., es el hogar de tarántulas con un cuerpo de 5-7,5 cm y patas de 10 cm.

69 La madera procedente de árboles fosilizados, en el Parque Nacional del Bosque Petrificado de Arizona, EE.UU., es prácticamente cuarzo sólido. Solo se puede cortar con una sierra de hoja de diamante.

70 El Parque Nacional Volcánico Lassen de California, EE.UU., tiene los cuatro tipos de volcanes que existen en el mundo: escudo, domo de lava, cono de ceniza y compuesto.

71 El Parque Nacional Saguaro, en Arizona, EE.UU., cuenta con 25 especies de cactus, entre ellos el cactus erizo y la choya.

72 El manatí del Caribe, del Parque Nacional de los Everglades, pasa ocho horas al día pastando por las praderas marinas.

73 Las iguanas del Parque Nacional de las Islas Vírgenes pueden caer desde una altura de 12-15 m sobre una superficie dura sin resultar heridas.

74 En invierno, muchas carreteras del Parque Nacional de Yellowstone están abiertas solo a motos de nieve y camionetas de tipo oruga, provistas de un sistema de cadena continua en lugar de neumáticos.

75 AL ATARDECER, EN LA «HORA PUNTA», SALEN MÁS DE 5.000 MURCIÉLAGOS POR MINUTO DE LAS CUEVAS DE CARLSBAD, EE.UU.

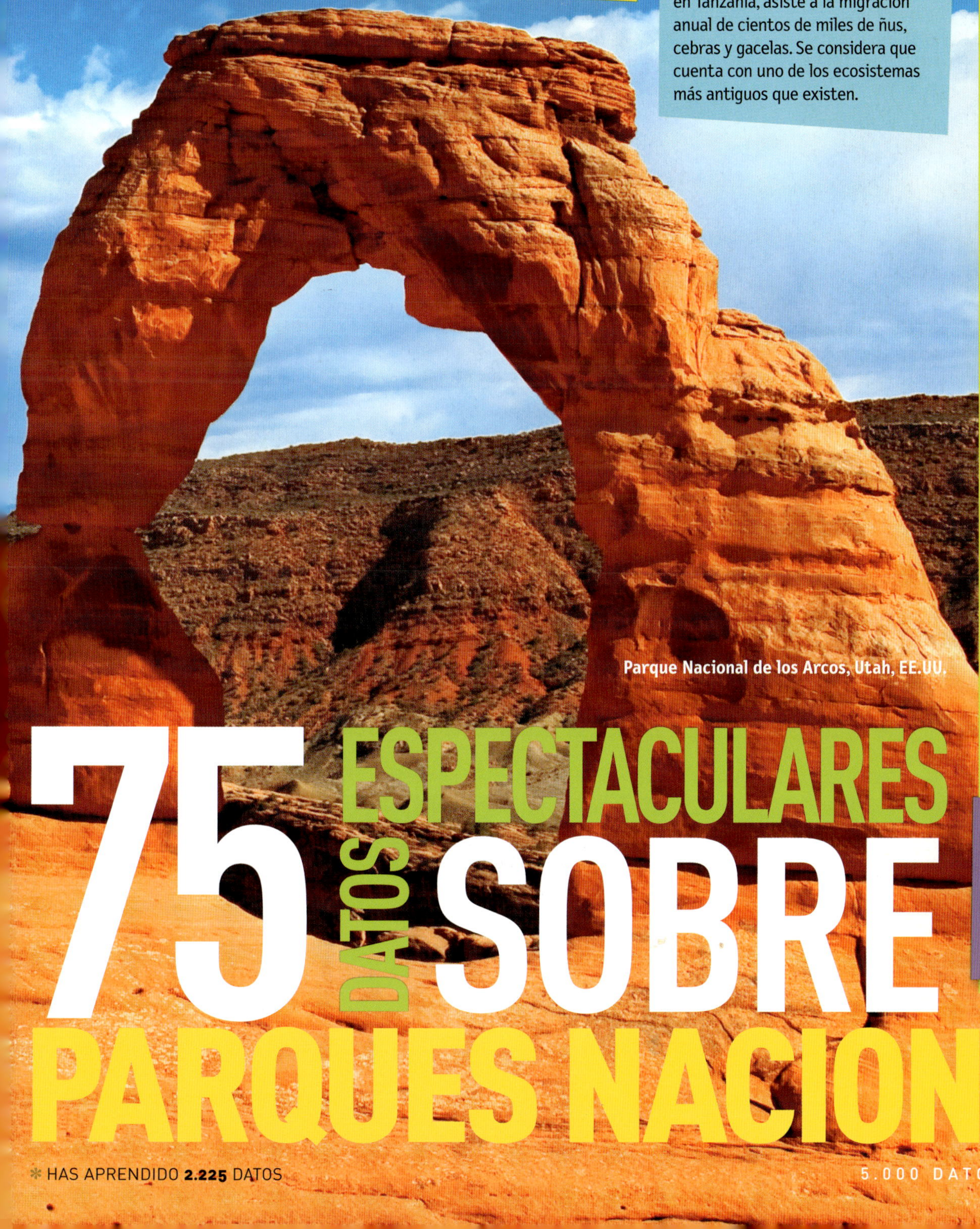

Parque Nacional de los Arcos, Utah, EE.UU.

35 DATOS CERTEROS SOBRE ARMAS

1

Uno de los primeros dispensadores de **CARAMELOS PEZ** tenía forma de pistola espacial.

2

La **BAZUCA** es un lanzagranadas portátil. El término proviene del inglés *bazooka*, nombre de un **INSTRUMENTO MUSICAL** inventado en Estados Unidos.

3

A diferencia de las bombas corrientes, que se arrojan y explotan al chocar contra algo, las **«BOMBAS INTELIGENTES»** tienen un dispositivo de control que las guía hasta su objetivo.

4

Un fan pagó **240.000 €** por el **SABLE DE LUZ** original utilizado en las primeras dos películas de *Star Wars*.

5

Los **LANZALLAMAS** proyectan con fuerza combustible ardiendo y durante miles de años han sido utilizados como arma de guerra.

6

Una **BAYONETA** es un puñal que se coloca en el extremo de un rifle y se utiliza en la lucha cuerpo a cuerpo, especialmente cuando el arma no está cargada.

7

Los **TIRACHINAS** comenzaron a utilizarse poco después de inventarse la goma, en 1839. Hoy en día es inevitable relacionarlos con el juegos *Angry Birds*.

8

Los aborígenes australianos utilizaban **BUMERANES** para cazar animales pequeños, como pájaros y conejos.

9

En el tiempo que tardaba un colono estadounidense en cargar un **MOSQUETE**, un indígena era capaz de lanzar al menos una docena de **FLECHAS.**

10

La **SWISSCHAMP DE VICTORINOX** es una navaja de bolsillo con 33 herramientas, entre ellas una lupa, un palillo de dientes, un quitaescamas para pescado y un serrucho para madera.

11

Los **SAMURÁIS** de Japón luchaban a caballo, con arcos y flechas. Solo utilizaban la **ESPADA** en el combate cuerpo a cuerpo, cuando habían lanzado ya todas las flechas.

12

Los cañones del *Venganza de la Reina Ana*, el barco del pirata Barbanegra, estaban cargados con clavos, tornillos y puntas, para rasgar las velas de los otros navíos.

13

El célebre atracador de bancos de Estados Unidos John Dillinger se escapó de una cárcel empleando una **PISTOLA FALSA** tallada en **MADERA.**

14

El rifle **RED RYDER BB** debe su nombre a Red Ryder, el *cowboy* de un cómic estadounidense.

15

La **MARSHMALLOW SHOOTER** es una pistola que lanza mini nubes de azúcar hasta una distancia equivalente a dos monovolúmenes.

16

ALFRED NOBEL desarrolló la **DINAMITA** para utilizarla solo en la construcción. Dejó su fortuna para **PREMIAR A LOS CIENTÍFICOS** que trabajan en beneficio de la humanidad.

17

En el deporte olímpico del **BIATLÓN**, un atleta con un rifle colgado al hombro esquía y se detiene en determinados puntos para disparar a unas dianas.

18

Cuenta la leyenda que los ***NINJAS*** **DE JAPÓN**, espías o guerreros, llevaban una *katana* a la espalda y lanzaban estrellas y dardos.

19

En los torneos de **ESGRIMA**, los participantes utilizan floretes eléctricos con un botón en la punta, que marca la puntuación.

20

Un guerrero escocés del siglo XIII utilizó una **ESPADA DE MÁS DE 1,5 m** para luchar contra los ingleses.

21

Un ***SPUD GUN*** es un «lanzapatatas». Funciona por aire comprimido y puede lanzar una patata a velocidades de más de 483 km/h.

22

En América Central y del Sur las **SECRECIONES TÓXICAS** de las ranas dardo se emplean para impregnar las puntas de flecha que se disparan con cerbatana durante la caza.

23

La marina de EE.UU. ha creado un **«SUPERCAÑÓN»**, grande como un autobús, que dispara proyectiles a una velocidad de 9.072 km/h, más de siete veces la velocidad del sonido.

24

Los gladiadores utilizaban **ESPADAS, LANZAS, DAGAS, HONDAS** y **TRIDENTES** cuando se batían en la arena.

25

Hay un modelo nuevo de **TANQUE** que simula un **CAMALEÓN**. Tiene paneles especiales que lo hacen parecer una vaca o un coche cuando se ve a través de miras sensibles al calor.

26

Antes de emplearse para las armas en la guerra, la **PÓLVORA** se utilizaba para preparar fuegos artificiales y para hacer señales.

27

La **PRIMERA ARMA DE FUEGO** se construyó hace alrededor de 1.000 años. Era de bambú y requería pólvora para disparar una pequeña punta.

28

Cada vez que se dispara una pistola, esta deja su marca en la bala. La policía **COMPARA LAS BALAS CON LAS ARMAS** como prueba en caso de crimen.

29

En el siglo XV, para preparar una **GRANADA** se introducía pólvora en una olla y se encendía.

30

El término **DINAMITA** deriva de la palabra griega que significa **«FUERZA»**.

31

La gente usaba **ARCOS Y FLECHAS** mucho antes de que lo hiciera Robin Hood. Llevan utilizándose alrededor de **40.000 AÑOS**.

32

En las recientes guerras de Irak y Afganistán, se han utilizado **ROBOTS ARMADOS**.

33

En el Teatro Ford de Washington D.C., EE.UU., se puede contemplar la pistola que utilizó **JOHN WILKES BOOTH** para matar allí al presidente de EE.UU. Abraham Lincoln en 1865.

34

Un **TORPEDO** con explosivo TNT en su interior puede hacer un agujero del tamaño de la entrada a un granero en un barco.

35

Hace 50 años, EE.UU. detonó una **BOMBA DE HIDRÓGENO** en el espacio, como ensayo armamentístico. Se vieron destellos rojos y verdes en el cielo, desde Hawái hasta Nueva Zelanda.

1. La mosca doméstica prueba el sabor de las cosas con las patas. 2. Las garrapatas crecen desde el tamaño de un grano de arroz hasta el de una canica. 3. Hacen falta 2.000 capullos de gusano de seda para producir 0,45 g de seda. 4. Una abeja que busca alimento puede recorrer volando 100 km en un día. 5. Las hormigas pueden levantar y llevar encima más de 50 veces su peso corporal. 6. Los frijoles saltarines mejicanos «saltan» porque tienen dentro un gusano. 7. Cien mariposas monarca pesan 30 g. 8. En Australia, se importaron escarabajos peloteros para combatir el exceso de estiércol producido por millones de vacas. 9. La reina de un tipo concreto de termita puede poner 40.000 huevos en un día. 10. Los insectos existen desde hace alrededor de 350 millones de años. 11. Cerca de un tercio de los insectos son carnívoros y la mayoría salen a cazar en busca de alimento, en lugar de comer carne en estado de putrefacción o estiércol. 12. Cuando se siente amenazada, la oruga de polilla halcón del Brasil puede inflar su cuerpo hasta parecer la cabeza de una serpiente. 13. En el mundo existen 1,5 millones de insectos con nombre. 14. Solamente los mosquitos hembra muerden al ser humano; los mosquitos macho viven de los jugos de las plantas y de material en descomposición. 15. En invierno, muchos insectos sustituyen el agua de su cuerpo por una sustancia química que actúa como anticongelante frente a las bajas temperaturas. 16. Hay más tipos de escarabajo que de plantas. 17. Durante dos semanas, todos los meses de junio, en el Parque Nacional de las Grandes Montañas Humeantes de Tennessee, EE.UU., miles de luciérnagas se reúnen por la noche y lucen a la vez. 18. Los escarabajos peloteros comen estiércol: le dan forma de bola y lo empujan rodando para llevarlo bajo tierra y alimentar a su prole. 19. La oruga de la llamada mariposa del cartero parece un excremento de pájaro, un aspecto que le ayuda a librarse de los predadores. 20. Los insectos tienen tres pares de patas. 21. El corazón de los insectos tiene forma de tubo. 22. Los insectos fueron los primeros animales voladores. 23. La mayoría de los insectos tienen dos pares de alas, aunque los dípteros tienen solo un par, y otros ni siquiera eso. 24. Las moscas pueden volar hacia atrás, hacia los lados, hacia arriba y hacia abajo. 25. Antes de emprender el vuelo cuando hace frío, muchos insectos calientan sus músculos voladores haciéndolos vibrar. 26. Un mosquito puede batir sus alas 62.760 veces en un minuto, 10 veces más deprisa que un colibrí. 27. La mantis religiosa tiene un oído entre las patas. 28. Las mantis son los únicos insectos capaces de girar la cabeza y mirar detrás de sí. 29. Las polillas tigre producen ultrasonidos para ahuyentar a los predadores y confundir a los murciélagos que buscan un bocado sabroso. 30. Los escarabajos acuáticos llevan burbujas de aire bajo las alas que utilizan para respirar cuando bucean. 31. Uno de cada tres insectos es un escarabajo. 32. La mosca de la oveja deposita sus larvas en la nariz de las ovejas. Después de vivir un año en la cabeza del animal, las moscas jóvenes salen con un estornudo. 33. La polilla halcón puede volar a 50 km/h. 34. El «pelo» de las abejas mantiene calientes a estos insectos incluso cuando vuelan a bajas temperaturas. 35. Las colonias de hormigas pueden vivir a 6 m bajo tierra. 36. Después de vivir bajo tierra durante 17 años, millones de cigarras periódicas emergen de repente en unas pocas horas para vivir fuera de la tierra durante alrededor de un mes. 37. Los indios jíbaros de Ecuador llevan alas de escarabajo de brillantes colores a modo de pendientes. 38. Los museos utilizan escarabajos de las alfombras –que comen prácticamente de todo– para limpiar los esqueletos de los mamíferos. 39. En el antiguo Egipto, el escarabajo pelotero representaba al dios del sol de la mañana, Jepri. 40. En 1889, un enorme enjambre de langostas cruzó el Mar Rojo. Se estima que el enjambre estaba compuesto por 250.000 millones de langostas, cubrió un área de 5.180 km cuadrados y pesaba 453.600 t. 41. Existen en el mundo más de diez mil billones (es decir, 10.000.000.000.000.000) de hormigas. 42. La hormiga de mandíbula trampa cierra sus mandíbulas a una velocidad de 233 km/h, la velocidad más alta del mundo animal. 43. Las reinas de una especie de hormiga guerrera africana ponen cerca de 50 millones de huevos al año.

100 INCREÍBLES DATOS SOBRE

Arriba: Escarabajo verde
Izquierda: Langosta gigante *(Tropidacris collaris)*
Derecha: Mariquita

44. Un grupo de 200.000 hormigas guerreras en movimiento, o marabunta, alcanza una anchura de 13,7 m. 45. Cuatro de cada cinco animales que viven sobre la Tierra son insectos. 46. Una cucaracha puede vivir semanas sin cabeza. 47. Las cucarachas sobreviven bajo el agua hasta 15 minutos. 48. Los insectos respiran aire a través de agujeros en los laterales de su cuerpo. 49. La mariposa monarca ha sido avistada volando a 1.200 m de altitud. 50. Algunas larvas de mosquito no picador viven a 1.360 m de profundidad en el lago Baikal, en Rusia. 51. Los insectos más tolerantes al calor son las hormigas del desierto, que salen en busca de comida a temperaturas por encima de los 60 ºC. 52. El insecto más largo, una variedad de escarabajo, mide alrededor de 16 cm, una longitud mayor que la de un perro Chihuahua pequeño. 53. El insecto más rápido –un escarabajo tigre australiano– corre a una velocidad de 2,5 m por segundo. 54. El abejorro carpintero es el insecto que pone los huevos más grandes: 3 mm de diámetro. 55. Las pulgas pueden saltar muy lejos: algunas miden apenas unos milímetros y saltan más de 10 cm, 50 veces la longitud de su cuerpo. Es como si tú midieras 1,50 m de alto y saltaras una distancia de 76 m. 56. El fósil de insecto más antiguo que se ha encontrado es un colémbolo de 400 millones de años, que parece una pulga. 57. Un fósil de hormiga de 50 millones de años resultó ser una reina de más de 5 cm de longitud, es decir, tan larga como un colibrí, sin contar el pico. 58. Cuando hay inundaciones, las hormigas de fuego flotan enredándose entre ellas hasta crear una balsa. 59. El piojo del cuerpo, que vive en los pliegues de la ropa, tiene unos 190.000 años, más o menos el tiempo que lleva el ser humano utilizando ropa. 60. Para escapar de los predadores, algunas orugas se enroscan rápidamente formando una bola y se van rodando a velocidades superiores a 20 cm por segundo. 61. La cocina Bug Appetit del Insectario Audubon de Nueva Orleans, EE.UU., sirve galletitas de chocolate crujientes con saltamontes tostados. 62. En muchas culturas los insectos, desde las hormigas hasta los escorpiones, son un bocado delicioso. 63. En México se comen 1.700 especies distintas de insectos. 64. Los mosquitos enamorados armonizan su zumbido. 65. Los grillos generan su característico sonido frotando entre sí las alas anteriores. 66. Las hembras de mantis religiosa a menudo devoran al macho. 67. Los gusanos de seda, que son criados precisamente por su seda, no existen ya en estado salvaje. 68. Los escarabajos tigre tienen oídos bajo las alas, de modo que solo oyen mientras vuelan. 69. Cuando se sienten amenazadas, las mariquitas se hacen las muertas y liberan por las articulaciones de las patas un líquido nauseabundo. 70. Las moscas no tienen párpados, de modo que se frotan los ojos con las patas para limpiárselos. 71. Las hormigas se orientan entre ellas: son capaces de comunicarse para indicar dónde hay comida. 72. La chinche besucona chupa sangre alrededor de la boca de personas que duermen. 73. Los milpiés tienen dos pares de patas en cada segmento del cuerpo; los ciempiés, que en realidad no son insectos, tienen un par de patas en cada segmento. 74. Las chinches apestosas emiten un fuerte olor cuando se las molesta. 75. Las cucarachas gigantes de Madagascar producen un sonido de «siseo» cuando se pelean: el individuo ganador sisea más que el perdedor. 76. Los insectos palo parecen ramitas de árbol y en ocasiones crecen hasta alcanzar los 33 cm de longitud. 77. Las hormigas de terciopelo son en realidad avispas hembra sin alas. 78. Los montículos de la termita africana puede alcanzar una altura de 13 m. 79. Las hormigas cortadoras de hojas seccionan trocitos de hojas y las llevan bajo tierra, así enriquecen los cultivos de hongos que utilizan para alimentar a sus crías. 80. 41 de los 50 estados de Estados Unidos tienen un insecto oficial representativo. 81. Los escorpiones de agua poseen un tubo en la parte posterior del abdomen que les permite respirar mientras la mayor parte de su cuerpo permanece sumergida. 82. En general, las mariposas vuelan durante el día y las polillas lo hacen de noche. 83. Las alas de la mariposa emperador miden 28 cm abiertas. 84. En Japón, es frecuente tener insectos como mascotas: en los mercados se venden grillos en jaulas de bambú. 85. En la República Democrática del Congo, se venden termitas fritas como tentempié. 86. Cuando las hormigas guerreras se encuentran un agujero en su camino, se colocan sobre él y dejan que otras hormigas les pasen por encima. 87. Una lanzadera espacial llevó cuatro mariquitas y un frasco de pulgones para estudiar cómo se movían en gravedad cero. Los científicos observaron que las mariquitas podían capturar a sus presas sin necesidad de gravedad. 88. Las libélulas y los caballitos del diablo son más viejos que los dinosaurios. 89. Las libélulas tienen dos pares de alas, que pueden batir al unísono o por separado; esta flexibilidad les permite moverse como un helicóptero, girar y volar hacia atrás. 90. Las libélulas reposan con las alas desplegadas; no pueden doblarlas. 91. Los escarabajos usan las patas para limpiarse las antenas. 92. El insecto palo americano libera una sustancia química defensiva que ciega temporalmente a los predadores, incluidos ratones y aves. 93. Los insectos no tienen huesos; en su lugar, tienen una dura cubierta exterior llamada exoesqueleto. 94. En lugar de sangre, el cuerpo de los insectos contiene un líquido llamado hemolinfa. 95. Las alas de los insectos están hechas de cutícula, el mismo material que tienes tú en la base de las uñas. 96. Las efímeras viven entre dos y tres años, pero a menudo solo un día como adultas. 97. Cuando un insecto palo sufre un ataque y pierde una pata, más tarde puede volver a crecer. 98. La mayoría de los insectos ponen huevos, aunque las cucarachas «paren» crías vivas. 99. Las cigarras producen sonidos que pueden escucharse a kilómetro y medio de distancia. 100. Una plaga de 50.000 millones de saltamontes puede comer más de 90.000 t de plantas en un solo día.

Libélula azul

INSECTOS

1
Los científicos miden a los pingüinos para saber si disponen de **COMIDA SUFICIENTE.** A partir de la altura pueden saber si hay suficiente pescado en el océano.

2
Algunos pingüinos pueden bucear a 305 m, una **PROFUNDIDAD 150 VECES MAYOR** que la de una piscina olímpica.

3
Los pingüinos tienen la córnea del globo ocular plana, lo cual les proporciona una **VISIÓN MUY CLARA BAJO EL AGUA.**

4
Los pingüinos **NO PUEDEN VOLAR.** Usan las alas (o aletas) para impulsar su cuerpo bajo el agua.

5
Las aves que vuelan tienen los huesos huecos y ligeros. Los pingüinos tienen **HUESOS PESADOS** y macizos, que les ayudan a bucear en busca de alimento.

6
En la costa de Tasmania existe una **CIUDAD LLAMADA PENGUIN.** La llamaron así por el pingüino enano.

7
Los pingüinos habitan casi exclusivamente en el hemisferio **SUR.**

8
Los pingüinos consiguen **ALIMENTO EN EL AGUA,** pero crían a sus **POLLUELOS EN TIERRA.**

9
Con 0,41 cm de altura, el **PINGÜINO ENANO** es el más pequeño de los pingüinos. Es más pequeño que la mayoría de humanos recién nacidos.

10
El **PINGÜINO EMPERADOR,** con 1 m de altura, es el más alto de los pingüinos, alcanza la talla aproximada de un niño de **CUATRO AÑOS.**

11
Si logra pasar la etapa de pollito, un pingüino puede vivir entre **15** y **20 AÑOS.**

12
¡CUESTIÓN DE FORMAS! Cuando dos pingüinos construyen juntos un nido, anuncian su unión inclinándose el uno hacia el otro.

13
Los pingüinos pasan el **75 POR CIENTO** de su vida en el agua.

14
Los pingüinos rey y emperador ponen **UN HUEVO CADA VEZ;** todas las demás especies ponen **DOS.**

15
Los pingüinos africanos tienen manchas en el pecho que son como las **HUELLAS DIGITALES** humanas: no existen dos patrones iguales.

16
El **PINGÜINO ANTÁRTICO** tiene una fina línea que comienza detrás de un ojo y pasa por debajo de la barbilla hasta el otro ojo, como la correa de un casco.

17
Un grupo de pingüinos es una **COLONIA.**

18
Los **PINGÜINOS EMPERADOR** establecen sus colonias a unos 100 km del océano, pero **CAMINAN** hasta el mar para conseguir alimento.

19
El aspecto del pingüino, que parece vestir un **FRAC,** le sirve para **CAMUFLARSE** en el agua.

20
Algunos pingüinos no construyen nidos. Sostienen los huevos sobre sus pies y los mantienen calientes gracias a un pliegue de piel con plumas, o bolsa incubadora.

21
El pingüino emperador macho permanece junto a su huevo durante **65 DÍAS** a temperaturas heladoras, resistiendo fuertes vientos y sin comer, mientras la hembra consigue alimento.

22
Un huevo de pingüino emperador pesa en torno a **450 g,** es decir, aproximadamente lo mismo que **OCHO** huevos de gallina.

23
Los **PINGÜINOS DE ADELIA** construyen nidos excavando un hueco en el suelo y revistiéndolo con piedrecitas, que ayudan a mantener los huevos secos y calientes.

24
Algunos pingüinos se deslizan sobre el **VIENTRE,** dándose impulso con los pies.

25
En *Los pingüinos del Sr. Popper*, los pingüinos papúa eran reales (aunque modificados por ordenador). La película se rodó en un **ESTUDIO TÉRMICO,** a bajas temperaturas.

26
Los pingüinos **NO DUERMEN TUMBADOS.** Permanecen de pie y suelen meter el pico bajo un ala.

27
Un **PINGÜINO PAPÚA** adulto realiza **450 INMERSIONES** al día en busca de alimento.

28
La mayoría de los pingüinos caminan, aunque el pingüino **SALTARROCAS** hace honor a su nombre: va saltando por la orilla.

29
Los pingüinos saltarrocas tienen una cresta de plumas amarillas y negras sobre la cabeza, **OJOS ROJO SANGRE,** pico rojo anaranjado y pies palmeados rosas.

30
A menudo, los pingüinos saltarrocas salen del agua impulsándose junto a la orilla, para aterrizar sobre las rocas de un **PLANCHAZO.**

31
Los pingüinos de **ADELIA** saben que la seguridad reside en la cantidad. Estas aves, que tienen su hogar en la Antártida, anidan en colonias de 400.000 individuos.

32
Un científico descubrió un fósil de pingüino de **36 MILLONES DE AÑOS** que debía tener una altura a los hombros equivalente a la de un hombre.

50 LLAMATIVOS DATOS SOBRE PINGÜINOS

33
Un pingüino rey dedica cuatro horas y **2.000 PICOTAZOS** diarios a espantar las aves que intentan hacerse con su polluelo o su huevo.

34
Cada pingüino tiene su **PROPIA VOZ**, que le ayuda a encontrar a su pareja o a su polluelo entre la multitud.

35
Los pingüinos **REGURGITAN** alimento parcialmente digerido para alimentar a sus pollitos.

36
Los pollitos avisan a sus padres de que quieren comer dándoles **GOLPECITOS** en el pico.

37
La capa superior de plumas de los pingüinos es **GRASIENTA E IMPERMEABLE.**

38
Algunos pingüinos saltan fuera del agua para tomar aire, como si fueran **DELFINES.**

39
La **CACA** de un pingüino cambia de color según lo que coma. Si es blanca es que ha comido mucho pescado. Si es verde, que está hambriento.

40
Los **ELEFANTES MARINOS** se comen a los pingüinos en el agua. En tierra los pingüinos pueden rondar a los elefantes marinos y pocas veces son molestados.

41
La **FOCAS LEOPARDO** pueden llegar a comer 15 pingüinos al día.

42
A diferencia de los seres humanos, los pingüinos sí pueden **BEBER AGUA DE MAR.** Tienen una glándula especial que desaliniza el agua.

43
Los pies del pingüino **NO SE CONGELAN** gracias a un sistema circulatorio especial que los mantiene calientes.

44
El pingüino emperador puede comer **14 kg** de comida de una sola vez. ¡Es como comerse **900 *NUGGETS* DE POLLO!**

45
En tierra, los pingüinos de las Galápagos **JADEAN COMO UN PERRO** para deshacerse del calor de esas cálidas islas.

46
Los **PRIMEROS PINGÜINOS** vivieron en los océanos de la Tierra antes que **LAS BALLENAS Y LAS FOCAS.**

47
No todos los pingüinos viven en climas gélidos. Los pingüinos de las **GALÁPAGOS** nadan en aguas cálidas próximas al Ecuador.

48
Las **ORCAS** salen deliberadamente hasta la arena de las playas donde hay colonias de pingüinos, atrapan uno con sus dientes y vuelven al mar.

49
Los pingüinos de **MAGALLANES** se llaman así por el explorador Fernando de Magallanes, que los divisó en **1520** en la punta meridional de Sudamérica.

50
Los pingüinos de **PENACHO AMARILLO** se llaman así por los mechones amarillos que tienen encima de cada ojo.

Pingüino de penacho amarillo

1

LAS **AVES RAPACES** PUEDEN DIVISAR UN ROEDOR DESDE UNA ALTURA EN EL AIRE DE

4.500 m.

2

LOS **ANIMALES** SON CAPACES DE PERCIBIR DESASTRES NATURALES ANTES QUE LOS SERES HUMANOS.

3

Una especie de insecto utiliza **LUZ INFRARROJA** (luz basada en el calor, invisible para el ser humano) para encontrar piñones, que están unos **15 °C MÁS CALIENTES** que el entorno en el que se encuentran.

4

La **LENGUA DEL SER HUMANO** tiene cinco tipos de células para los sabores: **SALADO, DULCE, ÁCIDO, AMARGO Y SABROSO.** ¡También hay células para el sabor amargo en EL INTESTINO, LA NARIZ Y LOS PULMONES!

5

UNA MOSCA ES CAPAZ DE OÍR A OTRA POSARSE SOBRE UNA BRIZNA DE HIERBA.

25 DATOS SOBRE LOS

6

EL OJO DE UNA LIBÉLULA TIENE **30.000** cristalinos; el ojo humano tiene solo uno.

7

A LOS **PINGÜINOS** LES ATRAE EL OLOR A HUEVOS PODRIDOS.

8

EL PEZ GATO TIENE **10** VECES MÁS **PAPILAS GUSTATIVAS** QUE EL SER HUMANO.

9

Las mismas células que detectan la **ACIDEZ** TAMBIÉN DETECTAN LA **EFERVESCENCIA.**

10

LA MOSCA DOMÉSTICA prueba el sabor con las patas, que son **10.000.000** DE VECES MÁS SENSIBLES QUE NUESTRA LENGUA.

11

LOS MURCIÉLAGOS TIENEN **EL MEJOR OÍDO** DE TODOS LOS MAMÍFEROS TERRESTRES.

12

MUCHOS ANIMALES EMPLEAN UNAS SEÑALES QUÍMICAS LLAMADAS **FEROMONAS** PARA COMUNICARSE ENTRE ELLOS.

SENTIDOS

13 **UNA CUBOMEDUSA** TIENE 24 OJOS;

UNA VIEIRA TIENE UNOS 100.

14 **LAS ESTRELLAS DE MAR NO TIENEN OJOS,** PERO SUS BRAZOS SON **SENSIBLES A LA LUZ.**

15 **LA MAYOR PARTE DE LA GENTE CON DALTONISMO NO DISTINGUE EL COLOR VERDE DEL ROJO.**

16 Los ojos del camaleón y los del caballito de mar **SE MUEVEN DE FORMA INDEPENDIENTE,** de modo que pueden mirar al mismo tiempo en dos **DIRECCIONES DISTINTAS.**

17 LAS PERSONAS CON **ACINETOPSIA** NO DISTINGUEN EL MOVIMIENTO; por ejemplo, no ven el agua que sale del grifo o un coche que se aleja.

18 **EL HOCICO DE UN TOPO ESTRELLADO ES SEIS VECES**

MÁS SENSIBLE QUE LA MANO DEL SER HUMANO.

19 LOS **PECES** PERCIBEN EL SABOR DE LAS COSAS NO SOLO EN LA BOCA, SINO POR TODO SU CUERPO.

20 UN **BÚHO** PUEDE OÍR EL PASO DE UN RATÓN A 23 m.

21 LAS PERSONAS CON **PROSOPAGNOSIA** tienen dificultad para reconocer las caras, **INCLUSO LA SUYA.**

22 **UN COYOTE** puede oír el ruido que hace un ratón al moverse bajo **30 cm DE NIEVE.**

23 TUS OJOS PUEDEN VER ALREDEDOR DE **10 MILLONES** DE COLORES DIFERENTES.

24 LAS PERSONAS CON **SINESTESIA** TIENEN LOS SENTIDOS MEZCLADOS. Por ejemplo, cuando escuchan el sonido de una batería ven una pizza o cuando alguien les toca el brazo derecho perciben olor a tabaco.

25

Muchos animales, como la **SALAMANDRA CIEGA DE TEXAS,** HAN PERDIDO LA CAPACIDAD DE VISIÓN porque viven en la más **ABSOLUTA OSCURIDAD.**

35 FASCINANTES

1
En la selva sudamericana viven la **CUARTA PARTE DE TODAS LAS ESPECIES DE MARIPOSAS** de la Tierra.

2
En Sudamérica vive el **CIERVO PUDÚ, DE APENAS 30 cm DE ALTURA** a los hombros. A veces se alza sobre las patas traseras para llegar a las hojas.

3
En **BOLIVIA** puedes esquiar **EN LA ESTACIÓN DE ESQUÍ A MAYOR ALTITUD DEL MUNDO.** Se tarda cerca de **30 MINUTOS** en subir a la única pista con la que cuenta.

4
En Buenos Aires, Argentina, existe una versión pequeña de la **ESTATUA DE LA LIBERTAD.**

5
En Nochevieja, para celebrar el inicio del nuevo año, los **VENEZOLANOS QUEMAN FIGURAS DE TAMAÑO NATURAL** que representan sus problemas.

6
El **SALTO DEL ÁNGEL, EN VENEZUELA** —la cascada más alta del mundo, con **979 m** de caída— debe su nombre al aviador estadounidense que la sobrevoló por primera vez.

7
A unos 1.000 km de tierra firme, las 19 islas Galápagos son el hogar de una **IGUANA** de casi **1,5 m** y de muchos otros animales únicos.

8
Perú tiene más de 3.000 variedades distintas de **PATATA.**

9
ROBINSON CRUSOE está **INSPIRADA EN UN HOMBRE REAL** que sobrevivió en una isla frente a la costa de Chile tras hundirse su barco.

10
ARICA, EN CHILE, es el lugar **MÁS SECO** del mundo: prácticamente no llueve nunca.

11
En Ecuador podrás encontrar **PLÁTANOS EN MINIATURA** de color amarillo, verde y rojo.

12
En el siglo XIX, los peruanos ganaban **DINERO VENDIENDO EXCREMENTOS DE AVE,** que eran utilizados como fertilizante.

13
COLOMBIA debe su nombre a **CRISTÓBAL COLÓN.**

14
BRASIL COMPARTE FRONTERA con todos los países de Sudamérica, excepto con Chile y Ecuador.

15
En la galopa, una danza tradicional de **PARAGUAY,** las mujeres bailan sosteniendo una **BOTELLA EN LA CABEZA** sin ayuda de las manos.

16
BUENOS AIRES, ARGENTINA, cuenta con una de las **AVENIDAS MÁS AMPLIAS** del mundo: tiene nueve carriles.

17
En **BRASIL** hay más de **700.000** tipos diferentes de insectos.

18
COLOMBIA es el único país de Sudamérica en el que puedes **BAÑARTE EN EL OCÉANO PACÍFICO Y EN EL ATLÁNTICO,** pues tiene costa en ambos.

19
En la selva de Sudamérica viven el **MONO MÁS PEQUEÑO DEL MUNDO (TITÍ PIGMEO)** y el **MÁS GRITÓN (EL MONO AULLADOR).**

DATOS SOBRE SUDAMÉRICA

Llamas en Sudamérica

20 Los **JEFES INCAS** vestían ropas confeccionadas con lana de vicuña, un **ANIMAL SIMILAR A LA LLAMA** y muy apreciado por su **SUAVE PELAJE.**

21 La costa de **PATAGONIA,** en Chile, está repartida entre fiordos, islas y ensenadas a lo largo de más de **90.000 km;** más o menos dos veces el perímetro de la Tierra.

22 Los **VAQUEROS URUGUAYOS,** conocidos como **GAUCHOS,** llevan sombrero negro.

23 La **MAYORÍA DE LAS ESMERALDAS DEL MUNDO** proceden de Colombia.

24 Los **ANDES** son la cordillera montañosa **MÁS GRANDE DEL MUNDO.** Si se colocara en línea recta, se extendería desde Chicago, EE.UU., hasta Berlín, en Alemania.

25 El presidente de Argentina trabaja en un edificio conocido como **LA CASA ROSADA.**

26 Hace unos 6.000 años, en América del Sur y Central ya se cocinaba con **GUINDILLAS.** Hoy en día, las guindillas pueden picar tanto que llegan a quemar a través de guantes de látex.

27 Aunque no tengan joroba, las **LLAMAS** son parientes de los camellos. En Sudamérica se usan como **ANIMALES DE CARGA,** pero si se les carga demasiado peso no avanzan.

28 En el **LAGO TITICACA,** entre Perú y Bolivia, **LA GENTE VIVE EN ISLAS FLOTANTES** hechas con juncos trenzados. Las más grandes pueden acoger a diez familias.

29 **CHILE ES UN PAÍS MUY ESTRECHO** –su anchura media es de apenas 175 km –si bien se extiende unos 6.500 km a lo largo del océano Pacífico.

30 El **FÚTBOL** es un asunto de suma importancia en **BRASIL.** Su equipo nacional ha ganado **CINCO COPAS DEL MUNDO,** más que ningún otro país.

31 Uno de los **PLATOS PREFERIDOS DE LA COCINA COLOMBIANA** es la «hormiga culona», que consiste en **HORMIGAS ASADAS.**

32 El **PARQUE NACIONAL DEL MANÚ, EN PERÚ,** tiene seis especies de guacamayos de colores y más de **100 ESPECIES DE MURCIÉLAGOS.** Los jaguares también andan sueltos por el parque.

33 En abril de 2011 se construyó en São Paulo, Brasil, una torre con **MEDIO MILLÓN DE PIEZAS DE LEGO,** con una altura de más de **30 m,** como un edificio de diez plantas.

34 El **ECUADOR TERRESTRE** divide el planeta en dos hemisferios, norte y sur, y pasa por el país que lleva su nombre. Si vas a Ecuador, podrás tener **UN PIE EN CADA HEMISFERIO.**

35 En **BOLIVIA** hay una **MINA DE PLATA** tan peligrosa que es conocida como **«LA MINA DEL DIABLO».**

15 DATOS SALVAJES SOBRE

❶ Solo en Estados Unidos viven más **TIGRES EN CAUTIVIDAD** que **EN TODO EL MUNDO EN ESTADO SALVAJE.**

❷ **TRES** de las **OCHO ESPECIES ORIGINALES** de tigre se han extinguido.

❸ La mayoría de los **GRANDES FELINOS RUGEN;** la mayoría de los **PEQUEÑOS FELINOS RONRONEAN.**

❹ El **TIGRE DE BENGALA** es el **ANIMAL NACIONAL DE LA INDIA.**

❺ Una **MANADA DE LEONES** puede estar integrada solamente por **3 ANIMALES,** o por **30.**

❻ Los felinos **NO PERCIBEN EL SABOR DULCE,** pues **CARECEN DE LOS RECEPTORES NECESARIOS.**

❼ Los **LEOPARDOS DE LAS NIEVES** pueden **DERRIBAR PRESAS** que **TRIPLICAN SU PESO.**

Tigre de Bengala

FIERAS FELINAS

❽ Un **GUEPARDO ACELERA MÁS DEPRISA** que un **COCHE DE CARRERAS.**

❾ Existen en el mundo **35 ESPECIES DE FELINOS SALVAJES.**

❿ Los **TIGRES PUEDEN COMER** más de **36 KG DE CARNE** en una sola comida: ¡es como comerse 30 chuletones de los grandes!

⓫ Cada especie de gran felino tiene un **PELAJE PROPIO** con funciones de **CAMUFLAJE.**

⓬ El **PUMA** es conocido también como **LEÓN DE MONTAÑA.**

⓭ Las **AMPLIAS OREJAS** del **SERVAL** le ayudan a **OÍR LOS TENUES RUIDOS** que hacen sus presas al intentar escabullirse.

⓮ Un **LEOPARDO** puede arrastrar un antílope pequeño **HASTA UN ÁRBOL SITUADO A 15 m.**

⓯ La **VELOCIDAD MÁXIMA DE UN LEÓN EN CARRERA** es de **58 km/h.**

50 DATOS que serán MÚSICA para tus OÍDOS

1

Si la vibración de un objeto no sigue un patrón regular, se considera ruido. Si mantiene un **SONIDO MODULADO,** se considera música.

2

En 2011, un músico tocó **669 TECLAS DE PIANO** en un minuto para recaudar dinero y acabar con la ceguera curable en la India.

3

En una orquesta, los instrumentos que producen **SONIDOS SUAVES** se sitúan delante. Los de **SONIDO MÁS FUERTE,** como los tambores, se colocan atrás.

4

Los arqueólogos han podido **TOCAR FLAUTAS ANTIGUAS,** creadas con huesos de animales hace entre **7.000** y **9.000 AÑOS.**

5

La **ÓPERA DE SÍDNEY** es el último edificio al que se ha otorgado la categoría de Patrimonio de la Humanidad de la UNESCO. Se terminó de construir en 1973.

6

Thomas Edison grabó ***MARY HAD A LITTLE LAMB*** en un fonógrafo de hojalata para probar su invento; fue el primer aparato que permitía grabar y reproducir sonido.

7

MOZART compuso el último movimiento de su *Concierto para piano en Sol mayor* para que **SONARA COMO SU MASCOTA, UN PAJARITO.**

8

La canción ***THE MOST UNWANTED MUSIC,*** fruto de una investigación para saber qué música gustaba menos a la gente, contiene melodías festivas y típicamente *cowboy*.

9

DAVID BYRNE, de los Talking Heads, convirtió edificios vacíos en música conectando un antiguo órgano a sus tuberías, pilares y vigas.

10

El célebre compositor **BEETHOVEN** se quedó completamente **SORDO** en la cumbre de su carrera.

11

JEM FINER es el autor de *Longplayer*, una canción generada por ordenador con una duración prevista de **1.000 AÑOS.**

12

Cuando te haces mayor dejas de percibir ciertas frecuencias, por este motivo la **GENTE MAYOR NO OYE** los tonos más altos del teléfono móvil.

13

En la antigüedad, los hebreos usaban el **SHOFAR,** instrumento musical creado con el cuerno de un carnero. Todavía se utiliza en las ceremonias religiosas judías.

14

Un disco de arpa fue grabado para **CALMAR ANIMALES HERIDOS.** A los perros les reduce la frecuencia cardíaca y respiratoria, y la ansiedad.

15

Mozart tenía apenas **SEIS AÑOS** cuando tocó por primera vez ante la realeza bávara.

16

El **SITAR INDIO,** un instrumento de gran tamaño similar a una guitarra, se toca sentado.

17

Las cuerdas de la guitarra española originalmente se hacían con **TRIPA DE OVEJA.**

18

El ***HIP-HOP*** nació a **MEDIADOS DE LOS 70,** cuando los *disc jockeys* empezaron a pinchar música con dos platos tocadiscos.

19
El saxofón se llama así por su inventor, **ADOLPHE SAX.**

20
THE STAR-SPANGLED BANNER (la bandera estrellada) es el himno nacional de EE.UU. La letra está basada en un poema y la melodía, en una antigua canción inglesa.

21
Un músico de Islandia creó **UNA FLAUTA DE 5 m DE LONGITUD.** Cada agujero tenía casi 8,5 cm de diámetro.

22
Los **PREMIOS GRAMMY** deben su nombre al **GRAMÓFONO,** uno de los primeros dispositivos utilizados para escuchar música.

23
Ciertas tribus de **INDIOS AMERICANOS** de las Grandes Llanuras guardan sus tambores en construcciones especiales llamadas **«CASAS DEL TAMBOR».**

24
UN HIMNO tallado en una tablilla de piedra encontrada en **SIRIA** data del año **1400 a. C.** Es la canción escrita más antigua que se conoce.

25
El **ALPENHORN** suizo, o cuerno de los Alpes, se escucha a gran distancia y era el método utilizado tradicionalmente para llamar a los pastores en las montañas alpinas.

26
Existen en el mundo más de **200.000 IMITADORES DE ELVIS PRESLEY,** incluidos The Flying Elvis, un grupo de paracaidistas que saltan ataviados como el «Rey del rock».

27
El compositor **JOHN WILLIAMS** trabajó con la orquesta London Simphony para crear la música de las películas ***STAR WARS.***

28
La compañía propietaria del *copyright* de ***HAPPY BIRTHDAY TO YOU*** gana **1,8 MILLONES DE EUROS** anuales en derechos de autor.

29
Una ***JUG BAND*** utiliza como instrumentos musicales objetos domésticos, como **TABLAS DE LAVAR, CUCHARAS Y BOTELLAS VACÍAS.**

30
JIMI HENDRIX, leyenda de la guitarra eléctrica, era zurdo y tocaba una guitarra para diestros con el orden de las cuerdas **INVERTIDO.**

31
En Londres, en el s. XVIII, mientras la realeza escuchaba la pieza *Música para fuegos artificiales,* **UN EDIFICIO ARDÍA** precisamente por culpa de unos fuegos artificiales.

32
La pieza ***4'33"*** del compositor **JOHN CAGE** consiste en cuatro minutos y treinta y tres segundos de **SILENCIO.**

33
Los macacos y los chimpancés a veces tocan el **TAMBOR SOBRE ÁRBOLES MUERTOS.**

34
JUSTIN BIEBER aprendió por su cuenta a tocar la guitarra cuando tenía **SEIS AÑOS.**

35
En 1983, **MICHAEL JACKSON** realizo el ***MOONWALK*** por primera vez en público en el 25 aniversario de la discográfica **MOTOWN.**

36
Los espectáculos de la Ópera de Pekín combinan música y **ARTES MARCIALES.**

37
De acuerdo con la tradición, **SOLO A LOS HOMBRES** les está permitido tocar el **DIDYERIDÚ,** un instrumento antiguo utilizado por los aborígenes de Australia.

38
Grecia tiene uno de los himnos nacionales más largos que existen en el mundo, con un total de **158 VERSOS.**

39
A los críticos no les gustó el **BALLET DE *EL CASCANUECES*** cuando fue interpretado por primera vez, en 1892. Hoy en día es toda una tradición en Navidad.

40
El compositor brasileño **HEITOR VILLA-LOBOS** aparece en los billetes de **500 CRUZADOS** de Brasil.

41
Los antiguos griegos inventaron el sistema de **NOTACIÓN MUSICAL** que muchos músicos siguen utilizando hoy en día.

42
El **PRIMER CD** fabricado en Estados Unidos fue el álbum de Bruce Springsteen ***BORN IN THE USA,*** de 1984.

43
En una subasta, un **DIENTE DE JOHN LENNON** fue adjudicado por **31.000 DÓLARES.**

44
Los indios americanos reutilizaban los **BARRILES DE GASOLINA** como **TAMBORES METÁLICOS.**

45
El ***WALKMAN,*** uno de los primeros dispositivos portátiles de música, se llamó en un principio en Estados Unidos **SOUND-ABOUT.**

46
En 1979, la canción ***RAPPER'S DELIGHT,*** de Sugarhill Gang, se hizo tan popular que este nuevo tipo de música pasó a llamarse **RAP.**

47
Antes de cumplir los 16 años, **PRINCE** ya sabía **TOCAR UNA DOCENA DE INSTRUMENTOS.**

48
En noviembre de 2010 el Presidente de EE.UU. **BARACK OBAMA** entregó la **MEDALLA PRESIDENCIAL DE LA LIBERTAD** al violonchelista **YO-YO MA.**

49
NEIL ARMSTRONG llevaba una grabación de la ***SINFONÍA DEL NUEVO MUNDO*** de Dvorak cuando emprendió el viaje para descubrir un nuevo mundo: **LA LUNA.**

50
Fueron necesarios más de **1.000 MAULLIDOS** para crear el disco de los **JINGLE CATS,** un grupo de gatos que «canta» canciones navideñas.

35 DATOS SOBRE EL SUEÑO QUE

1
Hay personas que pueden dar una cabezadita con los **OJOS ABIERTOS.**

2
De media, pasamos un tercio del día durmiendo, es decir ¡cerca de cuatro meses al año! Si vives 70 años, habrás pasado **23 AÑOS DE TU VIDA DURMIENDO.**

3
¡BOSTEZAR PUEDE SER CONTAGIOSO! Cuando alguien que está a tu lado bosteza, es probable que tú también lo hagas, sobre todo si conoces a esa persona.

4
¡ACABEMOS CON EL MITO! El triptófano, sustancia química presente en el pavo, en realidad **NO AYUDA A DORMIR.**

5
En el siglo XVIII, el científico Carlos Linneo diseñó un **«RELOJ FLORAL»** que indicaba el momento en el que se abrían o cerraban las flores durante el día. Nunca llegó a construirlo.

6
En 2005, una joven **SALIÓ CAMINANDO SONÁMBULA DE SU CASA,** se subió a una grúa, caminó por el brazo mecánico a 40 m de altura y allí se quedó dormida.

7
Para protegerse mientras duermen, **LOS PECES LORO SEGREGAN UN MOCO** que rodea todo su cuerpo, como un capullo, y cuyo olor ahuyenta a los predadores.

8
El aeropuerto Changi de Singapur ha ganado a lo largo de 15 años consecutivos el **«PREMIO ALMOHADA DE ORO»** al aeropuerto del mundo más cómodo para dormir.

9
Se han encontrado **ALMOHADAS** en **TUMBAS DEL ANTIGUO EGIPTO.**

10
Las personas que duermen una breve **SIESTA** durante el día suelen ser más productivas que aquellas que no lo hacen.

11
Las jirafas duermen a ratitos, **MENOS DE DOS HORAS** al día.

TE ABRIRÁN LOS OJOS

12
Cuando sueñas, puede **PARECERTE QUE HAN PASADO HORAS** cuando en realidad han pasado solo **MINUTOS.**

13
En 1965, Randy Gardner, un estudiante estadounidense, **PERMANECIÓ DESPIERTO POR PROPIA VOLUNTAD DURANTE 264 HORAS (11 DÍAS)** para un proyecto de ciencias.

14
En el transbordador espacial, los astronautas **DORMÍAN EN SACOS DE DORMIR COLGADOS DE LA PARED.**

15
Las aves consiguen dormir **A INTERVALOS DE 30 SEGUNDOS.** De esta manera pueden volar sin descansar en sus largas migraciones.

16
Los elefantes **DUERMEN TANTO DE PIE COMO TUMBADOS.** Se tumban para el sueño REM, que es la fase en la que se generan la mayoría de los sueños.

17
Durante el **LA FASE REM** el cuerpo **SE PARALIZA,** de modo que no interviene en los sueños. Esto se llama «parálisis del sueño», o «atonía».

18
Grandes pintores como **PICASSO, MATISSE, DALÍ** o **VAN GOGH** han dedicado obras al tema del sueño y el reposo.

19
Se cree que **HARRIET TUBMAN** –defensora de los afroamericanos en la Guerra de Secesión– padecía narcolepsia, una enfermedad que provoca una súbita y excesiva somnolencia.

20
Para conservar el calor, las **CULEBRAS RAYADAS HIBERNAN JUNTAS,** reposan unas encima de las otras en las grietas de las rocas.

21
En los 60, el compositor **DION McGREGOR** hablaba tan claramente en sueños que su compañero de cuarto decidió grabar y publicar sus charlas nocturnas.

22
Investigaciones recientes han observado un incremento de los llamados «mensajes de móvil en sueños»: al despertar, la persona se da cuenta de que ha mandado mensajes mientras dormía.

23
La **POSTURA** en la que duermes da **PISTAS SOBRE TU PERSONALIDAD.** Si duermes acurrucado, es probable que seas una persona tímida.

24
El **EJÉRCITO BRITÁNICO** inventó un método para mantener a los **SOLDADOS DESPIERTOS.** Al entrarles el sueño, se colocaban un visor que simulaba el amanecer.

25
Los **KOALAS** duermen **22 HORAS AL DÍA.** Su **DIETA DE HOJAS DE EUCALIPTO** es baja en nutrientes, de modo que duermen para conservar la energía.

26
A veces **TU CEREBRO ESTÁ MÁS ACTIVO CUANDO DUERMES** que cuando estás despierto.

27
Los indígenas **OJIBWE** del norte de Estados Unidos cuelgan un **ATRAPASUEÑOS** sobre las cunas de los bebés para ahuyentar las pesadillas.

28
A **STEPHENIE MEYER,** autora de la **SERIE *CREPÚSCULO*** se le ocurrió la idea para su novela después de tener un sueño muy claro sobre los dos personajes principales.

29
Un **NIÑO DE DIEZ AÑOS** tarda una media de **VEINTE MINUTOS** en quedarse dormido.

30
Para no dormirse en su vuelo sobre el océano Atlántico, Charles Lindbergh **MANTENÍA SUS OJOS ABIERTOS CON LOS DEDOS.** Casi estrelló el avión al dar una cabezadita.

31
Los abejarucos duermen en fila en equilibrio sobre los cables. Los dos de los extremos permanecen despiertos, **ATENTOS A CUALQUIER PELIGRO.**

32
Solo puedes **RONCAR** si no estás en la **FASE REM** del sueño.

33
El sueño en **NOCHES CALUROSAS** es más difícil, ya que **PARA QUEDARSE DORMIDO** hay que estar **FRESQUITO.**

34
El ronquido humano más fuerte es más potente que un **MARTILLO MECÁNICO.**

35
Los **TERRORES NOCTURNOS** no suelen recordarse porque normalmente solo nos dan de niños, durante el sueño profundo.

1. La gravedad, la fuerza que atrae los objetos hacia el suelo (piensa en un balón), hace que cualquier cosa sobre la Tierra tenga un peso determinado. 2. Los átomos son microscópicos y su núcleo, es decir, el centro del átomo, es realmente mínimo. Si un átomo tuviera el tamaño de un estadio de fútbol, su núcleo tendría el tamaño de una mosca en el centro del campo. 3. Una estrella de neutrones se mueve aproximadamente a 4,8 millones de km/h. Es el objeto más rápido del espacio. 4. El sabor ácido y afrutado de la gaseosa proviene en parte del ácido fosfórico. 5. Las moléculas de agua de la comida en tu congelador pueden moverse hacia puntos más fríos, dando lugar a quemaduras por congelación, manchas secas y escarcha en los alimentos. 6. Bajo el agua, los objetos parecen un 30 por ciento más grandes. 7. Una película no es más que una serie de imágenes fijas; la mayoría de las películas están grabadas a 24 imágenes por segundo. 8. El agujero más grande del mundo realizado por el hombre es la mina de cobre de Bingham, en Utah, EE.UU. Ocupa un área del tamaño de unas 25.000 canchas de baloncesto. 9. Los antiguos griegos pensaban que existían cuatro tipos de materia, o elementos: tierra, agua, fuego y aire. Hoy sabemos que existen más de 100 elementos. 10. Los científicos utilizan placas de Petri para cultivar bacterias, células y algas. 11. El paradero del cerebro de Albert Einstein fue un misterio durante 20 años después de su muerte, hasta que un periodista de Nueva Jersey lo localizó, conservado en un frasco, en un estante del doctor que se lo extrajo. 12. Los científicos utilizan unos instrumentos llamados pipetas para medir el volumen exacto de los líquidos. 13. Albert Einstein empezó a estudiar cálculo cuando tenía 12 años. 14. Al ser más densa, el agua salada fría se hunde por debajo del agua dulce caliente, lo que da lugar a los movimientos de las corrientes oceánicas. 15. Las máquinas de ultrasonidos que se utilizan para ver el feto dentro del vientre de la futura madre adaptan la tecnología sónar de los submarinos. 16. Las minúsculas partículas presentes en el aire que te rodea pesan y hacen presión continuamente sobre ti. A esto se le llama presión atmosférica. 17. Los ficólogos estudian las algas, incluso utilizan satélites para analizar la floración de algas en lagos y océanos. 18. Los científicos han creado una batería del tamaño aproximado de un frigorífico que produce la energía necesaria para una casa. Cuando llega el momento de recargarla, se enchufa a paneles solares o a un molino eólico. 19. Hace miles de años, nuestros antepasados solo podían usar el hierro que encontraban en meteoritos. Hoy en día, producimos hierro calentando el mineral de hierro en altos hornos. 20. Los rayos gamma, que pueden provenir de explosiones nucleares, atraviesan la mayoría de los objetos. Solo una plancha gruesa de plomo o acero puede detenerlos. 21. Anton van Leeuwenhoek descubrió bacterias y células sanguíneas utilizando unas lentes construidas por él mismo que aumentaban la imagen de las cosas diez veces más de lo que se había conseguido hasta ese momento. 22. Cuando un *skater* realiza un salto, la tabla gira en torno a su centro de gravedad, que es la localización media del peso de la tabla. 23. Sócrates, el filósofo griego, pensó hace unos 2.400 años que si construyes tu casa orientada hacia el sol en invierno, el calor solar la calentará.

100 DATOS SOBRE CIENCIA EXPERIMENTAL

24. Hace mucho tiempo, los espejos se construían con metal pulido; hoy en día se fabrican con vidrio y un recubrimiento de aluminio. 25. Los relojes miden el tiempo llevando la cuenta de las vibraciones de un cristal de cuarzo, que vibra 32.768 veces en un segundo. 26. Los científicos pueden obtener en el laboratorio elementos nuevos, aunque sean inestables y duren apenas unas fracciones de segundo. 27. Los carámbanos suelen formarse cuando la nieve se derrite y gotea, pero en 2010 una fuga de agua y las bajas temperaturas crearon un carámbano de cinco pisos en High Point, EE.UU. 28. Los ingenieros automovilísticos intentan fabricar coches muy aerodinámicos para que corran más y gasten menos combustible. La forma natural más aerodinámica es la de una gota. 29. En 1870, un hombre que buscaba un nuevo material para las bolas de billar inventó el plástico. Hasta entonces, las bolas habían sido de marfil, que estaba empezando a escasear. 30. Tras un vertido de combustible, se emplea lavavajillas para limpiar los animales cubiertos por el chapapote. El jabón actúa atrapando la suciedad y el petróleo, que luego pueden eliminarse con un aclarado. 31. Si pudiéramos aprovechar la energía solar de manera óptima, obtendríamos 20.000 veces la energía que necesita la Tierra. 32. Los científicos que se dedican al estudio de los insectos se llaman entomólogos. Un entomólogo descubrió una nueva especie de avispa del tamaño de un coche Matchbox de juguete y con una mandíbula más larga que sus patas. 33. Los termos atrapan el aire entre un recipiente de plástico y un recubrimiento metálico, lo cual proporciona un aislamiento excelente para mantener la comida caliente o las bebidas frías. 34. Charles Darwin, que viajó por todo el mundo en el barco HMS Beagle y formuló la teoría de la evolución, se mareaba en los viajes por mar. 35. El hielo seco, que genera el humo en los espectáculos, es en realidad dióxido de carbono en forma sólida. 36. El elemento más abundante en la corteza terrestre es el oxígeno; en el universo es el hidrógeno.

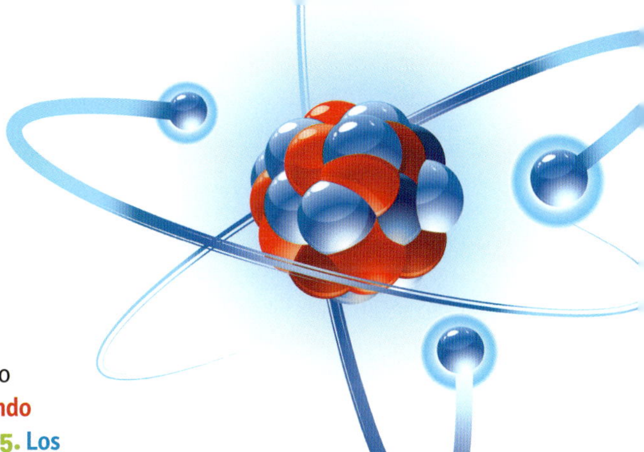

37. En una «granja de cadáveres» situada en las afueras de Knoxville, Tennessee, EE.UU., los científicos forenses estudian cómo se descompone el cuerpo humano 38. Gracias a la técnica de rayos X, investigadores del arte descubrieron una pintura oculta bajo un cuadro de Goya. 39. El sonido viaja más deprisa en el agua que en el aire. 40. Toda la materia se compone de átomos. El pensador griego Leucipo fue el primero en desarrollar esta idea, hace más de 2.400 años. 41. Los surfistas toman las olas situándose delante de ellas y siguiendo su movimiento. Incluso pueden surfear dejándose llevar por la rápidas corrientes de algunos ríos. 42. En el futuro, las varillas eléctricas podrían emplearse para apagar incendios; su campo eléctrico puede separar el combustible que está ardiendo del que no lo está. 43. Galileo construyó su propio telescopio y fue la primera persona en observar las lunas de Júpiter. 44. Cuando los paracaidistas saltan del avión, caen a una velocidad constante de alrededor de 200 km/h. 45. Los científicos han hundido botellas en el mar, a cientos de metros de profundidad, utilizando un cable para recoger muestras de agua de las profundidades oceánicas. Las botellas más grandes eran de 250 l. 46. La sal se utiliza para producir sustancias químicas con las que se fabrican jabón y vidrio. 47. Los científicos han encontrado pruebas de que existió en el Sahara un lago del tamaño de Inglaterra. 48. Las cuerdas para practicar *puenting* se fabrican con goma, porque es elástica y absorbe mejor los golpes. 49. Los láseres verdes parecen lucir más que los rojos de la misma potencia porque nuestros ojos son más sensibles a la luz verde que a la luz roja. 50. El telescopio más grande que existe se encuentra en Puerto Rico. Es más largo que 12 pistas de tenis (310 m). 51. Solo dos elementos son líquidos a temperatura ambiente (25 °C): el bromo y el mercurio. 52. Una peonza se para debido a la fricción, la fuerza que existe cuando los objetos entran en contacto entre ellos. Sin fricción, la peonza podría seguir girando casi eternamente. 53. Si ponemos una pelota en el asiento de un coche y el conductor se detiene de repente, parece que la pelota se mueve hacia delante y cae del asiento. Lo que sucede es que la pelota sigue moviéndose hacia delante mientras el coche desacelera. 54. La Tierra recorre más de 8.000 km en 5 minutos. 55. El agua pura se congela a 0 °C. Si se añade sal, baja su punto de congelación, de modo que se congelará a temperaturas bajo cero. 56. Muchas botellas de plástico tienen una curva en el centro que les confiere estabilidad, permitiendo al fabricante utilizar plásticos más finos. 57. En 1996, la oveja Dolly fue el primer mamífero clonado. 58. Cualquier cosa que reste calor también resta ondas infrarrojas; estas ondas son las que captan las gafas de visión nocturna, dando lugar a imágenes visibles. 59. Los huevos podridos flotan en el agua porque son más ligeros que los huevos frescos. 60. El camarón pistola produce un sonido de «estallido» más fuerte que la llamada de una ballena azul. 61. Si pesas 45 kg sobre la Tierra, tu peso en Júpiter es de 107 kg. 62. El agua muy caliente se convierte en un vaho congelado de forma casi instantánea si la arrojas a un aire superfrío, a −34 °C o menos. 63. La energía que obtenemos de los alimentos se mide en calorías. 64. El elemento helio se llama así por la palabra griega utilizada para designar el sol. 65. El sol siempre estará detrás de ti cuando veas un arcoíris. 66. Los adhesivos llamados resinas epoxi se han utilizado para pegar coches a vallas publicitarias. 67. La palabra «ingeniero» procede del vocablo latín *ingenium*, que significa ingenio, inteligencia. 68. La fuerza de un molino de viento puede utilizarse para moler cereales o producir electricidad. 69. La única mina de diamantes de Estados Unidos se encuentra en Murfreesboro, Arkansas, y es propiedad del gobierno. 70. Los cables de fibra óptica transmiten información utilizando la luz. Incluso se instalan bajo el mar para conectar continentes. 71. Los artistas crean esculturas de bronce porque es un material que no se oxida. Para la película *Una noche en el museo* se construyó una réplica de la famosa escultura de Rodin *El pensador*, de bronce y mármol. 72. Al inventor Thomas Edison le gustaba echarse sueñecitos durante el día, incluso sobre su mesa de laboratorio. 73. Los botánicos, es decir los científicos que estudian las plantas, han recogido semillas y las han almacenado en una isla remota del Ártico, en el Banco Mundial de Semillas de Svalbard, una enorme despensa con capacidad para 2.250 millones de semillas. 74. El agua a alta presión puede cortar el metal. 75. Todos los animales –incluido tú– obtenemos energía de las plantas de las que nos alimentamos o de animales que a su vez también se han alimentado de plantas. 76. Los científicos que estudian las aves se llaman ornitólogos. 77. Se necesita la misma cantidad de gasolina para llenar el depósito de un coche que para crear las sustancias químicas que llenan tres cubos de basura de plástico o fabricar diez camisetas de poliéster. 78. Las centrales eléctricas no siempre producen la misma cantidad de energía. Los ingenieros pueden variar la cantidad dependiendo de las necesidades. 79. El hierro se funde a una temperatura 15 veces más alta que la del agua en ebullición: 1.535 °C. 80. Un hombre de New Hampshire, EE.UU., creó en 1787 un reloj despertador que solo sonaba a las 4 a.m., la hora a la que quería despertarse. 81. Si frotas un globo contra tu cuerpo, luego puedes pegarlo a la pared aprovechando la energía estática, unas cargas eléctricas de movimiento lento. 82. Solo tres países en todo el mundo no utilizan el sistema métrico de medidas: Estados Unidos, Liberia y Myanmar. 83. La primera revista científica se publicó hace unos 350 años, en 1665. 84. Los científicos han creado un airbag para esquiadores. En caso de avalancha, les permite mantenerse en la superficie y ser más fáciles de localizar. 85. Cuando el famoso físico Stephen Hawking tenía nueve años, era uno de los peores estudiantes de su clase. 86. En la mina de Tau Tona, en Sudáfrica, los mineros trabajan a 4 km bajo tierra, excavando en busca de oro. 87. La denominación «reloj del abuelo», que en muchos países recibe el reloj de pie, proviene de una canción popular titulada *El reloj de mi abuelo*. 88. Puedes quitarte el chicle pegado al pelo utilizando mantequilla de cacahuete. Los aceites de la mantequilla se introducen entre el chicle. 89. Si espolvoreas pimienta sobre un plato con agua e introduces un dedo, la pimienta se concentrará alrededor de tu dedo. Si te pones lavavajillas en el dedo y haces lo mismo, la pimienta se dispersará porque el lavavajillas modifica la tensión superficial del agua. 90. Al estar en agua con sal, las bacterias se comen los azúcares del pepinillo, lo cual les da su sabor agrio. 91. Si tocas algo que ha acumulado una carga eléctrica –un interruptor o un animal que se haya restregado por la alfombra– lo más seguro es que recibas una descarga. 92. Los chinos inventaron la primera brújula hace más de 2.000 años imantando dos agujas de hierro. Estas agujas siempre apuntaban hacia el norte cuando se colocaban flotando en el agua. 93. Las «varitas fluorescentes» brillan en la oscuridad debido a una reacción química que crea luz cuando rompes los tubos que tienen dentro. 94. Conduciendo muy deprisa por la autopista se llega antes al destino, pero se consume más gasolina. 95. En el siglo XVII, la gente enviaba por correo descripciones de animales al naturalista suizo Konrad von Gesner, que más tarde las publicaría en un libro repleto de curiosidades, como una serpiente marina gigante. 96. Puede resultarte difícil obtener espuma si estás utilizando agua «dura», es decir, agua con una concentración alta de sustancias químicas procedentes de las rocas con las que ha estado en contacto. 97. El sonido que produce un látigo cuando se agita proviene de la punta al romper la barrera del sonido. 98. El enorme globo terráqueo en la entrada de los Universal Studios de Orlando, Florida, EE.UU., gira en sentido contrario al que debería. 99. El falso vidrio inventado para los decorados de las películas está fabricado fundamentalmente con plástico, de modo que se rompe fácilmente, pero de forma muy realista. 100. El mando de la televisión utiliza luz infrarroja para cambiar de canal y ajustar el volumen.

1
«CORAZÓN DEL OCÉANO» es el nombre de la piedra azul con forma de corazón que lleva Rose en *Titanic*. Aunque en la película la lanza al mar, sus fans pueden comprarse una réplica.

2
DANIEL RADCLIFFE, el actor que interpretaba a Harry Potter en las películas de la serie, desarrolló una alergia al primer par de gafas que utilizó en el rodaje.

3
Las **ZAPATILLAS ROJAS** que la actriz Judy Garland llevaba en las escenas de baile de *El Mago de Oz* pueden contemplarse en el National Museum of American History, en Washington, EE.UU.

4
La **ANIMACIÓN POR CAPTURA DE MOVIMIENTO** es una técnica en la que los actores interpretan su papel llevando encima cientos de sensores, que convierten el movimiento en animación.

5
Durante el rodaje de *Piratas del Caribe: en mareas misteriosas*, se recogieron los cocos de **773 COCOTEROS** para que no cayeran sobre los actores y el equipo.

6
Para rodar la escena del sauce boxeador en *Harry Potter y la cámara secreta* **SE DESTROZARON CATORCE COCHES REALES.**

7
Los creadores de ***LOS MUPPETS*** no querían «eliminar» de la película a la gente que manejaba las marionetas. Por eso, se crearon decorados para ocultarlos.

8
Avatar ha recaudado más dinero en taquilla que ninguna otra película: **¡2.530 MILLONES DE EUROS EN TODO EL MUNDO!**

9
Titanic, *El Señor de los anillos: el retorno del rey* y *Ben-Hur* ganaron, cada una, **11 PREMIOS OSCAR,** más que ninguna otra película.

10
JULIE ANDREWS interpretó el papel de niñera en tres películas: *Mary Poppins*, *Sonrisas y lágrimas* y *Eloise en Nueva York*.

11
Antes de que ***EL MAGO DE OZ*** se convirtiera en película, fue un libro, un cómic, un musical de teatro ¡y una película muda!

12
En la película de Pixar *Cars*, el número con el que corre **RAYO MCQUEEN** es el 95, en referencia al año de estreno de *Toy Story*, 1995.

13
JIM HENSON, el creador de los Muppets (los Teleñecos), era la voz original de la Rana Gustavo, de Rowlf el perro, del Dr. Dientes y del Cocinero sueco (¡a pesar de que no sabe sueco!).

14
R2-D2 de *Star Wars* funcionaba unas veces accionado por control remoto y otras mediante un actor que, desde su interior, realizaba los movimientos del **ANDROIDE.**

15
En *Star Wars* se dice que **C-3PO** habla con fluidez más de seis millones de idiomas. En la Tierra se hablan en torno a 7.000 lenguas.

16
Los dibujos animados con sonido llegaron en 1928, con el cortometraje *El barco de vapor de Willie*. La voz de esta primera versión de **MICKEY MOUSE** la puso el propio Walt Disney.

17
Pixar dio vida a **BUZZ LIGHTYEAR** y a **WOODY** en *Toy Story*, el primer largometraje animado en su totalidad por ordenador.

18
En la adaptación cinematográfica del libro *Donde viven los monstruos*, los monstruos son una mezcla de animación por ordenador y personas **DISFRAZADAS DE CRIATURAS GIGANTES.**

19
Las escenas de ***INDIANA JONES Y LA ÚLTIMA CRUZADA*** que suceden en un templo excavado en la roca se rodaron en una construcción real llamada el Tesoro de Petra, en Jordania.

20
La **CASA BLANCA** tiene su propia sala de cine, con asientos para 42 personas.

21
El actor que puso voz a **YODA** en la versión original de *Star wars* también era la voz de **MISS PIGGY,** de los Muppets.

22
Comer palomitas en el cine es algo muy típico. En Japón prefieren las **RASPAS DE PESCADO CUBIERTAS DE SOJA Y AZUCAR,** y en Corea, las **NUECES ASADAS.**

23
La pantalla **IMAX** más grande del mundo está en Sídney, Australia. Tiene 29 m de alto por 36 m de ancho **–ES MÁS GRANDE QUE MEDIA PISCINA OLÍMPICA–** y asientos para 540 personas.

24
El **BATMÓVIL** utilizado en la película *Batman Forever* se vendió en una subasta por 300.000 euros.

25
En la India un hombre estableció un récord en una maratón de cine. Estuvo viendo películas, una tras otra sin parar, durante **120 HORAS Y 23 MINUTOS.**

26
JOHNNY DEPP no puede ver películas en 3D. Es de la pocas personas con «estéreo-ceguera»; sus ojos no enfocan lo suficiente para ver bien las imágenes en 3D.

27
En *¡Cómo el Grinch robó la Navidad!* eran necesarias **DOS HORAS Y MEDIA** para maquillar a **JIM CARREY.** La película se rodó en 92 días, o sea, **¡230 HORAS DE SESIONES DE MAQUILLAJE!**

28
A menudo, en las películas animadas los dobladores **NO LLEGAN NI A CONOCERSE.** Graban sus partes por separado y después son ensambladas para reproducir el diálogo.

29
SHREK significa **«MONSTRUO»** en yidis, lengua hablada por los judíos.

30
En el relanzamiento en DVD de *E.T. el extraterrestre*, los rifles de los oficiales de policía fueron borrados digitalmente y sustituidos por ***WALKIE-TALKIES.***

50 DATOS SOBRE PELÍCULAS

31
Tras el estreno de *Noche en el Museo*, la visitas al Museo de Historia Natural de Nueva York aumentaron un **20 POR CIENTO.**

32
Las tardes de verano, en medio del **CEMENTERIO DE LOS ÁNGELES** se proyectan clásicos del cine.

33
Las letras del letrero de Hollywood tienen una altura equivalente a **CUATRO PISOS Y MEDIO.**

34
El actor **JOHN RATZENBERGER** ha puesto su voz a personajes en todas las peliculas de Pixar, incluidos un banco de peces luna en *Buscando a Nemo* y Mack, el camión tráiler de *Cars*.

35
Blancanieves y los siete enanitos fue el primer largometraje animado realizado **EN COLOR Y CON SONIDO.**

36
Para reproducir los restos pringosos del **HOMBRE DE MALVAVISCO** al final de *Cazafantasmas* se utilizó crema de afeitar.

37
Tras aparecer numerosas veces en la gran pantalla, **SPIDERMAN** ha actuado también en un espectáculo musical de Broadway, con música de **U2.**

38
La película **MÁS CARA** que se ha hecho hasta hoy es *Piratas del Caribe: en el fin del mundo*, con un presupuesto de producción de unos **270 MILLONES DE EUROS.**

39
E.T. el extraterrestre fue pensada en un principio para ser una **PELÍCULA DE TERROR.**

40
Las ventas de **RAY-BAN** se dispararon cuando se estrenó *Men in Black*, en la que los protagonistas llevaban gafas negras.

41
El tiburón mecánico utilizado en la película *Tiburón* fue apodado **«BRUCE».**

42
Steven Spielberg contrató a un **PALEONTÓLOGO** para estar seguro de que los dinosaurios de *Jurassic Park* tenían un aspecto realista.

43
Animar con plastilina a Wallace & Gromit en la película *La gran excursión* supuso a su creador **SIETE AÑOS DE TRABAJO.** Cada segundo de la película requería veinticuatro fotogramas.

44
Antes de emprender la producción, los artistas de *Buscando a Nemo* visitaron la **GRAN BARRERA DE CORAL** para inspirarse.

45
¿Qué superhéroe tiene más éxito? **BATMAN.** Con unos ingresos de **480 MILLONES DE EUROS, *EL CABALLERO OSCURO*** es hasta ahora la película de superhéroes más taquillera.

46
El mismo actor que interpretó a **GOLLUM** en *El señor de los anillos* interpretó a **CÉSAR** en *El origen del planeta de los simios* y el papel principal en *King Kong*.

47
Al final de la versión de Disney de *La sirenita*, Ariel se casa con el príncipe. En la novela original de Christian Andersen, ¡se convierte en **ESPUMA DE MAR!**

48
El actor **TOM CRUISE** interpretó él mismo la mayor parte de las escenas peligrosas en las películas de *Misión imposible*.

49
La casa en la que se queda Kevin en *Solo en casa* es una casa real de Chicago, EE.UU. Fue vendida recientemente por **1,8 MILLONES DE EUROS.**

50
«WALL–E» son las iniciales de Waste Allocation Load Lifter Earth-Class (algo así como «elevador para redistribución de residuos clase Tierra»).

25 FABULOSOS

1 DESDE 1998, SE HAN RETIRADO EN ESTADOS UNIDOS ALREDEDOR DE **430 PRESAS,** LO QUE HA PERMITIDO EL **RETORNO DE LOS RÍOS A SU CAUCE NATURAL.**

2 LA **TORTUGA CUELLO DE SERPIENTE,** QUE HABITA EN LAS AGUAS PANTANOSAS Y POCO PROFUNDAS DE AUSTRALIA, INDONESIA Y NUEVA GUINEA, **HUELE A MOFETA.**

3

LA HEMBRA DE LA RANA ARBORÍCOLA DE OJOS ROJOS pone sus huevos en el reverso de las hojas, desde donde **CAEN AL AGUA.** Una vez allí, eclosionan.

4 EL **PEZ GATO ACORAZADO** PARECE BRILLAR, AUNQUE SU LUZ ES EN REALIDAD EL REFLEJO DE UNA FINA CAPA DE CRISTALES BAJO SU PIEL.

5

EN ESTADOS UNIDOS SE PESCA MÁS DE LO QUE SE JUEGA AL TENIS O AL GOLF.

6

LA LLUVIA QUE CAE HOY EN DÍA ES LA MISMA AGUA DULCE QUE BEBÍAN LOS DINOSAURIOS.

7

EL NILO, aún considerado por muchos el río más largo del mundo, se extiende a lo largo de unos 6.400 km, más de diez veces la distancia entre Barcelona y Madrid.

8 EL AGUA DULCE REPRESENTA **MENOS DEL TRES POR CIENTO** DEL AGUA DE TODA LA TIERRA.

9

UN BAÑO EMPLEA UN **75 POR CIENTO** MÁS DE AGUA QUE UNA **DUCHA DE CINCO MINUTOS.**

10

CUANDO UNA NUTRIA DE RÍO BUCEA, SUS OREJAS Y SU NARIZ SE CIERRAN, BIEN APRETADAS, PARA QUE NO ENTRE AGUA.

11

MÁS DE 5,6 MILLONES DE KILÓMETROS DE RÍOS RECORREN ESTADOS UNIDOS.

12

Cada habitante de Estados Unidos utiliza al día unos 1.600 VASOS DE AGUA.

DATOS SOBRE EL AGUA

13

EL AGUA FRÍA PESA MÁS QUE EL AGUA CALIENTE.

14

EL AGUA CONGELADA (HIELO) ES MÁS **LIGERA QUE EL AGUA LÍQUIDA** Y POR ESO FLOTA.

16

LOS **PECECILLOS** PLATEADOS DE LA FAMILIA DE LOS CIPRÍNIDOS, QUE VIVEN EN CHARCAS, LAGOS Y RÍOS, TIENEN LOS DIENTES EN LA GARGANTA.

15

El **PARQUE NACIONAL DE EVERGLADES,** en Florida, EE.UU., es una tierra de humedales donde viven panteras, caimanes y tortugas laúd, y que cubre un área aproximada de 6.500 km^2.

17

LAS **LARVAS DE LIBÉLULA** VIVEN BAJO EL AGUA ANTES DE CONVERTIRSE EN ADULTAS Y VOLAR.

18

Un tipo de **SALAMANDRA** llamada **NECTURO** pasa toda su vida bajo el agua como un pez.

19

PARA PRODUCIR UN PAR DE VAQUEROS HACEN FALTA CASI **11.000 L DE AGUA.**

20

EN NUESTRO PLANETA EXISTE HOY EN DÍA LA **MISMA CANTIDAD DE AGUA QUE CUANDO SE FORMÓ.**

21

LOS HIPOPÓTAMOS pueden caminar por el fondo de lagos y ríos.

22

EL **97 POR CIENTO** DEL AGUA DE LA TIERRA **NO SE PUEDE BEBER.** OTRO 2 POR CIENTO SE ENCUENTRA EN ESTADO CONGELADO EN LOS CASQUETES POLARES DE HIELO.

23

MENOS DEL **UNO POR CIENTO** DEL AGUA DE LA TIERRA SE HALLA DISPONIBLE PARA EL USO HUMANO.

24

EL AGUA **REGULA** LA TEMPERATURA DEL CUERPO.

25

UNA PERSONA **NO PUEDE VIVIR** MÁS DE UNA SEMANA SIN AGUA.

15 PODEROSOS DATOS SOBRE

❶ **BARACK OBAMA,** el 44.º presidente de Estados Unidos, colecciona **CÓMICS DE *SPIDERMAN* Y DE *CONAN EL BÁRBARO*.**

❷ **STEVE JOBS** –cofundador de Apple y responsable de la creación del iPod, el iPhone y el iPad– **ESTUVO PERCIBIENDO UN SALARIO DE 1 DÓLAR AL AÑO DESDE 1997 HASTA SU MUERTE, EN 2011.**

❸ **EL NOMBRE DEL REY TUTANKAMÓN NO APARECÍA** en los antiguos registros egipcios. Poco se sabía de él antes de que su tumba fuera descubierta en un **ESTADO DE CONSERVACIÓN CASI PERFECTO, TRES MIL AÑOS DESPUÉS DE SU MUERTE.**

❹ **MAHATMA GANDHI,** que hizo uso de la resistencia no violenta para llevar la **INDIA A LA INDEPENDENCIA,** se negó a valerse de su nombre para que su hijo obtuviera una beca de estudios. Creía que **TODAS LAS PERSONAS HAN DE SER TRATADAS DE IGUAL MODO.**

❺ Para ver al **GENERAL ROMANO JULIO CÉSAR, CLEOPATRA** burló a todo un ejército haciendo que una criada **LA ENVOLVIERA EN UNA ALFOMBRA,** y la entregara después en el palacio real de Alejandría.

❻ Entre 1957 y 1968 el pastor y activista **MARTIN LUTHER KING JR.** (derecha) recorrió en sus viajes más de **9,6 MILLONES DE KILÓMETROS Y HABLÓ MÁS DE 2.500 VECES** en nombre del Movimiento por los derechos civiles de EE.UU.

LÍDERES MUNDIALES

7 DILMA ROUSSEFF FUE LA PRIMERA MUJER en asumir la **PRESIDENCIA DE BRASIL, EN 2010.**

8 Desde que el rey **BHUMIBOL ADULYADEJ (RAMA IX)** se convirtió en monarca de Tailandia, Estados Unidos ha tenido **12 PRESIDENTES DISTINTOS.**

9 PUYI, el vigésimo dirigente de la dinastía Qing y **ÚLTIMO EMPERADOR DE CHINA,** fue proclamado emperador **JUSTO ANTES DE SU TERCER CUMPLEAÑOS.**

10 LA REINA VICTORIA POPULARIZÓ LOS VESTIDOS DE NOVIA BLANCOS cuando lució uno de ellos el día de **SU BODA, EN 1840.**

11 El emperador romano **CALÍGULA QUERÍA TANTO A SU CABALLO INCITATUS** que lo **INVITABA A BANQUETES** y quiso **NOMBRARLO SACERDOTE.**

12 WINSTON CHURCHILL, primer ministro británico durante la Segunda Guerra Mundial, trabajó durante muchos años **PARA SUPERAR SUS PROBLEMAS AL HABLAR EN PÚBLICO.**

13 El primer ministro ruso **VLADMIR PUTIN ES CINTURÓN NEGRO DE JUDO.**

14 En 2006, la estrella de televisión estadounidense **CONAN O'BRIEN** grabó anuncios de apoyo a la campaña de la **PRESIDENTA DE FINLANDIA TARJA HALONEN,** por el parecido físico entre ambos; **LA CANDIDATA GANÓ.**

15 El **PAPA BENEDICTO XVI** tiene cerca de **20.000 LIBROS** en su biblioteca personal.

75 DATOS CONSTRUCTIVOS SOBRE ARQUITECTURA

1 El minutero del Big Ben de Londres avanza unos 190 km al año.

2 Hicieron falta 20.000 obreros y 22 años para construir el Taj Mahal, en la India.

3 El Museo Guggenheim de Frank Lloyd Wright, en Nueva York, EE.UU., es una obra de arte en sí mismo. Una rampa en espiral de 400 m guía al visitante a través de la galería. Algunos artistas protestaron por su diseño, ya que las paredes curvas dificultan la colocación de los cuadros.

4 SE HA DISEÑADO UN «RASCATIERRAS» DE 65 PISOS PARA LA CIUDAD DE MÉXICO. EL EDIFICIO NO SE CONSTRUIRÁ HACIA ARRIBA, SE EXCAVARÁ 300 m BAJO TIERRA.

5 El Luxor Hotel and Casino de Las Vegas, EE.UU., tiene sobre su pirámide un foco que proyecta hacia el cielo un haz de luz equivalente a 40.000 millones de velas.

6 A partir de la planta 29, la Pirámide Transamericana, el edificio más alto de San Francisco, EE.UU., presenta unas «alas» en los laterales para que los ascensores puedan subir hasta la punta.

7 Las 36 columnas del Monumento a Lincoln en Washington D.C., representan los estados de la Unión al morir el presidente Abraham Lincoln.

8 Tras la reunificación de Alemania, dos artistas envolvieron el histórico edificio del Parlamento de Berlín, el Reichstag, con 99.964 m^2 de tejido plateado.

9 EL FOSO CUADRADO QUE RODEA EL TEMPLO DE ANGKOR WAT, EN CAMBOYA, TIENE EL ANCHO DE DOS PISCINAS OLÍMPICAS Y PUEDE VERSE DESDE EL ESPACIO.

10 El palacio de Potala, en el Tibet, se alza en lo alto de una cresta montañosa, a 3.048 m de altura, tiene unas 1.000 estancias y ha sido la residencia de reyes y monjes durante 1.300 años. El Dalai Lama, sin embargo, no ha vivido allí desde su exilio en 1959.

11 El líder soviético Iósif Stalin ordenó demoler la catedral de San Basilio de Moscú, del siglo XVI, y sustituirla por una estación de metro. El arquitecto designado para llevar a cabo la obra se negó y fue enviado a prisión, pero la iglesia se conservó.

12 Además de presidente de Estados Unidos, Thomas Jefferson era arquitecto. Tardó 40 años en completar el proyecto y la construcción de Monticello, su residencia en Virginia. Tiene 43 habitaciones, 8 chimeneas y 13 tragaluces.

13 En la década de 1930, Frank Lloyd Wright diseñó la «casa de la cascada», siguiendo un esquema orgánico. Fue construida en Pensilvania, EE.UU., encima de una cascada, y en el salón tiene una roca que es una chimenea.

14 La Pirámide del Louvre de París, en Francia, es la entrada principal al Museo del Louvre. Frente al museo, en un centro comercial subterráneo, se encuentra otra pirámide más pequeña que la original e invertida.

15 El Centro Pompidou, centro de arte, música y cultura de París, tiene una escalera mecánica tubular que lo rodea por fuera y a la que algunos llaman «pasarela de hámsteres».

16 El Coliseo de Roma, Italia, acogía en la antigüedad a 50.000 personas, que acudían para ver a los gladiadores luchar hasta la muerte. Unas trampillas escondidas en la arena permitían a los luchadores aparecer por sorpresa, así como retirar los cadáveres.

17 En la Catedral Nacional de Washington, EE.UU., hay una gárgola de Darth Vader.

18 El Burj al-Arab Tower Hotel de Dubái, en Emiratos Árabes Unidos, tiene un helipuerto con acceso a una suite-ático y un restaurante bajo el agua al que solo se puede llegar en submarino.

19 Con 452 m de altura, las Torres Petronas, en Kuala Lumpur, Malasia, se terminaron de construir en 1998 y se convirtieron en los rascacielos más altos del mundo en aquel momento.

20 En las Torres Petronas, en Kuala Lumpur, Malasia, el ascensor sube desde el aparcamiento del sótano hasta el piso 88 en 90 segundos.

21 Las Torres Petronas se construyeron con 33.500 t de acero: pesan más que 5.000 elefantes.

22 Con 319 m de altura, el Chrysler Building de Nueva York, EE.UU., fue el edificio más alto del mundo solo durante 11 meses, hasta que en 1931 se terminó de construir el Empire State Building, 62 m más alto.

23 Una autovía atraviesa el Gate Tower Building de Osaka, Japón, entre las plantas quinta y séptima.

24 UN SKATER PROFESIONAL HA DISEÑADO UNA CASA EN LA QUE CADA ESPACIO ES REDONDEADO Y «PATINABLE». ¡INCLUSO LOS ARMARIOS Y LOS MUEBLES!

25 El edificio Chrysler se terminó de construir en 1930. La idea era crear un edificio distintivo que diera a conocer la compañía, por eso se decidió utilizar una aleación brillante y coronarlo con águilas de acero dominando la ciudad.

26 El Empire State Building fue el edificio más alto del mundo durante 41 años, hasta que, en 1972, se terminó de construir el World Trade Center.

27 EL EMPIRE STATE BUILDING ES ALCANZADO POR UNOS 100 RAYOS AL AÑO.

28 Desde el mirador, o *skydeck*, de la Willis Tower de Chicago, los visitantes pueden contemplar cuatro estados: Illinois, Indiana, Michigan y Wisconsin.

29 La limpieza de las 16.100 ventanas de la Willis Tower corre a cargo de una máquina limpiacristales automática.

30 La Torre Eiffel, de 300,5 m de altura, fue inaugurada en 1889 en la Exposición Universal de París. Es dos veces más alta que el Monumento a Washington, pero pesa menos.

31 La Torre Eiffel está pintada de color marrón oscuro.

32 Miguel Ángel, creador de la Basílica de San Pedro en la Ciudad del Vaticano, se negó a cobrar por su trabajo.

33 The Crooked House, en Polonia, no alberga viviendas, sino tiendas y restaurantes. Su arquitectura ondulada parece el reflejo de una casa en un espejo de feria.

34 El Panteón, en Roma, Italia, se terminó de construir el año 123 d. C. como templo para honrar a los dioses romanos. Es de ladrillo y hormigón, y se conserva prácticamente como entonces. El óculo, la abertura circular en el centro de su cúpula, a 8,2 m de altura, es la única fuente de luz natural de la construcción.

35 Un grupo de arquitectos ha diseñado un edificio para Dubái, en los Emiratos Árabes Unidos, llamado la Torre Da Vinci, con la idea de que cambie de forma continuamente. Cada planta realizará una rotación completa cada 90 minutos.

36 En 1793, George Washington puso la primera piedra del edificio del Capitolio de EE.UU.

37 En 1966 se construyó el Astrodome de Houston, con aire acondicionado para jugar al béisbol en los tórridos veranos de Texas. Fue el primer estadio construido con techo.

38 El Centro John Hancock de Chicago, EE.UU., es un rascacielos de 343,5 m de altura conocido como «Big John».

39 El McDonald más grande del mundo se abrió en Londres, Reino Unido, con ocasión de las Olimpiadas de 2012. Tiene capacidad para 1.500 personas sentadas y mide la mitad que un campo de fútbol americano.

40 Los siete rayos de la corona de la Estatua de la Libertad representan los siete continentes.

41 La Estatua de la Libertad, desde la base del pedestal hasta la punta de la antorcha, mide 93 m.

42 El Burj Khalifa de Dubái, en Emiratos Árabes Unidos, es el edificio más alto del mundo, con una altura de 828 m.

43 El Burj Khaliffa no es solo el edificio más alto del mundo. Es el que tiene más pisos, el mirador al aire libre más alto y la planta ocupada a mayor altura.

44 La fachada exterior del aparcamiento de la Biblioteca Pública de Kansas City fue diseñada para que pareciera una hilera de lomos de libros. Algunos de sus títulos son: *Green Eggs and Ham* y *Goodnight Moon*.

45 Una empresa de Ohio, EE.UU., que fabrica cestas posee un edificio de oficinas con forma de cesta de pícnic.

46 Construida en 1976, la Torre CN de Toronto tiene 553,3 m de altura. El restaurante, cerca del extremo superior del edificio, realiza un giro completo cada 72 minutos y ofrece a los comensales una vista panorámica de la ciudad.

47 EL TAIPEI 101, INAUGURADO EN TAIWÁN EN 2004, ES EL SEXTO EDIFICIO MÁS ALTO DEL MUNDO. TIENE 101 PLANTAS Y 508 m DE ALTURA.

48 El Taipei 101 cuenta con un ascensor rapidísimo. Se mueve a una velocidad de 1.010 m por minuto y tarda apenas 39 segundos en llegar de la planta baja a la planta 89.

49 La Torre de Shanghái se terminó de construir en 2014. Es el edificio más alto de China, el segundo más alto del mundo y su ascensor se mueve a una velocidad de 1.080 m por minuto.

50 Un arquitecto construyó en Malawi una casa de cuatro pisos con forma de balón de fútbol.

Taipei 101

51 China tiene más rascacielos que cualquier otro país.

52 Los rascacielos están diseñados de manera que puedan mecerse con el viento.

53 El hombre que inventó el cubo de Rubik era arquitecto.

54 Las grúas que trabajan en lo alto de los rascacielos para añadir plantas se montan a sí mismas elevando pesadas piezas para alargar su propio brazo.

55 YA QUE LA CONSTRUCCIÓN DE UN RASCACIELOS RESULTA MUY COSTOSA, SOLO SE LLEVA A CABO EN CIUDADES GRANDES Y DENSAS, DONDE HAY MÁS NECESIDAD DE CONSTRUIR «HACIA ARRIBA».

56 El Arco Gateway, en San Luis, Missouri, EE.UU., tiene 192 m de altura. Esa es también la anchura del arco en su base.

57 En Londres, Reino Unido, hay una casa que tiene apenas 1,8 m de ancho.

58 El exterior del Empire State Building se ilumina de diferentes colores según la época del año; por ejemplo, de verde y rojo en Navidades, y de rojo, naranja y amarillo el Día de Acción de Gracias.

59 El Monumento a Washington fue construido entre 1848 y 1884 en honor al líder revolucionario George Washington durante la Guerra de Independencia de Estados Unidos. Su construcción se paró durante 20 años y la segunda remesa de piedra llegó de una cantera diferente, lo que dio lugar a un cambio visible en el monumento.

60 Una casa en Nueva Jersey, EE.UU., tiene forma de tarro de galletas. No tiene esquinas y presenta en su interior una escalera de caracol.

61 Una resolución del Congreso establece que el Monumento a Washington tiene que seguir siendo la estructura más alta de Washington, Estados Unidos.

62 La atracción Spaceship Earth del parque temático de Epcot, Florida, EE.UU., tiene 18 plantas y forma de esfera. Su interior es como una gran «máquina del tiempo», en la que el público va ascendiendo hasta recorrer unos dos tercios de la cúpula.

63 El pentágono tiene cinco lados y cinco plantas y ocupa cinco acres de tierra (algo más de dos hectáreas) en Virginia, EE.UU.

64 En las iglesias góticas las gárgolas representan el abandono de todo lo grotesco en el exterior para abrazar la serenidad en el interior.

65 En Siria, las antiguas casas de barro se construían como si fueran colmenas.

66 El presidente de EE.UU. George Washington supervisó la construcción de la Casa Blanca, pero nunca vivió en ella.

67 Un edificio de dos plantas de Corea del Sur fue diseñado para que tuviera la apariencia de un gran inodoro. Se celebró en su interior un congreso de la Asociación Mundial de Inodoros.

68 La Ciudad Prohibida, construida en el siglo XV en el centro del Pekín actual, era la residencia de la realeza china. Vivieron en ella 24 emperadores y contaba con 90 palacios y jardines, 980 edificios y 8.704 habitaciones.

69 El Shakespeare's Globe Theatre de Londres se alza en el lugar donde se encontraba el antiguo teatro The Globe y es una fiel reconstrucción del original, construido en 1599.

70 La Gran Mezquita de La Meca, en Arabia Saudí, tiene capacidad para 820.000 personas.

71 En la Catedral de Cristal, en el sur de California, EE.UU., hay más de 10.000 paneles de vidrio.

72 EN ASIA CENTRAL, ALGUNOS PUEBLOS VIVEN EN *YURTAS*, ESTRUCTURAS DESMONTABLES DE FORMA ABOVEDADA Y CUBIERTAS CON PIELES O TEJIDOS.

73 La Catedral de Notre Dame de París se terminó de construir en 1250 y aún conserva algunas vidrieras originales. La campana de la Torre Sur pesa más de 4.500 kg, es decir ¡más que 20 gorilas juntos!

74 La Krzywy Domek (Casa Torcida), en Polonia, está inspirada en las ilustraciones de un libro infantil. El edificio es más alto en el centro y aparenta estar comprimido por los lados, de modo que parece haber sido succionado con una aspiradora.

75 La Estatua de la Libertad funcionó como faro desde 1886 hasta 1902.

35 DATOS SOBRE ALIMENTOS

1 La fruta más popular del mundo es la **UVA.**

2 En algunas culturas se cree que comer gallina y pavo el día de Año Nuevo trae consigo contratiempos para el resto del año, porque las aves escarban en la suciedad.

3 Originalmente, en EE.UU., el Día de Acción de Gracias los indios Wampanoag y los colonos comían carne de venado y de ave, maíz, castañas, calabaza, marisco y anguilas.

4 Las **ORUGAS MOPANE** son una popular comida en ciertas áreas de África. Solo en Sudáfrica se han llegado a vender en un solo año más de 1.600 t de estos insectos.

5 Cada año, el 4 de julio se celebra en Nueva York un **TORNEO INTERNACIONAL DE COMER PERRITOS CALIENTES.** El ganador de 2011 logró engullir **62 EN 62 MINUTOS.**

6 El ser humano lleva **CULTIVANDO PATATAS** desde hace más de **9.000 AÑOS.**

7 Hasta hace aproximadamente **500 AÑOS,** las zanahorias cultivadas eran de cualquier color menos naranja: **¡LA MAYORÍA ERAN MORADAS!**

8 Los **LUCKY CHARMS,** comercializados por primera vez en 1964, fueron los primeros cereales en incluir **NUBES DE AZÚCAR.**

9 La «m» de los **M&M'S** no empezó a aparecer impresa en los caramelos hasta **1950,** nueve años después de su comercialización.

10 En **UCRANIA, LA SAL** es un símbolo tradicional de **AMISTAD.**

11 En Perú y Bolivia, las **PATATAS** son de diferentes tamaños, formas y colores. Algunas tienen nombres como «pie del ave Lequecho» o «la que hace llorar a las nueras».

12 Existe una variedad de **LIMÓN** llamada **BABOON.**

13 Los pueblos asiáticos llevan miles de años **CULTIVANDO ARROZ,** que hoy día sigue siendo el **ALIMENTO BÁSICO** de cerca de **LA MITAD DE LA POBLACIÓN MUNDIAL.**

14 En el siglo XIX se cultivaban en América **7.000 VARIEDADES DE MANZANAS:** hoy crecen **MENOS DE 100.**

15 Las **LARVAS DE HORMIGA** son todo un manjar en México, donde se conocen como **ESCAMOLES O «CAVIAR MEJICANO».**

16 La mitad de toda la sal que consumimos se extrae de **MINAS;** la otra mitad se recoge del **MAR.**

17 Los **TALLARINES** empezaron a comerse en China **HACE MÁS DE 2.200 AÑOS.**

18 En algunas tiendas de alimentación se vende **HUMO LÍQUIDO,** es decir **AGUA CON SABOR A HUMO.**

19 Una lima bien madura es de color **AMARILLO CLARO, NO VERDE**

20 Un **30 POR CIENTO** del **AGUACATE ES ACEITE.**

21 Las **SETAS** son **AGUA EN UN 80-90 POR CIENTO.**

22 Hay pruebas del **ORDEÑO DE ANIMALES** en el norte de Europa del 5.000 a.C; en el Sahara, hay pinturas rupestres que también lo registran, y en algunas tumbas egipcias se ha encontrado queso.

23 La **PIZZA** más larga jamás extendida midió **1.141,5 m** y se elaboró en España el 31 de mayo de 2011.

QUE TE HARÁN PENSAR

24
El **ALGODÓN DE AZÚCAR,** presentado en Estados Unidos en 1904 en la **FERIA MUNDIAL** de Saint Louis, Missouri, es **AZÚCAR HILADO ALREDEDOR DE UN PALO.**

25
Los antiguos griegos formaban **PILAS DE AJOS** a lo largo de sus rutas, convencidos de que con ello los demonios perdían el rastro a los viajeros.

26
En **CAMBOYA** las **TARÁNTULAS** fritas son una delicia culinaria.

27
Los antiguos griegos comerciaban con su vino y su aceite de oliva y los cambiaban por **HIGOS** procedentes del extranjero, que consideraban **PORTADORES DE DULCES SUEÑOS.**

28
En Tailandia, se crían **GRILLOS** como alimento.

29
Los racimos de la fruta del **BANANO** se llaman **«MANOS»** porque cada banana parece un **DEDO.**

30
Los caramelos de chocolate **TOOTSIE ROLLS,** muy populares en Estados Unidos, se llaman así por la hija del fabricante, cuyo apodo era «Tootsie».

31
Los antiguos **EGIPCIOS** ya comían **SANDÍA** hace **5.000 AÑOS.**

32
El color **AZUL** del queso azul se debe a un **HONGO.**

33
El **QUESO DE CABEZA** contiene una mezcla de gelatina y partes de cabeza de jabalí; **«LECHECILLAS»** es el nombre gastronómico que se da al páncreas y al timo de un animal joven, como un ternero.

34
Las **TRUFAS** son un tipo de hongo subterráneo que se recoge en los bosques utilizando **PERROS Y CERDOS CON UN GRAN OLFATO.**

35
COMER QUESO al final de una comida frena la **CARIES DENTAL.**

1. Abraham Lincoln era un entusiasta aficionado a los deportes. En los meses previos a su elección en 1860, él y sus amigos se reunían en un callejón de Springfield, Illinois, EE.UU., para jugar al balonmano. **2. Dado que durante la Segunda Guerra Mundial muchos jugadores de fútbol americano estaban alistados en el ejército, los Philadelphia Eagles y los Pittsburg Steelers formaron un equipo combinado para la temporada de 1943. Fueron apodados los «Steagles».** 3. El primer vencedor olímpico fue Koroibos, un cocinero que ganó una carrera a pie de 183 m en el año 776 a. C. **4. El partido más frío de la historia de la Liga Nacional de Fútbol Americano se jugó el 31 de diciembre de 1967, los Dallas Cowboys se enfrentaron a los Green Pay Packers a -25 °C en Green Bay, Wisconsin. Se hizo famoso como «The Ice Bowl» (la copa de hielo).** 5. El jugador de béisbol Ken Griffey Jr. era alérgico a las chocolatinas que llevaban su nombre y su imagen. **6. El 23 de octubre de 2011, durante el partido entre los New Orleans Saints y los Indianapolis Colts, las cámaras de televisión captaron la imagen de lo que parecía un OVNI.** 7. En Argentina y otros países de Sudamérica se conoce a los jugadores por su apodo, como el «Patrulla» Giménez, la «Bruja» Verón, el «Terremoto» Cejas o el «Vitamina» Sánchez. **8. El Real Madrid es el equipo de fútbol con más Copas de Europa y el único con dos dígitos en el palmarés de esta competición: en 2014 ganó la décima.** 9. Los jugadores de fútbol americano se ponen grasa negra bajo los ojos para reducir el reflejo de la luz del sol y así ver mejor la bola. **10. Michael Jordan llevaba siempre sus pantalones cortos de la Universidad de Carolina del Norte debajo de la equipación profesional porque le daban buena suerte.** 11. Hasta el momento, solo selecciones europeas y sudamericanas han ganado el Mundial de fútbol. **12. Roger Bannister, un estudiante de medicina británico, fue la primera persona que corrió 1.600 m en menos de cuatro minutos. En 1954, su marca fue de 3 minutos y 59,4 segundos.** 13. El boxeador de la categoría de pesos pesados Rocky Marciano ganó por nocaut 49 combates en su carrera y se retiró invicto. **14. La carrera de caballos conocida como «el Derby de Kentucky», que comenzó a celebrarse en 1875, es uno de los certámenes deportivos más antiguos de Estados Unidos.** 15. Muhammed Alí, tal vez el boxeador más famoso del mundo, empezó a interesarse por este deporte cuando le robaron la bicicleta. **16. El término «jaque mate», que es la última jugada en el ajedrez, procede de la frase persa «*Shah Mat*» que significa «el Rey queda indefenso».** 17. El Nagoya Gran Bowl de Japón es la bolera más grande del mundo, con 156 pistas repartidas en tres plantas. **18. El 21 de mayo de 2011, tras escalar el monte Everest, Lakpa Tsheri y Sano Babu Sunuwar se lanzaron en parapente desde su cima. Cuando aterrizaron, prosiguieron en kayak hasta el océano Índico, completando un viaje desde la cumbre más alta hasta el mar.** 19. En un partido de los West Michigan White Caps puedes comerte una hamburguesa Fifth third que consiste en cinco piezas de 150 g de carne en un bollo gigante de pan. **20. Los pilotos de Fórmula 1 sudan tanto en una carrera que pueden llegar a perder 3 kg de peso.** 21. Veintiuno de los 22 jugadores de la selección de Bulgaria en el Mundial de fútbol de 1994 tenían apellidos que terminaban en «ev» u «ov». Petar Mikhtarski era la única excepción. **22. Dave «Tiger» Williams, jugador de la NHL, la liga de hockey de Estados Unidos, pasó sancionado en la *penalty box* el equivalente a 66 partidos completos, más que cualquier otro jugador hasta la fecha.** 23. En 1970, 55 personas cruzaron la línea de meta del Maratón de Nueva York. En 2011 lo hicieron 47.323. **24. El *bossaball*, que se juega en Europa y en Sudamérica, requiere el uso de trampolines y es un híbrido de voleibol, fútbol, gimnasia y un arte marcial brasileño llamado capoeira.** 25. La carrera de quesos es un deporte en el que los participantes dejan caer ladera abajo un queso con forma de rueda de 3,5 kg desde lo alto de una empinada colina y lo persiguen hasta abajo. **26. Antes de los partidos de hockey sobre hielo se congelan los discos para que se deslicen mejor y boten menos.** 27. El límite de peso para los *jockeys* del Derby de Kentucky es de 57 kg, incluida la equipación del jinete. **28. El día de Navidad de 1965, un hombre llamado Sherman Poppen construyó un juguete para su hija uniendo un par de esquís en una tabla ancha y atando una cuerda para manejarlo estando de pie. El juguete, que su mujer denominó «snurfer» (mezcla de nieve y surf), fue una de las primeras tablas de *snowboard*.** 29. *Heliskiing* es una modalidad de esquí en la que, en lugar de un telesilla, un helicóptero lleva a los esquiadores a la cima de una montaña para esquiar ladera abajo. **30. Andrew Skurka practica el atletismo de aventura y ha recorrido caminando más de 40.000 km, es decir, el equivalente a una vuelta al mundo.** 31. El ciclista navarro Miguel Indurain fue el primero de la historia en ganar cinco ediciones seguidas del Tour de Francia en 1995 **32. «Púgil» viene del latín y es sinónimo de boxeador. Por eso al deporte del boxeo se hace referencia a veces como «pugilato».** 33. Turk Wendell era *pitcher* de béisbol: masticaba siempre cuatro trozos de regaliz cuando lanzaba la bola y se cepillaba los dientes después de cada entrada. **34. Evel Knievel, un temerario motorista que realizaba peligrosas acrobacias en los años 70, ostenta el récord mundial de más huesos rotos a lo largo de toda una vida.** 35. El primer hombre afroamericano que se convirtió en campeón mundial de boxeo de pesos pesados recibió también una patente por mejorar la llave inglesa de uso doméstico. **36. Los Miami Dolphins de 1972 son el único equipo de la liga de fútbol americano de la historia que jugó toda una temporada sin ser derrotado una sola vez.** 37. Los 70 *home runs* de Mark McGwire, que le valieron un récord en la temporada de 1998, supusieron una distancia recorrida de más de 8.800 m, aproximadamente la altura del monte Everest. **38. Los mejores corredores alcanzan velocidades increíbles, ejerciendo en cada paso algo más de 450 kg de fuerza con una sola pierna.** 39. A diferencia del boxeo, en el sumo no hay categorías por peso. **40. Jordan Romero cumplió con el reto de escalar la montaña más alta de cada continente cuando tenía 15 años y 165 días, todo un récord mundial.** 41. El capitán del ejército británico Ed Stafford tardó casi dos años y medio en recorrer caminando los 6.437 km del río Amazonas. **42. A 193 km/h, un Fórmula 1 genera tanta fuerza de agarre que podría circular boca abajo por el techo de un túnel.** 43. En 2009 el futbolista Pedro Rodríguez consiguió anotar en las seis competiciones que su equipo, el F.C. Barcelona, ganaría esa temporada. **44. En 1962, Alvin Dark, mánager de los San Francisco Giants, dijo a su *pitcher* Gaylord Perry, que era principiante: «Llegará el hombre a la Luna antes de que Gaylord Perry haga un *home run*». Siete años más tarde, una hora después de que Neil Armstrong pisara la luna, Gaylord Perry realizaba su primer *home run* en una gran liga.** 45. Los jugadores profesionales pueden conseguir trayectorias curvas del balón en el aire por el principio de Bernoulli: si se da una patada al balón imprimiendo un cierto giro, soporta menor presión de aire por un lado, lo cual hace que trace una curva. **46. El partido de tenis más largo de la historia se disputó en Wimbledon en 2010. Se jugó durante 3 días, supuso 183 juegos y duró 11 horas y 5 minutos.** 47. En 2002, Mr. Met, la mascota de los New York Mets, celebró su cumpleaños con otras mascotas de las Grandes Ligas de Béisbol. **48. En 1984 Georgeann Wells, de Virginia occidental, fue la primera mujer en hacer un mate en un partido de baloncesto universitario oficial.** 49. Una pelota de béisbol caliente y seca llega más lejos que una fría y húmeda. **50. El hombre más veloz del mundo, Usain Bolt, alcanza una velocidad máxima de casi 45 km/h.** 51. Daniel Buettner tardó casi un año en viajar en bicicleta desde Alaska hasta Argentina. Fue un recorrido de 24.568 km. **52. Ski Dubai, en los Emiratos Árabes Unidos, es la primera estación de esquí cubierta de Oriente Medio.** 53. A varios miembros de los White Sox (calcetines blancos) de Chicago se les prohibió jugar, tras descubrirse que planeaban perder intencionadamente en 1919 frente a los Reds de Cincinnati, lo cual les valió el apodo de «Black Sox» (calcetines negros). **54. A principios del siglo XIX los equipos de béisbol no jugaban nueve entradas: jugaban hasta que uno de los dos equipos anotara 21 carreras.** 55. En un combate de 1871, los boxeadores James Mace y Joe Coburn se enfrentaron durante más de una hora sin que ninguno de los dos asestara un puñetazo claro al otro. **56. En 2006, el chamán Tzamarenda Naychapi viajó a Alemania con la selección nacional de fútbol de Ecuador para ahuyentar los malos espíritus y dar al equipo buena suerte en los partidos del Mundial.** 57. Desde 1949, el ganador de la Copa Masters, uno de los principales torneos de golf, recibe una chaqueta verde como premio. **58. El estadio Miller Park, sede del equipo de béisbol Milwaukee Brewers, celebra al final de la sexta entrada la competición de salchichas Klement, una carrera entre personas disfrazadas de distintos tipos de salchicha.** 59. El campo de fútbol americano de la Eastern Washington University es rojo brillante, a juego con los colores

de la universidad. **60. Una bola de golf tiene entre 330 y 500 hoyuelos, que contribuyen a que vuele más alto y lejos.** 61. En el Mundial de 1994 Italia se clasificó tercera para los octavos de final después de que en su grupo se produjera un cuádruple empate a 4 puntos. Perdería la final en los penaltis contra Brasil. **62. Todos los años se celebra en Finlandia una competición que consiste en correr cargando con la esposa; los hombres corren por terrenos abruptos llevando a su mujer a la espalda o a hombros.** 63. El deportista mejor pagado en 2011 fue el jugador de golf Tiger Woods, que ganó en torno a 70 millones de euros. **64. En 1962, Maryland fue el primer estado de Estados Unidos en adoptar un deporte oficial: las justas a caballo.** 65. Joe Alexander de Alemania estableció un récord mundial en 2010, al romper 24 bloques de hormigón mientras sostenía un huevo fresco e intacto en la misma mano con que partía los bloques. **66. Lauren Woolstencroft, que nació sin piernas por debajo de las rodillas y sin brazo izquierdo desde el codo, es uno de los mejores esquiadores alpinos del mundo y ganó cinco medallas de oro en los Juegos Paralímpicos de Vancouver de 2010.** 67. El Parque Fenway de Boston es el estadio de béisbol más antiguo de Estados Unidos aún en uso. La pared izquierda del campo se conoce como «Green Monster« (el monstruo verde). **68. A diferencia de la mayoría de deportes profesionales, en el béisbol no se utiliza un reloj, por lo que el tiempo de juego es ilimitado.** 69. Cada pelota de béisbol reglamentaria tiene 108 dobles puntadas rojas (o 216 puntadas sencillas). **70. Kareem Abdul-Jabbar, el mayor anotador de la NBA de todos los tiempos, coleccionaba vinilos.** 71. En los primeros partidos de baloncesto que se jugaron en EE.UU. se empleaban como canastas cestos de melocotones, de modo que había que subirse a una escalera para recuperar el balón. **72. El balón de fútbol americano se conoce también como «*pigskin*» (piel de cerdo), pues se confeccionaba envolviendo en cuero una vejiga de cerdo inflada. Actualmente se fabrica con cuero y caucho.** 73. Los pilotos de Fórmula 1 hacen ejercicios especiales para los músculos del cuello, sometidos a una gran tensión al tomar las curvas a velocidades extremadamente altas. **74. Tres *strikes* o plenos consecutivos en el juego de bolos constituyen un «triple» o «turkey».** 75. En una baraja de cartas, los cuatro reyes tienen barba, pero solo tres llevan bigote. El que no lo lleva es el de corazones. **76. Patrick Roy, uno de los mejores porteros de *hockey* de todos los tiempos, hablaba con los postes de su portería y les pedía que le contestaran.** 77. En el *hockey* bajo el agua, los equipos utilizan palos cortos para empujar un pesado disco por el suelo de la piscina hacia la portería contraria. **78. La figura del patinaje Kristi Yamaguchi nació con un defecto en un pie y empezó a patinar para fortalecer pies y tobillos.** 79. En 1935, el atleta Jesse Owens batió cuatro récords mundiales en menos de una hora. **80. Antes de un torneo de sumo, los luchadores realizan una ceremonia de «ingreso en el ring», que termina cuando el mejor posicionado da una palmada y golpea fuerte el suelo con los pies para invocar a los dioses y ahuyentar al diablo.** 81. En 1951, Althea Gibson fue la primera jugadora negra de

100 GANADORES DATOS SOBRE DEPORTES

tenis en el torneo de Wimbledon. Más tarde se convertiría también en jugadora profesional de golf. **82. Freya Hoffmeister es la primera mujer que ha dado la vuelta a Australia remando. La travesía, de 13.760 km, duró 332 días.** 83. Los esquiadores en descenso controlan el impulso llevando una trayectoria en «S», que frena un poco. **84. Los profesionales del *luge* alcanzan velocidades de más de 150 km/h cuando se deslizan por la pista sobre su trineo.** 85. La temperatura de una piscina olímpica de natación debe estar entre 25 y 28 ºC. El ambiente exterior ha de mantenerse dentro de un margen de tres grados respecto del agua. **86. A los 60 años, Jack LaLanne nadó 1,6 km desde la isla de Alcatraz hasta el Fisherman Warf, en San Francisco, EE.UU., esposado, encadenado y remolcando un barco de más de 450 kg.** 87. La «Leyenda del Pulpo» es una tradición en la que los seguidores del equipo de hockey Red Wings arrojan pulpos de verdad al hielo para tener buena suerte. **88. La noche de Halloween de 2009, el partido de baloncesto entre los Spurs de San Antonio y los Kings de Sacramento se retrasó porque alguien soltó un murciélago en la cancha.** 89. El tercer base Wade Boogs era muy supersticioso: comía pollo todos los días de partido y trazaba un símbolo hebreo en el polvo cada vez que pisaba el campo. **90. Los egipcios practicaban un deporte similar al béisbol llamado «*tipcat*».** 91. Quienes practican el *extreme ironing* planchan ropa en la cima del monte Rushmore o bien por los aires tras saltar en paracaídas, en medio de la selva e incluso bajo el agua. **92. El *quidditch*, deporte que se practica sobre escobas en la serie *Harry Potter*, ahora se practica también en la vida real por todo el mundo. Estados Unidos es el país con más equipos registrados: 572.** 93. Todos los años, en la localidad de Wetton, en Inglaterra, se disputan los campeonatos de «lucha de dedos gordos de los pies». **94. Para dar más emoción al espectáculo, en 1981 la Premier League de Inglaterra fue la primera liga de fútbol en conceder un valor de tres puntos a las victorias en lugar de dos.** 95. Existe un debate en curso entre la Universidad de Washington y un hombre llamado «Krazy George Henderson» en torno a quién inventó la «ola» del público. Estudiantes de la universidad afirman que fueron ellos en un partido de antiguos alumnos en 1981. Krazy George, animador profesional, dice que fue él, en un partido de béisbol entre los A's y los Yankees disputado en Oakland dos semanas antes. **96. La primera mascota de un equipo fue un bulldog real de nombre «Handsome Dan», que animó a los deportistas de la Universidad de Yale en 1889.** 97. El escalador italiano Reinhold Messner fue la primera persona en escalar los 14 «ocho mil» del mundo (montañas con un mínimo de 8.000 m de altitud). **98. Diversos estudios muestran que los deportistas que se visten de rojo cuentan con más probabilidades de ganar cuando compiten.** 99. La selección nacional de fútbol de las islas Feroe juega en un campo que se extiende a orillas del mar. Una barca se mantiene en el agua para recoger los balones que caen fuera del campo. **100. Los Juegos Olímpicos se crearon el año 776 a. C. en honor de Zeus y para llevar la paz a Grecia.**

1
Los elefantes africanos son los **MAMÍFEROS TERRESTRES MÁS GRANDES** de la Tierra. Son ligeramente más grandes que sus parientes los elefantes asiáticos.

2
Las **GRANDES OREJAS,** de los elefantes africanos poseen la silueta del continente africano. Los elefantes asiáticos tienen **OREJAS REDONDEADAS Y MÁS PEQUEÑAS.**

3
El embarazo de una elefanta dura más del **DOBLE** que el de una mujer.

4
Los elefantes africanos viven hasta **70 AÑOS.**

5
Los elefantes africanos tienen una **ALTURA A LA CRUZ DE 2,5 A 4 m.**

6
Los elefantes africanos pesan entre 2.300 y 6.300 kg, es decir, **¡MÁS QUE DOS MONOVOLÚMENES GRANDES!**

7
Los elefantes asiáticos se adiestran más fácilmente para el **TRANSPORTE Y EL TRABAJO** que los africanos.

8
Los elefantes pueden recorrer **145 km** al día.

9
La trompa de un elefante africano adulto tiene una **LONGITUD** de alrededor de **2 m,** es decir, ¡es más larga que tu cama!

10
La trompa es en realidad una **PROLONGACIÓN DE LA NARIZ** y **EL LABIO SUPERIOR.**

11
Un elefante puede **SORBER 7,5 l DE AGUA** por la trompa de una sola vez. Después la introduce en la boca y el agua pasa directamente a su garganta.

12
Lucy the Elephant es un edificio de seis plantas con **FORMA DE ELEFANTE** en Nueva Jersey, EE.UU. Tiene escaleras de caracol en las patas para llegar a un asiento en su espalda.

13
Los elefantes usan la trompa para rociarse con agua y **MANTENERSE FRESCOS.** Después se esparcen polvo por encima como **PROTECTOR SOLAR.**

14
Los elefantes también utilizan la trompa como tubo de ***SNORKEL*** cuando vadean por **AGUAS PROFUNDAS.**

15
La trompa del elefante se halla bajo el control de **100.000 MÚSCULOS.**

16
Al nacer, la trompa del elefante no tiene aún **TONO MUSCULAR.** Tardará aún varios meses en controlarla.

17
El elefante africano tiene **DOS APÉNDICES A MODO DE DEDOS** en la punta de la trompa, que utiliza para **AGARRAR BAYAS** o arrancar hojas.

18
El elefante asiático tiene un solo apéndice con **FORMA DE DEDO** en la trompa.

19
Los elefantes son parientes próximos del extinto **MAMUT LANUDO.**

20
Las **«OREJAS DE ELEFANTE»** son un dulce mejicano que se vende en ferias y fiestas populares.

21
Los elefantes olfatean el aire elevando la trompa, como si fuera un **PERISCOPIO SUBMARINO.**

22
MAMÁ ELEFANTE puede usar la trompa para levantar o empujar a su cría por un terreno difícil, sacar a otro elefante del barro o poner de pie al recién nacido.

23
Los elefantes macho emplean los colmillos para **LUCHAR** entre ellos.

24
Todos los elefantes africanos disponen de colmillos, mientras que **SOLO LOS ELEFANTES ASIÁTICOS MACHO LOS TIENEN.**

25
EL TAMAÑO Y FORMA DE LOS COLMILLOS se mantiene dentro de una misma familia, de forma similar a ciertos caracteres que tú has heredado de tus padres.

26
Los colmillos de un elefante no son otra cosa que **DIENTES.**

27
Los elefantes tienen **CUATRO MOLARES** en los laterales de la boca, un par **ARRIBA** y otro **ABAJO.**

28
UN MOLAR DE ELEFANTE puede llegar a pesar 5 kg y tener el **TAMAÑO DE UN LADRILLO.**

29
Muchos elefantes han muerto por sus colmillos, que se usan para fabricar joyas y teclas de piano. Al convertirse en estos objetos, el material pasa a denominarse **MARFIL.**

30
La larga nariz de un elefante **PUEDE OLER AGUA A KILÓMETROS DE DISTANCIA.**

31
Los elefantes tienen la piel tan sensible que pueden **NOTAR COMO UNA MOSCA** se posa en su lomo.

32
Los elefantes utilizan los **COLMILLOS COMO HERRAMIENTAS;** con ellos escarban en busca de agua o raíces, comen e incluso separan la corteza del tronco de los árboles.

50 ENORMES DATOS SOBRE ELEFANTES

33
La atracción de Disneyland Dumbo el elefante volador se diseñó con todos los elefantes rosas, como los de la **«PESADILLA DE DUMBO».**

34
Algunos elefantes **PREFIEREN SU COLMILLO DERECHO,** otros el **IZQUIERDO,** igual que nos ocurre a nosotros con las manos.

35
Los elefantes tienen en la planta de los pies unas **ALMOHADILLAS MULLIDAS** que amortiguan su peso.

36
Los elefantes **SIENTEN LA VIBRACIÓN DEL SONIDO** en el terreno. Se cree que pueden percibir otras manadas a más de 30 km.

37
LAS HEMBRAS VIVEN CON LA MANADA TODA LA VIDA. Los machos, a los 12 o 15 años, se van a vivir solos o forman **MANADAS DE «SOLTEROS»** con otros machos.

38
Aunque hoy en día es **ILEGAL** comerciar con marfil, los cazadores furtivos siguen matando elefantes.

39
Cuando nacen, las crías de elefante pesan unos **90 kg,** es decir, tienen el tamaño de un **HUMANO ADULTO GRANDOTE.**

40
Los elefantes recién nacidos miden **1 m DE ALTO,** más o menos la altura de un sofá.

41
La **CRÍA DE ELEFANTE** bebe leche de su madre hasta los cuatro o cinco años de edad.

42
Los elefantitos a veces chupan su trompita para consolarse, exactamente igual que los **BEBÉS HUMANOS SE CHUPAN EL PULGAR.**

43
A veces, cuando están satisfechos, los elefantes hacen ruiditos similares a un **RONRONEO.**

44
Un elefante africano come cerca de 140 kg de comida al día. ¡Es como comerse **1.200 HAMBURGUESAS!**

45
Los elefantes usan su boca y su trompa para **PROTESTAR, GRUÑIR Y BARRITAR.** Es así como se comunican entre ellos.

46
«PAQUIDERMO» es un término empleado para describir a elefantes, rinocerontes e hipopótamos. Significa **«PIEL GRUESA».**

47
Los **ELEFANTES MARINOS** son focas y deben su nombre a su gran tamaño y a que los machos tienen la **NARIZ SIMILAR A UNA TROMPA DE ELEFANTE.**

48
Con apenas 64 minutos de duración, **DUMBO** es una de las películas de **DIBUJOS ANIMADOS MÁS CORTAS DE DISNEY.**

49
En ocasiones los elefantes entrelazan sus trompas en algo así como un **«ABRAZO DE ELEFANTE».**

50
Las orejas de los elefantes desprenden calor, así **MANTIENEN FRESCO** al animal cuando las temperaturas son altas.

25 DATOS DE DIRECTAMENTE ¡AL BOTE!

1

EL BILLETE DE MÁS VALOR PRODUCIDO ACTUALMENTE POR ESTADOS UNIDOS ES EL DE 100 $, PERO HACE MENOS DE 45 AÑOS PODÍAS PAGAR CON **billetes de 10.000 $**

2

La palabra «moneda» proviene de Juno Moneta, la **DIOSA ROMANA** protectora de las riquezas.

3

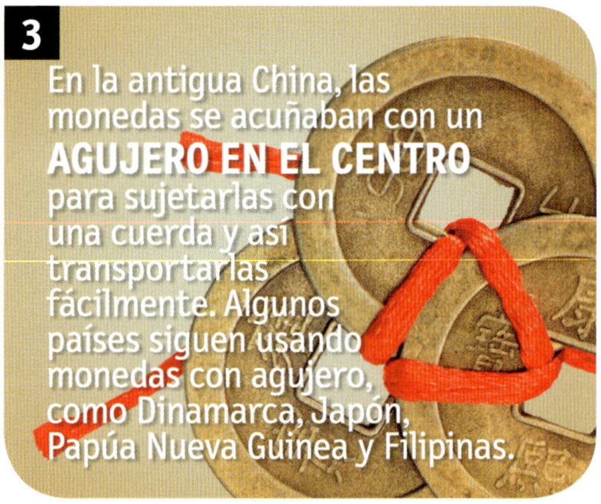

En la antigua China, las monedas se acuñaban con un **AGUJERO EN EL CENTRO** para sujetarlas con una cuerda y así transportarlas fácilmente. Algunos países siguen usando monedas con agujero, como Dinamarca, Japón, Papúa Nueva Guinea y Filipinas.

4

Una **TINTA ESPECIAL** utilizada en los billetes de 50 euros hace que las estrellas amarillas se vean naranjas y la firma azul se vea verde si se observan bajo luz negra o ultravioleta.

5

Se cree que la moneda más pequeña de la historia es el cuarto de tara de plata de Vijayanagara, un imperio asiático que existió desde 1336 hasta 1646. Tenía un diámetro de 4 mm, más o menos el **TAMAÑO DE UNA PULGA.**

6

La moneda de 1 $ canadiense se conoce coloquialmente como «*loonie*», porque en su reverso figura la imagen de un colimbo (*loon* en inglés), ave acuática del Canadá.

7

En 2007, Mongolia emitió una moneda conmemorativa con un retrato del presidente de Estados Unidos John F. Kennedy. Si aprietas un botón diminuto la moneda emite un fragmento de uno de sus discursos.

8

Hay todo un zoo de animales desperdigado por las monedas del mundo, entre ellos **LEONES** en Sudáfrica, **DELFINES** en Islandia, **COLIBRÍS** en Brasil y **CANGUROS** en Australia.

9

No todas las monedas son redondas. Las Islas Cook acuñaron una moneda de 2 $ triangular y en las Bahamas sigue en circulación una moneda cuadrada de 15 céntimos.

10

Los dientes de cetáceos dentados fueron en el pasado una moneda en curso muy valiosa de Fiji. En el siglo XIX, un **DIENTE DE CACHALOTE** era lo que valía una canoa.

11

En 2008, se emitieron en Chile monedas de 50 pesos con **el nombre del país mal escrito: «CHIIE».** Las monedas fueron utilizadas durante más de un año antes de que alguien se diera cuenta de la errata.

12

Las primeras monedas de oro y plata de la Fábrica de Moneda de Estados Unidos no llevaban impreso ningún número. Solo podían distinguirse por su tamaño.

13

En 2009, el Banco de Inglaterra recicló los billetes viejos y dañados para convertirlos en **ABONO, QUE FUE VENDIDO A GRANJAS.**

14

Cerca de dos docenas de países, desde Australia hasta Nigeria y México, imprimen moneda en **LÁMINAS DE PLÁSTICO** en lugar de papel. Estos billetes de vivos colores son tan resistentes que pueden lavarse con agua y jabón.

15

EL BISONTE QUE APARECE EN LA MONEDA DE ESTADOS UNIDOS CONOCIDA COMO «NÍQUEL DEL BÚFALO» FUE CREADO A IMAGEN DE UN ANIMAL REAL LLAMADO **«BLACK DIAMOND»,** QUE VIVIÓ EN EL ZOO DE NUEVA YORK DESDE 1893 HASTA 1915.

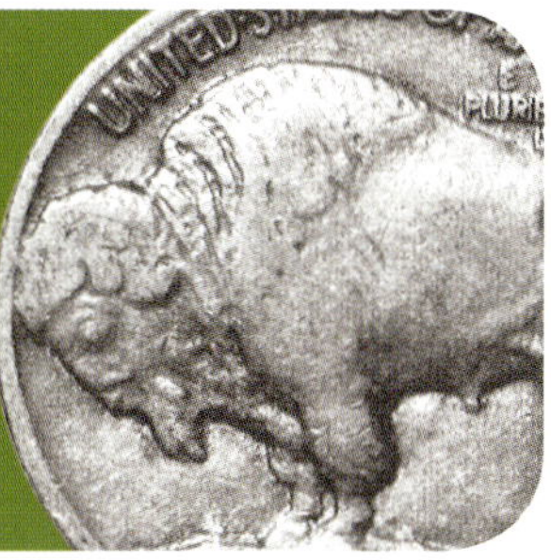

16

La imagen de la Libertad en el anverso de la moneda de 1 centavo de EE.UU. de 1839 resultaba tan ridícula para muchas personas que pasó a ser conocida como ***«SILLY HEAD»***.

MONEDAS

17

UNA MONEDA **canadiense roja** RESULTABA TAN INSÓLITA QUE LOS AGENTES DE LAS FUERZAS ARMADAS DE ESTADOS UNIDOS PENSARON QUE SE TRATABA DE UN DISPOSITIVO ESPÍA DE GRABACIÓN.

18

En 1685, en Quebec, Canadá, el gobierno colonial francés se quedó sin dinero, así que pagó a sus soldados con **CARTAS DE JUEGO.**

19

En Venezuela existe una moneda en circulación con un valor de 12 ½ céntimos.

20

Una moneda de oro, llamada «águila doble» y acuñada en EE.UU. en 1933, se vendió en una subasta en 2002 por más de 7,5 millones de dólares, la mayor suma pagada jamás por una moneda.

21

Algunas tribus nómadas africanas dan a su moneda forma de **BRAZALETE O TOBILLERA.** De esta manera les resulta más fácil transportar el dinero cuando se trasladan de un lugar a otro.

22

En 1946 se imprimió en HUNGRÍA EL BILLETE DE 100 TRILLONES DE PENGOS. Fue el billete con la denominación más alta jamás emitido por un país, aunque su valor real fuera equivalente a unos céntimos de euro.

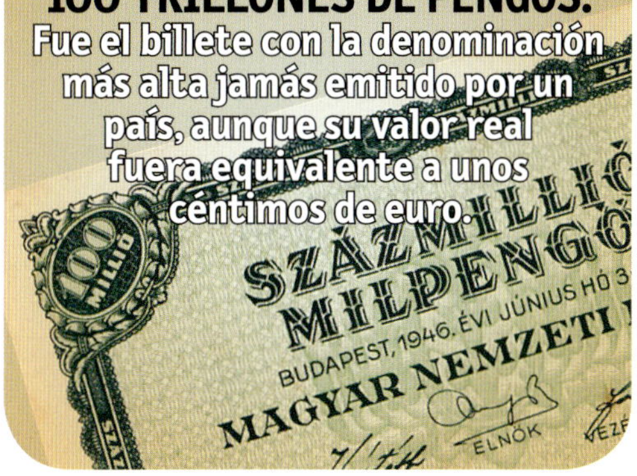

23

«NÍQUEL» PROVIENE DEL TÉRMINO ALEMÁN PARA «PÍCARO». LOS MINEROS ELIGIERON EL NOMBRE PORQUE EL MINERAL SE PARECE AL COBRE —MÁS VALIOSO— Y A VECES «EL PÍCARO» LOS CONFUNDÍA.

24

EN NORUEGA, EN OTROS TIEMPOS, LA **mantequilla** SE ACEPTABA COMO MONEDA DE CAMBIO EN LAS TRANSACCIONES COMERCIALES.

25

Hasta principios del siglo XX, **un coco entero** era moneda en curso en las islas Nicobar, en el océano Índico, al oeste de Tailandia.

15 AMENOS DATOS

❶ **LAS HOJAS CAMBIAN DE COLOR EN OTOÑO** porque los días más cortos y las noches más largas dan lugar a que los árboles **PRODUZCAN MENOS CLOROFILA.** Esta sustancia hace que la planta aproveche la energía de la luz solar y le confiere el color verde.

❷ En el **INVIERNO DE 1998-99, MOUNT BAKER, EN WASHINGTON,** estableció el **RÉCORD DE LA MAYOR NEVADA JAMÁS REGISTRADA** en Estados Unidos. Cayeron **2.895,6 cm** de nieve, una altura suficiente para cubrir casi por completo un **EDIFICIO DE DIEZ PLANTAS.**

❸ **BEAVER, EN OKLAHOMA, EE.UU.,** acoge cada primavera el **CAMPEONATO MUNDIAL DE LANZAMIENTO DE ESTIÉRCOL DE VACA.**

❹ Según la **MITOLOGÍA GRIEGA** las estaciones surgieron cuando Hades, dios del inframundo, raptó a Perséfone, diosa de la fertilidad primaveral. La diosa fue **OBLIGADA A VISITAR AL DIOS BAJO TIERRA CUATRO MESES CADA AÑO,** tiempo durante el cual la **TIERRA QUEDABA FRÍA Y SIN VIDA.**

❺ Cuando es **VERANO EN EL HEMISFERIO NORTE,** es **INVIERNO EN EL HEMISFERIO SUR,** y viceversa.

❻ Las estaciones del año son el resultado de **LA ROTACIÓN DE LA TIERRA SOBRE UN EJE INCLINADO EN SU GIRO ALREDEDOR DEL SOL.** La inclinación da lugar a que las diferentes partes del globo reciban **CANTIDADES DIFERENTES DE LUZ SOLAR EN MOMENTOS DIFERENTES DEL AÑO.**

❼ Dado que la **CANTIDAD DE LUZ SOLAR EN EL ECUADOR** se mantiene más o menos constante durante todo el año, los países de esta región **NO TIENEN CUATRO ESTACIONES.** Los meses del año se reparten entre **ESTACIÓN HÚMEDA Y ESTACIÓN SECA.**

SOBRE LAS ESTACIONES

8 Todas las navidades, la **CIUDAD SUECA de GÄVLE** construye una **CABRA DE PAJA DE 13 m.**

9 **EN EL ESPACIO EXTERIOR TAMBIÉN SE PRODUCEN CHAPARRONES DE PRIMAVERA.** Existen imágenes que muestran que sobre los desiertos de **TITÁN, LA LUNA MÁS GRANDE DE SATURNO,** han caído **LLUVIAS DE METANO.**

10 La **ERUPCIÓN VOLCÁNICA MÁS VIOLENTA** de la que se tiene constancia fue tan fuerte que las cenizas presentes en el aire **CAMBIARON EL CLIMA EN EL MUNDO,** y dieron lugar a que el año 1816 fuera conocido en parte de Europa y Norteamérica como **«EL AÑO SIN VERANO».**

11 Cada primavera, la localidad de **CHANDLER, EN ARIZONA, EE.UU.,** acoge el **FESTIVAL DEL AVESTRUZ,** un acontecimiento de fin de semana con música, un desfile y **CARRERAS DE AVESTRUCES.**

12 **EN SATURNO,** una estación dura alrededor de **SIETE AÑOS TERRESTRES.**

13 **EN CHINA EXISTE LA CREENCIA DE QUE LOS ESPÍRITUS SE TOMAN UNAS VACACIONES DE VERANO** de un mes y regresan para disfrutar de la comida y la diversión durante lo que se conoce como el **«FESTIVAL DE LOS FANTASMAS HAMBRIENTOS».**

14 La **ALERGIA ESTACIONAL** afecta a unos **500 MILLONES DE PERSONAS EN TODO EL MUNDO, LO CUAL SUPONE ¡UN MONTÓN DE PAÑUELOS DE PAPEL!**

15 Todos los inviernos, la localidad de **KEMI,** en **FINLANDIA,** construye un **CASTILLO DE NIEVE**–una estructura con **PAREDES DE 3,7 m– UN HOTEL Y UN RESTAURANTE,** todo ello totalmente de nieve. La nieve natural es demasiado blanda, de modo que se emplea nieve creada con agua de mar.

75 FASCINANTES DATOS SOBRE EUROPA

1. Europa es el segundo continente más pequeño del mundo, aunque su línea de costa, con cerca de 38.000 km, casi podría rodear la Tierra.

2. **LA DANZA DEL FUEGO DE BULGARIA SE BAILA CON LOS PIES DESNUDOS SOBRE BRASAS ARDIENDO, DE LA MISMA MANERA QUE SE HACÍA HACE MILES DE AÑOS.**

3. El mar Caspio es la masa de agua rodeada en su totalidad de tierra más grande del mundo. Es mayor que Japón.

4. El queso tiene su importancia en la historia de Suiza. La *fondue*, que consiste en mojar pan en queso fundido, se inventó en Suiza. Los agujeros del queso suizo se llaman «ojos».

5. En Europa hay 6 países que empiezan por «A»: Albania, Alemania, Andorra, Armenia, Austria y Azerbaiyán.

6. En las corridas de toros, el torero incita al animal con un capote rojo. Los toros no distinguen el color, pero el movimiento los atrae.

7. Rusia, el país más grande del mundo, abarca 11 husos horarios y se extiende sobre dos continentes (Europa y Asia).

8. Las nutrias europeas son muy juguetonas. En ocasiones juegan al pilla-pilla, se tiran por pendientes de barro o patinan y se deslizan por la nieve.

9. A veces se habla de Austria como «la tierra de la música», ya que muchos compositores clásicos vivieron en Viena. Hoy en día, casi todas las localidades de Austria cuentan con una banda o una orquesta.

10. La cocina letona incluye una sopa fría de crema agria y *spekapīradzini* (empanada de beicon).

11. El Palacio del Parlamento Rumano, en Bucarest, puede verse desde el espacio. Alrededor de 20.000 personas trabajaron en su construcción, que comenzó en julio de 1984.

12. El ruiseñor es un tipo de ave presente en bosques de Europa y suroeste de Asia. Migran al sur y pasan los inviernos en África.

13. En Roma puedes ir a ver la Bocca della Verità («la boca de la verdad»), una máscara antigua de mármol. Cuenta la leyenda que si metes la mano en la boca y eres un mentiroso, la máscara se la traga.

14. **MÓNACO ES UN PEQUEÑO PAÍS CON HOTELES DE LUJO A ORILLAS DEL MEDITERRÁNEO. HAY UN HOTEL QUE OFRECE UNA SUITE EN LA OCTAVA PLANTA POR ALREDEDOR DE 13.000 EUROS LA NOCHE.**

15. La isla de Porto Santo, en el archipiélago de Madeira, acoge en el mes de septiembre un festival de una semana dedicado a Cristóbal Colón. El primer hijo de Colón nació en esta isla.

16. Helsinki, en Finlandia, es la capital más septentrional de Europa y tiene más de 300 islas.

17. El monte Etna es un volcán situado en la isla italiana de Sicilia, en el mar Mediterráneo, que casi siempre está en erupción. Existen tres observatorios en el Etna.

18. Alrededor de un tercio de todas las frambuesas del mundo proceden de Serbia.

19. Los LEGO se crearon en Dinamarca. Cuando en Florida, EE.UU., se encontró una figura gigante de lego tirada a orillas del mar, se le siguió el rastro hasta dar con un artista danés.

20. **UN HOMBRE BAJÓ EN BICICLETA LOS 1.665 ESCALONES DE LA TORRE EIFFEL EN PARÍS, FRANCIA.**

21. El primer circo se creó en Roma, Italia.

22. Todos los años se producen en los Alpes suizos alrededor de 10.000 avalanchas.

23. El pueblo Sami de Escandinavia está integrado por excelentes pastores de renos. Los renos pueden recorrer 5.000 km al año.

24. Un poeta irlandés escribió una obra que solo duraba 35 segundos.

25. El Tribunal Internacional de Justicia tiene su sede en La Haya, Holanda. Se localiza en el Palacio de la Paz.

26. Los Alpes cuentan con más de 30.000 especies animales y 13.000 especies vegetales.

27. Muchos tramos de la *autobahn*, la red de autovías de Alemania, no tienen límite de velocidad. La primera parte se completó en 1932 y hoy en día el sistema está integrado por 11.000 km.

28. En Rusia, se considera que agitar las manos en la entrada a un lugar da mala suerte.

29. La supercolonia de hormigas más grande que se conoce se extiende a lo largo de 6.440 km, entre Portugal, España, Francia e Italia.

30. La primera tienda de chocolate de Suiza se abrió en Berna en 1792.

31. Más de 400 especies de mariposas revolotean por los cielos de Europa. La mariposa amarilla y negra habita los prados alpinos.

32. La red de metro de Londres, Inglaterra, se llama «Tube» o «Underground». Se estima que medio millón de ratas viven en ella.

33. Islandia tiene dos importantes zonas volcánicas, porque se encuentra entre placas tectónicas.

34. Se están realizando esfuerzos para recuperar el bisonte europeo. Es el herbívoro más grande de Europa y está prácticamente extinguido.

35. Finlandia tiene alrededor de 188.000 lagos.

36. El único parque nacional de Portugal, el Peneda Gerês, alberga antiguas calzadas romanas y dólmenes, las primeras estructuras de piedra construidas por el hombre.

37. **EL PAÍS MENOS POBLADO DEL MUNDO, LA CIUDAD DEL VATICANO, CONTABA EN 2011 CON 798 HABITANTES. SU TERRITORIO SE ENCUENTRA DENTRO DE LA CIUDAD DE ROMA, ITALIA.**

38. El idioma de Luxemburgo, el luxemburgués, es muy parecido al alemán. La prensa allí se publica en alemán, pero los funcionarios utilizan el francés para las tareas administrativas.

39. Hay más gente pelirroja nacida en Escocia que en ningún otro lugar del mundo.

40 La bandera de la Unión Europea muestra un círculo de 12 estrellas amarillas sobre un fondo azul. Las estrellas simbolizan la armonía y la unidad.

41 El Canal de la Mancha se extiende entre Inglaterra y Francia y tiene una anchura de 32 km. La travesía a nado más rápida duró poco más de siete horas, pero la más larga supuso más de un día.

42 Disneyland París abrió sus puertas en 1992. Unos 15 millones de turistas visitan el parque todos los años y es el destino europeo con mayor aceptación.

43 El lago más profundo de Europa está en Noruega. Es el Hornindalsvatnet y tiene 514 m de profundidad.

44 IRLANDA NO TIENE SERPIENTES AUTÓCTONAS. DICEN QUE SAN PATRICIO LAS OBLIGÓ A MARCHARSE.

45 El Muro de Berlín, que dividió Alemania durante 28 años, fue derribado en 1989. Incluía 302 torres de vigilancia y 259 senderos para perros policía. Hoy en día, fragmentos del muro se hallan dispersos por distintos museos del mundo. También se pueden comprar trocitos en eBay.

46 Budapest, la capital de Hungría, tiene más de 100 manantiales de aguas termales. Hay que tener cuidado al meterse en *spas* y baños, pues algunas aguas están a 76 °C.

47 Venecia, en Italia, no tiene calles, sino canales. La ciudad está formada en realidad por más de 100 islas conectadas por un sistema de canales.

48 En Islandia todo el mundo debe aprender a nadar, ¡por ley!

49 La típica bolsa alargada de lona, para llevar ropa, se llama también *Duffel* por una ciudad de Bélgica de donde procedía la tela utilizada para su confección.

50 En Serbia se celebra todos los años un festival de trompetas al que acude gente de todo el mundo para tocar y bailar. Incluye también un concurso para la elección del mejor trompetista.

51 La Estatua de la Libertad de Nueva York, EE.UU., se construyó en Francia.

52 EL PRIMER CAMPEONATO DE LUCHA LIBRE DE DEDOS DE LOS PIES FUE EN DERBYSHIRE, REINO UNIDO, EN 1976.

53 La Torre de Pisa empezó a inclinarse al añadir el tercer piso y no dejó de hacerlo durante 800 años. Pesa 12.700 t y presenta una inclinación de 5 m respecto a su centro.

54 En una exhibición en Alemania, se batió el récord de «sostener en la boca el mayor número de pajitas»: 400.

55 Los encierros de toros de San Fermín, en Pamplona, España, tienen su origen en el siglo XIV.

56 Muchanagherderdauhaulia es el nombre más largo de una localidad, en el condado de Galway, en Irlanda.

57 En muchos países del mundo en lugar del Ratoncito Pérez, el Hada de los Dientes es la encargada de recoger los dientes que los niños dejan debajo de la almohada.

58 Gran parte del chocolate del mundo se vende en el Aeropuerto Nacional de Bruselas, en Bélgica.

59 Mostrar la palma de la mano a alguien es un gesto ofensivo en Grecia.

60 En Francia, Alemania y Austria, entre otros países, dejar las manos bajo la mesa durante la comida se considera de mala educación.

61 La noria más grande de Europa, la London Eye, tarda 30 minutos en dar una vuelta completa y avanza tan despacio que los pasajeros pueden subirse y bajarse sin que la noria se detenga.

62 Moscú, la capital de Rusia, es la ciudad más grande de Europa. En 2011 vivían allí 79 multimillonarios, es decir, más que en Nueva York, Londres y Los Ángeles.

63 Estambul, en Turquía, es la única gran ciudad que se extiende a caballo entre dos continentes, Europa y Asia. Un 70 por ciento de los residentes en Estambul vive en el sector europeo.

64 Se estima que en Amsterdam hay más bicicletas que personas.

Torre Eiffel, París, Francia

65 En verano, hay áreas de Suecia con 24 horas de luz diurna, pero en pleno invierno el sol no se deja ver durante dos meses.

66 Alemania acoge todos los años las «Olimpiadas del Barro».

67 En Alemania se celebra una carrera de patitos de goma, en la que 6.000 patitos son arrojados al río Neckar.

68 LA TORRE EIFFEL DE PARÍS, FRANCIA, SE PINTA APROXIMADAMENTE CADA SIETE AÑOS. REQUIERE UN EQUIPO DE 25 PINTORES, QUE HAN DE EMPLEAR MÁS DE 1.500 BROCHAS PARA REPINTAR EL MONUMENTO.

69 Guillermo el Conquistador cazaba jabalíes y ciervos en la zona de New Forest, en el sur de Inglaterra. Estos bosques albergan robles de 500 años y la única serpiente venenosa de Gran Bretaña, la víbora común.

70 Una casa de Trassenheiden, en Alemania, está construida totalmente boca abajo y es una disparatada atracción turística. En su interior todo está del revés, incluido el baño.

71 La monarca actual del Reino Unido, la reina Isabel II, tiene su propio canal de YouTube.

72 El Parque Nacional de Snowdonia, en Gales, presume de tener al rey Arturo entre sus más famosos habitantes. Se dice que luchó contra el gigante Rhita Gawr, asesino de reyes, en la cima de Snowdon, la cumbre más alta de Gales, que da nombre al parque.

73 Fire Rock es una esfera de piedra con forma de sol que se encuentra en el Parque Nacional de la Suiza Bohemia, en la República Checa; se dice que fue generada por un rayo.

74 «Bielorrusia», en el este de Europa, significa «Rusia blanca».

75 El monte Sibilla, en Italia, debe su nombre a la mítica mujer con dotes proféticas llamada Sibila. Se dice que los caballeros cruzaban Europa hasta su remota gruta en busca de consejos y sabiduría.

¡VISTA ARRIBA! 35 DATOS SOBRE BASURA

1

Se entiende por **BASURA ESPACIAL** cualquier objeto producido por el hombre, que ya no cumple con ningún propósito útil y que gira en órbita alrededor de la Tierra.

2

Un viejo satélite ruso y uno estadounidense en activo **CHOCARON** en 2009 sobre Siberia, generando más de 2.000 nuevas piezas de basura espacial en órbita alrededor de la Tierra.

3

En 2011, la Estación Espacial Internacional, en órbita alrededor de la Tierra, **CAMBIÓ SU TRAYECTORIA** para no chocar contra un trozo de basura espacial de 10 cm desprendido de la colisión de satélites de 2009.

4

Entre abril de 2011 y abril de 2012, la Estación Espacial Internacional **(DE 391 t)** cambió de trayectoria cuatro veces para no colisionar con basura espacial.

5

En enero de 2001, un **TROZO DE COHETE** de 70 kg cayó a unos 240 km de Riad, la capital de Arabia Saudí.

6

La basura espacial incluye fragmentos de cohetes y satélites y también objetos cotidianos como **LLAVES INGLESAS** extraviadas durante la construcción de la Estación Espacial Internacional.

7

Durante el histórico paseo espacial de **ED WHITE** en 1965, al famoso astronauta se **LE CAYÓ UN GUANTE;** desde entonces orbita en el espacio.

8

Casi toda la basura espacial orbita a una distancia máxima de la Tierra de 2.000 km, aunque la **MAYOR CANTIDAD DE DESECHOS** está entre 750 y 950 km por encima de la superficie terrestre.

9

La basura espacial más grande tiene más o menos el tamaño de un **FRIGORÍFICO;** la más pequeña está integrada por **PEQUEÑAS MOTAS DE PINTURA.**

10

Los científicos estiman que hay alrededor de **500.000 FRAGMENTOS DE BASURA ESPACIAL** de entre 1 y 10 cm de diámetro en órbita alrededor de la Tierra.

11

Existen decenas de millones de partículas de basura espacial **MENORES DE 1 cm** flotando alrededor de la Tierra.

12

La basura espacial que orbita **A MENOS DE 600 km** de la Tierra tarda aproximadamente **25 AÑOS EN VOLVER A CAER** sobre el planeta.

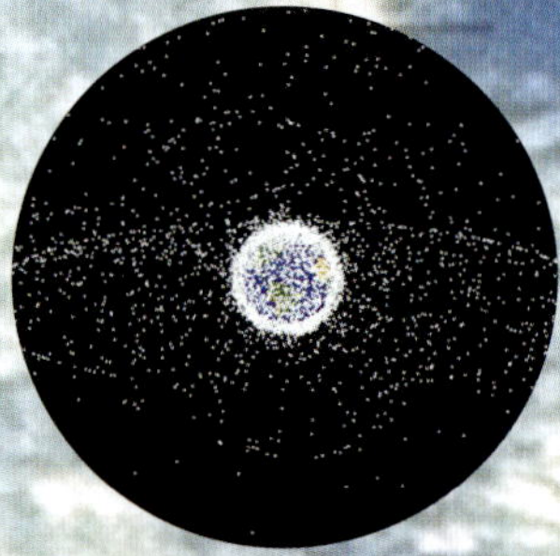

13

La basura espacial a unos **800 km** de la Tierra **SE MANTENDRÁ DÉCADAS EN ÓRBITA.**

14

En 2007 **CHINA DISPARÓ UN MISIL** sobre un satélite meteorológico en desuso, añadiendo más de **3.000 NUEVOS FRAGMENTOS** de basura espacial a la órbita terrestre.

15

La chatarra espacial de la **«CAJA DE PIZZA»,** una caja imaginaria de 1,5 x 50 x 50 km, que rodea la Estación Espacial Internacional, se halla estrechamente monitorizada.

16

Cuando la basura espacial cae sobre la **TIERRA,** lo hace a menudo sobre regiones **ESCASAMENTE POBLADAS,** como Siberia, oeste de Australia y norte de Canadá.

17

Toda la basura espacial es propiedad del gobierno que la ha generado y es potencialmente **PELIGROSA SI SE TOCA,** de modo que si alguna vez encuentras un fragmento, **LLAMA A LA POLICÍA.**

18

Un fragmento de basura espacial de **APENAS 1 cm** de diámetro puede **OCASIONAR DAÑOS CATASTRÓFICOS EN UN SATÉLITE.**

19

En 1997, **LOTTIE WILLIAMS** paseaba por un parque de Oklahoma, EE.UU., cuando un pequeño fragmento de chatarra espacial **LE GOLPEÓ UN HOMBRO: ERA UN TROZO DE UN VIEJO COHETE.**

20

CUALQUIER COSA QUE SE DESPRENDA de la Estación Espacial Internacional, que orbita a unos 400 km de la Tierra, caerá sobre el planeta en un plazo aproximado de **UN AÑO.**

ESPACIAL

21 Aunque se sabe que a algunas personas les han **CAÍDO ENCIMA PEQUEÑOS FRAGMENTOS DE BASURA ESPACIAL** de poco peso, estos nunca han causado daños graves, ni personales ni materiales.

22 Dado que los océanos cubren la mayor parte de la superficie de la Tierra, **LA MAYOR PARTE DE LA BASURA ESPACIAL** que llega al planeta **CAE EN EL MAR.**

23 En septiembre de 2011, cayeron sobre la Tierra **VEINTISÉIS FRAGMENTOS** de un viejo satélite, con un peso de **544 kg.**

24 En enero de 1997 el depósito de acero inoxidable de **250 kg** de un viejo cohete cayó cerca de **GEORGETOWN, TEXAS, EE.UU.**

25 La basura espacial orbita alrededor de la Tierra a una distancia máxima de **2.000 km** y a una **VELOCIDAD APROXIMADA DE 7-8 km POR SEGUNDO.**

26 Los científicos realizan el seguimiento de unos **22.000 FRAGMENTOS** de basura espacial de un diámetro superior a 10 cm que orbitan **ALREDEDOR DE LA TIERRA.**

27 La probabilidad de que una persona sea **ALCANZADA EN UN AÑO** por la basura espacial que cae sobre la Tierra es de **UNA ENTRE UN BILLÓN.**

28 La **ESTACIÓN ESPACIAL INTERNACIONAL** necesita ser **AVISADA CON 30 HORAS** de antelación para salir de la trayectoria de desechos espaciales.

29 La basura espacial que orbita a más de **1.000 km** seguirá girando alrededor de la Tierra durante **AL MENOS UN SIGLO.**

30 En los últimos **40 AÑOS,** ha caído sobre la Tierra una **MEDIA DIARIA** de una pieza catalogada como basura espacial.

31 El **VANGUARD 1, UN SATÉLITE DE 1,4 kg,** fue lanzado al espacio en 1958. Es el fragmento **MÁS ANTIGUO** de basura espacial y seguirá en órbita el **SIGLO QUE VIENE.**

32 La estación espacial rusa **MIR,** de **121 t,** se desintegró sobre el océano Pacífico en su regreso a la Tierra. En **FIYI** hubo gente que afirmó haber visto luces doradas y blancas.

33 **SKYLAB,** la **PRIMERA ESTACIÓN ESPACIAL DE ESTADOS UNIDOS,** cayó sobre la Tierra en 1979 y dejó restos en el océano Índico y en el oeste de Australia.

34 El 22 de febrero de 2012 un trozo de basura espacial de 1 m de diámetro **CAYÓ EN UNA ALDEA DE BRASIL** tras orbitar alrededor de la Tierra durante 15 años. El trozo solo dañó unos cuantos árboles.

35 Cuando la probabilidad de colisión con basura espacial es **MAYOR DE UNA ENTRE 10.000,** la Estación Espacial Internacional se traslada (si no supone un riesgo adicional para los astronautas).

1. George Washington tenía una dentadura postiza hecha a partir de colmillos de hipopótamo. **2. Los botes salvavidas fueron retirados del Titanic para que los pasajeros de primera clase tuvieran más espacio para pasear por cubierta. Esa decisión dejó a más de 1.000 personas abandonadas a bordo durante el naufragio. 3.** Para ganar una de las batallas más importantes de la Segunda Guerra Mundial, militares británicos y estadounidenses crearon falsos campamentos con objeto de confundir a los alemanes. **4. Cuando Cristóbal Colón llegó a América, tuvo lugar un singular intercambio. Los europeos llevaron caballos y cerdos, y regresaron con patatas y pavos. 5.** En España, el color llegó a la televisión en 1972. **6. En la antigua Roma a los hombres no les gustaba tener vello en los brazos. Iban a establecimientos especiales para quitárselo. 7.** El primer texto para *e-book* fue en la Declaración de Independencia de Estados Unidos, disponible para ordenador desde los años 70. **8. Un hombre que vivió en el siglo tercero o cuarto antes de Cristo utilizaba resina de pino y aceite vegetal como gomina para el cabello. Su cuerpo se halló en una turbera en buen estado de conservación. 9.** Los chinos llegaron a África en barco en 1415, antes que los europeos. El almirante Zheng realizó el viaje con 28.000 hombres y más de 250 embarcaciones. **10. La palabra «alfabeto» proviene de dos palabras griegas: *alpha* y *beta*. El alfabeto de los antiguos griegos tenía 24 letras. 11.** Muchos de los inmigrantes que llegaban a Estados Unidos lo hacían por la isla de Ellis, en Nueva York. Entre 1892 y 1924 entraron en el país por esta isla en torno a 17 millones de personas. **12. El oleoducto Trans-Alaska lleva el petróleo desde más arriba del Círculo Polar Ártico hasta la costa de Alaska. Se terminó de construir en 1977 y tiene 1.287 km de longitud. 13.** El presidente de Estados Unidos Theodore Roosvelt tenía más de 40 mascotas.

100 DATOS DE LA HISTORIA PARA RECORDAR

14. En tiempos de la antigua dinastía Shang de China se leían los huesos de ovejas y bueyes en busca de consejo. 15. En la Segunda Guerra Mundial, la ciudad de San Petersburgo, en Rusia, sufrió asedio durante 900 días. **16. El Tribunal Supremo de Estados Unidos está integrado por nueve magistrados. En 1790, cuando se reunió el primer tribunal, los magistrados llevaban peluca blanca, según la moda de la época. 17.** En 1848, Estados Unidos firmó un tratado con México y obtuvo territorios que ahora forman parte de ocho estados. El tratado puso fin a la guerra entre ambos países. **18. A principios del siglo XIX, Meriwether Lewis y William Clark viajaron durante más de dos años para realizar un mapa del territorio salvaje de Estados Unidos. 19.** El primer robo de banco de la historia de Estados Unidos tuvo lugar en 1831, cuando fue atracado el City Bank de Nueva York. **20. Washington D.C. se convirtió en la capital de Estados Unidos en 1792. Pierre l'Enfant, artista e ingeniero francés, planeó cuidadosamente la ciudad. 21.** Portugal era un poderoso imperio basado en el comercio naval. Sin embargo, cuando el explorador portugués Vasco da Gama llegó por primera vez a la India, la princesa no quiso ofrecerle nada a cambio de los productos que llevaba. **22. Florence Nightingale, que vivió en el siglo XIX, ayudó a que los cuidados de enfermería fueran reconocidos como una carrera respetable. Sus padres no querían que fuera enfermera: querían que se casara. 23.** Los camellos que transportaban productos por la Ruta de la Seda, que comunicaba China con Occidente, podían oler el agua subterránea en el desierto de Taklamakán. **24. En el siglo XIX, un periodista viajó a África para localizar a David Livingstone, un explorador británico que llevaba años realizando mapas del continente. Cuando lo encontró, se cuenta que pronunció la famosa frase: «El Dr. Livingstone, supongo». 25.** En el siglo XV los chinos construían cepillos de dientes arrancando pelos a cerdos siberianos y atándolos a un palito. **26. Las 132 habitaciones de la Casa Blanca han cambiado a lo largo de los años. El primer presidente que vivió allí fue John Adams, en 1800. 27.** La fallecida princesa Diana de Inglaterra tuvo dos trajes de novia, por si el primero de ellos era desvelado antes de su boda con el príncipe Carlos. **28. El servicio Pony Express llevaba el correo de un lado a otro de Estados Unidos. En su apogeo, llegó a contar con 80 conductores y más de 400 caballos. 29.** Pakistán estuvo dividido en Oriental y Occidental. En 1971 Pakistán Oriental se separó y se convirtió en Bangladesh. **30. Los romanos llamaban a los pasillos de acceso a un teatro o coliseo *vomitoria*, término del que deriva el español «vomitorio». El diseño de estos pasajes era tan eficaz que el Coliseo de Roma, con 50.000 asientos, podía quedar vacío en 15 minutos. 31.** Los chinos han construído un gaseoducto de 4.000 km de longitud para transportar gas natural. Cruza 37 ríos y 3 cordilleras. **32. En 1931, un grupo de arqueólogos descubrió los restos de una embarcación anglosajona del siglo VII en una colina cubierta de hierba. En su interior había un yelmo de hierro, bronce y estaño, uno de los únicos tres ejemplares hallados en Inglaterra. 33.** La reina Isabel I de Inglaterra rechazó la oferta de matrimonio del rey Felipe II de España. Más tarde derrotaría a la Armada Invencible de Felipe II en una de las batallas navales más famosas de la historia mundial. **34. Antes de que Charles Darwin y su teoría de la evolución las hiciera famosas, las islas Galápagos eran escondite de piratas. 35.** En 1998 la primera mina de diamantes de Canadá comenzó su producción. Hoy en día alrededor del 15 por ciento de los diamantes proceden de Canadá. **36. Los primeros europeos que llegaron a Madagascar lo hicieron porque el barco en el que viajaban se había salido de su rumbo. 37.** Un incendio durante la guerra de 1812 quemó muchos de los libros de la Biblioteca del Congreso de Estados Unidos, en Washington D.C. Para recuperarse de las pérdidas, el Congreso adquirió libros de la colección del presidente Thomas Jefferson.

38. Solo en 1960 17 antiguas colonias europeas en África se convirtieron en naciones independientes. **39.** En 1848 se descubrió oro en California, EE.UU., y se inició la «fiebre del oro». Un número enorme de personas viajaron hasta allí para probar suerte. **40. Durante la Guerra de Secesión el ejército de la Unión tenía casi el doble de efectivos que el ejército confederado.** **41.** Establecido en 1607, Jamestown, en Virginia, EE.UU., fue el primer asentamiento británico permanente en Norteamérica. El duro invierno de 1609 acabó con la vida de muchos colonos, solo sobrevivieron 60 de 214. **42.** La madre del defensor de los derechos civiles Martin Luther King Jr. era maestra de escuela. Su padre era pastor de la Iglesia baptista. **43.** El Canal de Suez, que conecta el mar Mediterráneo con el mar Rojo, fue construido en el siglo XIX. Hizo que el viaje entre la India y el Reino Unido fuera 9.660 km más corto. **44. Sudáfrica puso a un carro armado del ejército el nombre de «ratel», que es un tejón que abre colmenas de abejas para alimentarse de miel y larvas.** **45.** La Alemania nazi controló Francia durante la mayor parte de la Segunda Guerra Mundial. Los combatientes de la resistencia francesa actuaban para interrumpir las comunicaciones y las vías de entrada de los suministros alemanes. **46.** En el antiguo Egipto, los límites de las propiedades se señalaban con piedras y los propietarios tenían que prometer que no las moverían para aumentar sus posesiones. **47.** El explorador vikingo Leif Ericsson escuchó los relatos de un comerciante, Bjarni Herjólfsson, quien, tras perder el rumbo navegando, había divisado tierra y bosques. Leif Ericcson le compró el barco a Bjarni y desembarcó en Norteamérica en torno al año 1.000 d. C. **48. En la antigua Grecia se celebraban cenas en las que se servían aves asadas, caracoles y saltamontes.** **49.** El emperador Carlomagno fue un reconocido mecenas y dominaba varias lenguas, pero nunca aprendió a escribir debidamente. **50.** El territorio de Nunavut, en Canadá, cuenta con un caribú, un narval y un iglú en su escudo de armas. **51.** La tripulación del barco al servicio del explorador estadounidense Henry Hudson se amotinó y lo abandonó en un bote sin remos ni comida, junto a su hijo y algunos hombres que le eran leales. Nadie sabe qué les ocurrió. **52. A los niños aztecas se les cortaba el pelo a los diez años, les dejaban un largo un mechón de cabello, que solo les cortaban cuando hacían su primer prisionero en una batalla.** **53.** El rey Kamehameha de Hawái vivió de niño escondido en una cueva para que no lo asesinaran. **54.** Desde el siglo XIX, Suiza ha sido un país neutral en las guerras. **55.** A la edad de tres años, a los niños de la antigua Grecia les regalaban vasijas en miniatura, que marcaban el final de la infancia. **56. Los cocineros de los campamentos del Lejano Oeste eran conocidos como «*cookies*». También se les llamaba «*bean masters*» (maestros de las judías) y «*biscuit shooters*» (disparadores de galletas).** **57.** El político británico Winston Churchill utilizó el término «telón de acero» para referirse a la frontera al otro lado de la cual se encontraban las naciones no democráticas de Europa del Este después de la Segunda Guerra Mundial. **58.** La fiesta de Opet en el antiguo Egipto duraba 27 días. Celebraba la crecida del Nilo. **59.** El campo de batalla situado a mayor altitud es un glaciar entre la India y Pakistán. Soportando ventiscas y un frío cortante, los ejércitos de ambos países se enfrentaron allí en distintas ocasiones desde 1984 hasta 2003, cuando fue declarado el cese de las hostilidades. **60. El lema de Kenia, «*Harambee*», significa «¡Todos juntos!». El término fue introducido por el primer presidente del país, Jomo Kenyatta, elegido en 1964.** **61.** En 1870, un inventor construyó en la ciudad de Nueva York un pequeño túnel de metro con un vagón. Sin embargo, el metro de Nueva York no se inauguró hasta 1904. **62.** Jugar a los dados estaba tan mal visto por las autoridades alemanas en época medieval que en 1452 quemaron en Nuremberg 42.000 dados. **63.** A finales del siglo XV, exploradores europeos llegaron al antiguo reino de Benín, en la actual Nigeria, en busca de oro. El reino carecía de oro y sus habitantes se engalanaban con collares de coral. **64. Etiopía es el único país africano que nunca ha sido colonizado.** **65.** Chile declaró ilegal la esclavitud en 1823, 42 años antes del final de la Guerra de Secesión. **66.** Ulysses S. Grant fue multado por circular a velocidad excesiva en un coche de caballos por una calle de Washington D.C., EE.UU. **67.** Dublín, la capital de Irlanda, no fue fundada por los irlandeses, sino por los vikingos. **68. Los emperadores romanos llevaban en la cabeza una guirnalda hecha de hojas y ramas de laurel, en lugar de corona.** **69.** En Estados Unidos la gente pensaba que los tomates eran venenosos, hasta que en 1820 un hombre demostró que no era así comiéndose uno en público. **70.** En la antigua China, diferentes dinastías crearon normas sobre los colores de la ropa. Durante y después de la dinastía Sui, por ejemplo, solo los emperadores podían vestir de amarillo. **71.** Cuando los Beatles fueron a la India en 1967, el primero en regresar a Reino Unido fue Ringo Starr, el batería, que se quejaba de que la comida llevaba demasiadas especias. **72. La «S» del nombre completo del presidente de Estados Unidos Harry S. Truman no corresponde a un segundo nombre.** **73.** En 1628, los suecos construyeron un gran buque de guerra que se hundió poco después de ser botado al mar. Actualmente puede verse en un museo. **74.** El explorador inglés Sir Francis Drake saqueaba los barcos españoles que se encontraba en sus viajes. Compartía los tesoros que conseguía con la reina de Inglaterra, Isabel I. **75.** El primer inodoro del que se tiene conocimiento en la historia tiene más de 2.800 años. Fue el utilizado por el rey Minos de la isla griega de Creta, en el Mediterráneo. **76. El primer McDonald's de la Unión Soviética (actual Rusia) se abrió en 1991 en Moscú. En aquel momento fue el McDonald's más grande del mundo.** **77.** La princesa indígena americana Pocahontas salvó la vida de John Smith, al mando de la colonia Jamestown en Virginia. **78.** El escritor afroamericano Frederick Douglass se disfrazó de marinero para escapar de la esclavitud. **79.** Nigeria lanzó su primer satélite al espacio en 2003. Fue transportado por un cohete ruso. **80. En la antigua China la gente pagaba impuestos, pero en forma de cereales o trabajando para el gobierno.** **81.** Exploradores franceses se establecieron en Canadá y hoy en día Montreal es la tercera ciudad de habla francesa más grande del mundo. **82.** Bob Esponja se estrenó como serie del canal Nickelodeon de la televisión estadounidense en 1999. **83.** Los antiguos griegos se orientaban con las estrellas para navegar con sus barcos. **84. La peste negra comenzó en China y Asia Central en el siglo XIV y se dice que llegó a Europa después de que cuerpos infectados fueran catapultados al interior de una ciudad de Crimea.** **85.** El activista méjico-estadounidense César Chávez abogó por los derechos de las personas que trabajaban en el campo. En 1968 se declaró en huelga de hambre durante 25 días en apoyo a la Unión de Trabajadores Campesinos de Estados Unidos. **86.** De todos los países de Europa, Dinamarca cuenta con la dinastía real más larga. La familia real danesa comenzó con el rey Gorm hace más de 1.000 años. **87.** En Turquía, la gente va a ver peleas de camellos macho como deporte. **88. El presidente de Estados Unidos Abraham Lincoln guardaba los documentos importantes en su sombrero de copa.** **89.** El primer alemán que se estableció en la ciudad de Nueva York lo hizo en 1612. La llamó «Nueva Amsterdam». **90.** Hace cerca de 400 años, el principal producto de exportación de Venezuela era el cacao. **91.** Hicieron falta 14 años para dar por concluido el trabajo en el monte Rushmore, la montaña con las cuatro cabezas de presidentes de Estados Unidos esculpidas en su ladera. **92. El 5 de mayo es día festivo en México, se conmemora la victoria sobre de los franceses en la batalla de 1862.** **93.** En 1806, antes de ser presidente, Andrew Jackson recibió un disparo en el pecho en un duelo. Aún así, permaneció de pie, disparando a su oponente hasta matarlo. **94.** Las construcciones de las misiones españolas en la California moderna fueron realizados en su día con paja y estiércol de caballo. **95.** Los antiguos griegos llamaban «bárbaros» a los extranjeros porque no entendían lo que decían. Las palabras de esos extranjeros les sonaban como «bar-bar». **96. Catalina la Grande dirigió Rusia durante 30 años, aunque en realidad era alemana y su nombre de nacimiento era Sofía.** **97.** El presidente Barack Obama aparece en un cómic de Spiderman de 2009. **98.** En 221 a. C. el emperador Shi Huangdi unificó toda China. Su primer nombre, que se pronuncia «chin», dio nombre al país. **99.** Los sándwiches deben su nombre al cuarto conde de Sandwich, John Montagu, a quien se le ocurrió poner un relleno entre dos rebanadas de pan, de forma similar a lo que había visto hacer en Oriente Medio. De este modo consiguió comer y jugar a las cartas al mismo tiempo. **100. En la antigua Roma, se podía comprar comida caliente a vendedores de puestos callejeros. La mayoría de las casas no tenían cocina.**

1
En el cerebro de Albert Einstein, la parte asociada a las matemáticas era un **15 POR CIENTO MÁS GRANDE** que la media.

2
El cerebro humano pesa en torno a **1,5 kg.**

3
Como media, el **CEREBRO DEL HOMBRE ES MÁS GRANDE** que el de la mujer (porque su cuerpo también es más grande).

4
El cerebro humano tiene unos **100.000 MILLONES DE NEURONAS,** células nerviosas que transmiten información. El cerebro de un pulpo tiene cerca de **300 MILLONES.**

5
Tus conexiones cerebrales determinan que seas una **«PERSONA DE DÍA»** o una **«PERSONA DE NOCHE».**

6
RELÁJATE: el estrés debilita la capacidad del cerebro para procesar los recuerdos.

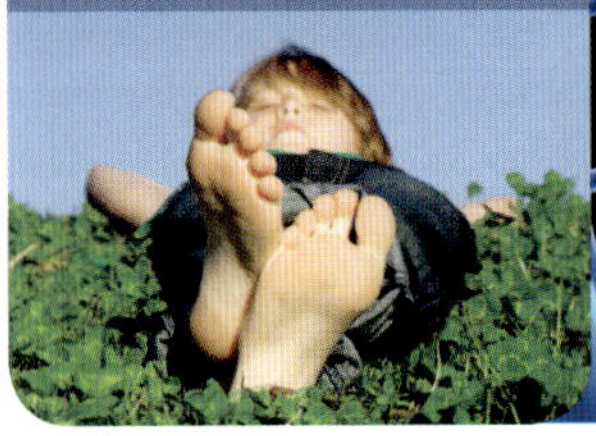

7
En el **CALAMAR GIGANTE,** la comida pasa por el **CEREBRO** de camino hacia el estómago.

8
Al preparar un cuerpo para su **MOMIFICACIÓN,** los antiguos egipcios extraían el cerebro a través de la nariz y lo desechaban; no lo consideraban inútil.

9
Prueba cosas nuevas: investigaciones recientes han demostrado que **SER CURIOSO** incrementa el número de conexiones entre las células del cerebro.

10
El cráneo humano, que protege el cerebro, está integrado por **22 HUESOS.**

11
Si pudieras tocar tu cerebro, lo notarías como una **SETA.**

12
El **EEF** o electroencefalograma, inventado en 1929, permite observar la actividad de las ondas cerebrales en tiempo real.

13
La **RM,** o resonancia magnética, es una prueba por imagen que crea un detallado **MAPA EN 3D** del cerebro.

14
Los **DOLORES DE CABEZA** suceden fuera del cerebro, no dentro.

15
El **CEREBRO DE UN PULPO** no llega a los **2 cm** de diámetro, pero puede resolver problemas sencillos, como por ejemplo mover barreras para conseguir alimento.

16
El cerebro determina que una persona sea **DIESTRA** o **ZURDA;** hay más hombres zurdos que mujeres.

17
No hay dos cerebros iguales, ni siquiera los de **GEMELOS IDÉNTICOS.**

18
A los seis años, el cerebro humano ha alcanzado ya el **90 POR CIENTO** de su tamaño adulto.

19
A los 11 años las niñas alcanzan el mayor número de **NEURONAS** en el cerebro; los chicos a los doce.

20
El **CEREBRO DE UN NIÑO** aprende idiomas más fácilmente que el de un adulto.

21
El cerebro humano encoge con la edad. El de los **CHIMPANCÉS** no.

22
Es falso que los humanos utilizamos solo un **10 POR CIENTO DEL CEREBRO;** aunque no se sabe la proporción exacta, se cree que usamos todo nuestro cerebro o la mayor parte.

23
En el oeste rural de Kentucky, en Estados Unidos, los **CEREBROS DE ARDILLA** se consideran una delicia culinaria.

24
El cerebro funciona mejor cuando se centra en **UNA SOLA TAREA EN CADA MOMENTO.**

25
Gran parte de las conexiones cerebrales están relacionadas con **LAS MANOS, LOS LABIOS Y LA LENGUA.**

26
Durante el sueño, el cerebro fabrica **RECUERDOS.**

27
Un cerebro que **SUEÑA** está tan activo como un cerebro despierto.

28
Las llamadas «neuronas espejo» son las responsables de que **LA RISA Y LOS BOSTEZOS SEAN CONTAGIOSOS.**

29
El cerebro de un **CACHALOTE** pesa cinco veces más que el cerebro humano.

30
El cerebro de un **PERRO** pesa poco más de 70 g, el de un **GATO** pesa menos de 30 g y el de un **HÁMSTER,** apenas 1,5 g.

31
El cerebro de una persona de 68 kg representa alrededor del **2 POR CIENTO DE SU PESO CORPORAL TOTAL.**

32
El cerebro del ser humano es **AGUA EN UN 78 POR CIENTO.**

50 DATOS INTERESANTES SOBRE EL CEREBRO

33
El **CORAL CEREBRO,** un grupo de animales de arrecife que viven juntos en una colonia que parece un gigantesco cerebro, puede llegar a pesar 1 t.

34
Los científicos no están seguros de cuál es la causa de que se nos **«CONGELE EL CEREBRO»** al comer helado.

35
La **BRAIN ISLAND** (isla cerebro) se encuentra entre Sudamérica y la Antártida.

36
Si colocáramos todas las neuronas del cerebro en fila una tras otra, cubrirían una longitud de **1.000 km,** aproximadamente la distancia entre las ciudades de Barcelona y París.

37
La información viaja por el sistema nervioso, incluido el cerebro, a una velocidad de **431 km/h.**

38
El movimiento del **LADO IZQUIERDO** del cuerpo, lo controla el lado derecho del cerebro; el del **LADO DERECHO** del cuerpo, lo controla el lado izquierdo del cerebro.

39
Está demostrado que el **CEREBRO MOLIDO DE CUCARACHA** combate la acción de bacterias dañinas. Se investiga la posibilidad de usarlo en medicina en el futuro.

40
En general se puede decir que el ser humano nace con **TODAS LAS NEURONAS** que tendrá a lo largo de su vida.

41
Los animales pueden perder la **CAPACIDAD DE ESTORNUDAR** si una determinada parte de su cerebro resulta dañada.

42
Las células del cerebro utilizan la **ELECTRICIDAD Y SUSTANCIAS QUÍMICAS** para comunicarse entre ellas.

43
Las conexiones entre neuronas en el cerebro crean una red que se asemeja a una **TELARAÑA.**

44
Al envejecer, el cerebro pierde neuronas, pero es capaz de formar **NUEVAS CONEXIONES** entre las que aún le quedan.

45
La **CIRUGÍA CON CEREBRO DESPIERTO** es lo que parece: una operación sobre el cerebro de un paciente despierto.

46
En una cabeza de alfiler caben más de **30.000 NEURONAS.**

47
En Inglaterra, en 2008, unos arqueólogos desenterraron un **CEREBRO HUMANO DE 2.500 AÑOS** bien conservado gracias a un entierro rápido y a las bajas temperaturas del suelo.

48
Tu cerebro está **FRUNCIDO.**

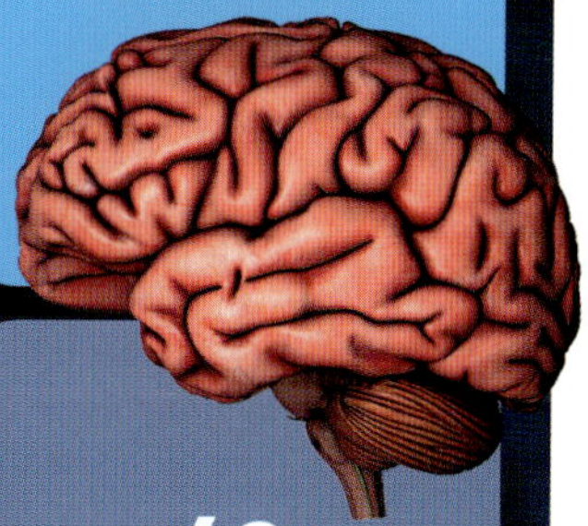

49
Serían necesarios más de **3.000 AÑOS** para contar todas las neuronas del cerebro.

50
El cerebro de un humano adulto mide alrededor de **93 mm** de alto, **167 mm** de largo y **140 mm** de ancho.

1

En el norte de Australia la gente sale a cenar al aire libre el primer domingo de agosto para celebrar el **DÍA DEL PÍCNIC.**

2

Cada mes de agosto, desde 1994, se celebra en Turkmenistán la festividad nacional del **DÍA DEL MELÓN.**

3

En el **FESTIVAL DE INVIERNO DE THORRABLOT,** en Islandia, se come un plato vikingo de tiburón fermentado que parece carne podrida.

4

Durante el **NAG PANCHAMI,** el día de la serpiente en la India, la gente deja cuencos con leche junto a sus nidos y acude a orar a los templos que le están dedicados.

5

Durante la festividad tailandesa de **LOI KRATHONG** se dejan velas e incienso a la deriva en el río y se sueltan lámparas de papel hacia el cielo.

6

Desde hace más de 40 años, Chicago, EE.UU., tiñe de verde las aguas del río que le da nombre para celebrar el **DÍA DE SAN PATRICIO.**

7

La primera celebración de **ACCIÓN DE GRACIAS** tuvo lugar en Plymouth, Massachusetts: duró tres días y asistieron a ella más indígenas que colonos.

8

BELTANE, la festividad celta de la llegada del verano, tiene más de 2.000 años. En Edimburgo, Escocia, se celebra aún con malabares, antorchas y desfiles de colores.

9

En China, la gente cree que cuanta **MÁS COMIDA SE PREPARE** el día de Año Nuevo, más se tendrá el año siguiente.

10

El presidente Abraham Lincoln proclamó el **DÍA DE ACCIÓN DE GRACIAS** fiesta nacional en 1863.

35 DATOS SOBRE

11

El 26 de diciembre en Gran Bretaña, Canadá, Australia y Nueva Zelanda se celebra el **BOXING DAY** («día de las cajas»), en el que la gente ve deportes, va de compras y come las sobras de Navidad.

12

En algunos países, el **KRAMPUS,** una criatura con semblante de bestia salvaje, acompaña a San Nicolás para **CASTIGAR A LOS NIÑOS QUE NO SE PORTAN BIEN.**

13

El antiguo festival celta de **SAMHAIN,** el precursor de Halloween, ya incluía bromas a la gente y farolillos hechos con nabos huecos.

14 El **DÍA DE LOS MUERTOS,** los mejicanos honran a los difuntos celebrando fiestas callejeras y llevándoles su comida favorita al cementerio.

15 El **DÍA INTERNACIONAL DE LA MUJER** lleva celebrándose el 8 de marzo desde hace 100 años en todo el mundo.

16 Los primeros inmigrantes alemanes en Pensilvania utilizaban tejones para predecir el tiempo. Y lo hacían el día que hoy se conoce como **DÍA DE LA MARMOTA.**

17 En Tailandia, cada **AÑO NUEVO LUNAR** se celebra el Songkram, una enorme batalla de agua en la que todo vale para empapar a los demás.

18 En Japón, en la víspera de **AÑO NUEVO** las campanas repican 108 veces: 8 para despedir el año viejo y 100 para celebrar el nuevo. La gente madruga para ver el primer amanecer del año.

19 El **DÍA DE LAS BERMUDAS,** el 24 de mayo, es tradicionalmente el día del año en el que los habitantes de estas islas se dan el primer baño en el océano.

20 Durante la fiesta judía de **PESAJ** la gente come recostada en cojines como símbolo de libertad.

21 Todas las fiestas judías comienzan al **ATARDECER.**

22 En Suecia, la **VÍSPERA DE PASCUA** las chicas se visten de bruja, llaman a las puertas y piden caramelos y monedas.

23 Durante el festival hindú de **DIVALI** la gente enciende velas y lanza fuegos artificiales como símbolo de la victoria del bien sobre el mal.

24 El 25 de mayo se celebra el **DÍA DE LA UNIÓN AFRICANA** en todo el continente.

25 En Australia, **SANTA CLAUS** llega sobre **ESQUÍS DE AGUA;** en Ghana, emerge de la **SELVA.**

26 El mes del **RAMADÁN,** festivo para los musulmanes, puede caer en primavera, verano, otoño o invierno, porque se basa en el calendario lunar.

27 Durante el mes del **RAMADÁN,** adultos y adolescentes no comen, ni beben, ni tan siquiera **MASTICAN CHICLE,** desde el amanecer hasta la puesta de sol.

28 Todos los años, más de mil millones de personas de 192 países celebran el **DÍA DE LA TIERRA,** la celebración no religiosa más masiva del mundo.

29 **EL MIDSUMMER** (en San Juan), fiesta nacional en Suecia y Finlandia, celebra el día más largo del año en el hemisferio norte: el solsticio de verano.

FESTIVIDADES PARA ANIMARTE

30 El día de **AÑO NUEVO CHINO** la gente utiliza adornos dorados para tener salud y rojos para tener buena suerte.

31 Las letras de un *dreidel*, la peonza de cuatro caras de la fiesta judía de **HANUKKAH,** forman la frase «Un gran milagro ocurrió allí». En Israel, corresponden a «Un gran milagro ocurrió aquí».

32 El 10 de diciembre de 2010 se encendieron en Bélgica **194.672 LUCES** de un árbol de Navidad, estableciéndose un nuevo **RÉCORD MUNDIAL.**

33 Los caramelos con forma de corazón, típicos del **DÍA DE SAN VALENTÍN** en EE.UU., se crearon en 1902, con mensajes del tipo «te amo» o «te echo de menos». Hoy en ellos se lee «tuitéame» o «mándame un mensaje».

34 El 9 de octubre de cada año, los surcoreanos celebran su **ALFABETO.**

35 En España, el 6 de enero los niños reciben regalos de los **REYES MAGOS.** En Rusia los regalos también llegan el 6 de enero, pero los traen el **DED MOROZ** y su nieta de 6 años, dos espíritus del invierno.

15 DATOS SOBRE MEDICINA PARA

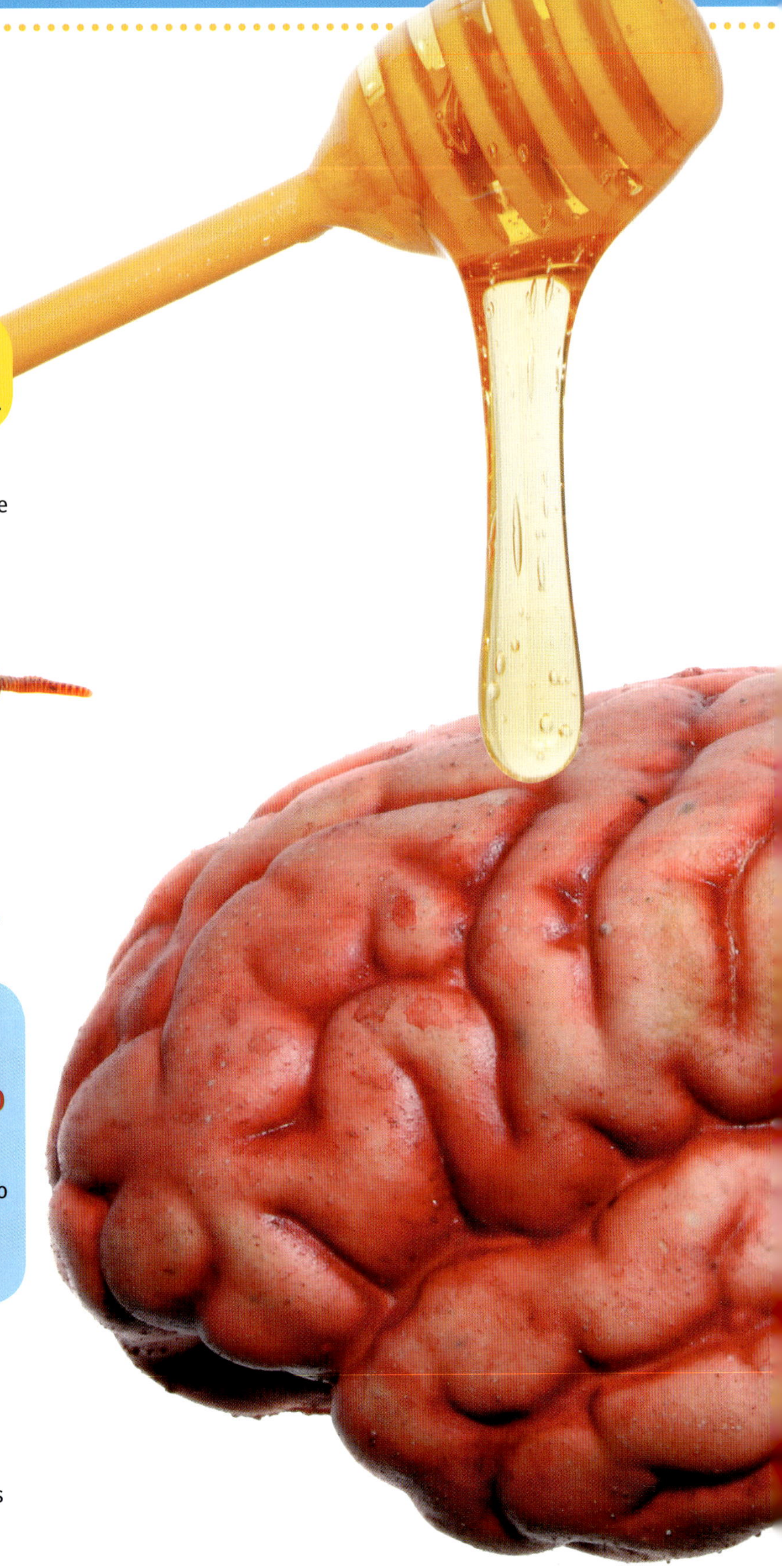

❶ No existe ninguna medicina para curar la **PROGERIA,** una enfermedad rara que hace que las personas **ENVEJEZCAN DE FORMA PREMATURA,** de modo que a los **12 AÑOS DE EDAD YA PARECEN ANCIANOS.**

❷ Un **LABORATORIO DE LA INDIA** ha desarrollado medicamentos a partir de **ESTIÉRCOL Y ORINA DE VACA.**

❸ En el antiguo Egipto, los sacerdotes aplicaban un **UNGÜENTO DE MIEL MEZCLADA CON TEJIDO CEREBRAL HUMANO**—y puede que unas **GOTAS DE TEJIDO ANIMAL**—para tratar los ojos irritados.

❹ Hay gente que **PARA «QUITARSE» LAS ARRUGAS** se inyecta **TOXINA BOTULÍNICA, O BOTOX,** una **NEUROTOXINA** muy potente que actúa sobre los nervios.

❺ Si hubieses tenido **FIEBRE EN LA ANTIGUA CHINA,** tu doctor te habría recetado una **SOPA CALIENTE DE LOMBRICES.**

❻ El **CADUCEO,** símbolo de los médicos, muestra **DOS CULEBRAS ENROSCADAS SOBRE UNA VARA ALADA.** Representa a **HERMES, UN DIOS GRIEGO** siempre dispuesto a ofrecer información.

❼ **HIPÓCRATES,** considerado el padre de la medicina, pensaba que la **DIETA Y EL EJERCICIO FÍSICO ERAN IMPORTANTES** para una buena salud. El médico griego también **RECOMENDABA EL REPOSO EN CAMA Y EN SILENCIO.**

❽ En Europa, en el siglo XVI, un tratamiento corriente para un corte infectado consistía en poner **LARVAS DE MARIPOSA EN LA HERIDA.** Las orugas devoraban toda la carne podrida, **RESPETANDO EL TEJIDO SANO.** Es un tratamiento que sigue utilizándose hoy en día.

MATAR TU CURIOSIDAD

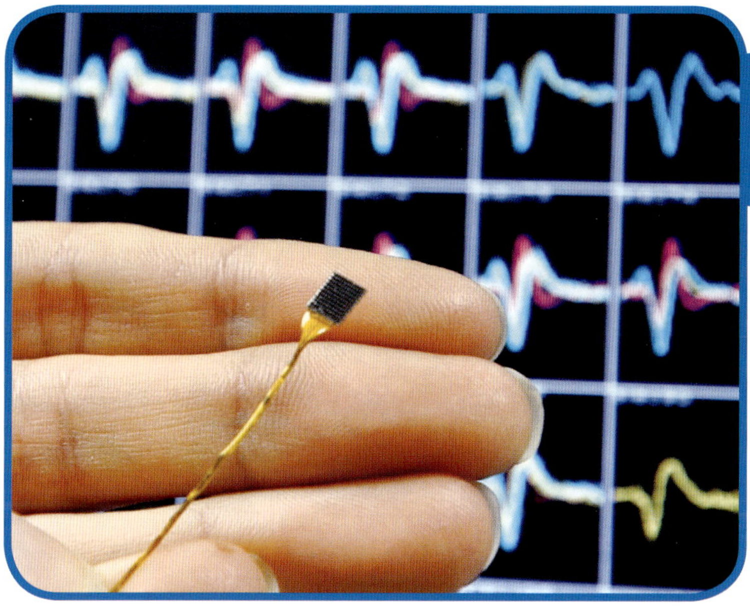

9 Los científicos han desarrollado un **CHIP QUE SE IMPLANTA EN EL CEREBRO DE PERSONAS CON PARÁLISIS.** El paciente puede así enviar señales a un ordenador **CON EL PENSAMIENTO.**

10 Algunos medicamentos tienen **EXTRAÑOS EFECTOS SECUNDARIOS.** Un fármaco para la infección de vejiga **TIÑE LA ORINA DE AZUL** y otro para no mojar la cama, **LA TIÑE DE VERDE.**

11 Algunos médicos utilizan **UNA HERRAMIENTA QUE VIBRA** sobre el área donde van a pinchar, así **CONFUNDEN LOS SENTIDOS DEL PACIENTE** y consiguen que el pinchazo sea menos doloroso.

12 **HACE ALREDEDOR DE 400 AÑOS** un médico inglés descubrió **CÓMO CIRCULA LA SANGRE POR EL CUERPO.** Por aquel entonces los médicos pensaban que el hígado fabricaba la sangre a partir de los alimentos.

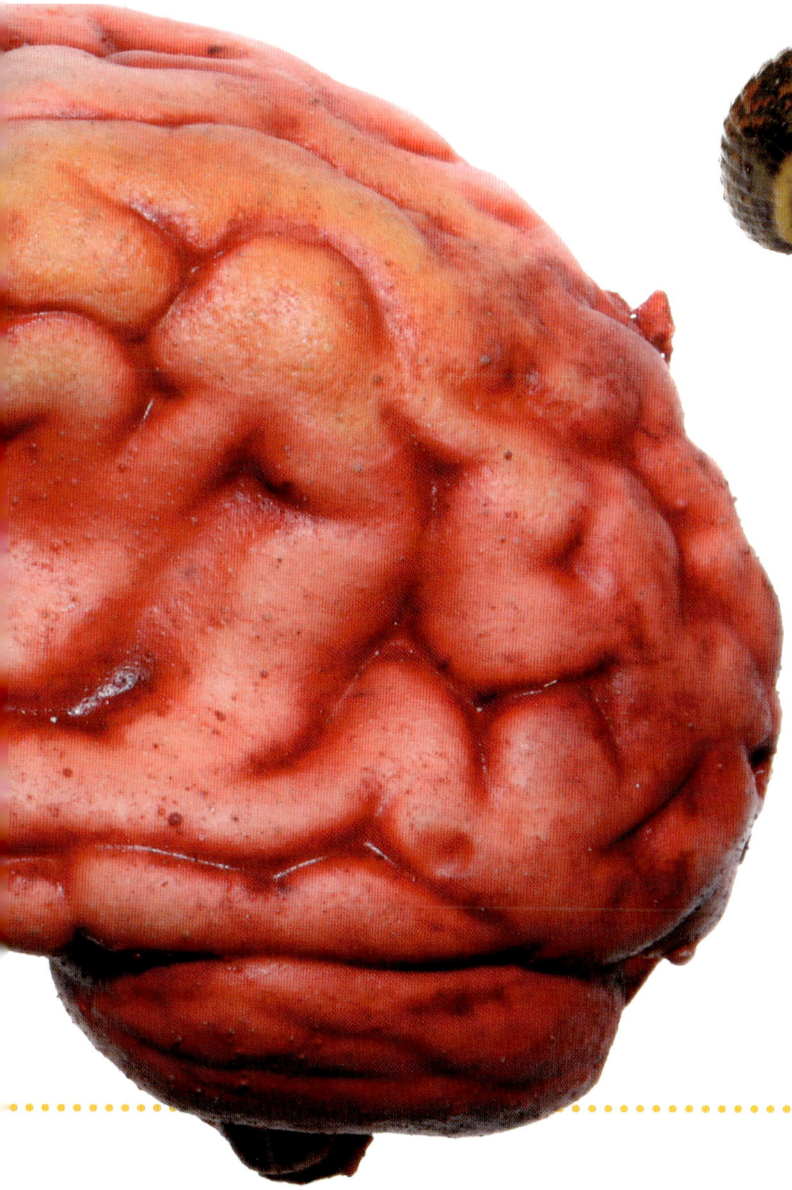

13 En Europa, en el siglo XIX, los médicos **APLICABAN SANGUIJUELAS CHUPADORAS DE SANGRE A CIERTOS ENFERMOS** para curarlos. ¡En una sesión podían alimentarse de un paciente **100 SANGUIJUELAS!**

14 Ciertas tribus de indios americanos pensaban que las **SERPIENTES CAUSABAN DOLORES DE ESTÓMAGO.** Para ayudar a aliviarlos, los curanderos preparaban **PALOS DE ORACIÓN CON FORMA DE SERPIENTE.**

15 La **ENFERMEDAD MÁS CONTAGIOSA ES EL RESFRIADO COMÚN,** que puede tener su causa en **100 VIRUS DISTINTOS,** pero que no se cura con fármacos.

25 DATOS DE ÉPICAS

1

UN PEZ ESPADA
NADA CASI TAN
DEPRISA COMO
CORRE UN GUEPARDO.

2

EL PESO DE
UN HUEVO
DE AVESTRUZ
NO LLEGA AL
2 POR CIENTO
DEL PESO
DEL ANIMAL
ADULTO.

EL PESO DE UN
HUEVO DE PÁJARO
SALTAPAREDES
EQUIVALE A CERCA DE
UN 13 POR CIENTO
DEL PESO DEL
ADULTO.

3

LOS COLIBRÍS PUEDEN VOLAR
A UNA VELOCIDAD EQUIVALENTE A
385 LONGITUDES DE SU CUERPO
POR SEGUNDO; UN AVIÓN CAZA
VUELA A 150 LONGITUDES DE
SU CUERPO POR SEGUNDO.

4

CIERTAS RANAS
SALTAN MÁS DE
20 VECES SU LONGITUD
CORPORAL.

5

PARA RECORRER EL
EQUIVALENTE A LOS 4.500 km
QUE REALIZA LA MARIPOSA
MONARCA EN SU MIGRACIÓN
TENDRÍAS QUE DAR 11 VUELTAS
A LA TIERRA CAMINANDO.

6

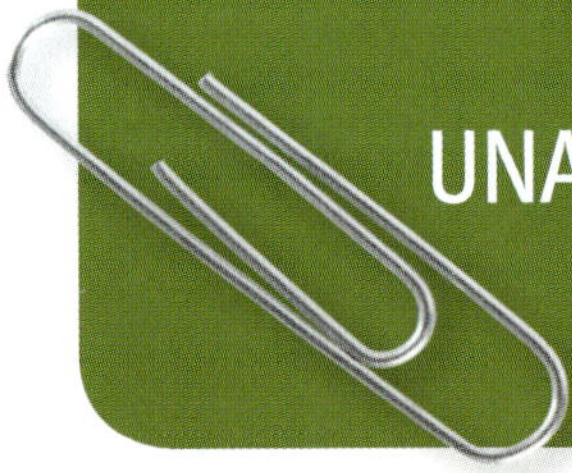

UNA MARIPOSA
PESA MENOS QUE
UN CLIP.

7

UNA TORTUGA DE MAR PUEDE PESAR
TANTO COMO UN BÚFALO DE AGUA.

8

LOS DINOSAURIOS
VIVIERON SOBRE LA TIERRA
800 VECES MÁS TIEMPO
DEL QUE LLEVAN EXISTIENDO
LOS HUMANOS.

9

Harían falta más de
NUEVE EMPIRE STATE
BUILDINGS,
apilados uno encima de otro,
para alcanzar la profundidad media
del océano.

10

LOS FLAMENCOS SON
LAS AVES QUE TIENEN LAS
PATAS MÁS LARGAS
EN RELACIÓN CON EL TAMAÑO
DEL CUERPO.

11

UN AÑO EN NEPTUNO
DURA UNOS
165 AÑOS TERRESTRES.

12

ALGUNAS
MEDUSAS
GIGANTES
POSEEN
TENTÁCULOS
CON UNA
LONGITUD
EQUIVALENTE A
UN TERCIO DE UN
CAMPO DE FÚTBOL.

13

LOS KIWIS, AVES DEL TAMAÑO DE UNA GALLINA, ponen huevos casi tan grandes como los de un emú, que es un ave **3 VECES MÁS ALTA Y 20 VECES MÁS PESADA.**

14

EL LEOPARDO DE LAS NIEVES PUEDE DAR SALTOS DE MÁS DE 13 m, LA LONGITUD DE UNA BALLENA JOROBADA.

15

EL SENTIDO DEL OLFATO DE UN GRAN FELINO ES 20 VECES MÁS AGUDO QUE EL DE UN SER HUMANO.

16

LO QUE UN SER HUMANO VE DESDE UNA DISTANCIA DE 1,50 m, UN HALCÓN PUEDE VERLO DESDE UNA DISTANCIA DE 6 m.

17

LOS CONEJOS TIENEN EN LA LENGUA CASI EL DOBLE DE PAPILAS GUSTATIVAS QUE EL SER HUMANO.

PROPORCIONES

18

EL CUERPO HUMANO ES AGUA APROXIMADAMENTE EN UN 60 POR CIENTO.

19

EN TORNO A UN 70 POR CIENTO DE LA SUPERFICIE DE LA TIERRA SE HALLA CUBIERTA POR AGUA.

20

MÁS DEL **95** POR CIENTO DEL UNIVERSO ES INVISIBLE.

21

EL SOL REPRESENTA UN 99,8 POR CIENTO DE TODA LA MASA EXISTENTE EN NUESTRO SISTEMA SOLAR.

22

EL HOMBRE VIVO MÁS ALTO MIDE **2,5 m,** MÁS DE CUATRO VECES LA ALTURA DEL HOMBRE VIVO MÁS BAJO.

23

El ser humano y la babosa comparten más del **50 POR CIENTO** de sus genes.

24

EL OCHENTA POR CIENTO DE TODOS LOS SERES VIVOS DE LA TIERRA SON **INSECTOS.**

25

DE LAS PUNTAS DE LOS DEDOS DE UNA MANO A LAS PUNTAS DE LOS DEDOS DE LA OTRA MANO, LA ABERTURA DE BRAZOS DE UN ORANGUTÁN ES MAYOR QUE LA LONGITUD DE SU CUERPO.

75 FASCINANTES DATOS SOBRE ARRECIFES DE CORAL

1 Unas 800 personas crearon más de 4.000 piezas de coral con hilo de lana, bolsas de plástico y cinta de casete para realizar un gigantesco arrecife artístico en el Museo Nacional de Historia Natural del Instituto Smithsonian.

2 Las unidades que constituyen un arrecife, los pólipos de coral, son más pequeñas que la uña de un bebé.

3 LOS ARRECIFES DE CORAL ESTÁN VIVOS Y SE VALEN DE CÉLULAS URTICANTES PARA CAPTURAR ALIMENTO.

4 El coral *Porites lobata* alcanza la forma de un enorme platillo volante.

5 Un pez de arrecife llamado «blenio» se alimenta del moco de otros peces.

6 En un restaurante submarino de Israel, los comensales comen mientras contemplan la vida marina en un arrecife de coral del Mar Rojo.

7 En el Caribe, miles de kilómetros de arrecifes proporcionan alimento a la población local y atraen a los turistas.

8 Los arrecifes ocupan en torno a 256.000 km^2 de océano, es decir dos veces la extensión de Grecia.

9 Debido al reflejo de la luz solar sobre los corales y a la escasa profundidad del agua, los arrecifes se ven desde el aire de un color azul más claro que el agua que los rodea.

10 Los arrecifes de coral reciben el nombre de «selva marina», ya que acogen un gran número de especies.

11 La Gran barrera de coral de Australia es tan extensa que puede verse desde el espacio.

12 Los arrecifes de coral suponen para el mundo unos beneficios de unos 27.000 millones de euros anuales.

13 Algunos corales de mares profundos crecen a 500 m por debajo de la superficie del agua.

14 En un arrecife, los animales se esconden por doquier y no dejan ningún hueco ni grieta sin ocupar.

15 Las serpientes marinas venenosas se alimentan de animales en los arrecifes de coral, pero deben subir a la superficie para respirar.

16 Un hotel en Las Vegas se distingue por un enorme acuario de 75.700 l, que contiene corales de vivo colorido.

17 El enorme coral cerebro puede crecer hasta alcanzar los 2 m de ancho y llega a vivir 100 años.

18 El pez de arrecife llamado pez Napoleón puede crecer hasta alcanzar los 2 m de largo.

19 Un científico australiano descubrió más de 100 especies de coral.

20 El explorador inglés James Cook descubrió la Gran barrera de coral cuando su barco chocó contra ella.

21 EL MERO GIGANTE ALCANZA EL TAMAÑO DE UN FRIGORÍFICO.

22 Hay un tipo de coral que se llama coral caramelo porque parece una golosina, ¡pero no se come!

23 Las islas Bermudas y las Bahamas son en realidad antiguos arrecifes de coral.

24 Estados Unidos tiene una base naval en un arrecife en medio del océano Índico.

25 La Gran barrera de coral australiana no es un largo arrecife ininterrumpido, sino un sistema de más de 3.000 arrecifes.

26 Dos tercios de los arrecifes de aguas cálidas corren peligro de desaparecer.

27 Una cuarta parte de todas las especies de peces viven alrededor de arrecifes de coral.

28 EL CORAL «DEDOS DE MUERTO» PARECE UNA MANO DE DEDOS RECHONCHOS.

29 La esponja «barril gigante» es tan grande que cabrías fácilmente dentro de una de ellas.

30 Los arrecifes de coral representan menos del uno por ciento de la superficie de la Tierra.

31 De los corales se extraen varias sustancias químicas que se utilizan en medicina.

32 Para que crezca el coral, el agua debe estar transparente, así los rayos de sol la pueden atravesar.

33 Los arrecifes prefieren las aguas cálidas, pero no muy calientes, pues el calor supone un estrés para los corales.

34 Se comercializan collares y sortijas de coral, aunque algunos joyeros han decidido dejar de venderlos para proteger los océanos.

35 Los diseñadores de decorados de *Buscando a Nemo* construyeron 12.996 corales para que los personajes creados por ordenador nadaran entre ellos en una escena de la película.

36 Los pólipos de coral tienen una sola abertura, de modo que comen y eliminan desechos por el mismo lugar.

37 Los colores de los corales se deben a las algas que viven en su interior.

38 Un hotel de superlujo de las islas Fiyi ofrece habitaciones bajo el agua con vistas a un arrecife de coral.

39 La mayoría de las morenas se esconden en las grietas de los arrecifes de coral y asoman solo la cabeza. Al anochecer, salen a cazar.

40 En los años treinta, la invención de las máscaras de buceo de goma permitió explorar los arrecifes.

41 Los manglares que crecen en la orilla cerca de un arrecife constituyen una importante «guardería» para los jóvenes pececillos de arrecife.

42 En Australia, las torres de coral que crecen cerca de la superficie del agua se denominan «*boommies*».

43 El pez loro de arrecife come coral, y sus deposiciones se convierten en la arena blanca de las playas vecinas.

44 El animal más venenoso del océano, la cubomedusa, vive a lo largo de la Gran barrera de coral. Si una persona entra en contacto con sus tentáculos puede morir.

45 LOS SOCORRISTAS DE AUSTRALIA USAN LEOTARDOS PARA PROTEGERSE DE LAS PICADURAS MORTALES DE LA CUBOMEDUSA.

46 En los arrecifes del Caribe vive un molusco marino de vivos colores llamado «lengua de flamenco». Presenta un recubrimiento carnoso con manchas de leopardo, que utiliza en ocasiones para cubrir por completo su concha.

47 La tortuga carey vive en arrecifes de coral.

48 Los peces león, con espinas venenosas, asustan en ocasiones a los buceadores.

49 El océano Pacífico alberga la mayor parte de los arrecifes de coral.

50 El *snorkel* es una forma excelente de contemplar arrecifes de coral; pero no toques los corales, podrías matar toda una colonia.

51 Los nudibranquios son moluscos marinos de vivos colores que carecen de concha, aunque su brillante colorido advierte que son venenosos.

52 LA LLAMADA «TRUCHA DE CORAL» NACE HEMBRA Y SE CONVIERTE EN MACHO.

53 Existen arrecifes de coral en las costas de 109 países.

54 Para llegar a su habitación en un hotel submarino de Cayo Largo, EE.UU., los turistas deben sumergirse en el océano y bucear.

55 Las tortugas marinas viven en torno a arrecifes y ponen sus huevos en las playas de arena próximas. La temperatura de la arena determina que las crías sean macho o hembra.

56 Malé, la capital del país insular de las Maldivas, en el océano Índico, se asienta sobre una isla de coral.

57 La Gran barrera de coral es hogar tanto del enorme tiburón ballena, que puede alcanzar los 12 m de longitud, como del minúsculo pez infante, de 8 mm de largo.

58 Estados Unidos realizó pruebas con armas nucleares en atolones coralinos del océano Pacífico.

59 Las gorgonias, un tipo de coral, pueden ser rectas o crecer hasta cobrar el aspecto de un látigo.

60 Los «labios» de la almeja gigante contienen jardines de algas que le proporcionan alimento.

61 Un caballito de mar tarda dos días y medio en recorrer 1 km.

62 El pez payaso tiene su hogar entre los tentáculos de una anémona, pero nunca resulta herido.

63 El Parque Estatal Coral Pink Sand Dunes, en Utah, EE.UU., se caracteriza por sus onduladas dunas de arena de color rosa coral.

64 LOS ARRECIFES DE CORAL PROTEGEN LOS EDIFICIOS FRENTE A LOS EFECTOS DAÑINOS DE OLAS Y TEMPORALES.

65 En Dubái se encuentra el acuario más grande del mundo. Contiene 10 millones de litros de agua salada y alberga en su interior un magnífico arrecife de coral.

66 Los pólipos de coral y las anémonas de mar son parientes.

67 El veneno del caracol cigarrillo puede matar a un ser humano, aunque los coleccionistas tienen debilidad por su concha bicolor.

68 No hay dos almejas gigantes con los mismos colores.

69 Algunos pepinos de mar desprenden hebras pegajosas para capturar a sus enemigos.

70 Cuando se asusta, la sepia de arrecife puede mostrar distintos colores, como negro, oro y rojo, e incluso rayas de cebra.

71 Cuando el coral de fuego roza la piel humana, provoca un doloroso escozor y enrojecimiento.

72 En un arrecife cada pez tiene una tarea diferente, lo que permite que el sistema funcione como una ciudad.

73 La boca de una anémona está rodeada de tentáculos urticantes.

74 Los gobios viven en los corales abanico, del mismo modo que las aves viven en los árboles.

75 Las tortugas marinas, en peligro de extinción, se reproducen y se alimentan en los arrecifes del mar de Andamán, frente a las costas de Tailandia y Myanmar.

35 IMPRESIONANTES

1
En África se hablan más de **2.000 LENGUAS DISTINTAS.**

2
El juego de mesa **MANCALA** (conocido también como «kalah») es originario de África.

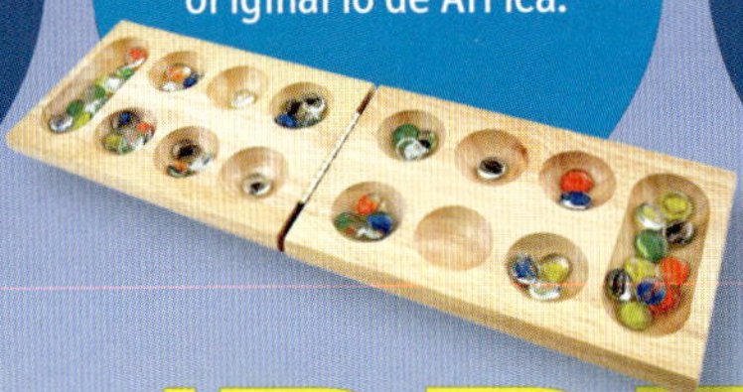

3
Las dunas más antiguas del **DESIERTO DE NAMIBIA** tienen, como poco, **34.000 AÑOS DE ANTIGÜEDAD.**

4
En Ruanda, **NUEVE** de cada **DIEZ PERSONAS** cultivan la tierra.

5
Nairobi, capital de Kenia, significa **«AGUA FRÍA»** en la lengua de los masáis.

6
La mayor parte **DEL ORO Y DE LOS DIAMANTES** del mundo procede de minas africanas.

7
La temperatura del aire más alta registrada sobre la Tierra –unos abrasadores **58 °C**– se registró en 1922 en Al'Aziziyah, Libia.

8
África produce el **68 POR CIENTO** de los granos de cacao que se utilizan para hacer chocolate del mundo.

9
El **CRÁTER DE NGORONGORO** es la caldera –hundimiento de tierra tras una erupción volcánica– seca más grande del planeta.

10
En el golfo de Tadjourah, en Yibuti, los **TIBURONES BALLENA** se alimentan de plancton desde noviembre hasta enero, durante su migración anual.

11
Libia es uno de los pocos países que **NO TIENE RÍOS NATURALES.**

12
En Lalibela, Etiopía, las iglesias están **TALLADAS DIRECTAMENTE SOBRE LA ROCA.**

13
Las praderas cubren más del **40 POR CIENTO** de África.

14
Más de la **MITAD DEL ORO** extraído de minas procede de los alrededores de Johannesburgo, en Sudáfrica.

15
Diez líderes africanos han ganado el **PREMIO NOBEL DE LA PAZ.**

16
En su migración a través de Tanzania y Kenia, las **CEBRAS** recorren más de 480 km en un trazado parecido al de las agujas de un reloj.

17
ZANZÍBAR, un archipiélago frente a la costa oriental de África, se asienta sobre un arrecife de coral.

18
CUATRO de los **CINCO ANIMALES TERRESTRES MÁS VELOCES** viven en África.

19
Madagascar es el hogar de alrededor de 100 especies de **LÉMUR.**

20
En Sudáfrica se come un tipo de salchicha muy especiada llamada **«BOEREWORS».**

21
Namibia es el país africano cuya **INDEPENDENCIA** es más reciente. La consiguió en 1990.

22
La **RANA GOLIAT,** la más grande del mundo, vive en Camerún y en Guinea Ecuatorial.

23
África es el segundo continente más grande, **SUPERADA SOLO POR ASIA.**

24
Dos países contienen **«ÁFRICA»** en su nombre: la República Centroafricana y Sudáfrica.

25 El monte más alto de África, el **KILIMANJARO**, tiene 5.895 m de altitud, aproximadamente la altura de **1.018 JIRAFAS ADULTAS**, una encima de otra.

26 El **DELTA DEL OKAVANGO**, en Botsuana, puede verse desde el espacio.

27 El **DESIERTO DEL SAHARA** se extiende a lo largo de **11 PAÍSES**.

28 En Nigeria se considera **GROSERO COMER MIENTRAS SE CAMINA**.

29 Debido a los númerosos naufragios sucedidos en un tramo de la costa occidental de África, a menudo se hace referencia a esa zona como **«LA COSTA DE LOS ESQUELETOS»**.

DATOS SOBRE ÁFRICA

30 Hace millones de años África formaba parte de un inmenso continente llamado **GONDWANA**, junto con la India, Sudamérica, Australia y la Antártida.

31 Un sudafricano inventó la **ASPIRADORA** con la que se limpian las piscinas.

32 **LESOTO** es un pequeño país africano del tamaño de Galicia.

33 Egipto es famoso por sus **PIRÁMIDES**, pero Sudán tiene más, aunque de menor tamaño.

34 África representa el **20 POR CIENTO** de la superficie de tierra del planeta.

35 Madagascar, la **CUARTA ISLA MÁS GRANDE** del mundo, es un país frente al litoral oriental de África.

Elefante africano

Petauro del azúcar

100 MARAVILLOSOS  DATOS SOBRE 

León

1. Los mamíferos tienen pelo y son de sangre caliente. Alimentan a sus crías con leche. **2. El okapi, el único pariente vivo de la jirafa, puede limpiarse los ojos con la lengua.** 3. La foca común puede identificar la forma de un objeto con sus bigotes. **4. El ser humano es simplemente una de las más de 4.000 especies de mamíferos que existen en la Tierra.** 5. Resulta difícil decir cuál fue el primer mamífero. **6. El armadillo rosado adulto, conocido como pichiciego menor, tiene el tamaño de una lata de refresco.** 7. La mayoría de los mamíferos ve en blanco y negro. **8. Algunos murciélagos viven 30 años.** 9. Los murciélagos representan casi un cuarto de todas las especies de mamíferos. **10. Algunos mamíferos, como las ardillas y los lémures voladores, planean en el aire formando con las extremidades extendidas algo parecido a un parapente.** 11. El petauro del azúcar es un marsupial arborícola que puede planear 60 m entre los árboles. Como timón usa la cola, que es tan larga como el resto de su cuerpo. **12. Como los gatos, los murciélagos están constantemente acicalándose.** 13. Los hipopótamos reclaman un territorio bostezando. **14. Si un puercoespín está en peligro, puede volverse contra su atacante y pincharle con sus púas.** 15. El ornitorrinco, que solo vive en Australia, es uno de los pocos mamíferos que pone huevos. **16. La jirafa usa su larga lengua (30 cm) para llegar a las hojas de las ramas más altas.** 17. No todos los mamíferos viven en tierra firme. Las ballenas y los manatíes pasan toda su vida en el agua. **18. Al nacer, el demonio de Tasmania tiene el tamaño de un grano de arroz.** 19. Algunos mamíferos nacen ciegos. **20. Los párpados del castor son transparentes, así puede ver bajo el agua mientras nada.** 21. Cuando el castor se ve amenazado por un predador, le da la espalda y golpea el agua con la cola. **22. Un manatí recién nacido pesa aproximadamente lo mismo que un perro grande.** 23. Los alces son fuertes y rápidos: el 90 por ciento es capaz de escapar del ataque de una manada de lobos. **24. La musaraña enana de Norteamérica mide apenas 5 cm de largo y pesa unos 2,5 g.** 25. Las ballenas evolucionaron a partir de mamíferos que vivieron sobre la tierra hace alrededor de 60 millones de años. Las extremidades anteriores evolucionaron hasta convertirse en aletas y las posteriores desaparecieron, aunque persisten pequeños huesos de las mismas. **26. El cerebro de un elefante pesa 3,6 kg. Un cerebro humano pesa alrededor de 1,4 kg.** 27. Las ardillas tienen tan buen sentido del olfato que pueden encontrar una nuez enterrada bajo 30 cm de nieve. **28. Una oreja de elefante africano pesa más de 45 kg.** 29. La maloliente secreción de una mofeta puede alcanzar un objetivo a 3 m de distancia. **30. Los coyotes poseen glándulas olorosas entre los dedos de los pies, que utilizan para marcar su territorio.** 31. Cuando dos perritos de las praderas se encuentran, se «besan» para identificar el grupo al que pertenece el otro. **32. Los puercoespines flotan.** 33. El facócero es un jabalí africano. **34. Los mamíferos tienen unos huesecillos en el oído que les permiten oír mejor que el resto de animales.** 35. El oso hormiguero gigante es capaz de comer 35.000 hormigas y termitas en un día. **36. El capibara, el roedor vivo más grande del mundo, puede llegar a pesar de 64 kg y es pariente cercano del conejillo de Indias, mucho más pequeño.** 37. En inglés, a los gatos machos se les llama «*toms*» y a las gatas «*queens*». **38. El perezoso de dos dedos duerme entre 15 y 18 horas al día, y cuando está despierto tampoco se mueve demasiado. La velocidad a la que trepa por un árbol es de 2 a 2,5 m por**

minuto. 39. El jaguar, el felino más grande de Sudamérica, es de hábitos nocturnos. **40. El uombat puede tardar hasta 14 días en digerir una comida. El ser humano tarda entre uno y tres.** 41. El uombat es un pequeño marsupial que cava madrigueras. **42. El panda rojo, como el panda gigante, se alimenta de bambú y vive en los arboles. Su cara se parece a la del mapache y su nombre sugiere parentesco con el panda, pero conforma una familia propia.** 43. El nombre chino del panda rojo es *hun-ho*, que significa «zorro rojo». **44. La foca cangrejera no come cangrejos, filtra el kril del agua utilizando sus peculiares dientes.** 45. Todos los años, los ñus recorren cerca de 1.500 km a través de las llanuras africanas del Serengeti en busca de alimento. Las manadas pueden reunir 500.000 ejemplares. **46. La mayoría de los gatos tiene 18 dedos, aunque en Canadá ¡vive uno que tiene 28!** 47. Las hienas se consideran animales carroñeros, pues se alimentan de los restos de caza de otros animales. La hiena moteada se lo come todo, incluso los huesos. **48. Las orejas del zorro del desierto tienen una longitud equivalente a un tercio de su longitud corporal, lo cual le proporciona un oído excelente y le ayuda a mantenerse fresco.** 49. Los renos emigran en manadas de hasta 500.000 individuos. En Norteamérica se les llama caribús. **50. El reno es la única especie de cérvido en la que tanto los machos como las hembras tienen astas. Las del macho pueden alcanzar los 130 cm.** 51. El tigre es el pariente más cercano del león. Si les quitas el pelaje, sus cuerpos son tan parecidos que solo un experto sabría distinguirlos. **52. El rugido de un león puede oírse a 8 km.** 53. El puma puede matar animales con un peso siete veces superior al suyo. **54. El lince tiene en las orejas unos mechones de pelo que utiliza a modo de bigotes para «palpar» las cosas.** 55. Un golden retriever batió un récord mundial al sostener cinco pelotas de tenis a la vez en la boca. **56. En Estados Unidos hay más perros que niños.** 57. Si un camello o dromedario no tiene suficiente grasa, su joroba puede colgar hacia un lado. **58. ¡El corazón de una jirafa tiene 0,6 m de longitud!** 59. Los hipopótamos pueden pasar hasta 16 horas dentro del agua. **60. Los hipopótamos pueden estar tres semanas sin comer.** 61. Una yegua de Kansas ostenta el récord mundial de «crin de caballo más larga». Mide 381 cm. **62. El pelaje del zorro ártico cambia de color según la**

MAMÍFEROS

estación. Es blanco en invierno y marrón en verano. 63. Los carneros de las Rocosas luchan embistiéndose con sus cabezas, ¡a veces durante 24 horas seguidas! **64. La mayoría de los lobos vive en grupos de cuatro a siete individuos.** 65. Los miembros de la familia de los «grandes felinos» –leones, tigres y jaguares– rugen, los felinos menores no. **66. La cabra de las Rocosas tiene una densa capa de pelo lanudo blanco.** 67. Los lémures y los aye-aye solo viven en Madagascar, una isla frente a África. **68. El glotón, o carcayú, es un miembro de la familia de los mustélidos que tiene patas cortas y pies anchos para correr deprisa por la nieve. Recorre cerca de 25 km al día en busca de alimento.** 69. La cola del leopardo nebuloso es tan larga como su cuerpo, lo cual le ayuda a descender de las ramas con la cabeza por delante. **70. Un erizo tiene 3.000-5.000 púas en el dorso.** 71. Cuando un erizo se siente amenazado, se enrosca en una apretada bola para proteger su vientre blandito. **72. Aunque se revuelquen en el barro (para protegerse de las quemaduras solares), los cerdos se cuentan entre los animales de granja más limpios.** 73. Las leonas son más rápidas y cazan más que los leones. **74. Las vacas comen y mastican durante seis horas al día.** 75. Las astas de un alce pueden tener una envergadura de 2 m. **76. Existen en el mundo alrededor de 1.400 millones de cabezas de ganado vacuno y 1.100 millones de ovejas.** 77. Si pusieras a los 7.000 millones de seres humanos de la Tierra en una balanza gigante, pesarían 317 millones de toneladas. **78. Las chinchillas, originarias de Chile, son conocidas por su suave pelo y ahora están de moda como mascotas. Sin embargo, solo unos miles de ejemplares viven en estado salvaje.** 79. La rata topo lampiña, que no tiene pelo alguno y cuya piel es rosa o gris y arrugada, tiene unos grandes dientes frontales que utiliza para cavar túneles bajo tierra. **80. En EE.UU., alrededor del 30 por ciento de las familias tiene un gato; cerca del 40 por ciento tiene un perro.** 81. En el siglo XVI, la realeza utilizaba guepardos entrenados para cazar gacelas. **82. Las jirafas recién nacidas miden 1,8 m de alto.** 83. Los koalas tienen huellas dactilares únicas, como los seres humanos. **84. Los canguros no pueden caminar hacia atrás.** 85. Los koalas duermen 20 horas al día. **86. A diferencia de los gatos domésticos, a los tigres les gusta el agua.** 87. El tejón melero no debe su nombre a la miel; se come las larvas de las colmenas de abejas. Su gruesa piel lo protege de las picaduras. **88. La cría de antílope americano es capaz de caminar apenas una hora después de nacer.** 89. Cuando están nerviosas o alteradas, las hienas moteadas emiten un sonido parecido a la risa humana. **90. En algunos países, los cerdos vietnamitas son utilizados por la policía, pues son excelentes rastreadores.** 91. Los canguros arborícolas de Matschie pasan la mayor parte del tiempo en los árboles comiendo hojas. **92. Cuando se sienten amenazados por predadores, los bueyes almizcleros forman un círculo alrededor de sus crías.** 93. El buey almizclero, que llega a pesar más de 400 kg, vive en el Ártico y come hierba y líquenes. **94. Los osos polares tienen una capa exterior de pelo que se apelmaza para mantener seca la capa inferior.** 95. Al conejo le crecen los dientes durante toda la vida. **96. Un oso polar puede oler a una foca en el hielo a 32 km de distancia.** 97. La marmota canadiense habita en llanuras de hierba. **98. A menudo, las zarigüeyas «se hacen las muertas» durante horas.** 99. Algunos canguros son capaces de dar un salto cinco veces mayor que la longitud de su cuerpo. **100. Los numbats, un tipo de marsupial hormiguero, tienen una larga y pegajosa lengua que utilizan para atrapar termitas. ¡Llegan a comer decenas de miles al día!**

Conejo

1
En el siglo XVII, los **COLONOS EUROPEOS** llevaron abejas melíferas al continente americano.

2
En 2010 los estadounidenses consumieron **186.000 t** de miel.

3
Las abejas hembras transportan el polen en sus **EXTREMIDADES POSTERIORES**, en **ESTRUCTURAS SIMILARES A CESTILLOS.**

4
Las abejas utilizan un **TUBO LARGO** que tienen en la cabeza, llamado trompa o **PROBOSCIDE,** para succionar el néctar de las flores.

5
Las abejas son unas **FANÁTICAS DE LA LIMPIEZA.** Entre 15 y 30 abejas obreras tardan 40 minutos en **LIMPIAR CADA CELDILLA.**

6
Cuando el agua del néctar almacenado se evapora o se convierte en gas, lo que queda es **MIEL.**

7
Las abejas protegen a las plantas de las orugas hambrientas. **SU ZUMBIDO LAS ESPANTA.**

8
En general, las abejas se sienten más atraídas por las flores **AZULES, AMARILLAS Y MORADAS.**

9
RECOGER EL NÉCTAR necesario para elaborar 450 g de miel requiere unos diez millones de viajes de ida y vuelta a la colmena.

10
Cuando las abejas vuelven a la colmena con el néctar, **LO VUELCAN** en la boca de las abejas obreras, que o bien se lo comen o bien lo depositan en las celdas.

11
Las abejas obreras, llamadas **«ABEJAS NODRIZAS»,** atienden a cada larva de abeja más de 1.000 veces al día.

12
Las abejas también intentan **ROBAR MIEL** de otras colmenas.

13
Las abejas **«HABLAN»** entre ellas **«DANZANDO».** La velocidad y la forma de su danza indican la distancia y la dirección de las flores.

14
Las abejas obreras **CRECEN** hasta alcanzar una longitud aproximada de **15 mm.**

15
Las abejas **ESTÁN PRESENTES** en todos los continentes, excepto en la **ANTÁRTIDA.**

16
La picadura de la **«ABEJA ASESINA»** no es peor que la de una abeja corriente. Se trata de un híbrido de dos tipos de abeja y, en realidad, solo es más agresiva.

17
La abeja reina produce sustancias químicas que **DIRIGEN EL COMPORTAMIENTO** de otras abejas en la colmena.

18
Si una colmena se calienta demasiado, las abejas obreras se agolpan alrededor de la reina y **BATEN LAS ALAS** para generar una brisa fresca para ella.

19
Solo el **TRES POR CIENTO** de las personas a las que pica una abeja desarrolla anafilaxia, una **GRAVE REACCIÓN ALÉRGICA.**

20
El ser humano lleva **COMIENDO MIEL** más de 3.000 años.

21
Dakota del Norte produce la mayor parte de la miel de EE.UU.: 21.000 t en 2010, lo cual equivale al peso de **128 BALLENAS AZULES.**

22
Las abejas **SEGREGAN CERA POR EL ABDOMEN** para construir las celdas de seis lados de la colmena

23
Las abejas residentes en una misma colonia **TIENEN TODAS UN OLOR SIMILAR.**

24
Las abejas macho, llamadas **«ZÁNGANOS», NO TIENEN AGUIJÓN.**

25
Cuando una abeja obrera sale del huevo, lo primero que hace es darse la vuelta y **LIMPIAR SU CELDA** para el huevo siguiente.

26
El **SABOR Y EL COLOR** de la miel dependen del tipo de flores del que las abejas hayan recogido el néctar.

27
Cada colonia de abejas tiene una sola reina, que pone al día **1.500 HUEVOS DEL TAMAÑO DE UNA CABEZA DE ALFILER.**

28
Para construir un nido, las abejas necesitan un espacio con una capacidad aproximada de **15 l.**

29
Las abejas obreras **LIMPIAN Y ALIMENTAN A LA ABEJA REINA** e incluso retiran sus excrementos.

30
Cuando una abeja obrera ha acabado de recoger néctar, **VUELA DIRECTA** de vuelta a la colmena en línea recta.

31
Un **ENJAMBRE** de abejas puede contener hasta **30.000 ABEJAS.**

32
La **CERA DE ABEJA** se utiliza para fabricar velas y también para el recubrimiento de algunos caramelos.

50 DULCES DATOS SOBRE ABEJAS

33 Los zánganos, las abejas macho, SON EXPULSADOS DE LA COLMENA cuando escasea el alimento, AL ACERCARSE EL INVIERNO.

34 Las obreras, SIEMPRE HEMBRAS, constituyen la mayoría en una colonia de abejas.

35 Dado que las colmenas son oscuras, en su interior las abejas SE COMUNICAN MEDIANTE EL TACTO.

36 Solo las abejas obreras más viejas (¡TRES SEMANAS DE EDAD!) SALEN A RECOGER NÉCTAR y lo llevan de vuelta a la colmena.

37 Una abeja tiene en el cerebro alrededor de 950.000 NEURONAS, o células nerviosas; el ser humano tiene 100.000.000.000.

38 Una abeja REINA puede vivir CINCO AÑOS; en cambio los zánganos viven solo UNAS SEMANAS.

39 Cuando una colmena está ABARROTADA, la colonia de abejas que vive en ella se divide. La reina y más de la mitad de las abejas obreras abandonan la colmena y forman un enjambre. Las abejas más viejas BUSCAN UBICACIÓN PARA UN NUEVO NIDO.

40 Las larvas de abeja SE ALIMENTAN DE LA JALEA REAL que las obreras segregan por la cabeza y de pan de abeja, una mezcla de miel y polen.

41 Las abejas tienen un ESTÓMAGO SOLO PARA LA MIEL.

42 Para que una abeja que te ronda NO TE PIQUE, lo mejor es que TE QUEDES QUIETO.

43 Para sobrevivir durante el invierno, una colonia de abejas necesita en torno a 18 kg DE MIEL, que almacena durante los meses más cálidos.

44 Una colonia puede llegar a tener 80.000 ABEJAS.

45 En la colmena, LA REINA ES LA MADRE del resto de abejas.

46 Muchos cultivos de EE.UU. dependen de la polinización de las abejas, por eso estos insectos pueden valer MILES DE MILLONES DE EUROS.

47 Las abejas mueren si clavan SU AGUIJÓN en otro animal.

48 En primavera y verano, las ABEJAS TRABAJAN UNAS OCHO HORAS AL DÍA.

49 La desaparición inexplicable de las abejas de una colmena se denomina «TRASTORNO DE COLAPSO DE LA COLONIA».

50 Las ABEJAS GUARDIANAS defienden las colmenas frente a intrusos como osos y tejones meleros.

25 DATOS ECOLÓGICOS

1

UN DISEÑADOR HA CREADO ZAPATOS «VIVOS»: CUANDO YA ESTÁN VIEJOS, PUEDES PLANTARLOS, ¡Y SALEN FLORES!

2

Cada país deja su **«HUELLA DE CARBONO»**, es decir, emite una cantidad determinada de gases de efecto invernadero.

QATAR TIENE LA HUELLA POR PERSONA MÁS ALTA DEL MUNDO Y LA REPÚBLICA DEMOCRÁTICA DEL CONGO, LA MÁS BAJA.

3

SE PUEDE VIVIR EN UNA CASA DE PAJA.

Las casas construidas con balas de paja son **MÁS EFICIENTES, DESDE EL PUNTO DE VISTA ENERGÉTICO,** que las edificaciones estándar y aprovechan una materia vegetal que de otro modo se quemaría.

4

Recorrer 100 km con un **COCHE ELÉCTRICO** puede costar unos **2,15 €**, mientras que hacerlo con un vehículo tradicional de gasolina cuesta alrededor de 6,50.

5

EN UN PARQUE DE MASSACHUSETTS, EE.UU., SE HA UTILIZADO CACA DE PERRO COMO FUENTE DE ENERGÍA PARA ENCENDER UNA FAROLA.

6

En EE.UU., un niño manda una media anual de **225 kg DE ROPA A LA LAVADORA,** ¡más de lo que pesa un gorila!

7

Los electrodomésticos son «vampiros energéticos», es decir, **CONSUMEN ENERGÍA** incluso cuando no están funcionando. Una TV y su mando a distancia utilizan más energía apagados durante todo el día que durante cuatro horas encendidos.

8

En un barrio de Pekín, China, un complejo ecológico de apartamentos, tiendas, cines y escuelas se mantiene fresco en verano y caliente en invierno gracias a **655 POZOS GEOTÉRMICOS SUBTERRÁNEOS.**

9

LAS ASPAS DE ALGUNAS TURBINAS EÓLICAS QUE PRODUCEN ENERGÍA VERDE MIDEN 34 m.

MÁS QUE UN EDIFICIO DE DIEZ PLANTAS.

10

Un viaje de 1.600 km en tren **GENERA MENOS DE LA MITAD DE LAS EMISIONES DE CARBONO QUE EL MISMO VIAJE EN AVIÓN.**

11

HACER EN CASA LOS DEBERES DES COLEGIO PUEDE SER «ECOLÓGICO». UN DISEÑADOR HA CREADO UN ESCRITORIO EN EL QUE PUEDES ENCHUFAR EL ORDENADOR Y CARGARLO CON UNOS PANELES SOLARES CONECTADOS A LA MESA.

12

CADA MINUTO SE USAN en el mundo **1 MILLÓN DE BOLSAS DE PLÁSTICO.**

13

El dióxido de carbono, el gas que produce las burbujas en los refrescos, también **TIENE QUE VER CON EL CAMBIO CLIMÁTICO.**

15

EN LUGAR DE MÁQUINAS PODADORAS, QUE CONSUMEN MUCHA GASOLINA, GOOGLE UTILIZA **CABRAS PARA CORTAR EL CÉSPED** EN SU SEDE DE CALIFORNIA.

16

EL BAMBÚ –que crece rápidamente y puede utilizarse en lugar de árboles de crecimiento lento– sirve para hacer de todo, **DESDE SUELOS HASTA ROPA, PASANDO POR RADIOS Y APARATOS ELECTRÓNICOS.**

14

PÁSATE AL PORTÁTIL para reducir la huella de carbono. Los ordenadores portátiles utilizan **ENTRE UN 50 Y UN 90 POR CIENTO MENOS ENERGÍA** que los de sobremesa.

17

En EE.UU. y Gran Bretaña, **UNA FRUTA O VERDURA VIAJA** una media de 1.931 km desde su origen hasta la mesa del consumidor.

QUE PUEDEN SALVAR EL MUNDO

18

Ponerse un **JERSEY** en lugar de **SUBIR LA CALEFACCIÓN** puede evitar la presencia en la atmósfera de 454 kg de dióxido de carbono al año.

19

EN EL MUNDO SE RECICLA EN TORNO A UN TERCIO DE TODOS LOS PRODUCTOS DE ALUMINIO, UNOS **18 MILLONES DE TONELADAS.**

20

EL BIOCOMBUSTIBLE SE PRODUCE A PARTIR DE PLANTAS COMO LA SOJA O EL MAÍZ. En 2011, un avión que utilizaba biocombustible voló desde Estados Unidos hasta Francia.

21

Apagar el ordenador cuando no lo estés usando y ponerlo en **MODO «REPOSO»** REDUCE SU CONSUMO DE ENERGÍA EN UN 85%.

22

LAS **GUITARRAS «ECOLÓGICAS»** SE FABRICAN CON MATERIAL RECICLADO, COMO BOTELLAS DE PLÁSTICO Y TUBERÍAS.

23

Todos los años, en marzo, se celebra **LA HORA DE LA TIERRA:** la gente apaga las luces durante una hora para concienciar al mundo del cambio climático. En 2011, participaron 135 países y 5.200 ciudades.

24

Un diseñador ha creado un móvil con una carcasa **HECHA CON HIERBA.** Cuando la vida del móvil llega a su fin, se descompone y la pantalla y los **COMPONENTES SE RECICLAN.**

25

El **90%** de la energía utilizada por una bombilla estándar se pierde en forma de calor y no se convierte en **LUZ APROVECHABLE.**

15 DATOS SOBRE FENÓMENOS

❶ Un **FENÓMENO PARANORMAL** es cualquier experiencia **CIENTÍFICAMENTE INEXPLICABLE.**

❷ Un ***POLTERGEIST*** es un fantasma **RUIDOSO Y MALVADO.**

❸ **LA «PERCEPCIÓN EXTRASENSORIAL»** es la capacidad de obtener información **SIN UTILIZAR NINGUNO DE LOS CINCO SENTIDOS:** vista, olfato, tacto, oído o gusto.

❹ La **FASMOFOBIA** es el miedo a los **FANTASMAS.**

❺ Existen múltiples relatos sobre un **SOLDADO BRITÁNICO QUE SE APARECÍA EN LA CASA BLANCA.**

❻ El concurrido **QUEEN VICTORIA MARKET, EN MELBOURNE, AUSTRALIA,** fue **CONSTRUIDO SOBRE UN CEMENTERIO** y, supuestamente, cuenta con la presencia de los fantasmas de las personas **ENTERRADAS BAJO** el edificio.

❼ Corren rumores de que en el **PALACIO DE HAMPTON COURT, EN INGLATERRA, SE APARECE** el fantasma de una **REINA EJECUTADA.** Los vecinos afirman que **HAN OÍDO SUS GRITOS** y, en dos *tours* realizados la misma noche, **DOS VISITANTES SE DESMAYARON EXACTAMENTE EN EL MISMO LUGAR.**

PARANORMALES

8 Hay personas que creen que es posible **COMUNICARSE CON LOS ESPÍRITUS,** con un **TABLERO DE GÜIJA** dejando que «el difunto» mueva una pieza sobre las letras del tablero hasta componer un mensaje.

9 La **TELEQUINESIS** es la capacidad para **MOVER OBJETOS SIN TOCARLOS.**

10 Una baraja de **CARTAS DEL TAROT** está integrada por 22 cartas con dibujos –como la Muerte, el Ahorcado y el Mago– que **SE UTILIZAN PARA ADIVINAR EL FUTURO.**

11 La **NIGROMANCIA** consiste en **INVOCAR A LOS ESPÍRITUS DE LOS MUERTOS PARA DESVELAR EL FUTURO O INFLUIR EN ÉL.**

12 En el **SÉPTIMO MES DEL CALENDARIO LUNAR** se celebra en Asia el **FESTIVAL DE LOS FANTASMAS HAMBRIENTOS.** Se dice que ese día se abren las puertas del mundo de los espíritus y **LOS VIVOS DEJAN ALIMENTOS A LOS FANTASMAS** que buscan comida.

13 Un **HOMBRE-BESTIA** es una criatura mítica capaz de **CAMBIAR DE FORMA,** por ejemplo, **DE HUMANO A LOBO.**

14 La **QUIROMANCIA** es la **LECTURA DE LAS LÍNEAS** de las palmas de las manos de una persona para **PREDECIR SU FUTURO Y DESCRIBIR SU PERSONALIDAD.**

15 La **TELEPATÍA ES LA COMUNICACIÓN DIRECTA MENTE CON MENTE,** sin palabras ni gestos.

75 DATOS MUY TERRENALES

1 Los diminutos fragmentos de residuos espaciales que colisionan con la Tierra a diario añaden en torno a 90 t de peso a nuestro planeta.

2 Actualmente 175 países celebran el Día de la Tierra.

3 LA SELVA AMAZÓNICA PRODUCE EN TORNO AL 20 POR CIENTO DEL OXÍGENO DE LA TIERRA.

4 La Tierra tiene 12.756 km de diámetro.

5 La Tierra tarda 365,26 días en completar su órbita alrededor del Sol. El cuarto de día adicional por año que emplea se contabiliza cada cuatro años, el 29 de febrero, en el año bisiesto.

6 El Outback, una remota región interior de Australia, representa en torno al 70 por ciento del territorio australiano, aunque solo el 3 por ciento de la población del país vive allí.

7 La temperatura media de la Tierra en la superficie es de 7,7 °C.

8 Antiguamente, el monte Everest era conocido como «Pico 15».

9 La atmósfera de la Tierra es nitrógeno en un 78 por ciento, oxígeno en un 21 y argón en un 1 por ciento.

10 En una ocasión, las perforaciones realizadas por el hombre en busca de petróleo ocasionaron un terremoto de 5,5 en la escala Richter.

11 Si te encontraras en el punto más profundo del océano, sentirías la presión del agua como si 50 aviones jumbo estuvieran apilados encima de ti.

12 Cuando el volcán del monte Santa Helena, en Washington, EE.UU., entró en erupción el 18 de mayo de 1980, la explosión abrasó 600 km² de bosque en tres minutos.

13 La Tierra no es una esfera perfecta: se aplana por los polos y se ensancha en el ecuador.

14 Toda el agua de la Tierra es reciclada; bebemos la misma que bebieron los dinosaurios.

15 Solo el 2,5 por ciento del agua de la Tierra es dulce y los lagos y ríos contienen menos del 1 por ciento de ella.

16 La dorsal Mesoatlántica, una cordillera submarina, recorre el fondo del océano Atlántico prácticamente en toda su longitud.

17 En el Parque Nacional de Yellowstone, EE.UU., está el 60 por ciento de los géiseres del mundo, agua hirviendo y vapor expulsados a presión de la Tierra.

18 Hace seiscientos millones de años, la Tierra albergaba un supercontinente gigantesco llamado Pannotia y un enorme océano llamado Panthalassa.

19 El centro de la Tierra es de metal sólido, rodeado de metal líquido.

20 LA TIERRA TIENE ENTRE 4.000 Y 5.000 MILLONES DE AÑOS.

21 La Tierra se halla cubierta por unas 16 placas tectónicas, con un grosor medio de 96,5 km.

22 Norteamérica y África se van separando más o menos a la misma velocidad a la que nos crecen las uñas.

23 La Tierra es la cuna de más de 5.000 culturas diferentes.

24 Tendrías que bucear a unos 11 km de profundidad para alcanzar el punto más profundo de la fosa de Challenger, en el Pacífico.

25 La Tierra es el único planeta de nuestro sistema solar con placas tectónicas.

26 Con unos 2.175.600 km², Groenlandia es la isla más grande del mundo.

27 Durante mucho tiempo se pensó que el Nilo era el río más largo del mundo; recientemente se ha descubierto que el Amazonas tiene 105 km más.

28 El mar Caspio, el lago más grande del mundo, fue bautizado como «mar» porque cuando los antiguos romanos llegaron a sus orillas se encontraron con que el agua era salada.

29 Hace sesenta millones de años, serpientes de 13 m y más de 1 kg de peso reptaban por las selvas tropicales.

30 Las dunas más altas del desierto del Sáhara, de 457 m, son más altas que el Empire State Building.

31 El agua cae por los desagües en sentido horario y en sentido antihorario tanto en el hemisferio norte como en el sur.

32 Oficialmente se reconocen cuatro océanos (Pacífico, Atlántico, Índico y Ártico), aunque hay países que reivindican un quinto, próximo a la Antártida y bautizado como Meridional o Antártico.

33 Más del 80 por ciento de la superficie de la Tierra, por encima y por debajo del mar, se halla modelada por volcanes.

34 La luz de las grandes áreas urbanas de la Tierra es visible desde el espacio.

35 La Tierra gira sobre su eje a una velocidad de 1.600 km/h.

36 La Tierra se mueve alrededor del Sol a unos 107.300 km/h.

37 Un objeto del tamaño de Marte se estrelló contra la Tierra hace más de 4.000 millones de años, lo que causó que se desprendiera un fragmento del planeta que más tarde se convertiría en la Luna.

38 La mayoría de los grandes grupos de animales apareció sobre la Tierra hace más de 550 millones de años.

39 La corteza terrestre tiene un grosor comprendido entre 4,8 y 9,6 km bajo los océanos y de alrededor de 40 km bajo los continentes.

40 En los años 70, científicos rusos intentaron taladrar la corteza terrestre, pero solo consiguieron perforar 12,2 km en 19 años.

41 El centro de metal sólido de la Tierra está casi tan caliente como la superficie del Sol: unos 5.000 °C.

42 Nuestra atmósfera no tiene límites reales; se va atenuando hasta desvanecerse en el espacio.

43 Toda la climatología se desarrolla dentro de una distancia a la Tierra de 12,8 km.

44 No podríamos vivir en la Tierra sin ozono, una forma de oxígeno que protege el planeta de los potentes rayos ultravioletas del sol.

45 SE TARDA TRES DÍAS EN VOLAR DE LA TIERRA A LA LUNA.

46 Los científicos predicen que Norteamérica y África colisionarán en unos 250 millones de años.

47 La mayoría de objetos en trayectoria de colisión con la Tierra arde en la atmósfera del planeta, y no llega nunca a producirse el impacto.

48 Las tortugas llevan viviendo sobre la Tierra unos 230 millones de años, desde el comienzo de la edad de los dinosaurios.

49 Alaska experimenta una media de 60 terremotos al día.

50 Grandes ciudades, autopistas, puentes, aeropuertos y presas son visibles desde el espacio.

51 El lago más profundo de la Tierra es el Baikal, en Asia, con una profundidad algo mayor de 1,5 km.

52 Si una garrafa de 4 l representara el agua del mundo, una cucharada representaría el agua dulce.

53 Es posible que en el océano Pacífico haya más de 25.000 islas.

54 Fiyi está integrado por 332 islas.

55 El océano Pacífico es unas 15 veces mayor que Estados Unidos.

56 Hay dos tipos de mariposa monarca, uno en Norteamérica y otro en Sudamérica. Se cree que se diferenciaron hace dos millones de años, cuando los niveles del mar eran mucho más altos que ahora.

57 En la Antártida, existen montañas de más de 4.800 m de altitud, cubiertas por sólidas capas de hielo.

58 Más de la mitad de los siete mil millones de habitantes de la Tierra vive en Asia.

59 En las selvas tropicales viven más de 300 especies de ranas arborícolas. Todas tienen unas almohadillas pegajosas en los dedos que les sirven para moverse por las hojas.

60 Asia tiene más ciudades con un millón o más de habitantes que cualquier otro continente.

61 El delta del Ganges, en Asia, es triangular. Su centro está integrado por pantanos, bosques, islotes y arroyos.

62 El Polo Norte geográfico se encuentra aproximadamente en el centro del océano Ártico, a 3.962 m debajo del nivel del mar.

63 Los Grandes Lagos de Norteamérica contienen en torno al 20 por ciento del agua dulce de la Tierra.

64 Aunque todos los habitantes del planeta saltaran al mismo tiempo, ello no tendría efecto alguno sobre el movimiento de la Tierra.

65 El Titicaca, entre Perú y Bolivia, es el lago a mayor altitud del planeta, unos 3.800 km sobre el nivel del mar.

66 La temperatura de la Tierra sube ligeramente cuando hay luna llena.

67 Se producen unos de 3.000 destellos de luz sobre la Tierra cada minuto.

68 En el desierto de Sonora, en Norteamérica, las abejas y las aves polinizan de día y los murciélagos, de noche.

69 San Francisco y Los Ángeles están a unos 600 km, pero se cree que, debido al movimiento de las placas tectónicas, en unos 15 millones de años estarán pegadas.

70 Cada año se producen en la Tierra aproximadamente medio millón de terremotos detectables.

71 En el interior de la Antártida se dan terremotos de hielo, temblores en la capa de hielo que cubre el continente.

72 Los terremotos no causan erupciones volcánicas.

73 UN TERREMOTO MUY POTENTE PUEDE ACORTAR EL DÍA UNA MILLONÉSIMA PARTE DE SEGUNDO.

74 Los bosques cubren en torno a un 30 por ciento de la tierra del planeta.

75 La línea internacional de fecha, un trazado que zigzaguea entre Rusia y Alaska y baja por el Pacífico, separa dos días consecutivos del calendario; así, en el hemisferio oriental es siempre un día antes que en el occidental.

35 TESOROS

1 ¿Qué es un **TESORO**? Puede tratarse de monedas, joyas o metales preciosos, guardados o **ESCONDIDOS**, en ocasiones perdidos y después reencontrados.

2 ***LA ISLA DEL TESORO,*** escrita por R. L. Stevenson y publicada en 1883, popularizó la imagen de los piratas ondeando la bandera negra de la calavera y llevando **MAPAS** del tesoro.

3 Se estima que se han **PERDIDO** en el mar unos **TRES MILLONES** de embarcaciones, desde barcos mercantes fenicios hasta submarinos japoneses.

4 Durante 300 años los veleros españoles, llamados **GALEONES,** sembraron las aguas del mar Caribe con los tesoros que transportaban en sus **VIAJES** a las Américas.

5 «Galeón» es también el nombre de una **MONEDA** en los libros de ***HARRY POTTER.***

6 En la década de 1980, un explorador encontró en los **CAYOS DE FLORIDA,** EE.UU., un tesoro por valor de unos 400 millones de euros, procedente de un **NAUFRAGIO** español.

7 Arqueólogos y cazadores de tesoros están en **DESACUERDO:** los primeros creen que hay que **PRESERVAR** los restos de un naufragio; los segundos, que son un bien público.

8 No importa la profundidad a la que estén los restos, hoy en día es posible dirigir vehículos por **CONTROL REMOTO** desde la superficie del mar.

9 Actualmente el juego de «buscar el tesoro» se conoce como **«GEOCACHING»** Los participantes utilizan un **GPS** para encontrar objetos escondidos por otros jugadores.

10 Los egipcios pensaban que los dioses tenían la **PIEL** cubierta de **ORO.**

11 En 1922 se descubrió la **TUMBA** del rey Tutankamón, con un enorme volumen de **ORO, JOYAS** y **ARTE.** La máscara funeraria del faraón puede admirarse en El Cairo, Egipto.

12 Los mejores **ORFEBRES** de Egipto crearon el **FÉRETRO** interior del rey Tutankamón con cerca de 110 kg de oro **PURO.**

13 En Florida, EE.UU, se puede admirar el único cofre del **TESORO** que con seguridad perteneció a un pirata, hace unos **400 AÑOS.** Vacío **PESA 68 kg.**

14 El **BUDA** de jade más grande del mundo tiene una altura de 2,5 m, pesa **4 t** y está valorado en más de **UN MILLÓN DE EUROS.**

15 Las **PERLAS** se forman en ciertos moluscos cuando una partícula irritante queda **ATRAPADA** en su interior. El molusco crea una capa **AISLANTE** a su alrededor, que la convierte en **PERLA.**

16 Solo **UNO** de cada **10.000 MOLUSCOS** que viven en estado salvaje contiene una **PERLA.**

17 El juego de búsqueda de tesoro más **MULTITUDINARIO** que se ha disputado nunca contó con **250 PARTICIPANTES** y se desarrolló en Rumanía en 2010.

18 «Isla del Tesoro» es una pequeña isla **CREADA POR EL HOMBRE** en la bahía de San Francisco, EE.UU. Se construyó en **1937** y debe su nombre al famoso libro.

19 En Inglaterra, en las tierras de un **GRANJERO,** un hombre con un **DETECTOR DE METALES** encontró un tesoro de oro valorado en **VARIOS** millones de euros.

20 En 1927, el que se convertiría en presidente de EE.UU., Franklin D. Roosevelt, se unió a la **BÚSQUEDA** del **TESORO PERDIDO** de la Isla Oak. Su esfuerzo no obtuvo recompensa.

OCULTOS

21 A pesar de que se ha encontrado el barco del pirata Barbarroja, el *Venganza de la reina Ana*, su **TESORO SIGUE PERDIDO.**

22 El oro fue muy escaso hasta los descubrimientos realizados **A MEDIADOS DEL SIGLO XIX**. El **NOVENTA** por ciento del oro en circulación ha sido **EXTRAÍDO** desde entonces.

23 Más duro que el **ACERO**, el **JADE** chino de mayor pureza es mucho más valioso que el **ORO.**

24 El **DIAMANTE HOPE** (esperanza), de 45,52 quilates, está expuesto en la **INSTITUTO SMITHSONIAN** de Washington, EE.UU. Dicen algunos que está **MALDITO.**

25 Los astrónomos han descubierto una **ESTRELLA** constituida por un diamante de 10.000 millones de billones de billones de **QUILATES.**

26 Durante la fiebre del oro de 1849, algunos **BARCOS DE VAPOR** que transportaban oro desde California se **HUNDIERON** en medio de las tempestades del Atlántico.

27 Perlas negras, blancas, doradas e incluso moradas han sido muy **CODICIADAS** en todo el mundo desde la **ANTIGÜEDAD.** Las generadas de forma natural son las más **VALIOSAS.**

28 El término «diamante» procede de la palabra griega ***«ADAMAS»***, irrompible. El **DIAMANTE** es el más duro de todos los **MINERALES.**

29 La plata es **MÁS BARATA** que el oro porque es más corriente y pierde **LUSTRE.**

30 Cuando, en el **SIGLO XVI**, los españoles encontraron **PLATINO** pensaron que era plata. Sin embargo, es un metal **MENOS CORRIENTE** que la plata y con un punto de **FUSIÓN** más alto.

31 Hasta el siglo XIX, India fue la única **FUENTE IMPORTANTE DE DIAMANTES** del mundo.

32 Puede que los diamantes negros, o **CARBONATADOS,** hallados en Sudamérica y África **NO** sean del planeta **TIERRA.** Algunos científicos sostienen que se formaron en el espacio.

33 Se cree que William Kidd, pirata del siglo XVII, **ENTERRÓ** su botín en Nueva Inglaterra y en el Caribe. algunos piensan que el gobierno lo incautó; otros, que sigue **ESCONDIDO.**

34 En **CALIFORNIA** se encontró una pepita de oro de **72,6 kg,** el peso de **12 BOLAS DE BOLERA.**

35 En 2011, la revista *Forbes* nombró al **TÍO GILITO** personaje de ficción más rico del mundo. Su riqueza fue valorada en millones de euros de ficción.

Pez payaso

100 DATOS SOBRE OCÉANOS

1. El noventa por ciento de toda la actividad volcánica de la Tierra tiene lugar en el océano. **2.** En el fondo del Pacífico Sur, un área del tamaño de Túnez alberga 1.133 conos volcánicos activos y montañas marinas. **3.** En 2012, James Cameron, director de Avatar, se convirtió en el primer explorador que alcanzaba en solitario el fondo oceánico más profundo. **4.** La cordillera montañosa más larga de la Tierra se encuentra bajo el mar. La dorsal Mesoatlántica es cuatro veces más larga que los Andes, las Montañas Rocosas y el Himalaya juntos. **5.** Canadá posee un 15 por ciento de las costas del mundo, más que ningún otro país. **6.** En el punto más profundo del océano, la presión es mayor de 1,1 t/cm^2. **7.** La temperatura de casi toda el agua de los océanos profundos se encuentra apenas por encima del punto de congelación. **8.** Si se extrajera todo el oro que hay en los mares del mundo, habría suficiente para que cada persona de la Tierra reclamara 4 kg. **9.** El iceberg más alto del mundo fue localizado frente a la costa de Groenlandia; medía unos 170 m. **10.** Si se pudiera extraer del mar todo su contenido de sal, sería posible cubrir todos los continentes de la Tierra con una capa de 1,5 m. **11.** Los científicos miden la edad de los peces contando las líneas en sus huesos, como se hace con los anillos de los troncos de los árboles. **12.** Las lampreas son unos de los animales más primitivos de la Tierra. Habitan las profundidades marinas y son similares a los peces, pero no tienen mandíbulas, sino una boca chupadora y redonda. **13.** Los esturiones viven 50 años o más y su peso puede superar los 450 kg. **14.** Los tiburones tienen párpados, la mayoría de los demás peces no. **15.** Los atunes nadan con rápidos impulsos a 80 km/h. **16.** La mayoría de los peces puede nadar hacia atrás. **17.** La mayoría de los peces es incapaz de percibir los colores de los cebos, pues son ciegos para los colores. **18.** Dos de las cuatro familias de peces planos tienen los ojos en el lado izquierdo de su cuerpo. Las otras dos familias los tienen en el lado derecho. **19.** Los peces globo se hinchan bombeando agua al interior de sacos especiales. Fuera del agua también se hinchan, pero con aire. **20.** La anguila eléctrica emite descargas de unos 350 voltios, ¡más que un enchufe de tu casa! **21.** El calamar gigante tiene una longitud equivalente a la altura de un edificio de seis plantas. **22.** Un grupo de científicos siguió a una langosta en su viaje de 362 km. **23.** Las langostas tienen los dientes en el estómago. **24.** En las islas del Pacífico hay un tipo de cangrejo ermitaño de tierra que come cocos. **25.** Una tortuga marina puede permanecer hasta dos horas bajo el agua sin salir a respirar. **26.** Haría falta una torre formada por nueve Empire State Buildings para igualar la profundidad media del océano. **27.** La aleta pectoral de un delfín tiene huesos que forman cinco «dedos», como la mano del ser humano. **28.** El ser humano ha explorado solamente el cinco por ciento de los océanos. **29.** El cañón submarino de la bahía de Monterrey, frente a las costas de California, EE.UU., es más profundo que el Gran Cañón del Colorado. **30.** La corriente del Golfo, frente a la costa atlántica de EE.UU., circula 300 veces más deprisa que la corriente normal del río Amazonas. **31.** Si das un trago de agua salada, puede que ingieras cientos de miles de los organismos que integran el fitoplancton y decenas de miles de los organismos que componen el zooplancton. **32.** La arena está integrada por minúsculos pedacitos desprendidos de rocas. El viento, el agua y los glaciares levantan los fragmentos y los liberan al océano, donde se convierten en sedimento o tierra, formando las dunas de arena. **33.** El quelpo es un tipo de alga que se recoge para la producción de cosméticos y pasta de dientes. **34.** El pez león se conoce en algunos lugares como «pez pavo», porque sus aletas parecen plumas de pavo real. **35.** Las tortugas verdes marinas pesan alrededor de 130 kg, tanto como un león. Pero, a diferencia de los leones, que en estado salvaje pueden vivir 15 años, las tortugas verdes viven unos 100. **36.** Las estrellas de mar no son peces, son equinodermos, es decir están emparentadas con las lochas, los erizos y los pepinos de mar. **37.** Algunas estrellas de mar tienen más de 40 brazos. Si pierden uno, vuelve a crecerles otro. **38.** Las medusas son agua en un 95 por ciento. **39.** Las medusas no tienen cerebro, sangre ni corazón. **40.** Las estrellas de mar sacan su estómago fuera para comer. Lo sitúan sobre su presa, que queda cubierta por los jugos digestivos, y después se lo tragan todo. **41.** La estrella de mar girasol tiene 25 brazos y se considera de movimiento rápido, dada la velocidad de las estrellas de mar. Cuando busca alimento puede recorrer 1 m en un minuto. **42.** Los científicos determinan la edad de una locha contando los anillos de crecimiento en su exoesqueleto. La mayoría vive entre seis y diez años. **43.** Las orejas de mar son unos moluscos de sangre verde azulada. **44.** Cuando un pepino de mar se siente amenazado, puede disparar sus órganos internos. Luego volverán a crecerle. **45.** Las medusas peine, de forma ovalada, cuentan con ocho filas de diminutas paletas que baten para moverse por el agua. Su principal presa son otras medusas. **46.** Las almejas gigantes, las más grandes del mundo, pueden crecer hasta superar el metro de longitud. Pasan toda su vida adulta adheridas al mismo lugar. **47.** Todos los peces payaso comienzan su vida como machos. Al crecer, algunos se convierten en hembras. **48.** En la parte anterior del dorso, el rape tiene una «caña» con una estructura luminosa al final: en realidad son millones de bacterias productoras de luz. **49.** El pez luna, con unos 2,2 kg, es el más pesado de los peces óseos. Con todo, esto no le evita ser presa de orcas y leones marinos. **50.** A menudo es posible ver a los leones marinos haciendo *bodysurfing*. **51.** A veces, los leones marinos mantienen las aletas fuera del agua para regular su temperatura corporal. **52.** Una vez al año, los elefantes marinos salen a la orilla y mudan una capa de piel. **53.** En ocasiones, las nutrias marinas se envuelven en quelpo para no flotar a la deriva. **54.** El pelaje de las nutrias marinas tiene «bolsillos». En efecto, presenta pliegues de piel bajo las extremidades anteriores, que utilizan para guardar el alimento y tener así las manos libres para seguir nadando. **55.** Los nautilos avanzan por el agua a propulsión. Pueden nadar hacia delante, hacia atrás y hacia los lados, expulsando agua por su sifón. **56.** La tinta de la sepia se utilizó en el pasado para escribir y dibujar. **57.** La sepia puede cambiar en un instante el color de su piel y su patrón de manchas. **58.** El pulpo gigante del Pacífico tiene alrededor de 2.200 ventosas repartidas entre sus ocho brazos. **59.** Las aletas anteriores de las focas son pequeñas, mientras que las de los leones marinos son largas y les ayudan a caminar mejor sobre la tierra. Los leones marinos tienen además unas pequeñas solapas a modo de orejas, mientras que las focas no tienen orejas. **60.** Los delfines tienen el morro más largo, la boca más grande y la aleta dorsal más curvada que sus parientes las marsopas. Además, los delfines son más ruidosos. **61.** El pez mariposa tiene una mancha junto a la cola que parece un ojo, posiblemente para confundir a los predadores. Su ojo verdadero se halla oculto por una raya negra. **62.** Los peces sierra tienen un hocico de 2 m de largo que parece una sierra. Lo utilizan para excavar en el fondo oceánico en busca de presas. **63.** El pez espada alcanza una velocidad de 100 km/h, es decir, como un coche por una carretera. **64.** Un pez volador puede planear 180 m sobre el agua. **65.** El pez trípode tiene

EN LOS QUE BUCEAR

aletas largas y finas, sobre las cuales se posa en el fondo oceánico mientras espera a su presa. **66.** Las viruelas son unos peces largos, blanquecinos y sin escamas que viven cerca de fuentes hidrotermales. **67.** Osos polares han sido atacados por orcas. **68.** El tiburón anguila se consideraba extinguido hasta que en 2007 un pescador japonés encontró un ejemplar vivo en la orilla. **69.** Los caballitos de mar no tienen dientes ni estómago. **70.** Los plesiosaurios, reptiles marinos gigantes de cuello largo, nadaban en los océanos hace 80-215 millones de años, al mismo tiempo que los dinosaurios se paseaban por tierra firme. **71.** Los cocodrilos más grandes que existen en la Tierra son poderosos nadadores y han sido divisados en el mar cerca de Australia y en el sudeste de Asia. Llamados «*salties*» por los australianos, llegan a medir 5 m de largo. **72.** Los narvales son los «unicornios del mar». Su colmillo en espiral alcanza los 2,7 m de longitud. **73.** Los manatíes pueden contener la respiración 15 minutos bajo el agua. **74.** Hubo un tiempo en que los pescadores creían que los manatíes eran sirenas. **75.** El ojo de un calamar gigante tiene el tamaño de una sandía. **76.** Las vieiras tienen cerca de 60 ojos a lo largo del borde de la concha, que detectan movimiento, luz y oscuridad. **77.** Las crías de ballena azul crecen a un ritmo de 5 kg por hora. **78.** El gobio enano mide apenas 6 mm de largo. **79.** Tanto las morsas macho como las hembra tienen colmillos, que pueden alcanzar 1 m de longitud y que utilizan para salir del agua y hacer agujeros en el hielo. **80.** Las esponjas no tienen ojos ni boca y no pueden moverse por sí solas. **81.** En estado salvaje, el delfín mular vive 40-45 años. **82.** Las belugas viven en aguas frías. Pueden encontrarse en el océano Ártico y cerca de Rusia, Canadá, Groenlandia y Alaska, EE.UU. **83.** Los gusanos de tubo gigantes crecen casi hasta los 2 m y se encuentran cerca de fuentes hidrotermales en el océano Pacífico, aproximadamente a 1,5 km por debajo de la superficie del agua. Tienen una abertura de la que sale una especie de penacho, que recoge nutrientes del agua. **84.** El pez remo gigante, el pez óseo más largo del mundo, alcanza una longitud de 15 m. Hay personas que, al verlo, han creído que era una serpiente marina. **85.** Las tortugas verdes marinas recorren en su migración más de 2.253 km para poner sus huevos. **86.** Un grupo de medusas se denomina «banco». **87.** El aceite extraído de ciertos peces se utiliza para elaborar champú. **88.** El atún es un pescado azul muy apreciado para la elaboración de *sushi*. En una ocasión, un atún de 200 kg se vendió en una lonja de pescado de Japón por 157.500 euros. **89.** Las diatomeas, algas de pared dura, se utilizan en la elaboración de arena para mascotas, cosméticos y abrillantador dental. **90.** La vida comenzó en los océanos hace 3.100-3.400 millones de años. **91.** Cuando una ballena azul espira, el aire sale por su espiráculo a 480 km/h. **92.** El pez vela golpea a su presa con el hocico para aturdirla y matarla, después se la come. **93.** El quelpo gigante crece hasta 60 cm al día. **94.** Hubo un tiempo en que la legislación escocesa establecía que los pescadores debían llevar un pendiente de oro. Si morían en el mar, el pendiente se utilizaba para pagar el funeral. **95.** El océano Ártico es la más pequeña de las cinco cuencas oceánicas de la Tierra. Aun así, su área es un cincuenta por ciento mayor que la de Estados Unidos. **96.** La raya látigo pertenece a la misma familia que el tiburón. **97.** La sal del océano procede de la erosión de las rocas en tierra. **98.** Las orcas son conocidas también como «lobos del mar» porque viven y cazan en grupo. Un grupo de orcas puede estar integrado por cien individuos. **99.** Las orcas tienen dientes de unos 7,5 cm de longitud. Solo los utilizan para desgarrar a la presa, pues no mastican su comida. **100.** Se conocen alrededor de 1.250 especies de pepino de mar.

Caballito de mar de hocico largo

50 PODEROSOS DATOS SOBRE POBLACIÓN

1
En el **SIGLO XIX** la población mundial era de **1.000 MILLONES** de personas.

2
En **1930** la población mundial era de **2.000 MILLONES** de personas. En 1999, había alcanzado los **6.000 MILLONES.**

3
En **OCTUBRE DE 2011** los expertos estimaron que la población había alcanzado los **7.000 MILLONES.**

4
En **2045** seremos probablemente **9.000 MILLONES.**

5
Cada segundo **NACEN CINCO PERSONAS, Y MUEREN DOS.**

6
En **1960 LA VIDA MEDIA** de las personas era de **53 AÑOS.**

7
Actualmente **LA VIDA MEDIA** de las personas es de **69 AÑOS.**

8
No lo compartimos todo: el **5 POR CIENTO** de la población utiliza el **23 POR CIENTO** de la energía del mundo.

9
El **TRECE POR CIENTO** de la población mundial no tiene acceso a **AGUA LIMPIA PARA BEBER.**

PARA COMPRENDER LA DIMENSIÓN DE LA CIFRA SIETE MIL MILLONES:

10
Harían falta **200 AÑOS PARA CONTAR SIETE MIL MILLONES EN VOZ ALTA.**

11
En Estados Unidos, se envían **SIETE MIL MILLONES DE MENSAJES DE TEXTO** cada 30 horas.

12
Si los **SIETE MIL MILLONES** nos pusiéramos de pie, hombro con hombro, solo llenaríamos la ciudad de **LOS ÁNGELES.**

13
Si das **SIETE MIL MILLONES DE PASOS,** habrás dado la vuelta al mundo **133 VECES.**

14
LOS SIETE MIL MILLONES de habitantes de la tierra hablan **7.000 LENGUAS.**

15
Una **ALMEJA QUAHOG PUEDE VIVIR SIETE MIL MILLONES DE SEGUNDOS,** es decir **220 AÑOS.**

16
Si los siete mil millones organizamos un **BAILE** y cada uno dispone de 55 cm^3 para bailar, ocuparemos las cuatro islas de **SANTA CRUZ DE TENERIFE.**

SI DAS UN VISTAZO RÁPIDO A LOS 7.000 MILLONES DE PERSONAS, EN SEGUIDA VERÁS QUE:

17
La mayoría somos **DIESTROS.**

18
Hay **MÁS HOMBRES QUE MUJERES,** pero por poco.

19

La **EDAD MEDIA** de la población mundial es de **28 AÑOS.**

20

En **HOLANDA** el varón medio tiene una altura de 1,80 m. En **PERÚ,** mide 1,64 m.

21

En **JAPÓN** una mujer vive cerca de **86 AÑOS;** en **AFGANISTÁN,** hasta los **45.**

22

Desde el inicio de los tiempos, más de **100.000 MILLONES DE PERSONAS** han vivido sobre la Tierra.

23

De toda la gente nacida en todos los tiempos **HOY VIVE EL SIETE POR CIENTO.**

24

La población humana se reparte en **194 PAÍSES.**

25

Cuando empezó a **PRACTICARSE LA AGRICULTURA,** en torno al 8.000 a. C., la población mundial rondaba los **CINCO MILLONES.**

26

En el año **1 d. C.** había solo **300 MILLONES** de personas. Esta es más o menos la población de EE.UU. actualmente (321 millones).

27

En **1650** la población mundial había aumentado hasta alrededor de los **500 MILLONES.**

28

En **1900** la **CIUDAD MÁS GRANDE DEL MUNDO ERA LONDRES, EN INGLATERRA.** Vivían en ella 6,5 millones de personas.

29

Al terminar el siglo XIX, las **10 CIUDADES MÁS GRANDES** se encontraban en Europa y Norteamérica, excepto Tokio, en Japón (en el puesto número siete).

30

Hoy en día, ninguna ciudad europea se encuentra entre las 10 más pobladas. **NUEVA YORK** y **CIUDAD DE MÉXICO** son las únicas dos de Norteamérica.

31

Más de un tercio de los habitantes del mundo vive en **100 km DE COSTA.**

32

En 1800 el **3 %** de la población mundial vivía en ciudades. Ese número aumentó al **14 %** en 1900 y al **30 %** en 1950. Hoy en día el **50 %** de la población vive en ciudades.

33

En 1950 **83 CIUDADES** tenían una población por encima de **UN MILLÓN,** hoy en día hay más de **400; 21** tienen una población de más de **DIEZ MILLONES.**

34

CHINA es el país más poblado del mundo, con **1.370 MILLONES DE HABITANTES.** La India es el segundo, y le sigue muy cerca con más de 1.210 millones de habitantes.

35

La **OFICINA DE CENSOS** de EE.UU. recoge datos de todo el mundo para llevar un seguimiento de la población y elaborar un **RELOJ DE POBLACIÓN MUNDIAL.**

36

Un **RELOJ DE POBLACIÓN** registra nacimientos y muertes y utiliza modelos matemáticos para predecir el crecimiento de la población.

37

Un **TERCIO** de la población mundial **VIVE EN CHINA Y EN LA INDIA.**

38

Actualmente, el **MAYOR CRECIMIENTO DE POBLACIÓN** tiene lugar en las áreas **MÁS POBRES** de los países **MÁS POBRES** del mundo.

39

¿Por qué **CRECE TAN RÁPIDO LA POBLACIÓN**? Las mejoras sanitarias en los países en desarrollo han reducido las muertes, y el número de nacimientos se mantiene alto.

40

En los países desarrollados, las **MUJERES TIENEN UNA MEDIA DE 1,7 HIJOS,** salvo en Estados Unidos, donde la media es de **2 NIÑOS.**

41

La **ESPERANZA DE VIDA,** que es el reflejo de la salud y la economía de un país, **ES ELEVADA EN TODO EL MUNDO DESARROLLADO.**

42

El país con la **ESPERANZA DE VIDA MEDIA MÁS ALTA** es **MÓNACO,** con 89,68 años.

43

En los últimos 50 años, la tasa anual de crecimiento de la población mundial **HA DISMINUIDO DEL 2,1 AL 1,2 POR CIENTO.**

44

La **POBLACIÓN MUNDIAL** crece en torno a **83 MILLONES DE PERSONAS AL AÑO.**

45

En 2012, la revista ***FORBES*** propuso a **QATAR** como **PAÍS MÁS RICO DEL MUNDO.**

46

Los expertos en población se llaman **DEMÓGRAFOS.** Estudian también las viviendas, la alimentación, las escuelas, los recursos naturales y las carreteras.

47

En los países desarrollados, la incorporación de la mujer al trabajo fuera de casa y una alta escolarización llevaron a la aparición de **FAMILIAS MÁS PEQUEÑAS.**

48

Los abuelos no siempre viven con la familia. En Estados Unidos, solo alrededor de un **20 POR CIENTO DE LA GENTE MAYOR** vive con su familia.

49

Hace un siglo, cerca del **70 POR CIENTO DE LOS ESTADOUNIDENSES DE EDAD AVANZADA** vivía con algún hijo y la familia de este.

50

El **PAÍS MÁS DENSAMENTE POBLADO DE ASIA ES SINGAPUR,** con 7.486 personas por km^2.

1

El rojo es el color más frecuente en el empaquetado de alimentos. Parece ser que hace que sientas

HAMBRE.

2

En el libro *El maravilloso mago de Oz* las zapatillas de Dorothy son de plata. Para la película de 1939 se eligieron unos **ZAPATOS ROJO RUBÍ,** así resaltaban más sobre el **CAMINO DE LOSETAS AMARILLAS.**

3

LAS NARANJAS SANGUINAS SON NARANJA POR FUERA Y **ROJO CARMESÍ POR DENTRO.**

4

EL BLANCO Y EL NEGRO NO SON COLORES VERDADEROS. El negro absorbe todos los colores visibles y no refleja ninguno. El blanco se produce cuando se mezclan todos los colores visibles.

5

El puente Golden Gate está pintado de color **NARANJA INTERNACIONAL.**

25 DATOS DE

6

El color de los fuegos artificiales depende del tipo de sustancia química utilizada para su elaboración. **LOS DISTINTOS AGENTES QUÍMICOS** dan lugar a diferentes colores al calentarse.

7

En Estados Unidos y Canadá todos los autobuses se pintan **DE UN BRILLANTE COLOR AMARILLO *SCHOOL BUS*.**

8

EN ORIGEN, ÓSCAR «EL GRUÑÓN», DE LOS MUPPETS, ERA NARANJA.

9

LOS ANILLOS QUE CAMBIAN DE COLOR SEGÚN TU ESTADO DE ÁNIMO están hechos con **CRISTALES LÍQUIDOS,** que cambian de color con la **TEMPERATURA.**

10

La **ALEJANDRITA** es una piedra que **CAMBIA DE COLOR** al variar la iluminación.

11

El color de coche más popular en Norteamérica es **EL BLANCO. EL NEGRO** es el más popular en Europa y **EL PLATA,** en Asia.

12

LOS POLOS DE COLORES MÁS OSCUROS SE DERRITEN MÁS DEPRISA QUE LOS DE COLORES MÁS CLAROS.

COLORES

13

Las zanahorias no son todas naranjas. Las hay **ROJAS, MORADAS, AMARILLAS, BLANCAS** y **NEGRAS.**

14
Los colores originales de los caramelos M&M eran **ROJO, AMARILLO, VERDE, MARRÓN, NARANJA** y **VIOLETA.**

15

El sombrero de brujo de Mickey Mouse en los estudios Disney en Florida, EE.UU., está pintado con una técnica llamada **«PINTURA CAMALEÓN»**, que cambia de color según vas moviéndote a su alrededor.

16
LA CASA BLANCA TENÍA CAJAS DE LÁPICES ESPECIALES, que incluían los **COLORES** «Lincoln Penny» (penique de Lincoln), «U.S. Mint» (menta de Estados Unidos) y «Rockets Red Glare» (rojo cohete).

17
Las **CEBRAS** se sienten atraídas por el **blanco y negro.** Si pintas rayas verticales en una pared, se acercarán.

18

El marrón es el **COLOR DE OJOS** más corriente en el mundo.

19

Existen estudios que muestran que **PINTAR TU HABITACIÓN DE AZUL** puede hacer que seas más **CREATIVO.** El amarillo recuerda la luz del sol, pero no es relajante. El verde se considera relajante.

20
La sangre de la langosta es incolora. Se vuelve **AZUL** cuando se expone al **OXÍGENO.**

21
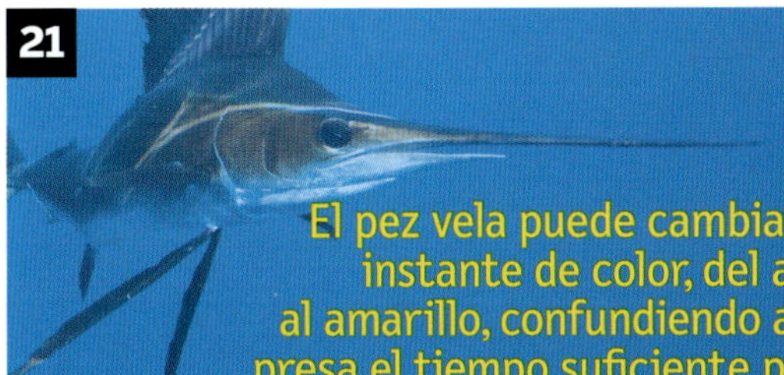
El pez vela puede cambiar al instante de color, del azul al amarillo, confundiendo a su presa el tiempo suficiente para **DARLE MUERTE.**

22
La lengua de la jirafa es de color negro azulado. Hay científicos que piensan que este color es una forma de protección contra las **QUEMADURAS SOLARES.**

23

El **COLOR FAVORITO** de Guillermo, duque de Cambridge, es el azul; el de la duquesa Catalina, el **BLANCO.**

24
Se habla de **«LUNA AZUL»** cuando en un mismo mes aparecen dos lunas llenas, lo cual ocurre aproximadamente cada **2,5-3 AÑOS.**

25
¡EXISTEN DELFINES DE RÍO ROSAS!

15 DATOS MUY MOVIDOS

❶ En las distintas migraciones que realizan a lo largo de su vida, algunos **CACHALOTES** llegan a recorrer kilómetros suficientes como para **DAR LA VUELTA AL MUNDO VARIAS VECES.**

❷ La distancia que recorre una ballena en sus migraciones durante toda su vida da para un **VIAJE DE IDA Y VUELTA A LA LUNA.**

❸ Todos los años **DECENAS DE MILLONES DE MARIPOSAS MONARCA** se dirigen al sur a pasar el invierno, recorriendo hasta 4.000 km desde Canadá y el este de Estados Unidos hasta México y California.

❹ Los atunes cubren grandes distancias en sus migraciones: una vez un pez marcado en **MÉXICO APARECIÓ CERCA DE JAPÓN.**

❺ Poco después de salir del huevo en aguas dulces, **EL SALMÓN EMIGRA A AGUAS SALADAS,** donde trascurre su vida de adulto. Años más tarde vuelve al lugar donde nació, en ocasiones a más de **2.500 km** de distancia, para desovar y luego morir.

❻ Cada año emigran de **BOTSUANA** unas **30.000 CEBRAS.**

❼ Las aves migratorias determinan sus rutas en función de la longitud de los días, de la posición del sol, la luna y las estrellas y de las variaciones del campo magnético de la Tierra. **LAS AVES QUE REPITEN VIAJE TAMBIÉN RECUERDAN OLORES Y REFERENCIAS DEL PAISAJE.**

❽ En la **ISLA DE NAVIDAD, AUSTRALIA, 120 MILLONES DE CANGREJOS ROJOS EMIGRAN ANUALMENTE DEL BOSQUE AL MAR** siguiendo prácticamente siempre la misma ruta de 8 km, en la que han de enfrentarse a peñascos de 12 m y a las **AGRESIVAS HORMIGAS LOCAS AMARILLAS.**

SOBRE MIGRACIONES

9 Los **COLIBRÍES DE GARGANTA RUBÍ,** que pesan apenas 3 g, realizan migraciones de **3.000 km** entre Canadá y Centroamérica, a veces sobrevolando sin parar el golfo de México.

10 **LAS ANGUILAS DE AGUA DULCE NACEN EN EL MAR.** Tras salir del huevo, emigran a ríos y lagos y viven allí durante décadas antes de volver al océano —en un viaje a veces de **MILES DE KILÓMETROS**— para poner sus huevos en las noches oscuras.

11 Una **MARIPOSA MONARCA EN MIGRACIÓN** puede batir sus alas cerca de **2.000 VECES EN UN MINUTO.**

12 El **ELEFANTE AFRICANO,** el animal terrestre más grande que existe, recorre entre **450 Y 700 km** durante su migración en Malí.

13 Las morsas del Pacífico **EMIGRAN CON EL HIELO EN MOVIMIENTO,** nadando alrededor de los bloques y **SUBIÉNDOSE ENCIMA PARA DESCANSAR Y TENER A SUS CRÍAS.**

14 En primavera, **LOS MURCIÉLAGOS MOLÓSIDOS MEJICANOS SIN COLA RECORREN EN MIGRACIÓN UNOS 1.500 km** desde **MÉXICO HASTA LA CUEVA BRACKEN, EN TEXAS,** que de marzo a octubre alberga alrededor de **20 MILLONES** de ejemplares.

15 Las **TORTUGAS LAÚD,** que alcanzan los **800 kg** de peso, realizan migraciones oceánicas épicas, llegando en ocasiones a cruzar el Atlántico; hay hembras que apenas pasan dos horas en tierra firme en todo un año.

75 DATOS

Dóberman

❶ Hay perros entrenados para retirar dinero de los cajeros automáticos (solo necesitan algo de ayuda con el PIN).

❷ El basenji, un perro originario de África, no ladra: canta al estilo tirolés.

❸ El perro robot Aibo de Sony, con un precio de unos 1.800 euros, puede decir 1.000 palabras, reacciona a órdenes y toma fotos con la cámara que tiene detrás de los ojos.

❹ CUANDO UN SCHNAUZER Y UN POODLE TIENEN UN CACHORRO, SE DICE QUE ES UN «SCHNOODLE».

❺ En Estados Unidos hay alrededor de 78 millones de perros que viven como mascotas. Esto equivale a un perro por cada cuatro personas.

❻ Los chuchos más mimados reciben terapias de *spa* o van a gimnasios para perros. Incluso les lavan los dientes y les aplican *spray* bucal.

❼ Los perros tienen un sentido del olfato 1.000 veces mejor que el de los humanos.

❽ A UNA SEÑAL DEL HOMBRE, UN PERRO PUEDE ENCONTRAR UN PREMIO ESCONDIDO. LOS CHIMPANCÉS NO HAN SIDO CAPACES DE HACERLO.

❾ Hace alrededor de 12.000 años, un ser humano y un perro fueron enterrados en la misma sepultura. Los científicos no están seguros de que el perro fuera una mascota.

❿ Un perro de juguete japonés ha sido fabricado de tal forma que parece que está haciendo pis.

⓫ El primer animal en el árbol genealógico de los perros fue un pequeño arborícola trepador que vivió en Norteamérica hace más de 40 millones de años.

⓬ Los yorkshire terriers se criaban en origen para cazar ratas.

⓭ ALGUNOS PROPIETARIOS PAGAN PARA TENER CLONES DE SUS ADORADAS MASCOTAS.

⓮ En las carreras de galgos, los perros corren tras un señuelo por una pista circular. Generalmente el señuelo es un conejo falso, pero en algunos canódromos se utilizan señuelos en forma de hueso.

⓯ Puedes comprar gafas de sol a juego para ti y tu perro.

⓰ En las montañas de Montana, EE.UU., los perros se utilizan para seguir la pista de osos negros, pumas y osos grizzly, y ayudan a los científicos a realizar un seguimiento de la salud de estos animales salvajes. También permiten tener un control de las plantas locales.

⓱ TILLMAN, UN PERRO BULLDOG, PUEDE RECORRER EN *SKATE* 100 m EN MENOS DE 20 SEGUNDOS. TAMBIÉN LE GUSTA PRACTICAR SURF EN EL MAR.

⓲ El perro pastor australiano es una raza cruce de dingo, dálmata, kelpie australiano y un perro extinguido llamado bobtail negro, entre otras.

⓳ Los antiguos egipcios pensaban que el chacal, pariente del perro, guiaba las almas hasta el más allá. Una red de túneles sagrados encierra en Egipto ocho millones de perros momificados.

⓴ La superficie húmeda de la nariz del perro ayuda al animal a distinguir los olores que percibe.

㉑ A ALGUNOS PERROS LES DIVIERTE SALTAR EN CAMAS ELÁSTICAS.

㉒ Trineos tirados por perros parten cada año de Anchorage, Alaska, para competir en Iditarod. Los equipos tardan entre 9 y 12 días en completar esta carrera de 1.850 km, que se celebró por primera vez en 1973.

㉓ Existen entre 350 y 400 razas diferentes de perros.

㉔ Hay perros especialmente entrenados que trabajan en hospitales para que los niños ingresados puedan acariciarlos y cepillarlos, o simplemente lanzarles una pelota.

㉕ La raza de perro más pequeña del mundo, el chihuahua, tiene el mismo nombre que un estado de México.

㉖ En EE.UU. hay una emisora de radio dedicada a perros y mascotas. Es una buena manera de entretener a aquellos animales cuyos dueños tienen que pasar muchas horas al día fuera de casa.

Bulldog inglés

PERRUNOS

27 Augie, un golden retriever de Texas, EE.UU., tiene el récord mundial de recoger y mantener en la boca el mayor número de pelotas de tenis: ¡cinco!

28 En Suiza, los perros eran utilizados para llevar ellos solos la leche a casas remotas. Podían transportarla en pequeños carros por estrechas sendas de montaña.

29 Los perros de la Brigada Beagle del Departamento de Agricultura de EE.UU. trabajan en 21 aeropuertos para comprobar que los viajeros no introducen verduras, frutas o carne de contrabando.

30 Los perros responden a un silbido de alta frecuencia que el ser humano es incapaz de oír.

31 El pastor australiano Bluey es el perro más viejo que se conoce: murió con 29 años y 5 meses.

32 EN EL ESCUDO DE ARMAS DEL TERRITORIO DE YUKON, EN CANADÁ, APARECE UN HUSKY. ESTOS PERROS SE UTILIZAN PARA TIRAR DE TRINEOS Y CAZAR.

33 Los perros border collie han aprendido palabras del lenguaje humano. Un ejemplar llamado Chaser sabe más de 1.000 palabras.

34 Los perritos de la pradera no son perros, son roedores. Sus madrigueras subterráneas pueden extenderse a lo largo de varios kilómetros.

35 El labrador retriever es la raza de perro más popular.

36 El artista William Wegman fotografía a sus bracos de Weimar en poses humanas.

37 En Estados Unidos, la mayoría de los propietarios de perros tiene un solo ejemplar, pero el 28 por ciento tiene dos perros y un 12, tres o más.

38 El coonhound negro y bronce, una raza de perro de caza, sigue el rastro de sus presas hasta los árboles y después comienza a ladrar. Corre incluso tras pumas y osos.

39 ¡Hoy en día tu perro puede comer divertidas galletas de infinidad de formas, colores y sabores!

40 Un investigador elaboró una lista con los nombres de perro y gato más populares. Perros de cine, como Marley y Beethoven, o incluso aparentemente corrientes, como Fido y Lassie, no encabezaban la lista. Sin embargo, Snoopy figuró entre los 50 nombres más populares... ¡de gato!

41 Lobos y perros tienen el mismo número de dientes: 42.

42 Sirio, la «estrella del perro», es la estrella más brillante del cielo. Es cerca de 25 veces más luminosa que el Sol.

43 El perro de Terranova, una raza desarrollada en Canadá, tiene pies palmeados y es capaz de nadar en aguas muy frías. En 1919 un ejemplar rescató a 20 marineros tirando de un bote salvavidas hasta un lugar seguro.

44 Hay un pequeño tiburón al que se conoce como «perro marino» o «tiburón perro». También se le llama «tollo».

45 Cuando alguien dice que algo está «para echárselo a los perros», quiere decir que no sirve para nada.

46 Los científicos consideran que los lobos aúllan para saludarse entre ellos, para comunicar dónde están y para marcar su territorio.

47 El entrenamiento de un perro de los Comandos SEAL de la Marina de EE.UU. cuesta en torno a 55.000 euros.

48 En una ocasión, un terrier Jack Russell explotó 100 globos en menos de 45 segundos.

49 La expedición de Lewis y Clark, que contribuyó a la elaboración del mapa del oeste de Estados Unidos, viajaba con Seaman, un perro Terranova.

50 LOS PERROS SON CONSIDERADOS CACHORROS DURANTE SUS DOS PRIMEROS AÑOS DE VIDA.

51 Una hembra de mastín napolitano tuvo 24 cachorros en un mismo parto.

52 Una figura de arcilla de un cachorro de perro encontrada en Grecia parece que estuviera moviendo la cola. Fue creada hace 2.500 años.

53 El pastor alemán Rin Tin Tin, un heroico perro del ejército rescatado del campo de batalla en la Segunda Guerra Mundial, protagonizó varias películas en Estados Unidos. En 1929 fue nominado como mejor actor en los primeros Premios de la Academia de Hollywood, pero no ganó. El premio fue para su contrincante humano Emil Jannings.

54 Un cachorro hijo de un pug y un beagle es un «puggle».

55 EL MALAMUTE DE ALASKA SOPORTA TEMPERATURAS DE HASTA -56 ºC.

56 El primer puesto callejero de perritos calientes abrió en 1916 en Coney Island, Nueva York. Hoy en día, la ciudad estadounidense en la que se comen más perritos calientes no es Nueva York, sino Los Ángeles.

57 Si la talla de los seres humanos variara tanto como la de los perros, el más bajito mediría 0,6 m y el más alto 9,4 m.

58 Algunos perros aúllan cuando oyen música. Casi siempre lo hacen cuando perciben el sonido de un instrumento de viento, como un clarinete o un saxofón, y a veces cuando oyen cantar a personas.

59 Los perros transportan a sus cachorros agarrándolos con la boca por la piel suelta del cuello o el cogote. No te preocupes, no les hacen daño.

60 Cada día nacen en Estados Unidos 70.000 perritos y gatitos.

61 El cachorro fruto del cruce entre un pinscher miniatura y un poodle recibe el nombre de «pinny-poo».

62 Muchos propietarios implantan a sus mascotas un chip para que sea más fácil encontrarlas si se pierden. Un chip ayudó a encontrar a un perro que se había alejado 1.207 km de su hogar en Sacramento, California, EE.UU.

Cachorro de bulldog

63 Algunos científicos sostienen que los lobos fueron amansándose solos al empezar a merodear en torno a los campamentos humanos, hace miles de años, y que no fue el ser humano el que los domesticó.

64 La gente paga mucho dinero por perros guardianes, a menudo pastores alemanes especialmente entrenados. Un empresario pagó por su perro guardián 200.000 euros.

65 Argos, el perro de Ulises en la Odisea, pasó 20 años esperando a que éste volviera de su largo viaje.

66 Argos fue, además, el único en reconocer a su dueño, que iba disfrazado de mendigo.

67 Algunos científicos consideran que los dingos, perros salvajes de Australia, constituyen su propia especie. El término «dingo» se utiliza también en Malasia, Nueva Guinea y Filipinas aplicado a los perros salvajes.

68 EXISTE UN COLLAR DE DIAMANTES PARA PERROS QUE CUESTA EN TORNO A 2,7 MILLONES DE EUROS.

69 En el paso de montaña del Gran San Bernardo, entre Suiza e Italia, se utilizaban perros para rescatar a personas atrapadas en la nieve. Conocidos como san bernardos, estos perros rescataron a unas 2.000 personas en un período de 200 años.

70 En 1980, el lobo rojo se extinguió en estado salvaje. Una pequeña población fue reintroducida en el este de California, EE.UU., pero se sigue considerando en situación crítica.

71 Según la mitología, Rómulo y Remo fueron abandonados en el bosque y criados por una loba. Cuenta la leyenda que los dos hermanos fundaron en el año 753 a. C. la ciudad de Roma, Italia.

72 Hay quien cree que el retriever de la bahía de Chesapeake surgió como raza cuando dos cachorros fueron rescatados de un naufragio en 1807. Estos perros son capaces de recuperar cientos de aves acuáticas al día.

73 Los perros están presentes en un mural de 2.650 años de Asiria, un antiguo reino de Oriente Medio.

74 Todos los collies que interpretaban a Lassie en las célebres películas eran machos, aunque algunos dobles para las escenas peligrosas eran hembras.

75 El perro esquimal americano es conocido también como «eskie». Estos perros fueron los primeros entrenados para caminar por la cuerda floja en espectáculos de circo.

35 FASCINANTES EL FUTURO

1 **MONITORES DÉRMICOS** montados en la piel convertirán tu antebrazo en una pantalla, de manera que podrás revisar tu correo electrónico o lucir tatuajes animados.

2 «Leer la mente» cobra un nuevo significado con la **TELEPATÍA SINTÉTICA**, que permite transmitir ciertos patrones de pensamiento.

3 Las **CUCARACHAS** por control remoto serán capaces de **COLARSE ENTRE LOS ESCOMBROS** en busca de víctimas de terremotos.

4 Las cocinas tendrán **DIMINUTAS FÁBRICAS DE COMIDA** que «copiarán» tus platos favoritos para llevarlos directamente a la mesa.

5 Los diseñadores de trasatlánticos planean construir una **CIUDAD FLOTANTE** con piscinas y parques arbolados.

6 El **PAPEL PINTADO MULTIMEDIA** convertirá las paredes y los techos en monitores de vídeo «infinitos».

7 **SENSORES** cosidos a tu chaqueta te avisarán si se acerca un coche al cruzar la calle.

8 La tecnología de clonación podría **TRAER DE NUEVO A LA VIDA** animales extinguidos, como el mamut.

9 Nos asusta tanto la idea de los accidentes aéreos que probablemente no veamos **COCHES VOLADORES** en un futuro próximo.

10 El **ORDENADOR CUÁNTICO** del mañana, del tamaño de una taza, tendrá miles de veces más potencia de procesador que un portátil actual.

11 Habrá que ver dos veces las películas proyectadas en **SALAS 3D HOLOGRÁFICAS** para poder captar la acción desde diferentes ángulos.

12 Imagina una **CASA COMO UN ÁRBOL**, con un tejado que atrapa la luz del sol para producir energía y con paredes que se reparan solas.

13 Date un atracón de golosinas y después tómate una cápsula **NUTRIBOT**, llena de microscópicos robots que atraparán todo lo «malo» de las chucherías.

14
Pequeños ordenadores y móviles ya empiezan a integrarse en la ropa. Son los **WEREABLES** («vestibles»), cada día más presentes en nuestras vidas.

15
En 30 años, algunos robots tendrán un **CEREBRO DE VERDAD**, generado a partir de células cerebrales humanas.

16
Las **CASAS INTELIGENTES** del mañana comprobarán el tiempo para calentar o enfriar el ambiente de manera más eficaz.

17
VESTIREMOS SENSORES que convertirán el mundo en una gigantesca web y nos permitirán «hacer click» con la mirada en personas o productos.

DATOS SOBRE

18
Pide una luz de lectura en un futuro próximo y ¡pof!, una **BOMBILLA HOLOGRÁFICA** aparecerá por encima de tu cabeza.

19
Las **REDES SOCIALES** como Facebook pronto lo sabrán todo sobre ti, ¡incluso tu frecuencia cardíaca!

20
Tu armario contendrá solo **UN TRAJE DE NANOFIBRA** que cambiará de forma y de color y que te servirá para cualquier ocasión.

21
La capa de invisibilidad de Harry Potter se hará realidad gracias a nanofibras que curvan la luz y con las que se confeccionarán **PRENDAS DE CAMUFLAJE.**

22
LAS IMPRESORAS 3D estarán al alcance de todos, de manera que cuando necesitemos algo, solo tendremos que imprimirlo.

23
NANORROBOTS MICROSCÓPICOS repararán en medicina las células viejas del cuerpo y curarán enfermedades, aumentando la esperanza de vida.

24
Las carreteras serán más seguras cuando los **COCHES ROBÓTICOS** conduzcan en lugar de nosotros.

25
Algunos científicos consideran que, dentro de unos 20 años, la **INTELIGENCIA ARTIFICIAL** de un ordenador podrá superar a la humana.

26
La **ELECTRICIDAD INALÁMBRICA** será conducida a través del aire para alimentar casas, coches y aviones.

27
ROBOTS HUMANOIDES DEL ESPACIO, controlados desde la Tierra, reemplazarán a los astronautas.

28
Los soldados del futuro se sentirán como superhéroes cuando se ajusten los trajes robóticos impulsores de fuerza llamados **«EXOTRAJES».**

29
IMPLANTES OCULARES te permitirán ver en la oscuridad.

30
Un día, **HOTELES FLOTANTES** de alta tecnología se deslizarán por los cielos como cruceros aerotransportados.

31
IMPLANTES CIBERNÉTICOS nos permitirán navegar por Internet ¡con nuestro cerebro!

32
Llenarás el depósito de tu coche con **BIOCOMBUSTIBLE DE ALGAS** cultivadas en lagos artificiales de agua salada.

33
En el año 2020, casi todos los paquetes serán entregados por **DRONES VOLADORES.**

34
Las ciudades destinarán carriles a vehículos de transporte personal rápido, como sillas motorizadas y **AERODESLIZADORES ELÉCTRICOS.**

35
Los **ROBOTS** trabajarán junto al ser humano para ayudar en los trabajos sucios y peligrosos.

1. Una megaciudad es un área urbana de más de diez millones de personas. **2. En 1975 el mundo contaba solo con tres megaciudades: Nueva York/ Newark, EE.UU.; Ciudad de México, México y Tokyo, Japón.** **3.** Hoy en día existen 34 megaciudades. **4. Varias ciudades más se convertirán en megaciudades en un futuro muy próximo.** **5.** En China hay 75 áreas urbanas con más de 5 millones de habitantes. **HE AQUÍ DIEZ DE LAS MEGACIUDADES MÁS GRANDES DEL MUNDO** **TOKIO, JAPÓN:** **6. Tokio es la ciudad más grande del mundo, con una población de alrededor de 37 millones de personas.** **7.** El Museo del Sumo de Tokio está dedicado a esta modalidad de lucha, deporte nacional desde hace 2.000 años y en el que la mayoría de los puntos duran menos de un minuto. **8. En torno al 10 por ciento de toda la población de Japón vive en Tokio.** **9.** Shinjuku, en Tokio, es la estación de tren más concurrida del mundo. Más de tres millones de personas la utilizan a diario para ir al trabajo. **10. Para ahorrar espacio en estacionamientos de bicicletas Tokio tiene «árboles de bicicletas», aparcamientos automatizados y de varios niveles, con capacidad para 6.000 bicicletas.** **11.** En un McDonald's de Tokio puedes pedir una hamburguesa de gambas. **12. La Torre de Tokio se parece a la Torre Eiffel, pero es roja y casi 8 m más alta.** **13.** Las máquinas expendedoras repartidas por toda la ciudad ofrecen algo más que aperitivos salados: algunas venden paraguas, zapatillas y corbatas. **14. Tokio cuenta con un museo dedicado por entero a los parásitos. Los visitantes pueden observar un ejemplar conservado de tenia de casi 9 m de longitud, es decir, más o menos tan largo como una orca.** **15.** El enorme estadio de Tokio se conoce como «El gran huevo» por su cubierta blanca. Es la sede del equipo de béisbol de los Gigantes de Yomiuri. **16. En Tsukiji, uno de los mercados de pescado más grandes del mundo, se venden más de 400 tipos distintos de pescado y marisco.** **NUEVA DELHI, INDIA:** **17.** Su población supera los 22 millones. **18. Nueva Delhi es la capital de la India.** **19.** Alberga un Museo Internacional del Retrete, con inodoros del año 2500 a. C. **20. Los mototaxis, carros de tres ruedas motorizados, son una forma muy popular de moverse por la ciudad.** **21.** Nueva Delhi es famosa por los *mithai*, vistosos pastelillos típicamente indios. **22. El Fuerte Rojo, construido en 1648 como palacio real, debe su nombre a las paredes de arenisca roja de 23 m de altura.** **23.** Se han introducido en la ciudad langures, monos entrenados específicamente para ahuyentar a los miles de molestos macacos Rhesus que merodean por las calles. **24. En Nueva Delhi, la palabra que se utiliza para decir «hola» y «adiós» es *namaste*.** **25.** La Jama Masjid, la mezquita más grande de la India, tiene capacidad para 25.000 personas. **26. Nueva Delhi se encuentra a orillas del río Yamuna, considerado uno de los dos principales ríos sagrados de la India.** **SÃO PAULO, BRASIL.** **27.** Su población supera los 20 millones. **28. Los locales se refieren a la ciudad como «Sampy».** **29.** En 2014, São Paulo albergó el Mundial de fútbol por primera vez desde 1950. **30. Pelé, considerado por muchos el mejor jugador de fútbol de todos los tiempos, comenzó su carrera en São Paulo. Entre 1956 y 1974 materializó un total de 1.220 goles.** **31.** En el mismo espacio que ocupa São Paulo, se podría meter a toda la población de Grecia. **32. La mazorca de maíz dulce con mantequilla y el batido de maíz son la comida popular que puedes comprar en los puestos callejeros.** **33.** La ciudad de São Paulo se conoce también como la *terra da garoa*, (tierra de la garúa), por la llovizna que cae a menudo. **34. Los habitantes de São Paulo son «paulistas».** **35.** Aunque en São Paulo la mayor parte de la gente habla portugués, las personas de ascendencia italiana superan en número a las de ascendencia portuguesa. **36. En São Paulo hay más japoneses que en ninguna otra comunidad fuera de Japón.** **37.** Tanta población genera un montón de basura. La ciudad ha ideado una manera de convertir el gas metano de la basura en combustible, cosa que la ayuda a abastecerse de energía. **MUMBAI, INDIA.** **38. Su población supera los 20 millones.** **39.** Durante siglos, Mumbai se llamó «Bombay». **40. Bollywood, la industria cinematográfica india, tiene su sede en Mumbai.** **41.** Bollywood produce más películas que Hollywood. **42. En Mumbai, apodada «la ciudad de los sueños», los barrios pobres se cuentan entre los más extensos del mundo.** **43.** En Dharavi, una barriada pobre, alrededor de 18.000 personas viven en menos de media hectárea de suelo. **44. Mumbai es, al mismo tiempo, una de las ciudades más ricas de la India.** **45.** En Mumbai hay 17 baños públicos por cada millón de personas. **46. El deporte más popular en Mumbai es el críquet. Uno de los clubs de críquet más antiguos de la India se encuentra allí.** **47.** El deporte nacional oficial de la India es el hockey sobre hierba. **CIUDAD DE MÉXICO, MÉXICO.** **48. Tiene una población de alrededor de 20 millones.** **49.** Ciudad de México se encuentra a una altitud de 2.240 m. **50. La ciudad se extiende sobre la antigua Tenochtitlán, capital del imperio azteca hasta la conquista española en 1521.** **51.** La artista Frida Kahlo nació en Ciudad de México. Su casa es la llamada «Casa Azul». **52. La lucha libre mejicana empezó a practicarse en Ciudad de México en los años treinta y es célebre por las máscaras de colores de los contendientes y por sus espectaculares movimientos.**

100 DATOS SOBRE

53. El Popocatépetl es un volcán activo que se ve desde la ciudad; es el segundo más alto de Norteamérica. **54. En la lengua azteca, «*Popocatepetl*» significa «montaña humeante».** **55.** Ciudad de México es tristemente famosa por sus terremotos y temblores. En 1985 tuvo lugar un terremoto de una magnitud de 8,1. **56. Ciudad de México está lejos del mar, aunque recientemente se han llevado a la ciudad camiones enteros de arena, unas cuantas palmeras y tumbonas para crear diez playas falsas en torno a piscinas públicas.** **57.** Puedes dar un paseo en una barca pintada de colores llamada «trajinera» por los canales que los aztecas crearon en su día para sus cultivos. **NUEVA YORK/NEWARK:** **58. Su población es apenas inferior a los 20 millones.** **59.** En Nueva York existen casi 12.000 licencias de taxi. **60. Dos millones de personas se agolpan en las calles de Nueva York para ver el desfile anual del Día de Acción de Gracias, que patrocinan los grandes almacenes Macy's.** **61.** La mayoría de los globos gigantes del desfile llegan a un quinto o sexto piso de altura. **62. La estatua de la Libertad, en la bahía de Nueva York, tiene un dedo índice que mide 2,4 m y una cintura de 10,7 m.** **63.** Gente de todas las edades puede asistir a una clase de trapecio en la Trapeze School de Nueva York. **64. Más de 4.000 aviones despegan a diario de los tres principales aeropuertos de Nueva York y Newark.** **65.** Nueva York cuenta con el metro más extenso del mundo, con un sistema de vías de más de 1.000 km. **66. Los neoyorquinos doblan su porción de pizza por la mitad y se la comen como un sándwich.** **67.** En el Central Park de Nueva York, los niños pueden subirse al regazo de una gigantesca estatua de bronce del célebre escritor de literatura infantil Hans Christian Andersen. A sus pies tiene un pato de bronce en honor de su famoso cuento *El patito feo*. **SHANGHÁI, CHINA:** **68: Su población es de alrededor de 24 millones.** **69.** *Shanghái* es una palabra china que significa «por encima del mar». **70. *Xiao long bao* es un famoso tentempié que se come en Shanghái y que consiste en bolas de masa rellenas de cerdo, en caldo.** **71.** Se considera la ciudad más rica de China. **72. La ciudad, que en otro tiempo fue simplemente una pequeña aldea de pescadores, se encuentra en la desembocadura del río Yangtsé.** **73.** El tren por levitación magnética de la ciudad, o *maglev*, alcanza velocidades de 430 km/h. Los imanes lo elevan e impulsan. **74. Los habitantes de Shanghái hablan el «shanghainés».** **75.** En Shanghái, «gracias» se dice «*xie xie*». **76. El edificio más alto de la ciudad es el Shanghai World Financial Center, con 492 m.** **77.** Los huevos centenarios –huevos de pato conservados en ceniza y sal durante alrededor de 100 días– son una delicia tradicional. El blanco del huevo se vuelve gris, dando la impresión de que son viejos. **KOLKATA, INDIA:** **78. Tiene una población de alrededor de 16 millones.** **79.** Kolkata era antes conocida como «Calcutta». **80. La ciudad es uno de los últimos lugares donde siguen utilizándose los *rickshaws*, carritos de tracción humana.** **81.** En el estadio Eden Gardens, con 90.000 asientos, se juega al críquet y al fútbol. **82. La Madre Teresa de Calcuta, Premio Nobel de la Paz, dejó su trabajo de maestra en un convento para vivir entre la gente más pobre de los suburbios de la ciudad, y ayudarla.** **DACCA, BANGLADESH:** **83.** Tiene una población aproximada de 15 millones. **84. Dacca es la capital de Bangladesh.** **85.** Dacca se cuenta entre las ciudades de crecimiento más rápido del mundo. Entre 1990 y 2005, duplicó su población, de 6 a 12 millones. **86. La superficie de Bangladesh es poco mayor que una cuarta parte de la de España.** **87.** Bangladesh tiene más habitantes que Rusia. **88. Los niños cuyas casas resultan inundadas, reciben clase en una barca en lugar de en un aula tradicional.** **89.** Se espera que en 2025 Dacca sea más grande que Ciudad de México y Shanghái. **90. Muchas personas se mudan a la ciudad huyendo de las inundaciones del campo, debidas a la subida del nivel del mar por el cambio climático. Gran parte de Bangladesh está en riesgo de quedar permanentemente sumergida bajo el agua.** **91.** Los habitantes de Dacca hablan inglés y bengalí. **KARACHI, PAKISTÁN:** **92. Su población es superior a los 13 millones.** **93.** Karachi es conocida localmente como la «ciudad de las luces». **94. Karachi se encuentra en la costa del mar de Arabia, a la que acuden locales y turistas para disfrutar de sus playas de arena dorada y de sus hoteles.** **95.** Todos los años, a finales del verano, la ciudad es azotada por las lluvias monzónicas, con largos períodos de precipitaciones y fuertes vientos. **96. La rupia es la moneda corriente de Pakistán.** **97.** Todos los años, la tortuga olivácea vuelve a ciertas áreas de costa de Karachi para poner sus huevos. **98. Karachi es el centro financiero de Pakistán.** **99.** La mitad de su población vive en barriadas pobres. **100. La ciudad está ahora 60 veces más poblada de lo que lo estaba cuando se desarrolló el Pakistán moderno, en 1947. Crece un 6 por ciento –en torno a 780.000 personas– cada año.**

MEGACIUDADES

1
CABALLOS, ASNOS SALVAJES Y DOMÉSTICOS, Y CEBRAS son parientes: todos ellos pertenecen al género *Equus*.

2
Los primeros seres humanos **REALIZARON PINTURAS DE CABALLOS** en las paredes de las cuevas.

3
Las crías de caballo, **LOS POTROS**, se **SOSTIENEN DE PIE** casi inmediatamente después de nacer.

4
En la mitología griega, el centauro es **MITAD CABALLO MITAD HOMBRE.**

5
El caballo del duque de Wellington, de nombre Copenhagen, fue **ENTERRADO EN 1836 CON HONORES MILITARES.**

6
Los **PELOS** de la cola de un caballo son de distintas longitudes.

7
En los países anglosajones los caballos se miden en **«MANOS».** Una mano equivale a unos 10 cm.

8
Los **PONIS**, por regla general, miden **ALREDEDOR DE 1,5 m** de altura a la cruz, que es el punto equivalente a sus hombros.

9
Existen **TRES ESPECIES DE CEBRA:** cebra común, cebra de montaña y cebra de Grevy.

10
El **ASNO SALVAJE AFRICANO** vive en tierras áridas, como el desierto de Danakil en Etiopía, donde las temperaturas pueden **SUPERAR LOS 49 °C.**

11
La cría de una cebra macho y una yegua (hembra de caballo) se denomina **«CEBRALLO».**

12
La **PARTE EN FORMA DE «V»** de la planta del casco de un caballo se denomina **«RANILLA».**

13
Los **PONIS SON MÁS PEQUEÑOS** que la mayoría de los caballos, pero también más anchos y cuadrados.

14
Al nacer, **LAS RAYAS DE LAS CEBRAS SON MARRONES,** no negras.

15
En la **ISLA DE ASSATEAGUE** (en Maryland y Virginia, EE.UU.) viven caballos salvajes en libertad desde hace cerca de **300 AÑOS.**

16
En el **ESTIÉRCOL DE CABALLO** crecen varios tipos de seta.

17
Los caballos tienen solo **UN ESTÓMAGO.** Las vacas tienen cuatro.

18
No es raro que un **CABALLO DE CARRERAS** tenga un amigo –generalmente un perro, un gato, una cabra, una gallina o incluso un mono– que le haga **COMPAÑÍA.**

19
Caballos y ponis, cuando se asustan, dan un **RESPINGO** hacia un lado, para alejarse de aquello que les atemoriza.

20
Las cebras forman **MANADAS MIXTAS** con jirafas y ñus.

21
Puedes hacerte una idea de la **EDAD** de un caballo mirándole los **DIENTES.**

22
Las patas del caballo terminan en **UN SOLO DEDO,** protegido por un casco. No siempre fue así: son resultado de la evolución de una **PEZUÑA CON VARIOS DEDOS.**

23
CUADRIGAS TIRADAS POR CABALLOS competían en carreras en los Juegos Olímpicos de la antigua Grecia, desde el 700 hasta el 40 a. C.

24
El Servicio de correo **PONY EXPRESS,** que cruzaba Estados Unidos, comenzó a funcionar en **1860** y llegó a utilizar entre 400 y 500 caballos para entregar las cartas.

25
El caballo doméstico que conocemos hoy en día tiene su origen en el oeste de **MONGOLIA, HACE 4.000 AÑOS.**

26
Es posible identificar las distintas especies de cebra por su **PATRÓN DE RAYAS.** La cebra común tiene las rayas más gruesas y separadas.

27
En inglés, desde principios del siglo XIX, la palabra ***PONY*** se ha utilizado en argot urbano para referirse al **«DINERO».**

28
En Norteamérica los caballos se **EXTINGUIERON** hace millones de años. Reaparecieron con la llegada de los exploradores europeos.

29
Los caballos **APPALOOSA** tienen un pelaje característico con manchas y, algunos, con rayas verticales en los cascos.

30
Los caballos caen en un **SUEÑO PROFUNDO** durante menos de una hora al día, tienen un **SUEÑO LIGERO** otras dos horas y están adormilados durante dos más.

31
Un caballo o poni al que todavía no se ha montado mucho se dice que está **«VERDE».**

32
El **CABALLO PURASANGRE DE CARRERAS SECRETARIAT** corrió el Derby de Kentucky (2 km) en menos de dos minutos.

33
Las carreras de caballos constituyen uno de los **DEPORTES MÁS ANTIGUOS** del mundo.

Appaloosa

AL GALOPE con 50 DATOS SOBRE CABALLOS y PONIS

34
El servicio de correos **PONY EXPRESS** funcionó en Estados Unidos durante menos de dos años, hasta que fue sustituido por el **TELÉGRAFO.**

35
Cuando un **ASNO MACHO** y una **YEGUA** tienen un potrillo, se le llama **«MULA».**

36
El artista italiano **LEONARDO DA VINCI** incluyó muchos caballos en sus obras.

37
Los **ASNOS SALVAJES** más altos miden apenas **1,5 m A LA CRUZ.**

38
Una yegua puede tener **UN POTRILLO CADA DOS AÑOS.**

39
El **CABALLO PRZEWALSKI** es el único caballo salvaje cuyos ancestros nunca fueron domesticados, aunque actualmente solo existe en cautividad.

40
Existen alrededor de **400 RAZAS** de caballos domesticados.

41
Al **ASNO MACHO,** de gran corpulencia, también se le llama **«GARAÑÓN».**

42
Los estados de Montana, Wyoming y Colorado, EE.UU., cuentan con localidades de nombre **HORSE CREEK** (Arroyo del caballo), pero solo Montana tiene una ciudad llamada **PONY.**

43
El **CEREBRO** de un caballo es del tamaño aproximado de una **PATATA.**

44
El **PRIMER FÓSIL** fechado de caballo es **EL «CABALLO DEL AMANECER»,** *Eohippus*, con **55 MILLONES DE AÑOS DE ANTIGÜEDAD.**

45

Los burros se diferencian de los caballos por sus **LARGAS OREJAS.**

46
Un caballo de carreras de nombre **GREEN MONKEY** se vendió por unos 14 millones de euros.

47
Las **CEBRAS DE GREVY** del este de África se hallan **EN PELIGRO** de extinción. Menos de 1.000 ejemplares viven en estado salvaje.

48
Cerca de 200 caballos purasangre figuran en el **MUSEO NACIONAL DE HÍPICA Y SALÓN DE LA FAMA DE SARATOGA, ESTADOS UNIDOS.**

49
Los **CABALLOS MINIATURA** pueden utilizarse en la **TERAPIA CON ANIMALES** para ayudar a niños con alguna discapacidad.

50
Una **POTRA** es una yegua hasta los cuatro años, pero coloquialmente «potra» quiere decir también **«BUENA SUERTE».**

25 TERRIBLES DATOS SOBRE

1

SE CUENTA QUE EL **Abominable hombre de las nieves,** TAMBIÉN LLAMADO «YETI», VIVE EN LAS MONTAÑAS DEL HIMALAYA, EN NEPAL.

2

El *animatronic* del Abominable hombre de las nieves que aparece en la atracción de Disneyland es conocido cariñosamente como **HAROLD.**

3

EDMUND HILLARY, que junto con Tenzing Norgay fue el primer montañero en alcanzar la cima del Monte Everest, guió una expedición en 1960 para buscar evidencias de la existencia del yeti.

4

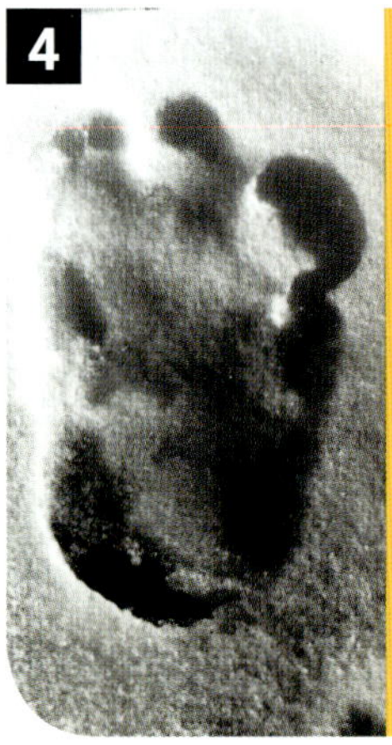

Los yetis han sido descritos como criaturas **MITAD HOMBRE Y MITAD BESTIA.** Los escépticos dicen que las huellas de yeti han sido creadas por seres humanos o son consecuencia de la caída de masas de nieve.

5

La India tiene su propia versión del yeti, una criatura de aspecto simiesco llamada *«mande barung»*, u «hombre de la selva».

6

DESDE PRINCIPIOS DEL SIGLO XIX SE HAN COMUNICADO EN ESTADOS UNIDOS

3.000

avistamientos de *Bigfoot*.

7

A *BIGFOOT* (PIES GRANDES) TAMBIÉN SE LE CONOCE COMO **«Sasquatch»,** QUE SIGNIFICA **«hombre salvaje».**

8

Los estudiosos del *Bigfoot* dicen que las huellas de estos «pies grandes» miden una media de **40,6 cm DE LARGO** por **17,8 cm DE ANCHO.**

9

EN EL **MUSEO DEL *BIGFOOT*** EN CALIFORNIA, EE.UU., PUEDES VER LAS PRUEBAS DE LA EXISTENCIA DE ESTE INQUIETANTE SER: MOLDES DE YESO DE HUELLAS DE MANOS Y PIES.

10

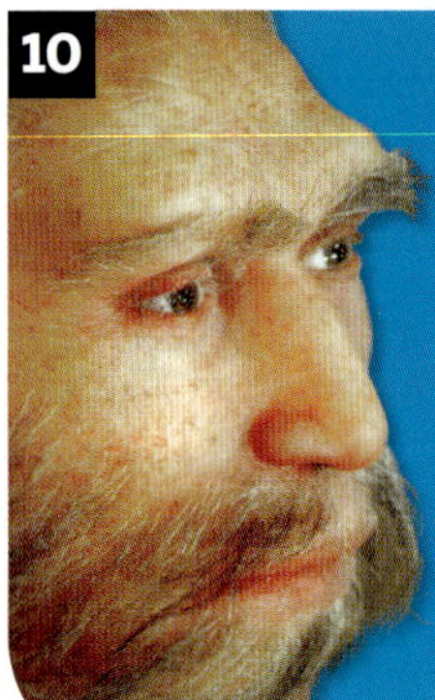

Un científico ruso sugirió en una ocasión que el *Bigfoot* era un **HOMBRE DE NEANDERTAL** superviviente, pero la mayoría de los científicos no están de acuerdo con él.

11

EN UNA OCASIÓN, UN EQUIPO DE INVESTIGACIÓN USÓ

600

HACES DE SONAR Y SATÉLITES PARA TRATAR DE ENCONTRAR A NESSIE, EL MONSTRUO DEL LAGO NESS, EN ESCOCIA.

REGRESARON CON LAS MANOS VACÍAS.

12

Recientemente un hombre repartió

50.000

cámaras desechables de fotos y ofreció

2 MILLONES

de dólares por alguna prueba de la existencia de Nessie.

13

Hay quien cree que Nessie es el único superviviente de los **PLESIOSAURIOS, EXTINGUIDOS** hace millones de años.

14

¿VER ES CREER?

Un equipo de investigadores ocultaron una verja bajo el lago Ness y después la elevaron un momento frente a los turistas. Cuando se les pidió que dibujaran lo que habían visto, algunos dibujaron un monstruo.

CRÍPTIDOS*

* Criatura cuya existencia es discutida o no ha sido probada científicamente

15

Cientos de personas han comunicado haber visto una criatura similar en el lago Champlain, en EE.UU., y la han llamado «CHAMP».

16

El folclore australiano describe un **MONSTRUO QUE VIVE EN LOS PANTANOS** llamado *bunyip*, que devora seres humanos. Se dice que tiene el aspecto de un hipopótamo o un manatí.

17

El origen de la historia de *bunyip* pueden ser focas atrapadas en el río, aguas arriba, en un lugar insólito del interior australiano.

18

En Australia se dice que el TIGRE DE QUEENSLAND tiene el tamaño de un perro grande, rayas de tigre en el dorso y garras afiladas que no duda en usar. Durante siglos se ha hablado de avistamientos.

19

Quienes creen en la existencia del TIGRE DE QUEENSLAND defienden que desciende de un «felino marsupial» extinguido.

20

En el desierto del Gobi, en Mongolia, se cuenta que bajo la arena vive un «gusano de la muerte», de color rojo vivo y 1,5 m de largo. Se afirma que dispara veneno y que se defiende con una potente descarga eléctrica.

21

Se cree que el gusano podría ser en realidad un reptil cavador sin identificar o alguna especie de cobra.

22

Una criatura de 2 m con los ojos rojos y enormes alas llamada *«mothman»*, **«HOMBRE POLILLA»,** fue vista en varias ocasiones en Virginia Occidental, EE.UU., en los años 60.

23

En Point Pleasant, en Virginia Occidental, EE.UU., se celebra cada año el festival del **«HOMBRE POLILLA».** Se venden pizzas con la figura del «hombre polilla»: sus ojos son guindillas, las alas son champiñones y el cuerpo, rodajas de embutido.

24

El «chupacabras» ha sido descrito como una bestia parecida a un canguro, pero también en parte gárgola, con afiladas garras y ojos rojos. En los años 90, en Puerto Rico, se decía que chupaba la sangre a los animales en las granjas.

25

Recientemente, en Maryland, EE.UU., se capturó una criatura con «cola de rata, orejas de coyote y cabeza de ciervo». Muchos pensaron que era una evidencia de que el «chupacabras» existía, pero en realidad se trataba de un zorro con una enfermedad que le había causado la pérdida del pelaje.

15 DATOS PARA

❶ La tienda de juguetes **FAO SCHWARZ** de Nueva York, EE.UU., tenía un **TECLADO DE PIANO GIGANTE** que podías tocar con los pies.

❷ Una mujer creó hace más de 60 años **CANDY LAND,** un juego para animar a los **NIÑOS ENFERMOS DE POLIO.**

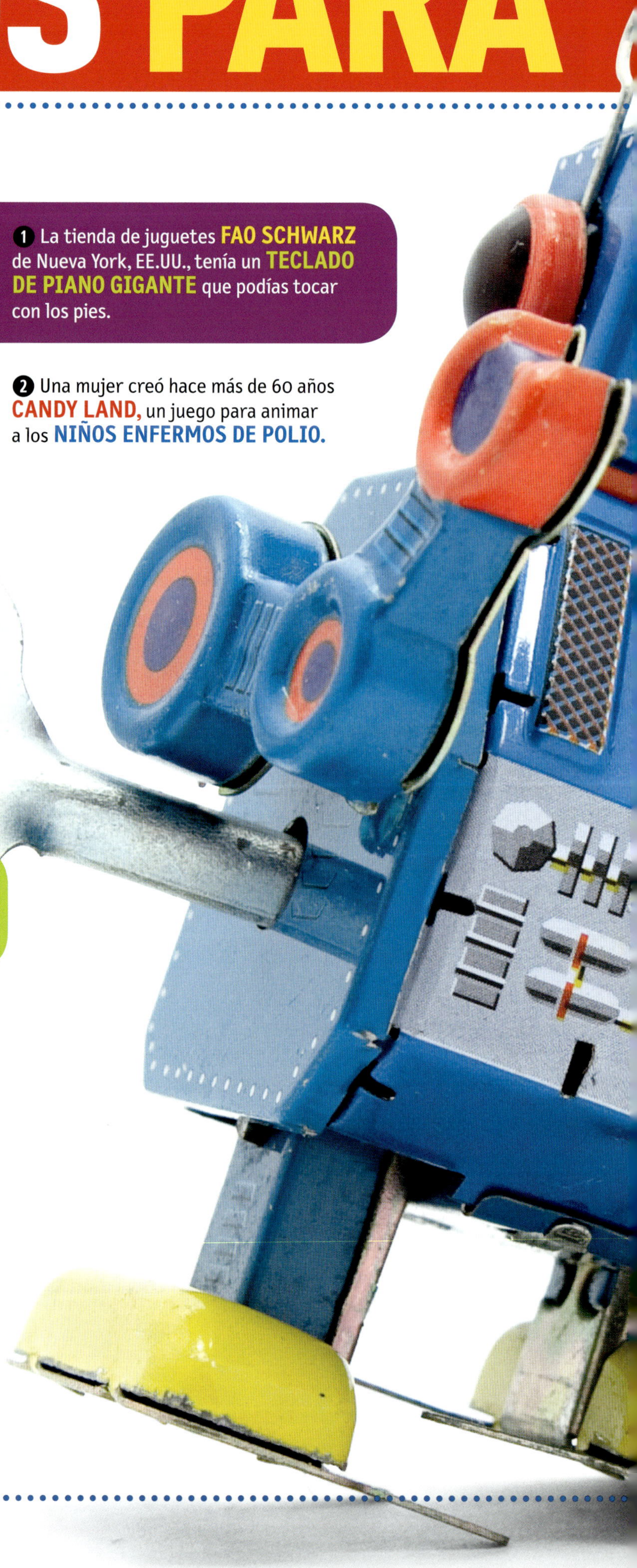

❸ El juego de mesa más vendido del mundo, el **MONOPOLY,** se ha fabricado en **37 IDIOMAS** y han jugado con él más de **500 MILLONES DE PERSONAS.**

❹ Un joyero realizó un **TABLERO DE MONOPOLY** de oro de **18 QUILATES,** valorado en **1,8 MILLONES DE EUROS,** que incluía un juego de dados con 42 diamantes tallados específicamente para cada punto.

❺ **BARBIE** debe su nombre a **BÁRBARA, LA HIJA DE SU CREADORA.** Desde su aparición en 1950, ha tenido más de **100 TRABAJOS.**

❻ **SUPER MARIO BROS** es el segundo videojuego más vendido de todos los tiempos. Fue desbancado del número 1 por Wii Sports.

❼ El juego del **SCRABBLE** se llamó en un principio «Criss-crosswords», **PALABRAS CRUZADAS.**

DIVERTIRSE

8 Existen distintas variantes del juego de las **DAMAS,** dependiendo del país.

9 Originalmente las **PARTES DE LA CABEZA DE MR. POTATO** se clavaban en una **PATATA DE VERDAD,** no en una de plástico.

10 El creador del horno de juguete para niños **EASY-BAKE** se inspiró en los **VENDEDORES DE *PRETZELS* DE LA CIUDAD DE NUEVA YORK.**

11 El hombre del juego de mesa **OPERACIÓN** se llama **SAM CAVIDAD.**

12 El **BLANDIBLUP,** el visor de diapositivas **VIEWMASTER VIEWER,** el **PUZLE,** el **HULA HOOP** y las figuras de acción de **G.I. JOE** están presentes en el **NATIONAL TOY HALL OF FAME,** el Salón de la Fama de los Juguetes de Rochester, Nueva York.

13 La plastilina **PLAY-DOH** se utilizó en origen como **LIMPIADOR DE PAPEL DE PARED.**

14 En los últimos 60 años **LEGO** ha fabricado más de **320.000 MILLONES DE PIEZAS DE LEGO.** Esto equivale a **46 LEGOS POR PERSONA SOBRE EL PLANETA.**

15 En una ocasión, **SE JUNTARON MÁS DE MIL ALFOMBRAS DE TWISTER** para jugar **UNA PARTIDA EN UN CAMPO DE FÚTBOL.**

75 DATOS SOBRE ANTIGUAS CULTURAS QUE SE CONSERVAN BIEN

1 Levantar el pulgar en una lucha de gladiadores de la antigua Roma significaba, en contra de lo que se suele creer, un voto para matar al luchador.

2 De las Siete maravillas del mundo antiguo solo una sigue en pie, la más antigua: la Gran Pirámide de Guiza, en Egipto, de 4.500 años.

3 En el antiguo Egipto, las patas de las sillas tenían forma de extremidades de animales.

4 El té es originario de China y empezó a tomarse en torno al año 2.700 a. C., cuando, según la leyenda, unas hojas secas cayeron accidentalmente en una copa de agua caliente servida al emperador.

5 EN LA ANTIGUA GRECIA SE DECORABAN LAS MONEDAS CON IMÁGENES DE ABEJAS.

6 Hace alrededor de 4.000 años los chinos empezaron a criar peces y a cultivar algas de mar para comer.

7 Para los romanos, la canela era sagrada y, a menudo, los templos se decoraban con coronas creadas con hojas de esta planta.

8 En la India, hace dos mil años, se cosían las heridas con lino, cáñamo e incluso con pelo.

9 Los antiguos egipcios revestían los vendajes de lino con miel para que se adhirieran a la piel.

10 Galeno, médico de la antigua Grecia, cubría las úlceras de la piel con higos. Más tarde se demostraría que esta fruta contiene una sustancia que acelera la cicatrización.

11 Junto a la costa del golfo de México existen colosales cabezas de piedra y ciudades talladas en la roca por los olmecas en torno al año 1200 a. C.

12 Los mayas del sur de México y de parte de Centroamérica desarrollaron un lenguaje escrito basado en la representación de símbolos en el año 300 a. C., unos 2.850 años después de que los egipcios idearan sus jeroglíficos.

13 Los restos rojos de esqueletos atribuidos a la antigua civilización maya han puesto de manifiesto que esos pueblos cubrían a sus muertos con cinabrio, un mineral rojo.

14 Los mayas crearon un calendario de 260 días y otro de 365 días.

15 Los nobles mayas se agujereaban la piel con púas de raya como parte de un sacrificio de sangre ofrecido a los dioses.

16 El chocolate endulzado con miel o mezclado con agua era una bebida muy popular entre los mayas. Sus descendientes aún la beben.

17 Para los mayas, el jade –piedra preciosa verde– y las plumas del ave quetzal eran símbolos de realeza.

18 Los antiguos egipcios se referían a su lenguaje escrito basado en representaciones como *«medu netjer»*, que significa «palabras de dios». Los antiguos griegos rebautizaron el sistema escrito como «jeroglífico», o «grabado sagrado».

19 Los niños del antiguo Egipto jugaban al *hockey* con palos hechos con ramas de palmera y discos confeccionados con bolsas de piel rellenas de papiro, un material vegetal más conocido por su uso en la escritura.

20 Uno de los gobernantes más famosos del antiguo Egipto, Tutankamón, tenía probablemente apenas nueve años cuando se convirtió en rey.

21 En contra de la tradición de la época, Akenatón, faraón del antiguo Egipto, ordenaba a los artistas que sus retratos fueran realistas, de modo que las pinturas le representan con barriga.

22 En la tumba de un señor egipcio de la Antigüedad figura la inscripción «¡Oíd todos!... ¡A quien le haga algo malo a mi tumba, el cocodrilo, el hipopótamo y el león se lo comerán!».

23 La estrecha región llamada Mesopotamia, entre los ríos Tigris y Éufrates, en lo que hoy se conoce como Irak, es tierra de grandes civilizaciones, como la sumeria, la babilónica y la asiria, desde hace alrededor de 3.500 años.

24 A LOS REYES Y REINAS SUMERIOS LES GUSTABAN LOS JUEGOS DE MESA.

25 En muchas de las antiguas ciudades de Mesopotamia no se disponía de piedras, de modo que la gente construía con barro y ladrillos.

26 La Ciudadela de Erbil, en el norte de Irak, es el asentamiento más antiguo del mundo; se considera habitado desde hace más de 7.000 años.

27 La primera inscripción cuneiforme se realizó sobre tablillas de arcilla y data aproximadamente del año 3.300 a. C. Esta escritura se utilizó durante 3.000 años para escribir en 25 lenguas diferentes, como el sumerio, el acadio y el asirio.

28 El dicho «ojo por ojo» es una de las cerca de 300 leyes escritas por Hammurabi, rey de la antigua Mesopotamia, que pensaba que la ceguera debía ser el castigo para aquel que cegaba a otro.

29 Los habitantes de Mesopotamia construyeron *zigurats*, pirámides escalonadas para honrar a los dioses y acercar a la gente a las divinidades tanto como fuera posible.

30 Según la leyenda, el rey de Babilonia construyó los Jardines colgantes, una de las Siete maravillas del mundo, para levantar el ánimo a una de sus mujeres.

31 Los olmecas dieron al árbol del cacao su primer nombre conocido: *«kakawa»*.

32 El asentamiento celta de Newgrange, en Irlanda, es 600 años más antiguo que las pirámides de Gaza, en Egipto, y 1.000 años más que el conjunto de Stonehenge, en Inglaterra.

33 Los antiguos celtas, para quienes los jabalíes eran sagrados, se regalaban entre ellos tablillas de bronce con la forma de este animal en señal de amistad.

34 Los celtas pensaban que el alma residía en la cabeza.

35 En el culmen de su poder, el imperio inca contaba con la fuerza viva de diez millones de personas y cubría un área equivalente a la superficie continental de Estados Unidos.

36 Los celtas utilizaron una primera fórmula de fijador para el cabello preparada a partir de aceites y resinas vegetales, sustancias pegajosas obtenidas de los árboles.

37 Las paredes de las antiguas casas celtas se creaban con ramas de sauce, trenzadas y recubiertas con barro y estiércol animal.

38 Hace más de 2.500 años, los celtas de Europa comerciaban con los chinos.

39 Los antiguos egipcios y sus poderosos vecinos en el sur, los nubios, estuvieron miles de años alternándose en el poder, ejerciendo el control los unos sobre los otros.

40 Los arqueólogos han hallado restos de águilas, lobos, pumas, serpientes de cascabel y hombres decapitados en la Pirámide de la Luna, un templo abandonado en la antigua ciudad de Teotihuacán, en el actual México.

41 En la Antigüedad, los pueblos africanos crearon miles de imágenes artísticas de piedra utilizando pinceles hechos con colas, plumas, púas y huesos de animales, y pintura elaborada con ocre (un pigmento natural), grasa, yema de huevo y sangre.

42 Los antiguos romanos vestían *soccus*, un calzado de piel que se utilizaba en casa y del que derivan los calcetines.

43 Los antiguos romanos ya pagaban impuestos.

44 Los distintos pueblos del vasto Imperio romano usaban el latín para comunicarse entre ellos.

45 LAS CALZADAS CONSTRUIDAS POR LOS ANTIGUOS ROMANOS SE CONSERVAN AÚN INTACTAS Y EN USO DESDE EUROPA HASTA ORIENTE MEDIO.

46 A los antiguos romanos les gustaba frecuentar grandes baños públicos. Antes de sumergirse en una piscina de agua fría se sometían a aire muy caliente, para eliminar impurezas a través del sudor.

47 LOS INCAS CONSTRUYERON 22.500 km DE CALZADAS.

48 La ciudad de Mohenjo Daro, de 4.500 años de antigüedad, en el actual Pakistán, fue una de las mayores metrópolis de su época, con una población de 35.000 personas.

49 Entre los años 750 y 550 a. C., los antiguos griegos establecieron 200 colonias en la cuenca del mar Mediterráneo.

50 Allí donde establecían colonias, los griegos construían teatros, algunos de los cuales siguen en uso todavía hoy. Están tan bien edificados que incluso las personas de los asientos situados más atrás pueden oír con claridad a los actores sobre el escenario.

51 El Partenón, antiguo templo griego construido en honor de Atenea, diosa de las artes y del saber, resultó gravemente dañado en 1687, cuando fue alcanzado por una bala de cañón durante una guerra.

52 La ciudad-estado griega, a la que los propios griegos se referían como «polis», estaba integrada por la ciudad y las tierras que se extendían fuera de sus muros.

53 Los ciudadanos de la antigua polis de Esparta, los espartanos, votaban golpeando sus escudos.

54 Alejandro Magno expandió el antiguo Imperio griego en torno al Mediterráneo, hacia el este, hasta la India.

55 Los incas de Perú no tenían un alfabeto o una escritura oficial, pero utilizaban un sistema de cuerdas de colores y nudos llamado «*quipus*» para llevar las cuentas con el ganado y como calendario.

56 En los Andes se encontró un cementerio inca a 6.310 m de altitud.

57 El pueblo chavín, los más remotos antepasados de los incas, llegó al actual Perú en torno al 1200 a. C., posiblemente de otra parte del continente americano. Sus templos muestran grabados de monos y cocodrilos, que no viven en esa zona, pero sí en las selvas del este.

58 Desde aproximadamente el año 150 a. C. hasta el 750 d. C., Teotihuacán (en la actualidad México central) fue la ciudad más grande del continente americano, con 100.000-200.000 habitantes.

59 Hace casi 500 años, los españoles tomaron la capital azteca de Tenochtitlán, fundada en 1325, y construyeron encima Ciudad de México.

60 Los hohokam, que vivían en la actual Arizona, EE.UU., hace 1.800 años, jugaban a un juego que consistía en pasar un pequeño balón con los codos y las rodillas a través de unos aros situados a cierta altura en los laterales del campo.

61 En el 290 a. C. el faraón egipcio Ptolomeo Sóter emprendió la construcción del primer faro del mundo en el puerto de Alejandría.

62 El imperio persa aqueménida, formado en el 550 a. C., se extendía desde los actuales territorios de Turquía y Egipto hasta el norte de la India y Asia central. Mucho de lo que hoy sabemos de esos pueblos es gracias a antiguos escritores griegos.

63 En China, las primeras inscripciones se realizaron en huesos de animales y datan aproximadamente del año 1200 a. C.

64 Las primeras monedas se utilizaron en el siglo VII a. C. en el antiguo reino de Lidia, en la Turquía moderna. Elaboradas con una mezcla de oro y plata, seguían unos estrictos estándares de peso y tenían dibujos solo por una cara.

65 AUNQUE LAS CARRERAS DE CABALLOS COMENZARON HACE ALREDEDOR DE 6.000 AÑOS EN ASIA CENTRAL, NO SE EMPEZÓ A UTILIZAR SILLA DE MONTAR HASTA 5.700 AÑOS MÁS TARDE.

66 En la mitología griega la esfinge tenía cabeza de mujer y cuerpo de león; para los antiguos egipcios una esfinge tenía cuerpo de león y cabeza de humano, halcón o carnero.

67 Hace alrededor de 2.600 años, los habitantes de la antigua ciudad egipcia de Bubastis empezaron a enterrar momias de gato (que llegarían a ser miles) en cementerios especiales.

68 Una importante fuente de riqueza para los antiguos reinos de la península arábiga era el comercio de incienso y mirra, empleados como fragancias.

69 Las antiguas esculturas de piedra halladas en la isla de Nueva Guinea, en el Pacífico, datan del año 1500 a. C. y representan criaturas de nariz larga que recuerdan a los equidnas, mamíferos que ponen huevos y que viven en la isla en la actualidad.

70 Los fenicios del este de la cuenca del Mediterráneo utilizaban moluscos marinos para elaborar un tinte morado muy preciado.

72 SEGÚN ESCRITORES DE LA ANTIGÜEDAD, EL EMPERADOR ROMANO CALÍGULA QUISO NOMBRAR SENADOR A SU CABALLO.

73 Los aborígenes australianos, la cultura viva más antigua del mundo, existen desde hace más de 50.000 años.

74 Los antiguos romanos que vivían en climas más fríos tenían casas con calefacción central: el aire caliente de una caldera era bombeado a una cámara bajo el suelo de la casa.

75 En el 79 d. C. las ciudades romanas de Pompeya y Herculano, cada una de ellas con una población aproximada de 10.000 habitantes, fueron destruidas por la erupción del monte Vesubio, que las enterró bajo cenizas y lava.

35 DATOS QUE TE

1 Las **ROCAS** están formadas por una mezcla de minerales.

2 El **GRAFITO** es un mineral blando que se utiliza para fabricar **LÁPICES.**

3 Las **ERUPCIONES VOLCÁNICAS** pueden **SACAR DIAMANTES** a la superficie de la Tierra desde una **PROFUNDIDAD DE MÁS DE 95 km.**

4 El **ÓPALO,** con sus vivos colores, es la **PIEDRA PRECIOSA NACIONAL DE AUSTRALIA.**

5 Un australiano encontró una **PEPITA DE ORO DE 27 kg** junto a una escuela utilizando un detector de metales.

6 Hace unos **4.500 AÑOS,** seres humanos trasladaron las **GIGANTESCAS PIEDRAS AZULES** usadas para construir el complejo de **STONEHENGE** desde una distancia de **225 km.**

7 Existen más de **4.000 MINERALES** conocidos.

8 La **FLUORITA** brilla bajo la **LUZ ULTRAVIOLETA.**

9 Un **RAYO** de una tormenta eléctrica puede **FUNDIR ARENA Y ROCA** formando fulguritas con forma de tubo.

10 La **CALCITA,** un mineral muy presente en la **ESFINGE** y las **PIRÁMIDES DE GUIZA,** se forma gracias al sedimento de **RESTOS DE CRIATURAS MARINAS.**

11 Antiguamente los humanos **TALLABAN EL SÍLEX** para elaborar **PUNTAS DE FLECHA** y otras herramientas y **ARMAS AFILADAS.**

12 El nombre **«PEDRO»** viene de la **PALABRA GRIEGA «PETROS»,** que significa **«PIEDRA»**

13 El **METEORITO HOBA** pesa alrededor de **60 t.** Esta roca del espacio exterior contiene **MINERALES POCAS VECES PRESENTES EN LA SUPERFICIE DE LA TIERRA.**

14 Para los **INDIOS CHOLES** de México, **LOS CRISTALES TIENEN PODERES MÁGICOS.**

15 Los caracteres de la **PIEDRA DE ROSETTA,** que ayudaron a descifrar los jeroglíficos egipcios, están grabados en granodiorita.

16 Las formaciones naturales de hielo, como **LOS ICEBERGS Y LOS CARÁMBANOS, SON CONSIDERADAS MINERALES.**

17 Aunque el **ULURU,** la **FORMACIÓN ROCOSA** más alta de Australia con **428 m,** está en medio del desierto, lo cierto es que **SE FORMÓ BAJO EL AGUA.**

DEJARÁN DE PIEDRA

18 La **ESTATUA DEL MONUMENTO A LINCOLN,** en Washington, EE.UU., está tallada en **MÁRMOL DE GEORGIA.**

19 La **MAGNETITA** es **MAGNÉTICA DE FORMA NATURAL**

20 Aunque la **MONEDA DE 5 CENTAVOS** de EE.UU se llama **«NÍQUEL»,** lo cierto es que solo contiene un **25 POR CIENTO DE ESTE MATERIAL; EL RESTO ES COBRE.**

21 El profesional **EXPERTO EN ROCAS** se llama **PETRÓLOGO.**

22 Las **HERMOSAS ESTRUCTURAS** de la ciudad de **PETRA,** en Jordania, fueron talladas en **PAREDES ROCOSAS DE PIEDRA ARENISCA BLANDA** hace más de 2.000 años.

23 Según la leyenda, el **MINERAL AGUAMARINA** se encontró en **COFRES DEL TESORO DE SIRENAS.** Los marineros lo llevan porque se dice que da buena suerte.

24 En la antigua China se vestía a los **DIFUNTOS** de la realeza con **TRAJES CREADOS CON JADE** porque se pensaba que el mineral ayudaba a **CONSERVAR LOS CUERPOS.**

25 Las **ROCAS MÁS ANTIGUAS SOBRE LA TIERRA** tienen alrededor de **CUATRO MIL MILLONES DE AÑOS.**

26 La **MÁSCARA FUNERARIA DE ORO DE TUTANKAMÓN** está decorada con piedras azules, llamadas **LAPISLÁZULIS,** y con **TURQUESA, CORNALINA Y CUARZO.**

27 Los aztecas utilizaban como **ESPEJO** una **ROCA VOLCÁNICA VIDRIOSA: LA OBSIDIANA.**

28 Las **ENORMES ESTATUAS DE PIEDRA DE LA ISLA DE PASCUA,** frente a la costa de Chile, fueron talladas a partir de una **CENIZA VOLCÁNICA DENOMINADA TOBA.**

29 El **CROMADO BRILLANTE DE LOS COCHES** procede del **MINERAL CROMITA.**

30 Las cuatro cabezas de granito de los presidentes de Estados Unidos del **MONTE RUSHMORE** se **EROSIONAN A UN RITMO DE 2,5 cm CADA 10.000 AÑOS.**

31 **ZAFIROS Y RUBÍS** son el mismo mineral: **EL CORINDÓN.**

32 Hubo un tiempo en el que la **SAL** era considerada **TAN VALIOSA** que a los soldados de la antigua Roma se les pagaba una **PARTE DE SU *SALARIO*** en este mineral.

33 La **PIEDRA PÓMEZ,** un tipo de roca volcánica, **FLOTA EN EL AGUA.**

34 El **DIAMANTE HOPE, DE 45,5 QUILATES,** está valorado en más de **200 MILLONES** de dólares. Fue donado al Instituto Smithsonian en 1958 por correo ordinario.

35 Inventada en **1839,** la primera **CÁMARA DE FOTOS UTILIZABA PLATA EN EL PROCESO FOTOGRÁFICO.**

100 DATOS DE GEOGRAFÍA QUE TE PONDRÁN EN LA

1. Mongolia, uno de los países con menor densidad de población de la Tierra, cuenta con menos de 2 habitantes por km^2. **2. La mayor colección de mapas –más de cuatro millones– pertenece a la Biblioteca del Congreso de EE.UU. 3.** Los mapas han ayudado a la gente a encontrar su camino desde hace cerca de 3.500 años. Los primeros se dibujaron sobre tablillas de arcilla. **4. El perrito caliente más largo del mundo –203,8 m– se preparó en Paraguay en 2011 para conmemorar el 200 aniversario del país. 5.** El río Mississippi drena el 40 por ciento de las aguas continentales de Estados Unidos. **6. El 8 de noviembre de 2005, la ciudad de Hillsdale, en Michigan, EE.UU., eligió como alcalde al estudiante de instituto de 18 años Michael Sessions. Cumplía con sus deberes municipales después de clase. 7.** El príncipe Guillermo, duque de Cambridge, tiene estudios de Geografía. **8. El Cairo, Egipto, es la ciudad más grande de África. 9.** Reikiavik, Islandia, es la capital situada más al norte del mundo. **10. En 1513, un almirante turco creó un mapa que muestra una detallada visión del continente americano, el más antiguo de estas características que se conserva. Usó como referencia mapas de Cristóbal Colón. 11.** El primer «nuevo país» del siglo XXI, Timor Oriental, obtuvo la independencia de Indonesia en 2002. **12. El punto más elevado de Australia –el monte Kosciusko, de 2.228 m– mide apenas un cuarto de la altura del monte Everest. 13.** El punto más bajo de la Antártida se encuentra 2.555 m por debajo del nivel del mar, aunque está cubierto por hielo. **14. La cordillera de los Andes recorre toda la costa occidental de Sudamérica. 15.** Aunque Europa y Asia son una gigantesca masa de tierra, los montes Urales separan ambos continentes. **16. Casi la mitad de Holanda se encuentra por debajo del nivel del mar. 17.** Rusia es el país más grande del mundo, con una extensión de 17.075.400 km^2, entre Asia y Europa. **18. El noventa y cinco por ciento de Arabia Saudí es desierto. 19.** El neerlandés es la lengua oficial de Surinam, en Sudamérica. **20. Los varones holandeses tienen una talla media –1,83 m– superior a la de la población masculina de cualquier otro país. 21.** África encierra más países que ningún otro continente. **22. La Paz, Bolivia, se encuentra a 3.626 m de altitud y es, por tanto, la capital más alta del mundo. 23.** El estrecho de Gibraltar, una masa de agua de apenas 58 km de longitud, separa Europa de África. **24. El istmo de Panamá, que separa Norteamérica de Sudamérica y conecta el océano Atlántico con el océano Pacífico, mide apenas 50 km de ancho en su punto más estrecho. 25.** El géiser Old Faithful del Parque Nacional de Yellowstone, en Estados Unidos, lanza agua y vapor desde el interior de la tierra hasta una altura de 55 m cada 92 minutos. **26. Un volcán de Canadá, el monte Garibaldi, entró en erupción a través de un glaciar. 27.** Bajo la superficie del lago más profundo de Norteamérica, que se encuentra en el interior de un volcán, existe otro volcán. **28. Asia tomó probablemente su nombre de la palabra asiria «*asu*», que significa «amanecer» y «este». 29.** La antigua ciudad griega de Bizancio fue rebautizada como Constantinopla en el 330 d. C. y en 1930 se le dio oficialmente el nombre de Estambul, la mayor ciudad de la actual Turquía. **30. El 22 de enero de 2010, 5.387 habitantes de la ciudad de Taebaek, en Corea del Sur, participaron en la mayor guerra de bolas de nieve del mundo. 31.** Gran Bretaña es una isla que engloba Inglaterra, Escocia y Gales. **32. Birmingham, en Alabama, EE.UU., es conocida como la «Pittsburgh del sur» por sus fábricas de hierro y acero. 33.** Un estado, una ciudad, unas cataratas, una isla, un lago, una montaña, un río y una provincia llevan el nombre de la reina Victoria de Inglaterra. **34. El territorio de Lesoto está rodeado completamente por el territorio de Sudáfrica. 35.** La población de Bélgica no habla belga, sino flamenco y francés. **36. Existe en Rusia un bosque que se extiende hacia el oeste, hasta Noruega, con una superficie más de 11 veces superior a la de Francia. 37.** Rusia produce más gas natural

que los siguientes seis mayores productores juntos. **38.** **Solo alrededor de un sexto de la población de Rusia –menos de 25 millones– vive en Siberia, una gélida extensión de tierra en el norte de Asia.** **39.** El túnel de ferrocarril más largo del mundo conecta las dos islas más grandes de Japón, (Honshu y Hokkaido), y tiene una longitud de 53,85 km. **40.** **En el norte de China, alrededor de 2,3 millones de kilómetros cuadrados de tierras de cultivo son arrasadas cada año por el viento.** **41.** Por la estación de tren más concurrida de Tokio pasan al día más de dos millones de pasajeros. **42.** **El mar Muerto, en Asia, se encuentra 421 m por debajo del nivel del mar, que es aproximadamente la altura del Empire State Building con su antena.** **43.** Tailandia es el único país del sudeste asiático que no ha estado nunca bajo dominio colonial. **44.** **El río Oregón, en Estados Unidos, tiene una longitud de apenas 37 m, es decir, es más corto que una piscina olímpica.** **45.** El 14 de marzo de 2010, Katie Spotz,

DIRECCIÓN CORRECTA ►

de 22 años, completó en 70 días una travesía a remo por aguas del océano Atlántico, desde Dakar, en Senegal (África), hasta Georgetown, en Guyana (Sudamérica). **46.** **La sequía y el regadío han reducido el lago Chad, en África central, a una vigésima parte de su tamaño original.** **47.** El Parque Nacional Kruger, en Sudáfrica, que cubre más área que Israel, es el más extenso de África. **48.** **La duna de arena «Big Daddy», en Namibia, alcanza los 366 m de altitud.** **49.** El lago más grande de Australia, el lago Eyre, no alcanza ni tan siquiera los 6 m de profundidad. **50.** **La National Geographic Society organizó el primer certamen internacional de geografía en 1993 en el que tres equipos compitieron en Londres. La competición –hoy llamada National Geographic World Championship– se celebra anualmente y han concursado en ella equipos de 18 países.** **51.** En Argentina, se comen 68 kg de carne por persona al año. **52.** **Vive más gente en California, EE.UU., que en Canadá.** **53.** En Christmas, Florida, EE.UU., la temperatura media el 25 de diciembre es de 22 °C. **54.** **La capital del país africano de Burkina Faso es Uagadugú.** **55.** En 1873 las dos ciudades de Buda y Pest, separadas por el río Danubio, se unieron para convertirse en Budapest. **56.** **Los perros dálmata proceden de la región de Dalmacia, en la península de los Balcanes, en el sureste de Europa.** **57.** Finlandia tiene más de 185.000 lagos. **58.** **En Copenhague, el puerto de Dinamarca, se encuentra la estatua de *La Sirenita*.** **59.** El monte Etna, en la isla de Sicilia, es la morada de Zeus en la mitología griega. **60.** **Sudán del Sur declaró su independencia de la República de Sudán el 9 de julio de 2011.** **61.** En el lago Baikal, en Asia, existen plantas y animales que no se encuentran en ningún otro lugar del mundo, entre ellos la foca de agua dulce. **62.** **En los 2 km² de la ciudad-estado de Mónaco viven alrededor de 35.000 personas.** **63.** Casi la mitad del territorio de Sudamérica se encuentra en suelo de Brasil. **64.** **La pregunta final de un encuentro National Geographic fue: «Miles de escaladores y montañeros confían en la ayuda de los sherpas en su ascenso al monte Everest. ¿En qué parque nacional nepalés se encuentra la cara sur del monte Everest?». Respuesta: en el Parque Nacional de Sagarmatha.** **65.** Treinta y cinco islas del golfo Pérsico integran el estado de Baréin. **66.** **Arabia Saudí tiene más reservas de petróleo que ningún otro país del mundo.** **67.** Un cuarto de la población de Nueva Zelanda vive en la ciudad de Auckland. **68.** **Solo 36 de las 170 islas de Tonga están habitadas.** **69.** El punto más alto del país insular de Tuvalu se encuentra a escasos 5 m sobre el nivel del mar. **70.** **El interior montañoso de Papúa Nueva Guinea es tan accidentado que no fue explorado por extranjeros hasta la década de 1930.** **71.** India posee más del triple de población que Estados Unidos, pero solo alrededor de una quinceava parte de su número de coches. **72.** **La gran mayoría de los 78.629.000 habitantes de Egipto vive a orillas del río Nilo.** **73.** En marzo de 2011, Reza Pakravan cruzó en bicicleta el Sáhara en 13 días, 5 horas, 50 minutos y 14 segundos, el viaje en bicicleta más rápido hasta la fecha a través de este desierto. **74.** **Hace cerca de 12.000 años el Sáhara tenía un clima más húmedo y estaba cubierto de bosques.** **75.** Se tarda cerca de dos días en recorrer los más de 4.800 km entre las ciudades estadounidenses de Boring (aburrido), en Oregón, y Ordinary (ordinario), en Virginia. **76.** **El país más densamente poblado de Norteamérica, Barbados, cuenta con 646 habitantes por km².** **77.** En el siglo XII, un estudiante musulmán elaboró por primera vez un atlas en el que figuraba la mayor parte de Europa, Asia y norte de África. La elaboración del mapa supuso 15 años de trabajo, pero tuvo lugar siglos antes de que Marco Polo y Cristóbal Colón exploraran el mundo. **78.** **Parte de la nación de Armenia se encuentra dentro de Azerbaiyán.** **79.** En la Antártida no hay tornados. **80.** **La bandera de Nepal, integrada por dos triángulos, uno encima del otro, representa los famosos picos del Himalaya y es la única bandera nacional que no es un rectángulo ni un cuadrado.** **81.** En Indonesia viven más musulmanes –202.900.000– que en ningún otro país. **82.** **Botsuana cuenta con más terreno protegido por el gobierno –18,2 por ciento– que ningún otro país africano.** **83.** Más de seis millones de keniatas trabajan en el comercio del café, ¡el 15 por ciento de la población! **84.** **Más de la mitad de los diamantes del mundo se extraen en África.** **85.** Solo el 61 por ciento de la población de la India sabe leer. Si comparamos, Estados Unidos, Reino Unido, Rusia y Japón cuentan con un 99 por ciento de alfabetización en su población. **86.** **El puerto de Murmansk, en Rusia, se encuentra por encima del círculo polar ártico, pero gracias a las corrientes cálidas se mantiene sin hielo durante todo el año.** **87.** La inmensa mayoría de los 142 millones de habitantes de Rusia vive al oeste de los montes Urales, en la parte europea del país. **88.** **En los inicios de la cartografía, o elaboración de mapas, los geógrafos árabes solían dibujar los mapas con el sur hacia arriba y el norte hacia abajo, mientras que en Europa se hacía lo contrario.** **89.** El interior de la Antártida presenta una media anual de nieve de menos de 5 cm. **90.** **Más de la mitad de los habitantes de Bolivia son amerindios, los pobladores indígenas del continente.** **91.** Los seis países más pequeños de Europa podrían meterse dentro del estado más pequeño de Estados Unidos, Rhode Island, y todavía sobraría sitio. **92.** **Portugal es el primer productor mundial de corcho.** **93.** En Fiyi se practicó el canibalismo hasta finales del siglo XIX. **94.** **Japón fabrica más coches (casi diez millones en 2008) que ningún otro país.** **95.** Debido a la construcción de la presa de las Tres Gargantas sobre el río Yangtsé, en China, más de un millón de personas que vivían en la zona se vieron obligadas a mudarse. **96.** **Indonesia cuenta con más kilómetros cuadrados de arrecifes de coral –132.132 km²– que ningún otro país.** **97.** México debe su nombre a la palabra «*mexica*», que es otra denominación de los aztecas indígenas que gobernaban el territorio cuando llegaron los conquistadores españoles en 1521. **98.** **Cuando en 1884 se prohibieron en Trinidad los tambores tradicionales, los trabajadores de las plantaciones empezaron a utilizar como instrumento tanques de aceite de más de 200 l, origen de los característicos tambores metálicos del Caribe.** **99.** Algunas de las minas de esmeraldas de Colombia fueron excavadas en el pasado por los incas, para quienes estas preciadas piedras eran sagradas. **100.** **Las instalaciones de lanzadera espacial más antiguas del mundo se encuentran en Kazajistán.**

1

Las **MEDALLAS DE ORO** olímpicas son en realidad **PLATA EN MÁS DE UN 90 POR CIENTO.**

2

Un ciudadano chino construyó una **BICICLETA CON LA FORMA DE LOS AROS OLÍMPICOS.**

3

El primer testimonio escrito de las olimpiadas data del año **776 a. C.,** cuando se celebraron por primera vez los juegos en la **CIUDAD GRIEGA DE OLIMPIA.**

4

En la antigua Grecia, los atletas olímpicos **SE EMBADURNABAN EL CUERPO CON ACEITE DE OLIVA Y ARENA FINA,** en parte para protegerse del sol.

5

Las **MUJERES, LOS ESCLAVOS Y LOS EXTRANJEROS NO PODÍAN PARTICIPAR** en las olimpiadas. Solo podían los varones griegos libres.

6

La **MULTA** por hacer **TRAMPA EN LOS PRIMEROS JUEGOS OLÍMPICOS** era pagar una estatua en honor de Zeus, en cuya base figurara el nombre del infractor.

7

En las antiguas olimpiadas **NO HABÍA DEPORTES DE EQUIPO;** se disputaban carreras de caballos, pentatlón, carreras a pie, boxeo y lucha libre.

8

El símbolo olímpico, **CINCO AROS ENTRELAZADOS,** representa los **CINCO CONTINENTES EN COMPETICIÓN:** América, Europa, Asia, África y Oceanía.

9

Los primeros estadios olímpicos eran **RECTANGULARES** y sus participantes **CORRÍAN EN LÍNEA RECTA,** no por pistas circulares.

10

Cuando llegaba el tercer día en las antiguas olimpiadas, **100 VACAS ERAN SACRIFICADAS** en honor de Zeus y otros dioses.

11

En el año **393 d. C.,** el emperador Teodosio I **PROHIBIÓ LAS OLIMPIADAS.** Los cultivos proliferaron en Olimpia y sus ruinas no fueron descubiertas hasta 1776.

12

En una primera modalidad olímpica de lucha libre llamada **«PANCRACIO»** todo estaba permitido, excepto morder, sacar los ojos y meter los dedos en la nariz del adversario.

13

Las **PRIMERAS OLIMPIADAS MODERNAS** se celebraron en 1896, en Atenas, Grecia, y compitieron en ellas **245 ATLETAS** de 14 países.

14

Los **PRIMEROS JUEGOS OLÍMPICOS DE INVIERNO** no se celebraron hasta 1924.

15

Los juegos olímpicos de invierno y de verano **SE CELEBRABAN EL MISMO AÑO HASTA 1992.** Desde 1994 se celebran con dos años de diferencia.

16

Las **PRIMERAS OLIMPIADAS** en las que participaron **MUJERES** fueron las celebradas en París en **1900.** Compitieron en tenis, vela, croquet, equitación y golf.

17

La **LLAMA OLÍMPICA ENCENDIDA** en Olimpia ha viajado sobre la nieve, el agua, en avión, incluso a **CABALLO** y en **CAMELLO,** hasta los estadios que la han albergado.

18

En los juegos olímpicos de invierno de 2010, las **MUJERES PARTICIPARON** en cerca del **50 POR CIENTO** de los eventos.

19

Los juegos olímpicos de verano que se organizan para 2016 en **RÍO DE JANEIRO, BRASIL,** serán los primeros –de verano o de invierno– que se celebran en Sudamérica.

20

Entre 1940 y 1944 **NO SE CELEBRARON JUEGOS OLÍMPICOS,** debido a la **SEGUNDA GUERRA MUNDIAL.**

21

En las olimpiadas de **1932,** en Los Ángeles, EE.UU., los atletas europeos cruzaron el Atlántico en barco y luego tomaron un tren para cruzar EE.UU., un viaje que les llevó **TRES SEMANAS.**

22

En un podio olímpico, el **MEDALLISTA DE PLATA** se sitúa a la derecha del **MEDALLISTA DE ORO,** y el **DE BRONCE,** a su izquierda.

23

Los **OCHO PRIMEROS ATLETAS** en una competición olímpica tienen el honor de que sus nombres sean leídos en voz alta y **RECIBEN UN DIPLOMA.**

24

En la antigua Grecia, las olimpiadas eran siempre **UN PERIODO DE TREGUA.**

25

Las olimpiadas comenzaron como una forma de honrar a **ZEUS, REY DE LOS DIOSES GRIEGOS.**

26

En 1958 se **DESENTERRÓ** una vieja pista olímpica que medía 212 m. Dice una antigua leyenda griega que **HÉRCULES** la recorría exactamente en 600 pasos.

27

En la **NATACIÓN SINCRONIZADA,** equipos de dos u ocho atletas interpretan al unísono una pieza musical que se oye tanto fuera como dentro del agua.

28

En la antigua Grecia, los atletas ganadores recibían **UNA CORONA DE HOJAS DE OLIVO** y eran presentados ante el público con **UNA CINTA ROJA Y UNA RAMA DE PALMA.**

29

La primera competición para **ATLETAS EN SILLA DE RUEDAS** tuvo lugar el día de la ceremonia de inauguración de las Olimpiadas de 1948, en Londres, Inglaterra.

30

Cuatrocientos atletas de **23 PAÍSES** participaron en los primeros **JUEGOS PARALÍMPICOS,** celebrados en 1960, justo después de las Olimpiadas de Roma, Italia.

31

La ganadora más joven de una medalla de oro en juegos individuales es **MARJORIE GESTRING,** que participó en salto de trampolín en las Olimpiadas de 1936, cuando tenía **13 AÑOS** y 268 días.

32

La olimpiada de Pekín contó con **MÁS MASCOTAS** que ninguna otra. Los 5 personajes eran: una llama olímpica, un panda, un pez, un antílope tibetano y una golondrina.

33

Entre 1956 y 1964, la gimnasta soviética **LARISA LATYNINA** recibió 18 medallas olímpicas, más que ninguna otra atleta hasta la fecha.

34
El nadador **MICHAEL PHELPS HA GANADO 22 MEDALLAS OLÍMPICAS** (¡18 de oro!), más que ningún otro atleta hasta la fecha.

35
En el **LANZAMIENTO DE PESO,** la bola que se lanza es de acero y pesa **7,26 kg** para la categoría masculina y **4 kg** para la categoría femenina.

36
En **EL DECATLÓN** solo compiten hombres: las mujeres participan en las siete pruebas que componen **EL HEPTATLÓN.**

37
El nombre oficial de los juegos olímpicos de verano es **JUEGOS DE LA OLIMPIADA.**

38
JACKIE JOYNER-KERSEE estableció el récord femenino de **SALTO DE LONGITUD** en 1988 con una marca de **7,4 m.**

39
HAY CINCO ATLETAS OLÍMPICOS que han ganado medallas **TANTO EN LOS JUEGOS DE INVIERNO COMO EN LOS DE VERANO.**

40
Los **JUEGOS OLÍMPICOS DE LA JUVENTUD,** para atletas de edades comprendidas entre **14 Y 18 AÑOS,** se celebraron por primera vez en 2010, en Singapur.

41
Los participantes en la **MARCHA ATLÉTICA** deben tener **UN PIE TOCANDO EL SUELO EN TODO MOMENTO.**

42
La **PIEDRA** que se utiliza en el **CURLIN OLÍMPICO,** un deporte de invierno comparable al juego de la petanca pero sobre hielo, **PESA 19,1 kg** y es de **GRANITO PULIDO.**

43
En los partidos de **TENIS DE MESA** las pelotas alcanzan velocidades de **150 km/h,** más o menos la misma que los atletas en las competiciones de *luge* (trineo ligero).

44
En los Juegos Olímpicos de 2016, los atletas competirán **EN GOLF POR PRIMERA VEZ DESDE 1904.**

45
ARQUITECTURA, PINTURA, ESCULTURA, LITERATURA Y MÚSICA fueron disciplinas incluidas en las olimpiadas desde 1912 hasta 1948.

46
Los deportes de las Olimpiadas deben ser populares entre los hombres en al menos **75 PAÍSES** de cuatro continentes y entre las mujeres en al menos 40 de tres continentes.

47
A los **64 AÑOS y 257 DÍAS OSCAR SWAHN** se convirtió en el medallista de oro olímpico de más edad, al ganar en 1908 una competición de tiro.

48
En los Juegos Olímpicos de Berlín de 1936 el atleta afroamericano **JESSE OWENS** ganó cuatro medallas de oro, batió o igualó nueve récords olímpicos y estableció tres nuevos récords mundiales.

49
Aunque el **LEVANTAMIENTO DE PESAS** ha formado parte de las olimpiadas desde la antigüedad, las **MUJERES NO COMPITIERON** hasta el año 2000.

50
En las olimpiadas no está permitido **NINGÚN DEPORTE MOTORIZADO.**

50 datos TRIUNFALES SOBRE LAS OLIMPIADAS

24 HERMOSOS DATOS DE

1

La **MARIPOSA MONARCA** solo se **ALIMENTA DE LA PLANTA VENENOSA DEL ALGODONCILLO.** Por ello, tanto la oruga como la mariposa adulta son un peligroso bocado para aves, lagartos y mamíferos.

2

MUCHAS MARIPOSAS, COMO LA **VICEROY NARANJA Y NEGRA,** REPRODUCEN EL ASPECTO DE LA **MONARCA VENENOSA** PARA QUE LOS PREDADORES SE ASUSTEN Y NO SE LAS COMAN.

3

Del mismo modo que la mofeta, la oruga de la **MARIPOSA CEBRA COLA DE GOLONDRINA** desprende un **OLOR PESTILENTE** que la mantiene a salvo de animales hambrientos.

4

LA **MARIPOSA AZUL DE LA HIERBA** ES MÁS O MENOS DEL TAMAÑO DE UN **PENIQUE** DE ESTADOS UNIDOS.

5

LA MARIPOSA CHARAXES DE ÁFRICA SE TIRA **EN PICADO** SOBRE CUALQUIER **INTRUSO,** SEA INSECTO U HOMBRE.

6

LAS MARIPOSAS BÚHO muestran en sus alas un patrón de manchas que simula los grandes ojos de un búho, lo cual **ESPANTA A LOS PREDADORES**

7

La mariposa comienza su vida como oruga, saliendo de un diminuto **HUEVO.** La oruga crece y se convierte en **PUPA,** y dentro de la pupa, se transforma en mariposa. Este proceso de cambio completo de su aspecto físico se denomina **METAMORFOSIS.**

8

LA MARIPOSA ALAS DE PÁJARO TIENE UNA AMPLITUD ALAR CASI TAN GRANDE COMO **UNA CANASTA DE BALONCESTO.**

9

CIERTAS MARIPOSAS SOLO VIVEN UNOS DÍAS.

10

Muchas mariposas, como la **KALLIMA DE LA INDIA,** se camuflan tan bien ¡que parecen totalmente una hoja seca!

11

EN SU RUTA DE MIGRACIÓN, LA MARIPOSA MONARCA SE DETIENE A DESCANSAR EN LOS **BOSQUES DE OYAMEL,** EN MÉXICO. EN PLENA ESTACIÓN MIGRATORIA HAY TANTAS MARIPOSAS EN EL BOSQUE COMO PARA **CUBRIR 11 CAMPOS DE FÚTBOL.**

12

LAS MARIPOSAS **PERCIBEN LOS SABORES CON LAS PATAS.**

13

LA MARIPOSA ALMIRANTE ROJO REALIZA UN IMPORTANTE VIAJE ENTRE ÁFRICA Y EUROPA. **LA MARIPOSA MONARCA** EMIGRA DE CANADÁ A MÉXICO.

14

ALGUNAS ORUGAS CRECEN TANTO QUE LLEGAN A MEDIR UNAS **100 VECES SU TAMAÑO ORIGINAL.**

15

Algunas mariposas **DUERMEN TODO EL INVIERNO,** pero antes buscan refugio en cuevas, árboles **O EN LAS CASAS DE LA GENTE.**

16

EXISTEN UNAS **20.000** ESPECIES DE MARIPOSA **EN EL MUNDO.**

MARIPOSAS

17

La **MARIPOSA MORPHO AZUL** se muestra de diferentes colores según el ángulo desde el que se la observa.

18

Todas las mariposas tienen **ESCAMAS MICROSCÓPICAS** en las alas.

19

ALGUNAS MARIPOSAS, COMO LA ESPECIE ALAS DE CRISTAL, TIENEN LAS ALAS TRANSPARENTES.

20

Para volar, las mariposas deben mantenerse a una temperatura **ENTRE 15,6 Y 37,8 °C.** Puesto que no son capaces de regular su temperatura corporal, **TOMAN EL SOL PARA MANTENERSE CALIENTES.**

21

LAS MARIPOSAS VIVEN EN TODOS LOS CONTINENTES, EXCEPTO EN LA **ANTÁRTIDA.**

22

Cuando una mariposa rompe la cubierta de su pupa, DEBE EXTENDER LAS ALAS Y ESPERAR A QUE SE SEQUEN ANTES DE EMPRENDER VUELO. Si no las extiende enseguida, estas se secarán arrugadas y no podrá volar.

23

LAS ANTENAS DE LAS MARIPOSAS SON SUAVES, **MIENTRAS QUE LAS DE LAS POLILLAS SON DE ASPECTO PELUDO O PLUMOSO.**

24

LAS MARIPOSAS SE COMUNICAN entre ellas mediante señales químicas, aunque algunas, como el **MACHO DE MARIPOSA TRONADORA,** emiten un sonido característico frotando las alas.

75 DATOS SOBRE EL

❶ La niebla «sopa de guisantes» es densa y pesada. Recibió este nombre en Londres, durante la Revolución Industrial, cuando el humo del carbón cubría la ciudad con un denso *smog* amarillo, al que la gente bautizó como *«pea soup»*, (sopa de guisantes).

❷ Un espejismo puede tener la apariencia de un gigantesco lago en medio del desierto. En realidad, es el cielo reflejado en una capa de aire muy caliente.

❸ Satélites a más de 1.600 km de la Tierra realizan un seguimiento del tiempo en nuestro planeta.

❹ EN LA ANTIGUA GRECIA SE PENSABA QUE EL VIENTO ERA LA RESPIRACIÓN DE LA TIERRA.

❺ Cuando en España es invierno, en Argentina es verano.

❻ Cuando hace frío y puedes ver tu aliento, lo que realmente estás viendo es el vapor de agua que sale de tu boca convertido en diminutas gotitas visibles.

❼ Hawái, EE.UU., es uno de los lugares más húmedos del mundo. Recibe una media de 1.143 cm de lluvia al año.

❽ San Francisco, EE.UU., es célebre por su niebla. Esta se debe al aire cálido que, en verano, se mezcla con la corriente fría del agua procedente de la bahía de San Francisco.

❾ Los arcoíris que aparecen de noche se denominan arcoíris lunares. Son inusuales, porque para formarse es necesario que la luna ilumine mucho y que esté situada en una determinada posición en relación con la lluvia.

❿ La escarcha se produce cuando el agua se congela en forma de escamas o agujas sobre una superficie.

⓫ Una avalancha puede alcanzar una velocidad de 130 km/h en aproximadamente cinco segundos.

⓬ SOLO EN EE.UU. CAEN SOBRE LA TIERRA 25 MILLONES DE RAYOS AL AÑO.

⓭ La estación meteorológica situada a mayor altitud en la Tierra se encuentra en el monte Everest, a 7.926 m.

⓮ El «ojo» de un ciclón es el centro «en calma» de un ciclón tropical rodeado de tormentas.

⓯ La velocidad de una gota de lluvia es de 29 km/h.

⓰ La vida media de un cúmulo, que es una nube con aspecto de bola de algodón, es de 5-40 minutos.

⓱ 2,5 cm de nieve cayendo de manera uniforme sobre 0,4 hectáreas de terreno equivalen a cerca de 10.300 l de agua.

⓲ En invierno estornudamos porque los virus del resfriado común sobreviven mejor cuando la humedad es baja.

⓳ Los copos de nieve que se forman en las nubes tardan en torno a una hora en llegar al suelo.

⓴ La piedra de granizo más grande que ha caído en Estados Unidos tenía aproximadamente el tamaño de un balón de fútbol.

㉑ Durante el invierno especialmente frío de 1898-99, el hielo flotó río abajo por el Mississippi hasta el golfo de México, EE.UU.

㉒ La amplitud media de un tornado equivale a cuatro veces la longitud de un campo de fútbol.

TIEMPO

㉓ En Estados Unidos se registran en torno a 1.000 tornados al año, más que en ningún otro país del mundo. El «Callejón de los tornados» es el nombre del sector central de Estados Unidos, donde se producen los tornados más violentos.

㉔ En *El mago de Oz*, Dorothy era arrastrada por un tornado en Kansas y aparecía en el Reino de Oz, aunque en realidad es en Oklahoma donde se generan los tornados más violentos.

㉕ ¡La mayoría de los huracanes tiene un diámetro de unos 480 m!

㉖ No hay diferencia entre un huracán, un ciclón y un tifón. Son nombres distintos que se utilizan en diferentes partes del mundo para el mismo fenómeno.

㉗ Las trombas marinas o mangas de agua son tornados débiles que se forman sobre el agua y que, en ocasiones, entran en tierra firme.

㉘ Los tornados pueden producirse en cualquier época del año y en cualquier momento del día, pero ocurren sobre todo en primavera y verano, entre las tres y las nueve de la tarde.

㉙ Una tormenta «supercélula» es una tormenta fuerte y de larga duración que puede generar violentos tornados.

㉚ TODOS LOS COPOS DE NIEVE TIENEN SEIS ÁNGULOS.

㉛ Una avalancha, que es una masa de nieve en movimiento, puede avanzar a 400 km/h, tres veces más deprisa que un esquiador olímpico.

㉜ Cuando las nubes tienen un aspecto oscuro es porque son espesas y dejan pasar menos luz.

㉝ Las gotas de lluvia tienen forma de pan de hamburguesa, más que de lágrima.

㉞ En una riada, 60 cm de agua pueden arrastrar un coche grande.

㉟ Un rayo no tiene más de 2,5 cm de ancho.

㊱ Un *doldrum* es un área del océano en calma y próxima al ecuador con vientos suaves y cambiantes.

㊲ Puedes adivinar la temperatura exterior escuchando el chirrido de los grillos. Para una estimación en grados Fahrenheit, cuenta el número de chirridos en 15 segundos y añade 37.

㊳ La mayoría de los tornados gira en sentido antihorario en el hemisferio norte y en sentido horario en el hemisferio sur.

㊴ La mayor distancia recorrida por un tornado fue de 352 km a través de tres estados de EE.UU, en 1925.

㊵ En 1947, el ejército de Estados Unidos roció hielo seco sobre un huracán en el Atlántico para intentar debilitarlo. No funcionó.

㊶ En la India se han encontrado improntas fosilizadas de gotas de lluvia, lo cual prueba que la lluvia caía ya sobre la Tierra hace al menos 1.600 millones de años.

㊷ ¡El muñeco de nieve más alto del mundo era chica! Medía 37,31 m.

㊸ El récord mundial de gente haciendo ángeles en la nieve al mismo tiempo es de 8.962 personas.

㊹ La mayor guerra de bolas de nieve que se ha realizado en el mundo contó con 5.387 participantes.

㊺ Los vientos «derechos» son vientos de larga duración acompañados de tormentas en rápido movimiento.

㊻ Hawái y Alaska tienen el mismo récord de temperatura máxima: 38 ºC.

㊼ Para que un sistema tormentoso tropical sea clasificado como huracán, los vientos deben soplar al menos a 64 nudos por hora.

㊽ EN 1948, LAS CATARATAS DEL NIÁGARA DEJARON DE CAER. EL HIELO PARALIZÓ DURANTE CASI DOS DÍAS UN RÍO QUE DISCURRÍA HACIA LAS CATARATAS.

㊾ Si un huracán ha tenido un impacto devastador, su nombre se «retira» de la circulación durante al menos diez años.

㊿ El ochenta por ciento de las víctimas de un rayo sobrevive.

51 Los tornados más fuertes pueden provocar el descarrilamiento de un tren y arrancar el pavimento de una carretera.

52 En torno a 2.000 tormentas tienen lugar en algún lugar de la Tierra, en todo momento.

53 En Marte hay niebla.

54 Una gotita de nube es 100 veces más pequeña que una gota de lluvia. Son necesarias 100.000 gotas de nube para formar un copo de nieve.

55 No hay dos copos de nieve iguales.

56 Los copos de nieve tipo «columna tapada» parecen carretes de hilo si se observan al microscopio. Suelen caer con las nevadas más cálidas.

57 LA NIEVE SUCIA SE DERRITE MÁS DEPRISA QUE LA LIMPIA.

58 ¡Las piñas predicen el tiempo! Con tiempo seco las escamas se abren y cuando va a llover, se cierran.

59 Se dice que si en otoño las ardillas tienen la cola muy poblada, el invierno será duro, aunque esta teoría no está probada científicamente.

60 Los aviones de líneas comerciales cuentan con un sistema anticongelante en las alas porque a cierta altura, en la atmósfera, la temperatura se halla por debajo del punto de congelación.

61 Las nubes se forman solo cuando en el aire existe humedad suficiente y esta puede elevarse hasta una atmósfera más fría para condensarse.

62 Los científicos dirigen haces de luz láser hacia las nubes para determinar su altura.

63 Para un meteorólogo –la persona que estudia el tiempo– una «lluvia ligera» equivale a menos de 0,5 mm y una «lluvia densa» a más de 4 mm.

64 En la mitología nórdica, Thor, dios del trueno, creaba los truenos golpeando las nubes con su martillo.

65 ¡Los sitios más nevados de la Tierra no son necesariamente los más fríos! Con frecuencia el aire muy frío no tiene humedad suficiente para que se produzca la precipitación.

66 Hace alrededor de 1.000 años, piedras de granizo del tamaño de pelotas de béisbol cayeron del cielo a una velocidad de 160 km/h sobre personas que vivían en el Himalaya.

67 HACE MILES DE AÑOS, EN CHINA, LAS COMETAS NO ERAN UN JUGUETE: SE VOLABAN PARA DETERMINAR LA FUERZA DEL VIENTO.

68 Cuando llueve mucho se dice que «caen chuzos de punta». En Serbia, en una ocasión ¡llovieron ranas! Los científicos piensan que fueron arrastradas de una charca por un tornado o una manga de agua, para caer luego sobre una localidad cercana.

69 Una descarga eléctrica en una tormenta puede producir un resplandor de color verde azulado llamado «fuego de San Telmo». Suele observarse en la punta de un objeto, como por ejemplo un barco en el mar.

70 Las olas gigantes son muros de agua que se generan en medio del océano; su altura equivale a la de un edificio de diez plantas. No tienen su causa en terremotos ni tsunamis. Los científicos no saben cómo se forman.

71 La clase de meteorología más concurrida del mundo se impartió ante 16.110 personas.

72 En varias ocasiones pilotos de avión han comunicado haber visto arcoíris circulares completos. Desde la tierra no podemos ver este fenómeno porque el horizonte interrumpe la visión.

73 A veces, cuando la luz del sol pasa a través de una nube con cristales de hielo, aparece un halo alrededor del sol. Los cristales de la nube separan la luz del sol en siete colores, que forman un anillo alrededor del astro.

74 En un doble arcoíris, el arco interior presenta el rojo arriba. ¡El arcoíris exterior lo tiene abajo!

75 En el siglo XVIII causó furor un accesorio de moda relacionado con el tiempo y conocido como el «cable de Franklin». Iba sujeto al sombrero y se arrastraba por el suelo. Su finalidad era desviar los rayos lejos de quien lo llevara puesto.

35 datos PELIGROSOS sobre

1
El ORNITORRINCO MACHO es uno de los POCOS MAMÍFEROS VENENOSOS: en las patas traseras tiene unos espolones con los que PINCHA A SUS VÍCTIMAS, EXPULSANDO UNA TOXINA.

2
La SERPIENTE MARRÓN ORIENTAL puede matar a una persona de UNA SOLA MORDEDURA.

3
La PICADURA del alacrán de corteza de Arizona es TAN POTENTE QUE PUEDE HERIR GRAVEMENTE A UNA PERSONA O INCLUSO MATARLA.

4
El lagarto más grande del mundo, el DRAGÓN DE KOMODO, posee una MORDEDURA VENENOSA.

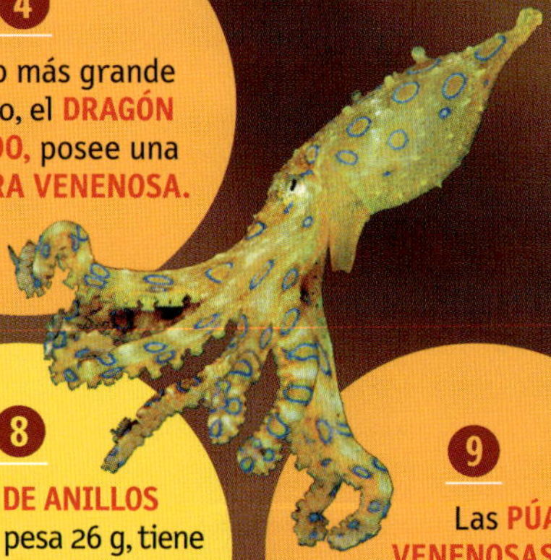

5
El VENENO DE LA SERPIENTE DE CASCABEL es mortal, aunque la mayor parte de sus víctimas SOBREVIVE GRACIAS A UN RÁPIDO ANTÍDOTO.

6
Los OSOS POLARES se tumban a la espera junto a agujeros en el hielo y ATACAN A LAS FOCAS QUE SUBEN A LA SUPERFICIE para tomar aire.

7
Los COCODRILOS MATAN y DEVORAN distintos tipos de animales, entre ellos CEBRAS, BÚFALOS DE AGUA E INCLUSO TIBURONES.

8
El PULPO DE ANILLOS AZULES, que pesa 26 g, tiene una MORDEDURA VENENOSA QUE PUEDE MATAR A UN SER HUMANO EN 15 MINUTOS.

9
Las PÚAS VENENOSAS de la COLA DE UNA RAYA LÁTIGO liberan un veneno que puede ser MORTAL.

10
UNA SOLA GOTA DE VENENO de la SERPIENTE MARINA DE NARIZ DE GANCHO puede MATAR A UNA PERSONA.

11
El TIBURÓN BLANCO, que mata a su presa con sus 3.000 dientes serrados, puede OLER UNA MINÚSCULA CANTIDAD DE SANGRE EN EL AGUA A 4,8 km DE DISTANCIA.

12
El PEZ PIEDRA pincha a los potenciales predadores con 13 espinas que contienen un VENENO TAN FUERTE QUE CAUSA PARÁLISIS Y MUERTE.

13
Los TENTÁCULOS DE UNA CUBOMEDUSA, alcanzan los 2,7 m de longitud, y tienen SUFICIENTE CANTIDAD DE TOXINAS COMO PARA MATAR A 60 PERSONAS. Puede matar en apenas cuatro minutos.

14
La ANACONDA MATA POR ASFIXIA A SUS PRESAS (entre las que se incluyen MONOS, CERDOS Y CIERVOS) y después LAS ENGULLE ENTERAS, COMENZANDO POR LA CABEZA.

15
LOS ESCORPIONES CONTROLAN LA CANTIDAD DE VENENO que inyectan a su víctima; LOS ANIMALES MÁS GRANDES RECIBEN DOSIS MAYORES.

16
En 2010, una CABRA DE LAS ROCOSAS del Parque Nacional Olympic, en Washington, EE.UU., HIRIÓ MORTALMENTE A UN EXCURSIONISTA.

17
El PEZ GLOBO tiene SUFICIENTES TOXINAS PARA MATAR A 30 PERSONAS. Hay cocineros especializados en PREPARAR ESTE PESCADO PARA COMENSALES INTRÉPIDOS.

18
Las GARRAS NO RETRÁCTILES DE UN OSO PARDO PUEDEN matar a otro animal de UN ZARPAZO.

19
El BÚFALO AFRICANO, considerado por algunos el ANIMAL MÁS MORTÍFERO DE ÁFRICA, tiene cuernos largos y gruesos y se mueve en manadas de miles de ejemplares.

20
La COBRA REY crece hasta alcanzar los 5,7 m de longitud y es la SERPIENTE VENENOSA MÁS LARGA DEL MUNDO.

21
El veneno de un tipo de caracol marino, conocido como «CARACOL CONO», puede PARALIZAR EN SEGUNDOS E INCLUSO MATAR.

22
Si son AMENAZADOS, LOS ELEFANTES embisten con los colmillos, pisotean con los pies y USAN LA TROMPA PARA AGARRAR Y LANZAR POR LOS AIRES A SUS ATACANTES.

23
Los HIPOPÓTAMOS usan sus potentes MAXILARES Y SUS DIENTES CANINOS DE 50 cm PARA ATACAR A LOS ANIMALES (incluido el ser humano) que se acercan a sus crías.

24
Un HIPOPÓTAMO hambriento PUEDE CORRER Y NADAR MÁS DEPRISA QUE UN HOMBRE.

25
Aproximadamente 1 DE CADA 4.000 PERSONAS tiene una ALERGIA GRAVE AL VENENO DE ABEJA y si no recibe tratamiento PUEDE INCLUSO MORIR de una sola picadura.

26
La diminuta *TERRIBILIS* ES LA RANA MÁS MORTÍFERA de todas: una sola tiene VENENO SUFICIENTE PARA MATAR A 20.000 RATONES.

27
La **PICADURA DE LA ARAÑA RECLUSA MARRÓN** puede pasar desapercibida durante días, pero su potente veneno causa lesiones que tardan meses en curarse y, a veces, **CONDUCE A LA MUERTE.**

28
La picadura venenosa de la **VIUDA NEGRA** hace que resulte difícil respirar y tragar, pero rara vez es mortal para el ser humano.

29
Según el **ARCHIVO INTERNACIONAL DE ATAQUES DE TIBURÓN,** en 2010 se produjeron **79 ATAQUES** en todo el mundo, y **SOLO SEIS FUERON MORTALES.**

30
Estudios recientes afirman que la probabilidad de que los **LEONES** ataquen **AL SER HUMANO ES MAYOR DURANTE LOS DIEZ DÍAS SIGUIENTES A LA LUNA LLENA.**

31
Los **PELOS** de la oruga **PROCESIONARIA CAUSAN ERUPCIONES EN LA PIEL, ATAQUES DE ASMA Y REACCIONES ALÉRGICAS MORTALES.**

32
Una **PERSONA PUEDE MORIR** en cuestión de minutos si toca la **PIEL TÓXICA DE UNA RANA DARDO VENENOSA.**

33
De las cerca de **3.000 ESPECIES DE SERPIENTE** del mundo, **SOLO ALREDEDOR DE 300** –el 10 por ciento– **PUEDEN PROVOCAR CON SU VENENO LA MUERTE** de un ser humano.

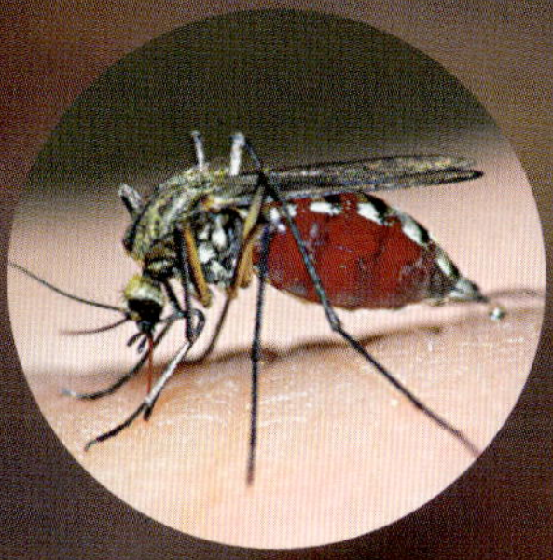

34
Cada año, **ENTRE 2 Y 3 MILLONES DE PERSONAS MUEREN DE ENFERMEDADES TRANSMITIDAS POR MOSQUITOS,** considerados los animales más mortíferos del mundo.

35
El **PULPO GIGANTE DEL PACÍFICO,** que alcanza los 5 m de longitud y pesa 50 kg, utiliza sus **PODEROSAS VENTOSAS PARA CAPTURAR A SUS PRESAS.**

Rana Terribilis

ANIMALES MORTALES

1

EL CAMBIO CLIMÁTICO TIENE SU CAUSA EN LOS **GASES INVERNADERO**, QUE ATRAPAN PARTE DEL CALOR DE LA TIERRA. EN TORNO AL 80 POR CIENTO DE ESTAS EMISIONES ESTÁN RELACIONADAS CON EL DIÓXIDO DE CARBONO.

2

LA ERUPCIÓN DE UN VOLCÁN EN 1883 BAJÓ LAS TEMPERATURAS Y CAMBIÓ EL CLIMA EN LA TIERRA DURANTE CINCO AÑOS.

3

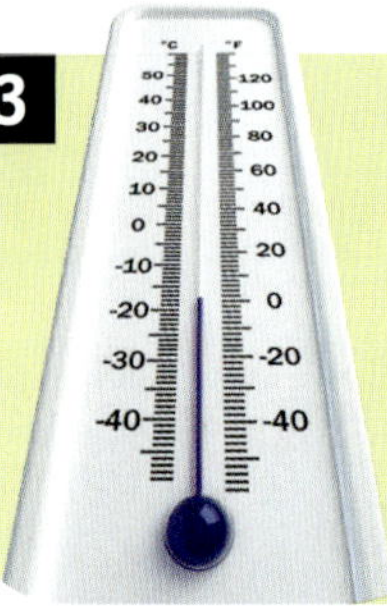

SIN LA **ATMÓSFERA**, LA TEMPERATURA MEDIA DE LA TIERRA SERÍA DE UNOS GÉLIDOS −18 °C.

4

LAS **ESTALAGMITAS** DE LAS CUEVAS PROPORCIONAN UN REGISTRO DEL CLIMA A LO LARGO DE MILES DE AÑOS. LAS CONCHAS DE MAR FOSILIZADAS REVELAN CÓMO ERA EL CLIMA HACE MILLONES DE AÑOS.

5

El aprovechamiento de la energía de las **OLAS DEL MAR** proporciona energía «limpia» y ayuda a combatir el calentamiento global.

25 DATOS VARIABLES

6

El cambio climático también causa **TORMENTAS INTENSAS.** En 2004, un huracán azotó Brasil por primera vez.

7

LA ENERGÍA LIMPIA

puede obtenerse de forma natural a partir de la cálida temperatura de la tierra. Apenas 1,8 m bajo tierra existe **UNA TEMPERATURA ESTABLE DE 24 °C.**

8

EN ALASKA, EE.UU., LOS **ESCARABAJOS,** QUE PROSPERAN DURANTE LA CÁLIDA PRIMAVERA, HAN DEVORADO MÁS DE 16.000 km² DE CONÍFERAS.

9

Desde 1880 la Tierra se ha **CALENTADO** una media de 0,8 °C, que es la diferencia entre un cubito de hielo y un charco de agua.

10

EN EL PERÍODO JURÁSICO, HACE UNOS 200 MILLONES DE AÑOS, LOS **DESIERTOS** CUBRÍAN LA SELVA DEL **AMAZONAS.**

11

El **MONTE KILIMANJARO,** en África, podría perder las nieves de su cumbre en 20 años.

12

DIECINUEVE de los veinte

AÑOS MÁS CALUROSOS

(desde que se lleva un registro) se han dado después de **1980.**

13 El precio del **CHOCOLATE** podría aumentar por el cambio climático, al impedir o dificultar el crecimiento de la planta del cacao en el oeste de África.

14 AL RITMO QUE AUMENTAN LAS TEMPERATURAS PRONTO LOS BARCOS PODRÁN CRUZAR EN VERANO EL POLO NORTE, PUES NO HABRÁ HIELO.

15 CON UN AUMENTO DEL NIVEL DEL MAR DE APENAS 2,4 m, TODO EL PAÍS DE LAS ISLAS MALDIVAS PODRÍA DESAPARECER.

16 EL PARQUE NACIONAL DE LOS GLACIARES, EN MONTANA, EE.UU., ESTÁ PERDIENDO SUS GLACIARES POR EL CALENTAMIENTO GLOBAL. ALGUNOS CIENTÍFICOS CONSIDERAN LA POSIBILIDAD DE QUE EN 2030 YA HAYAN DESAPARECIDO.

17 LOS CIENTÍFICOS ESTUDIAN EL HIELO DE LOS GLACIARES PARA AVERIGUAR CÓMO ERA EL CLIMA EN EL PASADO.

SOBRE EL CAMBIO CLIMÁTICO

18 Los científicos piensan que **EL DESHIELO** habrá provocado en 2100 una elevación del nivel del mar de 18 a 59 cm, posiblemente más si los polos siguen derritiéndose.

19 EN 2005 CAYERON SOBRE MUMBAI, INDIA, **94 cm** DE LLUVIA EN 24 HORAS, LA MAYOR CANTIDAD JAMÁS REGISTRADA.

20 EN LOS ALPES, ALGUNAS ESTACIONES DE ESQUÍ TAPAN LAS PISTAS CON CUBIERTAS BLANCAS PARA QUE LA NIEVE NO SE DERRITA TAN RÁPIDO.

21 CUANDO SE DERRITE EL **PERMAFROST** –LA CAPA DE HIELO QUE CUBRE LA SUPERFICIE DE ALGUNAS PARTES DE LA TIERRA– LA FORMA DEL SUELO CAMBIA SIGNIFICATIVAMENTE: UNA APACIBLE RUTA DE PASEO PUEDE CONVERTIRSE EN UN CAMINO INACCESIBLE.

22 Con el aumento de las temperaturas, las **MARIPOSAS** se están mudando a nuevas zonas. En las últimas décadas dos tercios de las 35 especies de mariposas de Europa se han desplazado 240 km al norte.

23 INGENIEROS HAN CREADO CASAS FLOTANTES EN AMSTERDAM QUE SUBEN CON EL NIVEL DEL MAR.

24 Cuanto más hielo se derrite en **EL ÁRTICO,** más AUMENTA LA VELOCIDAD de deshielo.

25 **UN PARQUE EÓLICO** de Texas, EE.UU., cuenta con más de 600 turbinas, que proporcionan electricidad a 265.000 hogares.

1

A **HAWKEYE**, una gata californiana, le gusta el agua. Su propietario le ha hecho un **TRAJE DE BUCEO ESPECIAL** que le permite explorar el fondo de la piscina de la casa.

2

La **TORTUGA LAÚD**, la más grande de todas las tortugas, puede sumergirse a **1.280 m** de profundidad y permanecer bajo el agua más de 85 minutos buscando medusas.

3

Para explorar las aguas bajo las placas de hielo, hay que agujerearlas y marcar el orificio con una **BALIZA ESTROBOSCÓPICA.** Así los buceadores pueden hallar la salida.

4

Las **MUJERES** pueden bucear bajo el agua más tiempo que los **HOMBRES.**

5

Un estadounidense posee el **RÉCORD DE LA INMERSIÓN MÁS PROFUNDA.** Se sumergió hasta una profundidad de 305 m en la cueva del Zacatón, en México.

6

La **ENFERMEDAD DEL BUZO** aparece cuando se sube demasiado deprisa a la superficie; puede causar confusión, picor, pérdida del equilibrio e incluso la muerte.

7

Las larvas de la **MOSCA ZÁNGANO** tienen su propio **TUBO DE BUCEO INCORPORADO,** que llega a ser diez veces más largo que su cuerpo.

8

El pingüino emperador **REDUCE SU FRECUENCIA CARDÍACA** a apenas tres latidos por minuto cuando bucea. En reposo, puede latir hasta 72 veces por minuto.

9

En Japón y Corea, los submarinistas usan **PESOS EN LOS CINTURONES** cuando bucean en busca de ostras y algas marinas. Así pueden mantenerse en el fondo del mar.

10

Para entrar en el agua más deprisa, los socorristas utilizan la **ZAMBULLIDA DEL DELFÍN.** Corren hasta que el agua les llega a las rodillas y se zambullen a poca profundidad.

11

Durante la Guerra de Independencia de EE.UU. los colonos intentaron utilizar un **SUBMARINO UNIPERSONAL** contra los británicos. Lo llamaron **«TURTLE»** (tortuga).

12

Los escarabajos acuáticos atrapan **AIRE BAJO SUS ALAS** para poder respirar cuando bucean en el agua.

13

Se cree que en la antigua Grecia, durante **LA GUERRA DE TROYA,** se emplearon buceadores para atacar las embarcaciones enemigas.

14

En Hawái, EE.UU., los turistas pueden sumergirse más de 30 m bajo el agua en un **SUMERGIBLE PARA 48 PERSONAS.**

15

Un sistema temprano de buceo que permitía respirar bajo el agua fue bautizado como **AQUA-LUNG. JACQUES COUSTEAU** fue uno de sus inventores.

16

JACQUES COUSTEAU, explorador de los océanos, quería ser aviador. Se pasó a la exploración marina tras **ROMPERSE LOS BRAZOS** en un accidente de tráfico.

17

En 1928 un egipcio recibió **POR ERROR** el oro en salto de trampolín. La confusión se corrigió rápido y **SE ENTREGÓ LA MEDALLA AL SALTADOR** que correspondía.

18

Existe un debate sobre el poseedor del **RÉCORD DE INMERSIÓN;** uno de los candidatos necesitó ayuda para salir del agua, lo cual, según algunos, lo descalifica.

19

A los submarinistas se les llama **«HOMBRES RANA».**

20

La fosa de las Marianas, el **PUNTO MÁS PROFUNDO DE TODOS LOS OCÉANOS,** tiene una profundidad mayor que la altura del monte Everest.

21

La región más profunda del océano se denomina zona hadal y en ella reinan **EL FRÍO Y LA OSCURIDAD.**

22

Los saltadores de trampolín suelen sufrir **ESGUINCES DE MUÑECA** debido a la fuerza con la que golpean el agua. Entrenan para mantener las manos en la posición correcta.

23

LEONARDO DA VINCI inventó un **TUBO PARA RESPIRAR BAJO EL AGUA,** pero era dos veces más largo que la tráquea y se llenaba peligrosamente de dióxido de carbono.

24

Puedes comprarte unas aletas de **BOB ESPONJA** para bucear. Las aletas potencian la flexibilidad de los tobillos y **TE PERMITIRÁN NADAR MÁS DEPRISA.**

25

La exploradora de los océanos **SYLVIA EARLE** ha pasado más de **6.000 HORAS** de su vida buceando, un tiempo equivalente a **250 DÍAS.**

26

LOS SEAL DE LA MARINA DE EE.UU. son entrenados para misiones de combate que requieren zambullirse en el agua y bucear. El entrenamiento dura **30 MESES.**

27

Los **HALCONES PEREGRINOS** se cuentan entre los animales más rápidos y son capaces de zambullirse en el agua a 320 km/h para capturar a su presa.

28

El lago más profundo de Estados Unidos, el **CRATER LAKE,** en Oregón, tiene una profundidad de **592 m** y está abierto a buceadores cuatro meses al año.

29

Los **ELEFANTES MARINOS** pueden bucear más de 1.600 m. Para afrontar el frío de las profundidades, cortan el bombeo de sangre a las extremidades.

30

En 1992, Richard Presley pasó **69 DÍAS Y 19 MINUTOS** en un módulo bajo el agua frente a la costa de Florida, EE.UU.

31

Para entender los cambios en el nivel del mar, se exploran **CUEVAS DE AGUAS PROFUNDAS EN LAS BERMUDAS** en busca de marcas de cuando el nivel era más bajo.

32

Un **«BUZO»** es también una prenda de vestir que cubre todo el cuerpo.

33

JACQUES MAYOL SE SUMERGIÓ 86 m sin equipo frente a la costa de una isla del Mediterráneo.

50 DATOS EN LOS QUE ZAMBULLIRSE

34
En el New River, en Virginia Occidental, EE.UU, los **SALTADORES BASE** saltan desde una plataforma situada a 269 m de altitud.

35
Los saltadores olímpicos de natación se zambullen desde un trampolín flexible de aluminio a **3 m** de altura o desde una plataforma sólida situada a **10 m** de altura.

36
En el **DEEP FLIGHT I**, un moderno submarino que pesa 1.297 kg y permite **UNA INMERSIÓN DE 18 HORAS**, cabe solo una persona.

37
En Holanda, **173 PERSONAS PLANCHARON SU ROPA BAJO EL AGUA** durante 10 minutos.

38
Las **ARAÑAS DE AGUA** tejen una red subacuática, una **CAMPANA DE INMERSIÓN** bajo la cual pasan gran parte de su vida.

39
Algunos pilotos de cazabombarderos aire-mar **SE DESMAYAN** debido a la fuerza que hay que realizar para tirar del avión hacia arriba y evitar que caiga al agua.

40
El **PROGRAMA DE MAMÍFEROS DE LA MARINA DE ESTADOS UNIDOS** entrena a leones marinos y a delfines para que «rastreen» bombas bajo el agua.

41
EN 1843 la Marina Real Británica fundó la **PRIMERA ESCUELA DE BUCEO.**

42
El hombre lleva siglos **BUCEANDO EN BUSCA DE PERLAS Y ESPONJAS** simplemente conteniendo la respiración.

43
Los restos del naufragio del RMS Titanic se localizaron con un vehículo **SUBMARINO DE FUNCIONAMIENTO POR CONTROL REMOTO.**

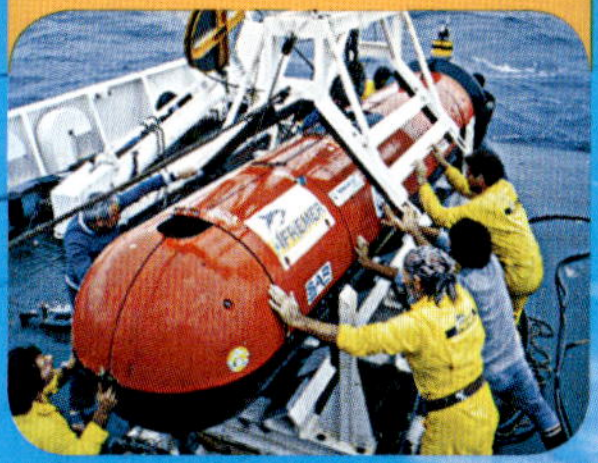

44
En el siglo XVIII **LOS GUERREROS HAWAIANOS** tenían que **LANZARSE AL AGUA DESDE UN ACANTILADO** para demostrar su lealtad.

45
El récord mundial de **MÁS PERSONAS REALIZANDO SUBMARINISMO** al mismo tiempo es de **2.486** individuos bajo el agua.

46
En la disciplina olímpica de salto, **CUANTO MENOS SALPICA** el saltador al entrar en el agua, **MÁS ALTA ES LA PUNTUACIÓN.**

47
Antes de sumergirse por completo, la **BALLENA JOROBADA** levanta la cola, sacándola fuera del agua de forma característica.

48
Un **CACHALOTE PUEDE SUMERGIRSE** a mayor profundidad que un ser humano en el submarino de mayor inmersión.

49
Algunos **PARACAIDISTAS** dan la vuelta en el aire en una maniobra llamada **VUELO EN POSICIÓN BOCA ABAJO.** Alcanzan velocidades de 290 km/h.

50
Para salpicar al máximo cuando te tiras al agua **«DE BOMBA»**, intenta formar **UNA ESFERA** con tu cuerpo. Cuanto más redonda sea la forma que adquieras, más salpicarás.

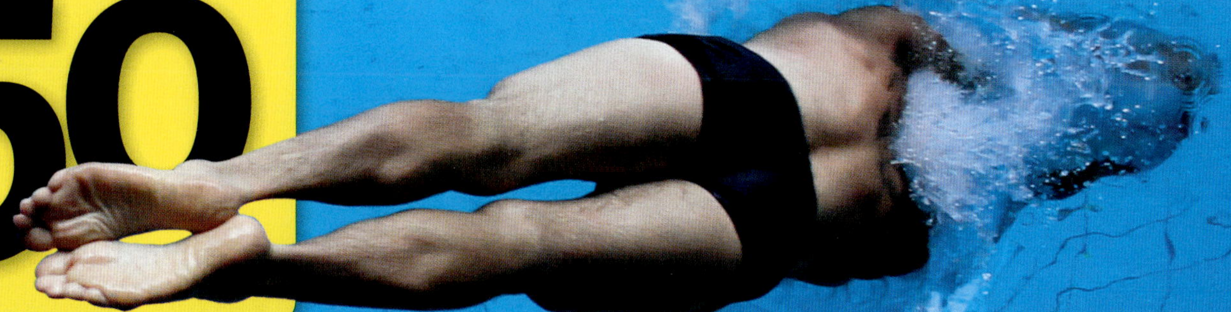

35 DATOS SOBRE MASCOTAS

1
Los loros no tienen **CUERDAS VOCALES.**

2
Si se mantiene a oscuras durante mucho tiempo, **LA CARPA DORADA SE VUELVE GRIS.**

3
Un canario puede emitir **DOS CANTOS DIFERENTES** al mismo tiempo.

4
El presidente de Estados Unidos Calvin Coolidge tenía un **HIPOPÓTAMO PIGMEO LLAMADO BILLY.**

5
Los ratones pueden tener **150 CRÍAS AL AÑO.**

6
La **PERRA LAIKA** fue el primer animal que **VIAJÓ AL ESPACIO.**

7
Los antiguos egipcios **MOMIFICABAN A SUS MASCOTAS,** ya fueran perros, gatos o monos.

8
LA SERPIENTE HOCICO DE CERDO OCCIDENTAL FINGE ESTAR MUERTA cuando se siente amenazada.

9
LA LENGUA DE UN CAMALEÓN puede estirarse hasta **UNA VEZ Y MEDIA LA LONGITUD DE SU CUERPO.**

10
En algunos *spas* de mascotas se sirve a los gatos **TÉ DE HIERBA GATERA.**

11
Cuando **EL HIJO** del presidente de EE.UU. **THEODORE ROOSVELT** estuvo en cama con paperas, su hermano **METIÓ AL PONI DE LA FAMILIA EN LA CASA BLANCA** para que le visitara.

12
LOS PERROS BEBEN DEL INODORO porque el agua está **MÁS FRESCA** ahí que en su bol.

13
LA LENGUA DE LOS GATOS TIENE PAPILAS GUSTATIVAS EN FORMA DE GANCHO que funcionan como un velcro, ayudando a retener la presa en la boca.

14
LAS COBAYAS SON CAPACES DE CAMINAR nada más nacer.

15
Los **OJOS DE LOS GATOS** tienen **TRES PÁRPADOS.**

16
Puedes evitar que un perro **SE SACUDA EL AGUA DEL PELO** agarrándolo del hocico.

17
Los perros **NO PUEDEN BAJAR DE LOS ÁRBOLES COMO LOS GATOS.** Solo pueden bajar hacia delante.

18
Los **GATOS CON PELAJE TRICOLOR** son casi siempre **HEMBRAS.**

19
Los hámsteres pueden almacenar alimento **DURANTE DÍAS EN LAS BOLSAS DE SUS MEJILLAS.**

20
Los **DIENTES DE LOS HÁMSTERES** nunca dejan de crecer.

21
El **PEZ KOI** más longevo vivió **226 AÑOS.**

22
A menudo, **LOS PERROS BOSTEZAN** cuando están nerviosos o estresados.

23
Las crías de conejo se llaman **GAZAPOS,** pero «gazapo» también significa **«ERRATA** al escribir».

24
Cuando jadea, un perro puede respirar **300 VECES POR MINUTO.**

25

El **CORAZÓN DE UN GATO LATE DOS VECES MÁS DEPRISA** que el de un ser humano.

26

Un caballo puede recorrer **160 km EN UN DÍA.**

27

La ratas **NO PUEDEN ERUCTAR.**

28

GEORGE WASHINGTON tenía más de **30 ZORROS.**

29

Cuando duermen de pie, los **CABALLOS BLOQUEAN LAS EXTREMIDADES POSTERIORES** para no caerse.

30

En Europa, se han utilizado hurones **PARA INTRODUCIR LOS CABLES DE TELEVISIÓN POR TUBERÍAS.**

31

En más de la **MITAD DE LOS HOGARES** de Estados Unidos **HAY UNA MASCOTA.**

32

Se dice que **UN PERRO SAN BERNARDO LLAMADO BARRY** salvó a más de 40 personas a lo largo de su vida.

33

Cuando realizan tareas difíciles, **LAS GATAS TIENDEN A SER DIESTRAS,** mientras que **LOS GATOS SUELEN SER ZURDOS.**

34

Las culebras usan **LA LENGUA PARA OLER.**

35

Si hay tormenta, tal vez puedas **CALMAR A TU PERRO FROTÁNDOLE EL PELO CON UNA TOALLA.**

Hurón

1 No se supo que la Antártida era un continente hasta la década de 1840. Antes se creía que se trataba de un grupo de islas.

2 La Antártida es el continente más ventoso. Rachas de viento de 300 km/h azotan la costa y pueden levantar a una persona del suelo.

3 LA ANTÁRTIDA ES EL CONTINENTE MÁS SECO. EN REALIDAD ES UN DESIERTO FRÍO.

4 El Polo Sur geográfico no se localiza exactamente en el mismo lugar que el Polo Sur magnético, que es el punto que señala la flecha de la brújula.

5 En Brasil se vende un refresco con gas llamado Guaraná Antarctica.

6 La Antártida contiene en torno al 90 por ciento del hielo de la Tierra.

7 Si todo el hielo de la Antártida se derritiera, los océanos se elevarían 60 m.

8 Los perros están prohibidos en la Antártida, porque podrían contagiar enfermedades a las focas.

9 LAS ORCAS CAZAN EN GRUPO EN AGUAS DE LA ANTÁRTIDA.

10 Las personas que trabajan en la Antártida se refieren a esta tierra como «el Hielo».

11 Un pingüino emperador, que se perdió y apareció en Nueva Zelanda, fue bautizado con el nombre de «Happy Feet» (pies felices), por la película de animación.

12 El bacalao del Antártico sobrevive en aguas heladas porque produce un anticongelante natural en su sangre.

13 Aristóteles, antiguo filósofo griego, nunca vio la Antártida, pero intuía su existencia para contrapesar las tierras del norte.

14 En la Antártida también hay cajeros automáticos.

15 Tres países –Reino Unido, Chile y Argentina– reclaman la península antártica, que se proyecta hacia Sudamérica.

16 Aunque la Antártida fue descubierta en 1820, pasarían aún más de 75 años antes de que alguien pusiera un pie en ella.

17 La corteza terrestre se encuentra unos 914 m por debajo del grueso y pesado hielo de la Antártida.

18 Las ballenas jorobadas se alimentan de kril antártico, un crustáceo similar a la gamba.

19 EL CASQUETE DE HIELO DE LA ANTÁRTIDA SUPONE EL 70 POR CIENTO DEL AGUA DULCE DEL MUNDO.

20 La montaña más alta de la Antártida es el Vinson Massif, a 4.897 m.

21 En 1911, el explorador noruego Roald Amundsen se convirtió en la primera persona en poner un pie en el Polo Sur.

22 HACE DECENAS DE MILLONES DE AÑOS AUSTRALIA ESTABA UNIDA A LA ANTÁRTIDA.

23 En la Antártida hay volcanes activos. El monte Erebus ha tenido actividad durante más de un millón de años y recientemente, en 2011, comenzó de nuevo a presentar erupciones.

24 La NASA ha probado equipamiento para misiones a Marte en los valles rocosos de la Antártida.

25 Los líquenes, simbiosis entre un hongo y una planta, están adaptados a la vida a bajas temperaturas de la Antártida, si bien crecen muy despacio. Existe una especie que crece apenas 1 cm cada 1.000 años.

26 El Polo Sur tiene seis meses de oscuridad y seis meses de luz.

75 DATOS HELADORES SOBRE LA ANTÁRTIDA

27 Un meteorito encontrado en la Antártida en 1981 estaba lleno de diminutos diamantes.

28 Veintinueve países cuentan con estaciones de investigación activas en la Antártida.

29 En la Antártida viven muchos mamíferos marinos, como focas y ballenas, pero ningún mamífero terrestre.

30 La temperatura más baja en la Antártida se registró en 1983, en Vostok Base, una estación de investigación rusa: -89,2 ºC.

31 Más del 99 por ciento de la Antártida está cubierta por el hielo.

32 Una gata de nombre Mrs. Chippy participó en el famoso viaje de Ernest Shackleton a la Antártida. Incluso saltó por la borda y tuvo que ser rescatada.

33 El hielo de la Antártida se ha formado a lo largo de millones de años.

34 SOLO ALREDEDOR DEL 10 POR CIENTO DE UN ICEBERG ES VISIBLE POR ENCIMA DEL AGUA.

35 Científicos y turistas llevan cada año alrededor de 70.000 semillas a la Antártida en su ropa, sus zapatos y su equipo de viaje.

36 La Antártida no tiene zona horaria. Cada estación de investigación adopta la hora de su país.

37 Las focas leopardo, que viven en las aguas frente a la costa antártica, tardan entre 4 y 7 minutos en zamparse un pingüino.

38 Los pingüinos emperador pueden sumergirse a más de 240 m de la superficie.

39 El pingüino emperador es la única ave de la Antártida que se reproduce en invierno.

40 Con sus afilados dientes, las focas de Weddell perforan en el hielo agujeros para respirar.

41 No hay nieve en los Valles Secos de la Antártida y no la ha habido durante dos millones de años.

42 Los pingüinos de Adelia macho caminan 97 km para llegar a su zona de reproducción.

43 Al menos 145 lagos se extienden bajo el hielo de la Antártida, incluido uno del tamaño de la provincia de Cáceres.

44 Aunque varios países reclaman partes del continente, la Antártida no pertenece a ningún país.

45 Cuando el hielo de un iceberg se derrite y vuelve a congelarse, puede mostrar un aspecto estriado, con bandas de distintos colores.

46 UN ALBATROS ERRANTE TIENE UNA ENVERGADURA ALAR DE 3,4 m, MUCHO MÁS DE LO QUE MIDE DE ALTO CUALQUIER SER HUMANO.

47 En la Antártida los atletas compiten en una maratón de 42,2 km o en una carrera incluso más larga, de 100 km. ¡A veces los pingüinos corren junto a ellos!

48 La Antártida es el único continente que no tiene hormigas, pero sí un pequeño insecto no volador llamado *Belgica antarctica*.

49 El iceberg más grande que se ha visto en aguas de la Antártida medía 335 km de largo por 97 km de ancho, es decir, era algo mayor que Bélgica.

50 El pingüino emperador es el único animal de sangre caliente que se queda en la Antártida en invierno, aparte del ser humano.

51 Las ballenas azules pasan el verano alimentándose en aguas antárticas. Pueden vivir 90 años y llegan a pesar más de 180 kg.

52 En verano al menos 5.000 personas trabajan en la Antártida, pero aun así son superadas en número por los pingüinos. Esta cifra cae en invierno.

53 Los icebergs se mueven a la deriva al mismo al ritmo al que camina un ser humano: 4,8 km/h.

54 Cordilleras montañosas enteras se encuentran enterradas bajo el hielo antártico.

55 El lugar más frío de la Antártida es la Plateau Station, con una temperatura anual media de -56,7 ºC.

56 Los trabajadores se mueven por la tundra antártica en motos de nieve.

57 La Antártida cuenta con la elevación no submarina a más profundidad del mundo: la fosa subglacial de Bentley, a –2.555 m.

58 Dado que el hielo del polo se mueve, en 2025 la estación estadounidense de investigación del Polo Sur se encontrará *exactamente* en el Polo Sur.

59 Cuando el hielo comienza a formarse sobre el agua, puede parecer una capa de barro. Es lo que se conoce como «hielo graso».

60 Más de 400 kg del peso de un elefante marino pueden corresponder a la sangre que circula por su cuerpo.

61 Algunos pingüinos rey viven en colonias de 200.000 aves.

62 El kril antártico forma con sus extremidades anteriores una «cesta» para recoger las algas de las que se alimenta.

63 En la Antártida se celebra todos los años un encuentro de *rugby* en el que se enfrentan estadounidenses y neozelandeses.

64 Las focas leopardo pueden pinchar una barca de goma con sus afilados dientes.

65 Los pingüinos emperador macho mantienen en equilibrio un huevo sobre sus pies durante alrededor de dos meses para que esté caliente.

66 Los científicos hablan de «desprendimiento» cuando el hielo de un glaciar se fractura formando un iceberg.

67 LAS FOCAS DE WEDDELL TIENEN UNA CAPA DE GRASA QUE PUEDE ALCANZAR LOS 10 cm DE GROSOR.

68 El pingüino de Adelia debe su nombre a la esposa de un pionero francés.

69 Los elefantes marinos del sur bucean hasta 914 m para capturar calamares.

70 El terremoto que sacudió Japón en 2011 desencadenó un tsunami que recorrió 13.000 km a través del océano. Al chocar contra una placa de hielo, desprendió un iceberg del tamaño aproximado de Manhattan.

71 Un ave llamada págalo subantártico come huevos de pingüino y también basura.

72 Hace millones de años, en la Antartida crecían árboles.

73 La Antártida es el continente más elevado del planeta, con una altura media de unos 2.000 m por encima del nivel del mar.

74 Los primeros navegantes creían que las almas de los marineros muertos se reencarnaban en albatros errantes.

75 Un iceberg gigantesco llegó a pesar 300.000.000.000.000 kg.

25 DATOS SOBRE LOS PRIMEROS

1

Algunos de nuestros primeros ancestros tenían una talla de 1,20 m, la altura de un **chimpancé pequeño.**

2

En 1859 **CHARLES DARWIN** hizo pública su teoría de la evolución, según la cual el ser humano procede del «mono». Mucha gente pensó que estaba loco.

3

LOS PRIMEROS ARTISTAS PINTABAN EN LAS PAREDES DE LAS CUEVAS figuras de los animales que cazaban; utilizaban minerales y agua o saliva para elaborar los pigmentos.

4

Hace **100.000 AÑOS** el ser humano moderno **SOLO VIVÍA EN ÁFRICA;** después emigró a los demás continentes, excepto a la Antártida.

5

En tiempos prehistóricos, el ser humano comía ensaladas de **HOJAS DE DIENTE DE LEÓN.** ¡Hoy seguimos comiéndolas!

6

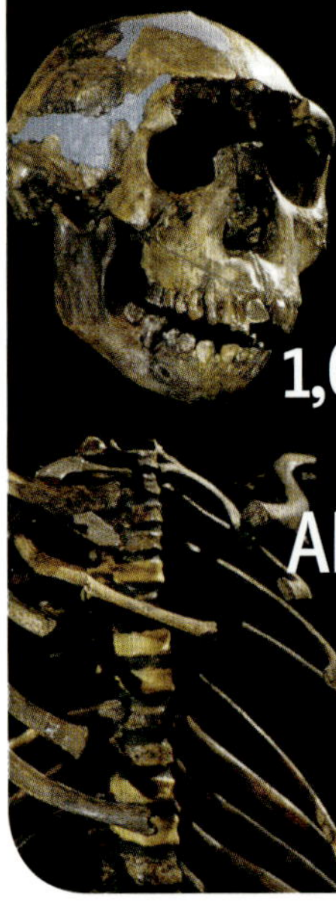

En 1984 se encontraron en Kenia los restos fosilizados de un chico preadolescente, de **1,6 MILLONES DE AÑOS DE ANTIGÜEDAD.** Se le conoce como el «niño de Turkana» y su esqueleto es muy parecido al nuestro.

7

Nuestros antepasados elaboraban herramientas, como **HACHAS DE PIEDRA.** Hoy en día, algunos chimpancés crean lanzas para cazar otros animales, de los que se alimentan.

8

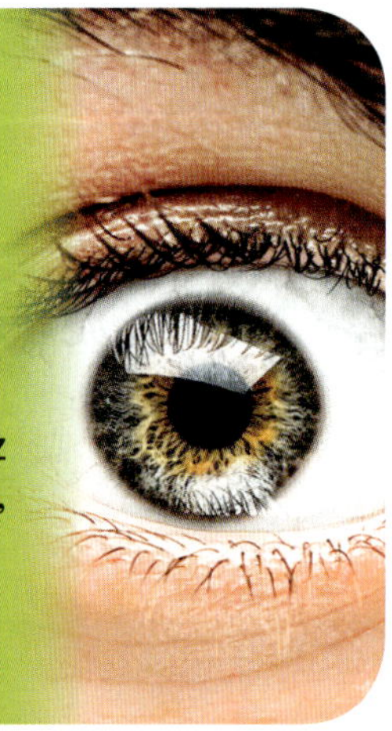

Los científicos piensan que el ser humano es capaz de comunicar emociones con **LOS OJOS** de forma más eficaz que otros primates, porque el «blanco» de nuestros ojos es más grande.

9

Estamos cubiertos de pelos cortos, en lugar de un denso pelaje, **PARA QUE NUESTRO CUERPO Y CEREBRO SE MANTENGAN FRESCOS.**

10

HUMANOS MODERNOS Y **NEANDERTALES** LLEGARON A CONVIVIR, AUNQUE DESPUÉS LOS NEANDERTALES SE EXTINGUIERON.

11

LOS CIENTÍFICOS ESTUDIAN LOS CAMBIOS DE FORMA EN LA MANDÍBULA Y LOS **DIENTES DE NUESTROS ANCESTROS** PARA CONOCER EL ÁRBOL GENEALÓGICO DEL SER HUMANO.

12

Un antiguo collar hallado en Myanmar se realizó en su día con **MÁS DE 100 CUERPOS DE AVISPONES.**

13 Hace alrededor de 3,6 millones de años un adulto y un niño caminaron sobre cenizas volcánicas húmedas. Después, sus pisadas quedaron cubiertas por más cenizas y de esta manera se fosilizaron **70 huellas humanas.**

14 Los neandertales **LLEVABAN UNA VIDA DURA;** sus restos fósiles muestran lesiones similares a las de los jinetes de los rodeos de nuestros días.

15 **CIERTOS ALIMENTOS CRUDOS SON VENENOSOS.** CUANDO LOS PRIMEROS HUMANOS COMENZARON A COCINAR LOS ALIMENTOS, DESCUBRIERON QUE, AL HACERLO, LIBERABAN OTROS NUTRIENTES Y HACÍAN QUE EL CONSUMO DE ALGUNOS FUERA SEGURO.

16 Los primeros seres humanos grababan dibujos en los **CUERNOS DE LOS ANIMALES.** Una pieza de asta grabada parece representar un calendario lunar, lo cual sugiere una forma temprana de registro del tiempo.

17 Los seres humanos comenzaron a **CREAR VASIJAS DE BARRO** hace alrededor de **18.000 AÑOS** en Japón.

HUMANOS

18 Los primeros humanos compartían algunos caracteres con el resto de los grandes simios actuales. Ambos podían caminar sobre dos pies, pero los humanos desarrollarían un **cerebro más grande.**

19 Nuestros ancestros comenzaron a utilizar el fuego hace cientos de miles de años. Cuando descubrieron que **frotando dos palos entre sí** se generaba una chispa, así pudieron empezar a calentarse y a cocinar alimentos.

20 **Lucy,** un famoso fósil de *Australopithecus afarensis* hembra, recibió este nombre por la **canción de los Beatles,** *Lucy in the Sky with Diamonds.*

21 Si tienes frío, es posible que se te ponga la «piel de gallina». Nuestros antepasados tenían un vello corporal más largo, que creaba un **CÁLIDO MANTO** sobre su piel.

22 Los primeros humanos utilizaban agujas hechas con hueso para coser la **ROPA DE ABRIGO** que confeccionaban con pieles de animales.

23 PARA CAZAR, LOS PRIMEROS HUMANOS UTILIZABAN **PUNTAS DE FLECHA** CON FORMA DE ARPÓN HECHAS CON CUERNO.

24 Los **bosquimanos** del desierto del Kalahari, en África, siguen cazando y comiendo como lo hacían sus ancestros.

25 Algunos de nuestros antepasados cruzaron los océanos en balsas o barcas y descubrieron nuevas tierras. Australia recibió a sus primeros habitantes **HACE 60.000 AÑOS.**

50 DATOS CURIOSOS SOBRE NORTE Y CENTROAMÉRICA

1
RUSIA es el único país del mundo **MÁS GRANDE QUE CANADÁ.**

2
Se cree que los **DINOSAURIOS DESAPARECIERON** por un **METEORITO** que dejó **UN AGUJERO DE 180 km** en la península de Yucatán, en México.

3
Guatemala es conocido también como **«EL PAÍS DE LA ETERNA PRIMAVERA».**

4
HONDURAS es el único país centroamericano que **NO TIENE VOLCANES.**

5
Más de **DIEZ MILLONES DE PERSONAS** se embarcan cada año en **UN CRUCERO POR EL CARIBE.**

6
EL *POUTINE* es un **PLATO TÍPICO DEL CANADÁ:** patatas fritas con salsa de carne y queso.

7
MCDONALD'S comenzó como auto-restaurante en 1940 en **SAN BERNARDINO,** California. En la actualidad tiene restaurantes en 33.000 lugares.

8
Los estadounidenses tienen en total cerca de **10.000 MILLONES DE DÓLARES EN MONEDAS** desperdigadas por casa.

9
Cristóbal Colón nunca puso un pie en lo que actualmente es Estados Unidos. **DESEMBARCÓ EN LAS BAHAMAS.**

10
La mayor parte de los **CANADIENSES VIVE A APENAS 200 km** de Estados Unidos.

11
Solo una **ESPECIE DE SERPIENTE ORIGINARIA DE PUERTO RICO** es venenosa: la corredora puertorriqueña.

12
En México, las familias suelen realizar la comida principal del día a las **15:00-16:00;** en Estados Unidos, las familias cenan en torno a las **18:00.**

13
El **ANIMAL NACIONAL DE HONDURAS** es el **VENADO DE COLA BLANCA.**

14
Tan solo **26.000 PERSONAS** viven en el territorio de Nunavut, que representa el **20 POR CIENTO** de Canadá. En Ciudad de México viven 700 veces más personas.

15
Unas **40.000 PERSONAS TRABAJARON** en el **CANAL DE PANAMÁ,** que conecta los océanos Atlántico y Pacífico, en el momento álgido de su construcción, en 1904.

16
Los **CANADIENSES** comen un tipo de pudin llamado **«BUGGER-IN-A-BAG» (TONTO EN UN SACO).**

17
Los primeros pobladores de Centroamérica bebían **CHOCOLATE CALIENTE** hecho con **CHOCOLATE SIN AZÚCAR Y CHILE PICANTE.**

18
La **BANDERA MEJICANA** presenta la imagen de un **ÁGUILA POSADA SOBRE UN CACTUS** y **SOSTENIENDO UNA SERPIENTE.**

19
El **MONTE MCKINLEY, EN ALASKA,** es el punto más alto de Norteamérica. También se le llama **«DENALI»,** que significa «El alto» en la lengua indígena del interior de Alaska.

20
En un festival que se celebra en **EL SALVADOR, LA GENTE SE LANZA BOLAS DE FUEGO.** Se organiza en recuerdo de la erupción de un volcán en 1922.

21
El cañón más grande del mundo, **EL GRAN CAÑÓN DEL COLORADO, TIENE UNA PROFUNDIDAD DE MÁS DE 1,5 km.**

22
CIUDAD DE MÉXICO está cerca del volcán activo **POPOCATÉPETL** («montaña humeante» en lengua azteca), pero es poco probable que la lava la alcance alguna vez.

23
NORTEAMÉRICA se llama así por **AMÉRICO VESPUCIO,** primer explorador del continente americano. También ayudó a Cristóbal Colón a preparar algunos de sus viajes.

24
EL SALVADOR es el país más pequeño de Centroamérica; su distancia máxima es de **142 km.**

25
El Día de Acción de Gracias se celebra en Canadá para agradecer **LA COSECHA DE OCTUBRE,** a diferencia de Estados Unidos, donde se celebra en noviembre.

26
Una cueva subterránea en México cuenta con **LOS CRISTALES MÁS GRANDES DEL MUNDO.** El más largo es **8 VECES MAYOR** que un niño de 10 años de talla media.

27
Pese a su nombre, los españoles nunca encontraron **MUCHO ORO** en **COSTA RICA.** Hoy en día, el país es productor de plátanos, piñas, café y azúcar.

28
La población de **HABLA HISPANA MÁS NUMEROSA DEL MUNDO** está en **MÉXICO.**

29
En la ciudad de **QUEBEC, CANADÁ,** los visitantes pueden alojarse en en **UN HOTEL DE HIELO.** Solo está abierto unos meses al año.

30
Hay una **CALLE QUE COMIENZA EN TORONTO** y mide cerca de 1.900 km, es decir, más que la distancia de Londres, en Inglaterra, a Madrid, en España.

31
En la antigüedad los **MAYAS ELABORABAN CHICLE** con **SAVIA DE ÁRBOLES.**

32
Antes de la construcción del **CANAL DE PANAMÁ,** los barcos tenían que rodear Sudamérica para pasar del océano Atlántico al Pacífico, un viaje de **12.800 km.**

33
Cerca de **OCHO DE CADA DIEZ NORTEAMERICANOS** viven en una ciudad.

34
El **AVE NACIONAL DE GUATEMALA** es el **QUETZAL,** que también da nombre a su moneda.

35
Los agentes de la policía nacional de Canadá se llaman **«MOUNTIES»** (policía montada).

36
Los **CENOTES** son las cuevas u hoyos llenos de agua de la península de Yucatán, en México. Para los mayas eran lugares sagrados y **UN ACCESO AL INFRAMUNDO.**

37
El **BAILE DEL CHACHACHÁ** tiene su origen en **CUBA.**

38
Los **OSOS POLARES** se mueven hacia el sur por la bahía de Hudson, en Canadá, **PARA ALIMENTARSE DE FOCAS Y MORSAS.**

39
LOS PLÁTANOS FRITOS CON MIEL son típicos de Centroamérica.

40
Norteamérica ha sido cuna de más de **1.200 CULTURAS INDÍGENAS,** entre ellas la de los **NAVAJOS, LOS CHEROKEE Y LOS INUIT.**

41
Muchos **GRANDES JUGADORES DE BÉISBOL** proceden de la **REPÚBLICA DOMINICANA:** Sammy Sosa, David Ortiz y Albert Pujols, por citar tres.

42
Aunque se han mapeado ya más de 620 km de pasadizos en **MAMMOTH CAVE** (la cueva del mamut), en Kentucky, EE.UU., queda aún mucho por explorar.

43
El **CAIMÁN AMERICANO VIVE EN EL SUDESTE DE EE.UU.** Si te mordiera sentirías una fuerza equivalente a la de un **COCHE MEDIANO CAYÉNDOTE ENCIMA.**

44
Se llama **«TICO»** a la persona oriunda de **COSTA RICA.**

45
Los **HURACANES** amenazan la costa este de Norteamérica de **JUNIO A NOVIEMBRE.** En otros lugares se denominan «tifones», «ciclones» o «baguios».

46
HAITÍ es el único país del mundo que **LOGRÓ LA INDEPENDENCIA CON UNA REVUELTA DE ESCLAVOS.**

47
La **PRIMERA CARRERA AUTOMOVILÍSTICA NASCAR** tuvo lugar en **DAYTONA, FLORIDA, EN 1948.**

48
El lago Superior, en Norteamérica, es el **SEGUNDO MÁS GRANDE DEL MUNDO.**

49
Norteamérica es el hogar de **UN MARSUPIAL, LA ZARIGÜEYA,** de actividad nocturna.

50
En la **BAHÍA DE FUNDY, EN CANADÁ,** la marea alta puede subir hasta una altura equivalente a un **EDIFICIO DE 5 PLANTAS,** o 16 m.

35 datos ACOGEDORES SOBRE HOTELES ORIGINALES

1

En Chile hay un hotel diseñado para que parezca un **VOLCÁN.** Pero en lugar de lava, una **CASCADA DE AGUA BROTA** de su cubierta superior.

2

El Burj Al Arab se levantó en Dubai, E.A.U., sobre una isla artificial y da la sensación de ser **UNA ENORME VELA ADENTRÁNDOSE EN EL MAR.**

3

CÁPSULAS NARAJA DE METAL son las habitaciones del Capsule Hotel, en Holanda. En otro tiempo fueron cápsulas de salvamento de plataformas petrolíferas.

4

En el norte de Canadá, puedes observar osos polares de cerca desde un **TUNDRA BUGGY,** un vehículo todo terreno equipado con puente de observación, comedor y un espacio para dormir.

5

En el hotel **GIRAFFE MANOR,** en Kenia, viven en libertad nueve jirafas de Rothschild. Puede que alguna se asome por la ventana del baño o se coma algo de tu mesa en el desayuno.

Burj Al Arab, Dubái, Emiratos Árabes Unidos

6
En una cadena de moteles de Holbrook, Arizona, EE.UU., los visitantes se alojan en **WIGWAMS,** casas típicas de un pueblo indígena. Están equipadas con agua caliente y TV por cable.

7
Dog Park Inn, en Cottonwood, Idaho, EE.UU., es un **GIGANTESCO HOTEL CON FORMA DE PERRO.**

8
En Nuevo México, EE.UU., los clientes del Kokopelli's Cave Bed and Breakfast se alojan en una **CUEVA QUE SE FORMÓ EN LA CORTADA DE UN ACANTILADO DE ARENISCA** hace 65 millones de años.

9
En Out'n' About Treehouse Treesort, en Takilma, Oregón, EE.UU., los viajeros se alojan en **CASAS EN LOS ÁRBOLES.** Algunas solo son accesibles por un puente colgante o por un cable.

10
La **AIRPLANE SUITE,** en Holanda, fue en su día un avión y ahora es una habitación de hotel de cinco estrellas. La cabina, de 40 m, tiene baño con jacuzzi, sauna y TV.

11
El Palacio de Sal, en un salar de Bolivia, **ESTÁ CONSTRUIDO CASI POR ENTERO CON SAL.** El hotel cuenta también con un spa de sal y un campo de golf de sal.

12
¿Alguna vez has querido ver una **SIRENA?** En Weeki Wachee Springs, Florida, EE.UU., bellas mujeres se visten con aletas y respiran por tubos para simular que lo son.

13
Everland es un hotel de **UNA SOLA HABITACIÓN** que viaja por el mundo. Se ha instalado en sitios tan insólitos como la terraza del Museo de Arte Contemporáneo de Leipzig, en Alemania.

14
El Hotel de Glace, en Canadá, está construido **EN SU TOTALIDAD CON HIELO Y NIEVE.**

15
La habitación de hotel más profunda del mundo se **ENCUENTRA A 155 m DE LA SUPERFICIE,** en una antigua **MINA DE PLATA SUECA.**

16
El De Vrouwe van Stavoren Hotel, en Holanda, se ha construido con **BARRICAS DE VINO RECICLADAS.**

17
Las habitaciones del Das Park Hotel, en Austria, son **TUBERÍAS DE HORMIGÓN.**

18
El Hotel im Wasserturm, en Alemania, fue en el siglo XIX el **DEPÓSITO DE AGUA MÁS GRANDE** de Europa.

19
En el Minimalist Hotel, en Suecia, los viajeros se alojan en **TIENDAS COLGADAS** de árboles. La estancia incluye clases de **ESCALADA CON CUERDAS,** de manera que puedas llegar a tu habitación.

20
El **LIBERTY HOTEL,** en Boston, EE.UU., fue en otro tiempo una **PRISIÓN.**

21
El Hotel Kakslauttanen se encuentra en Finlandia por encima del círculo polar ártico. Es un iglú de cristal, perfecto para observar la **AURORA BOREAL.**

22
En Christchurch, Nueva Zelanda, volverás atrás en el tiempo en el **WAGON STAYS** Hotel, donde las habitaciones son caravanas como las utilizadas en su día por los pioneros.

23
El Boot Bed'n' Breakfast de Nueva Zelanda es exactamente lo que parece: una casita de campo **DISEÑADA CON FORMA DE BOTA.**

24
El Crowne Plaza Hotel, en Union Station, Indianápolis, EE.UU., es la **ANTIGUA ESTACIÓN DE TREN** de la ciudad. Ofrece la posibilidad de pasar la noche en un vagón Pullman.

25
El Ariaú Amazon Towers de la selva amazónica se encuentra entre las **COPAS DE LOS ÁRBOLES.** Habitaciones, suites y tres edificios están unidos por pasarelas a 9 m de altura.

26
El Winvian ocupa el terreno de una granja en Connecticut, EE.UU. Permite alojarse en **UNA CASA AMBIENTADA COMO UN HANGAR,** con un enorme helicóptero convertido en salón.

27
En 1915 era un **COLEGIO,** pero ahora las aulas de la McMenamins Kennedy School, en Portland, EE.UU., se utilizan como habitaciones de huéspedes, ¡con sus pizarras y todo!

28
Dormir en una **TIENDA-BURBUJA TRANSPARENTE** diseñada para contemplar las estrellas y disfrutar del paisaje es una atracción muy popular de la localidad francesa de Roubaix.

29
El Tree House Hideaway, en la India, son **CINCO CASAS EN LOS ÁRBOLES** con vistas a una **RESERVA DE TIGRES,** desde donde se puede observar a los grandes felinos a rayas.

30
Si consigues llegar en helicóptero a una isla desierta de Noruega, podrás alojarte en un antiguo **FARO** que funcionó hace unos 100 años y que hoy es una estación meteorológica.

31
El Propeller Island City Lodge, en Berlín, Alemania, tiene una habitación con muebles colgados del techo, una totalmente cubierta de espejos y otra con **ATAÚDES COMO CAMAS.**

32
El Anantara Golden Triangle Resort cuenta con un campamento de elefantes. Si te atreves, puedes incluso **DAR UN PASEO** en uno de estos enormes paquidermos.

33
En el Loews Coronado Bay Resort, de California, EE.UU., tu perro puede aprender a surfear en un **CURSO DE SURF PARA PERROS.**

34
En Nueva York, EE.UU., un **HOTEL DE LUJO** tiene menús para huéspedes de cuatro patas, de dos patas y serpenteantes.

35
Puede parecer una pequeña casa roja flotante en el lago Mälaren, en Suecia, pero el Utter Inn es en realidad un hotel de **UNA SOLA HABITACIÓN, BAJO EL AGUA.**

15 ÚLTIMOS DATOS

1 NOSTRADAMUS, astrólogo francés del siglo XVI, predijo muchas cosas, entre ellas **CUÁNDO SE ACABARÍA EL MUNDO.** Dado que sus predicciones apuntan al **AÑO 3797,** todavía habrá que esperar.

2 La **LÍNEA DE FERROCARRIL MÁS LARGA DEL MUNDO,** el Transiberiano, va de Moscú a Vladivostok, ambas en Rusia. Lleva unos **8 DÍAS** recorrer por completo los **9.288 km DE TRAYECTO.**

3 Al cumplirse el **50 ANIVERSARIO** de la declaración de Independencia, moría en Boston a los 91 años **JOHN ADAMS,** el segundo presidente de EE.UU. Al parecer, dijo: **«THOMAS JEFFERSON TODAVÍA VIVE».** Lo que no sabía es que Jefferson, el tercer presidente, había muerto horas antes en su casa de Virginia.

4 La parte más suroccidental de Inglaterra se llama **LAND'S END** («el fin de la tierra»). Tiburones peregrinos nadan frente a la costa y desde los acantilados se pueden ver delfines.

5 En Sowerby, Inglaterra, hay un puente que se conoce como «World's end bridge» **(EL PUENTE DEL FIN DEL MUNDO).** Fue construido en el siglo XVII para que los caballos de carga pudieran cruzar el río hasta una localidad vecina.

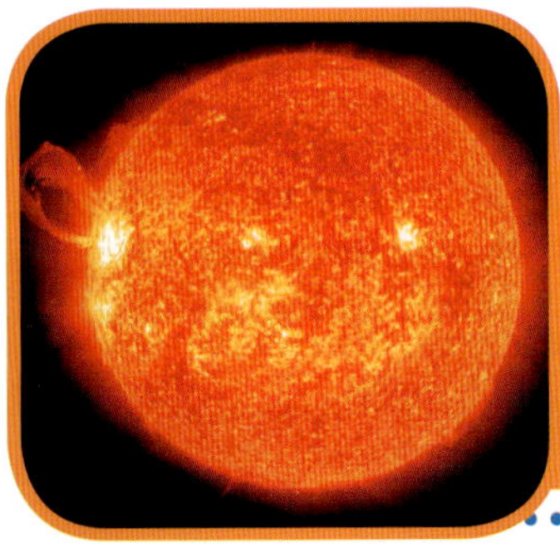

6 NUESTRO SOL acabará siendo una **ESTRELLA ENANA BLANCA** cuando se le termine el combustible, dentro de **UNOS CUANTOS MILES DE MILLONES DE AÑOS.**

7 ¿Por qué no puedes llegar nunca **EL FINAL DE UN ARCOÍRIS?** Porque **SE MUEVE A MEDIDA QUE TE MUEVES TÚ.** Las gotas de lluvia que reflejan la luz del sol dando lugar al arcoíris no se localizan en una parte determinada del cielo.

SOBRE FINALES

❽ Al final de la carrera automovilística conocida como **«LAS 500 MILLAS DE INDIANÁPOLIS»,** el ganador **BEBE UNA BOTELLA DE LECHE.** La tradición comenzó con el vencedor **DE 1936, LOUIS MEYER: EN AQUELLA OCASIÓN EL PILOTO BEBIÓ MAZADA.**

❾ **USHUAIA,** conocida como **«LA CIUDAD MÁS MERIDIONAL DEL MUNDO»,** se encuentra en Tierra del Fuego, Argentina. Puerto Williams, en Chile, **ES CONOCIDA POR LO MISMO** y, aunque realmente se localiza algo más al sur, es más pequeña. La mayoría de los viajeros que se dirigen a la Antártida parten de Ushuaia.

❿ En la película *El Mago de Oz*, Dorothy y sus amigos encuentran la **CIUDAD ESMERALDA** al **FINAL DEL CAMINO DE BALDOSAS AMARILLAS.** Hay quien dice que una calle de adoquines amarillos de Peekskill, en el estado de Nueva York, inspiró al autor del libro.

⓫ Durante **30 AÑOS, EL PROGRAMA DEL TRANSBORDADOR ESPACIAL DE LA NASA** envió astronautas al espacio. El programa **TERMINÓ EL 21 DE JULIO DE 2011,** cuando su misión 135 aterrizó en Cabo Cañaveral, Florida, EE.UU.

⓬ La **FASE FINAL DE UN INCENDIO FORESTAL** es la **FASE DE RESPLANDOR,** en la que el carbón creado por el fuego se consume dejando una pequeña cantidad de ceniza.

⓭ **EN BARROW, ALASKA, EE.UU.,** todos los años en mayo **DEJA DE HACERSE DE NOCHE DURANTE 84 DÍAS.** El sol sale y no vuelve a ponerse hasta 12 semanas más tarde. Esta localidad es conocida como **«LA TIERRA DEL SOL DE MEDIANOCHE».**

⓮ Cuando escribió **EL PRIMER LIBRO,** J. K. Rowling ya sabía **CÓMO ACABARÍA LA SAGA DE HARRY POTTER.**

⓯ Quienes acuden al punto más meridional de Estados Unidos, Cayo Hueso, Florida, se encuentran con una señal en la que puede leerse **«CUBA ESTÁ TAN SOLO A 90 MILLAS (145 km)».**

DATO 5.000

SI DE MEDIA UN ADULTO LEE 250 PALABRAS POR MINUTO, DEBERÍA TARDAR ALREDEDOR DE 400 MINUTOS EN LEER ESTE LIBRO DE PRINCIPIO A FIN.

TRAS LOS DATOS

El lector se preguntará cómo dimos con los 5.000 sorprendentes datos de todo tipo que integran este libro. En primer lugar elaboramos una lista de temas geniales, de esos temas que sabemos que más atraen a los niños, como las golosinas y la basura espacial, los delfines y los espías, las mascotas, el cerebro y tantos otros. Después buscamos la manera de encajar en las páginas del libro la mayor cantidad posible de datos sobre todas estas cuestiones. De algunos temas teníamos 15 datos. De otros, 25. ¡De algunos teníamos hasta 100! Nos documentamos detenidamente sobre cada uno de los datos para asegurarnos de que eran absolutamente ciertos, e ilustramos y diseñamos las páginas con tanto esmero que en ningún momento te aburrirás mientras las miras. Después añadimos el contador de datos, hasta llegar al 5.000. No hicieron falta 5.000 personas para crear esta obra, pero sí un nutrido grupo de escritores y una buena cuadrilla de montadores, editores de fotografía y diseñadores. ¡El más genial de los equipos para crear un libro!

ILUSTRACIÓN

CRéDiTOS

(CTR) = Centro; (AR) = Arriba; (AB) = Abajo;
(DER) = Derecha; (IZ) = Izquierda;
AL: Alamy; GI: Getty Images; MP: Minden Pictures;
NGMS: National Geographic My Shot; NGS: National Geographic Stock;
SS = Shutterstock.

CUBIERTA (tiburón), Mike Parry/MP; (perro), Digital Vision; (tortuga marina), Rich Carey/SS; (robot), Mondolithic Studios; (Saturno), NASA; (chocolate), Elena Schweitzer/SS; (ranas), Gail Shumway/Photographer's Choice/GI; (polo), Stephen Coburn/SS; (escudo), Johannes Wiebel/SS; CONTRACUBIERTA: (jirafa), Ilya Akinshin/SS; (cerebro), mikeledray/SS; (snake), James Steidl/SS; 1 Finnbar Webster/AL; 2-3 stavklem/SS; 5 Leksele/SS; 6-7 Joe Farah/SS; 7 nito/SS; 8 (B), Gary Woodard/SS; 8 (C), Food Features/AL; 8 (E), Uryadnikov Sergey/SS; 8 (A), Aaron Amat/SS; 8 (D), 8 (F) © Carter Archives/ZUMAPRESS.com/AL; 8-9 (CTR), Maren Caruso/Photodisc/GI; 9 (A), Marc Dietrich/SS; 9 (B), Hulton Archive/GI; 9 (C), nito/SS; 9 (D), Joe Potato Photo/iStockphoto.com; 9 (E), NASA; 10 (AR), The Bridgeman Art Library/GI; 10-11 (AB), Marina Kryukova/SS; 12 (AR), Dirk Ercken/SS; 12 (CTR), Big Pants Production/SS; 12-13 (Fondo), Susan Flashman/SS; 13 (AR), Eric Isselée/SS; 13 (AB), Philip Date/SS; 14-15, Christopher Parypa/SS; 15 (AB), Alexander Cherednichenko/SS; 16-17 (Fondo), Marlene DeGrood/SS; 16 (AB), Henrik Larsson/SS; 17 (AR-IZ), MarFot/SS; 17 (AR-DER), mrfiza/SS; 17 (CTR), Aptyp_koK/SS; 17 (AB-IZ), Pan Xunbin/SS; 17 (AB-DER), Vaclav Volrab/SS; 18 (2), Hiroshi Sato/SS; 18 (4), Brandon Bourdages/SS; 18 (5), mikeledray/SS; 18 (6), Flip Nicklin/MP/NGS; 18 (7), Willyam Bradberry/SS; 18 (8), Goncharuk/SS; 18 (11), Jenny Solomon/SS; 19 (14), guentermanaus/SS; 19 (17), Christian Musat/SS; 19 (15), Larry Foster/NGS; 19 (16), urosr/SS; 19 (18), tubuceo/SS; 19 (20), Nickolay Stanev/SS; 19 (21), Skip ODonnell/iStockphoto; 19 (22), Rich Carey/SS; 20 (AR), Express/Express/GI; 20 (CTR), Stephen Morris/iStockphoto; 20 (AB), Carlos Alvarez/iStockphoto; 20-21 (CTR), Disney XD via Getty Images; 21 (AR), Photo Researchers RM/GI; 21 (CTR), NASA; 21 (AB), Boyer/Roger Viollet/GI; 22, Franco Tempesta; 24 (AR), Venus Angel/SS; 24 (AB), alexxl/SS; 24-25 (Fondo), Roger Ressmeyer/NGS; 25 (AR), Dja65/SS; 25 (AB), YAKOBCHUK VASYL/SS; 26 (AR-IZ), SeDmi/SS; 26 (AR-DER), emin kuliyev/SS; 26 (CTR), Elena Butinova/SS; 26 (AB), Thomas M Perkins/SS; 27 (AR-IZ), 3445128471/SS; 27 (CTR), Roman Pyshchyk/SS; 27 (AB), Lisa F. Young/SS; 28, Rich Carey/SS; 29, fivespots/SS; 30 (1), injun/SS; 30 (3), Patrick Poendl/SS; 30 (5), Picsfive/SS; 30 (6), szpeti/SS; 30 (9), NASA; 30 (10), ARNTHOR AEVARSSON/NGMS; 30 (11), Alex Staroseltsev/SS; 30 (8), Eric Isselée/SS; 31 (13), Roger Cotton/iStockphoto; 31 (15), Ben Haggar/NGMS; 31 (14), Andrey Shtanko/SS; 31 (16), Rob Byron/SS; 31 (19), Rob Wilson/SS; 31 (17), Jan Cejka/SS; 31 (22), Craig Dingle/iStockphoto; 31 (25), Ton Lammerts/SS; 32-33 (Fondo), Hung Chung Chih/SS; 32 (AR-DER), Elena Schweitzer/SS; 32 (AR-IZ), Ren Junchuan/Xinhua Press/Corbis; 32 (AB-IZ), bonchan/SS; 32 (AB-DER), vichie81/SS; 33 (AR), Lyn Adams/SS; 33 (CTR), Tony Magdaraog/SS; 33 (AB), urfin/SS; 34 (AR), James E. Knopf/SS; 34 (CTR), GI; 34 (AB), Alexander McClearn/AL; 34-35 (CTR), AP Images/Martin Ellard/PA Wire URN; 35 (AR), Hung Chung Chih/SS; 35 (AB), Paul Orr/SS; 36-7, John Carnemolla/SS; 38 (IZ), Petoo/SS; 38, Peter Haley/Tacoma News Tribune/MCT/GI; 39 (AR-IZ), Hadrian/SS; 39 (AR-CTR), B Calkins/SS; 39 (AR-DER), andersphoto/SS; 39 (AB), Victor Maff/iStockphoto; 40, Mike Parry/MP/GI; 42-43 (Fondo), Claudio Rossol/SS; 42 (AR), photopixel/SS; 42 (AB), Andrew Cowin/Travel Ink/Corbis; 43 (AR-IZ), Andrew G./SS; 43 (AR-DER), Bartosz Wardzinski/SS; 43 (AB), Wildnerdpix/SS; 44 (1), Igor Karasi/SS; 44 (2), artconcept/SS; 44 (3), Factoria Singular/iStockphoto; 44 (4A), Gerrit_de_Vries/SS; 44 (4B), Gerrit_de_Vries/SS; 44 (6), CLIPAREA l Custom media/SS; 44 (7), Sandra Nicol/iStockphoto; 44 (8), Pete Donofrio/SS; 44 (11), Ashley Whitworth/SS; 44 (12), Mornee Sherry/SS; 45 (13), David Pruter/SS; 45 (14), Brooke Becker/SS; 45 (15), mashe/SS; 45 (16), PD Loyd/SS; 45 (17), Computer Earth/SS; 45 (20), Paul-André Belle-Isle/SS; 45 (22), markrhiggins/SS; 45 (24), Eric Isselée/SS; 46 (AR), Julien Tromeur/SS; 46 (AB), NASA Jet Propulsion Laboratory; 46-47 (CTR), oorka/SS; 47 (AR), Alexey Stiop/SS; 47 (AB), Bettmann/Corbis; 48-49 (Fondo), Hazysunimages/GI; 48 (DER), Goncharuk/SS; 49 (IZ), Dionisvera/SS; 49 (DER), Ivaylo Ivanov/SS; 50 (AR-IZ), James van den Broek/SS; 50 (AR-DER), Kharidehal Abhirama Ashwin/SS; 50 (AB), Andrew Burgess/SS; 50 (Fondo), Jason Edwards/NGS; 51 (IZ), Eric Isselée/SS; 51 (DER), Eric Isselée/SS; 52, renkshot/SS; 54 (AR), Radin Myroslav/SS; 54 (AB), Digital Vision/AL/NGS; 54 (Fondo), Richard Du Toit/MP/NGS; 55 (AR-IZ), ylq/SS; 55 (AR-CTR), Thomas Koellner/iStockphoto; 55 (AR-DER), Dave and Sigrun Tollerton/AL; 55 (AB-IZ), Katherine Feng/Globio/MP/NGS; 55 (AB-CTR), Diane Webb/SS; 55 (AB-DER), David Steele/SS; 56 (1), brunosphoto/iStockphoto; 56 (3), MarcelClemens/SS; 56 (5), Robert Madden/NGS; 56 (CTR), Thank You/SS; 56 (6), Semen Lixodeev/SS; 56 (7), Jennie Book/SS; 56 (10), Steven Coling/SS; 56 (8), Joey Boylan/iStockphoto; 56 (11), Carolina K. Smith, M.D./SS; 57 (13), Marco Regalia/iStockphoto; 57 (14), Ron Bailey/iStockphoto; 57 (15), Joshua Lewis/SS; 57 (16), Zsolt, Biczó/SS; 57 (18), Andrzej Gibasiewicz/SS; 57 (25), Stephen Coburn/SS; 57 (22), fantuz/SS; 57 (23), Artmim/SS; 57 (24), Gen Productions/SS; 58 (1), Alex Staroseltsev/SS; 58 (2), Keith Hanson/iStockphoto; 58 (3), Arkady/SS; 58 (6), DamianPalus/iStockphoto; 58 (7), andersphoto/SS; 58-59 (CTR), Daniel Laflor/iStockphoto; 58 (AR-CTR), Hway Kiong Lim/SS; 59 (9), iofoto/SS; 59 (12), anarhist/SS; 59 (13), MaxPhotographer/SS; 59 (14), BW Folsom/SS; 59 (15), Brooks Kraft/Corbis; 60, Mike Hollman/NGMS; 62, SuperStock RM/GI; 62 (DER), Library of Congress; 63 (AR), Vladimir Wrangel/SS; 63 (IZ), Allstar Picture Library/AL; 63 (DER-CTR), Anwar Hussein/WireImage/GI; 63 (AB-DER), RIA Novosti/AL; 64, Susan Schmitz/SS; 65, Sascha Burkard/SS; 66 (2), A. Längauer/SS; 66 (7), Eric Isselée/SS; 66 (11), Christian Musat/SS; 66 (16), Anan Kaewkhammul/SS; 66 (9), Paula Cobleigh/SS; 66 (5), Photographer/SS; 66-67 (Fondo), Time Life Pictures/USDA Forest Service/Time Life Pictures/GI; 67 (20), Nagel Photography/SS; 67 (47), James Galletto/NGMS; 67 (22), Shironina/SS; 67 (35), Joshua Haviv/SS; 67 (42), Pshenichka/SS; 67 (37), Danny Smythe/SS; 67 (31), BW Folsom/SS; 67 (44), AnutkaT/SS; 68 (3), Jessmine/SS; 68 (4), Chuck Rausin/SS; 68 (6), Constance Roberts/NGMS; 68 (IZ-CTR), Steve Collender/SS; 68 (7), Abel Tumik/SS; 68 (8), Gorshkov25/SS; 68 (9), Paul Fleet/SS; 68 (12), Matthew Cole/SS; 68 (13), Matthew Cole/SS; 69 (14), David Doubilet/NGS; 69 (15), ngarare/SS; 69 (16), fivespots/SS; 69 (17), picturepartners/SS; 69 (19), Roger Meerts/SS; 69 (20), tubuceo/SS; 69 (18), Audrey Snider-Bell/SS; 69 (23), Mark Kostich/iStockphoto; 69 (24), Sally Scott/SS; 69 (22), Dariusz Majgier/SS; 69 (25), April Cat/SS; 70 (AR), Historocal Picture Archive/Corbis; 70 (CTR), Henry Westheim Photography/AL; 70 (AB), Mathew Imaging/WireImage/GI; 70-71 (CTR), AP Images/Magic Mountain, Craig T. Mathew; 71 (AR), Iain Masterton/AL; 71 (AB), Travel Pictures/AL; 72, Peter Waters/SS; 74 (AR-IZ), Eric Isselée/SS; 74 (AR-DER), vihrogone/SS; 74 (IZ-CTR), Tischenko Irina/SS; 74 (DER-CTR), testing/SS; 74 (AB-DER), William Warner/SS; 74 (AB-IZ), Alice Day/SS; 74 (AB-CTR), Valentyn Volkov/SS; 75 (AR-IZ), Mark Rucker/Transcendental Graphics/GI; 75 (AR-DER), Graça Victoria/SS; 75 (AR-CTR), Awe Inspiring Images/SS; 75 (AB-CTR), evantravels/SS; 75 (AB-IZ), Hayati Kayhan/SS; 75 (AB-DER), Russ Beinder/SS; 76, NASA/ESA/STScI/AURA; 78 (8), helza/SS; 78 (7), Aaron Amat/SS; 78 (CTR), Michael C. Gray/SS; 78 (15), Brenda Carso/SS; 79 (38), KSPhotography/SS; 79 (32), AnutkaT/SS; 79 (21), SAJE/SS; 79 (46), Jay Paul/Bloomberg News/GI; 79 (28), Senol Yaman/SS; 79 (41), Paul Poplis/GI; 79 (30), V. J. Matthew/SS; 80 (1), Booka/SS; 80 (3), photovideostock/iStockphoto; 80 (5), AP Images/Itsuo Inouye; 80 (CTR), TeddyandMia/SS; 80 (4A), Eric Isselée/SS;80 (4B), Daniel Bendjy/iStockphoto; 80 (CTR), TeddyandMia/SS; 80 (CTR), TeddyandMia/SS; 80 (6), SS; 80 (9), KAZUHIRO NOGI/AFP/GI; 80 (10), MUSTAFA OZER/AFP/GI; 80 (8), Robert Markowitz/NASA; 80 (12), Cristian Mihai Vela/iStockphoto; 81 (CTR), TeddyandMia/SS; 81 (14), Everett Collection Inc/AL; 81 (16), AP Images/ATR Intelligent Robotics and Communication Laboratories, HO; 81 (17), GWYNETH ROBERTS/epa/Corbis; 81 (CTR), TeddyandMia/SS; 81 (CTR), TeddyandMia/SS; 81 (CTR), TeddyandMia/SS; 81 (19), parameter/iStockphoto; 81 (21), Broccoli Photography/AL; 81 (24), scibak/iStockphoto; 81 (25), Andrea Krause/iStockphoto; 81 (22), Mike Cherim/iStockphoto; 81 (25), Kevin Russ/iStockphoto; 82 (AR), Khoroshunova Olga/SS; 82 (AB), Michel Segonzac/NGS; 82-83 (CTR), Dante Fenolio/Photo Researchers RM/GI; 82 (DER), Kjersti Joergensen/SS; 84, Yarygin/SS; 86 (AR), Pictorial Parade/GI; 86 (AB), Kenneth Garrett/NGS; 87-5 (DER), Kenneth Garrett/NGS; 87 (IZ), ITAR-TASS Photo Agency/AL; 88, YorkBerlin/SS; 88, Philipp Nicolai/SS; 90 (1), EcoPrint/SS; 90 (8), kurt_G/SS; 90 (15), David Steele/SS; 90 (10), arnaud weisser/SS; 90 (7), Eric Isselée/SS; 91 (25), Johan Swanepoel/SS; 91 (38), neelsky/SS; 91 (20), Audrey Snider-Bell/SS; 92 (1), Creative Crop/GI; 92 (2), Leser/photocuisine/Corbis; 92 (3), Steven Mark Needham/Envision/Corbis; 92 (5), photographer/GI; 92 (CTR), Creative Crop/GI; 92 (6), Niels Poulsen std/AL; 92 (7), FoodCollection/SuperStock; 92 (8), James L. Stanfield/NGS; 92 (10), Nick Gordon/naturepl.com; 92 (21), Adalberto Rios Szalay/Sexto Sol/GI; 92 (22), Mary Evans Picture Library/AL; 93 (11), Photocuisine/SuperStock; 93 (CTR), Radius/SuperStock; 93 (12), Biwa Studio/GI; 93 (13), Paul Fleet/AL; 93 (14), Food and Drink/SuperStock; 93 (CTR), Radius/SuperStock; 93 (15), age fotostock/SuperStock; 93 (16), INTERFOTO/AL; 93 (17), Radius/SuperStock; 93 (18), Exactostock/SuperStock; 93 (19), Edward Bottomley/GI; 93 (23), Mary Evans Picture Library; 93 (24), Arco Images GmbH/AL; 93 (25), Mary Evans Picture Library; 93, Lew Robertson/Corbis; 94 (IZ), Library of Congress; 94 (DER), bumihills/SS; 95 (10), Jarno Gonzalez Zarraonandia/SS; 95 (6), Nick Pavlakis/SS; 95 (7), James P. Blair/NGS; 95 (13), Pecold/SS; 95 (9), Mike VON BERGEN/SS; 95 (15), Kokhanchikov/SS; 96-97, Darren J. Bradley/SS; 98-99, Rob Stark/SS; 99 (AR), Fer Gregory/SS; 99 (CTR), Eric Isselée/SS; 99 (AB), Library of Congress; 100 (IZ), Eric Isselée/SS; 100 (DER), Mikhail Melnikov/SS; 101 (AR), Le Do/SS; 101 (AB), Mikhail Melnikov/SS; 102 (AR), Ira Block/NGS; 102 (AB-DER), Gentoo Multimedia Ltd./SS; 102 (AB-IZ), Susan Flashman/SS; 103 (AR), Ralf Hettler/iStockphoto; 103 (CTR), Jan Martin Will/SS; 103 (AB-DER), Leksele/SS; 104 (4), gosphotodesign/SS; 104 (5), Brandon Alms/SS; 104 (6), Rob Hainer/SS; 104 (7), Eric Isselée/SS; 104 (10), Andy Lim/SS; 104 (11), Hugh Lansdown/SS; 105 (13), Wild Wonders of Europe/Lundgren/naturepl.com; 105 (14), bernd.neeser/SS; 105 (15), vadim kozlovsky/SS; 105 (16), Milan Lipowski/iStockphoto; 105 (18), Kenneth C. Catania/NGS; 105 (20 AR), Miles Away Photography/SS; 105 (22), Jason Kasumovic/SS; 105 (23), Fesus Robert/SS; 105 (20 AB), IrinaK/SS; 105 (25), Joel Sartore/NGS; 106-107, Justin Black/SS; 106 (1), Ammit/SS; 106 (7), Julian de Dios/SS; 106 (21), Library of Congress; 106 (28), Ralf Hettler/iStockphoto; 107 (6), Kobby Dagan/SS; 107 (10), Muellek Josef/SS; 107 (17), Eduardo Rivero/SS; 107 (26), Ronald Sumners/SS; 107 (34), Traveler/SS; 108 (AR), Johan Swanepoel/SS; 108 (CTR), EastVillage Images/SS; 108 (AB), Tony Rix/SS; 108-109 (CTR), JaBa/SS; 109 (AR), Mark Beckwith/SS; 109 (AR-CTR), Kathy Burns-Millyard/SS; 109 (AB-CTR), worldswildlifewonders/SS; 109 (AB), Eduard Kyslynskyy/SS; 110-111, Angelo Giampiccolo/SS; 110 (2), Alessandro Vigano/SS; 110 (6), Science & Society Picture Library/SSPL/GI; 110 (10), DanielW/SS; 110 (13), Gregory Gerber/SS; 110 (16), thefinalmiracle/SS; 110 (17), Astronoman/SS; 111 (19), AGCuesta/SS; 111 (33), Regien Paassen/SS; 111 (45), INTERFOTO/AL; 111 (36), Hung Chung Chih/SS; 112 (4), Steve Cukrov/SS; 112-113 (Fondo), DNF-Style Photography/SS; 112 (22), ivvv1975/SS; 112 (30), Tierfotoagentur/AL; 113 (14), Library of Congress; 113 (20), Walter Quirtmair/SS; 113 (23), Nici Kuehl/SS; 113 (34), Kellis/SS; 114, Africa Studio/SS; 115, Mushakesa/SS; 116 (AB), Everett Collection Inc/AL; 116 (AR), WronaART/SS; 117 (AR), UNIVERSAL/THE KOBAL COLLECTION/The Picture Desk; 117 (CTR), Juan Camilo Bernal/SS; 117 (AB), © Columbia Pictures/Courtesy Everett Collection; 118 (1), greenland/SS; 118 (2), fivespots/SS; 118 (3), Martin Shields/AL; 118 (5), iofoto/SS; 118 (6), Catmando/SS; 118 (7), Frontpage/SS; 118 (9), saiko3p/SS; 118 (10), CREATISTA/SS; 118 (11), 7Michael/SS; 118 (12), Andi Berger/SS; 119 (13), ifong/SS; 119 (14), Vladimir Melnik/SS; 119 (16), FormosanFish/SS; 119 (15), SHADOWMAC/SS; 119 (18), Joel Sartore/NGS; 119 (17), Subbotina Anna/SS; 119 (20), nito/SS; 119 (19), Uryadnikov Sergey/SS; 119 (23), buradaki/SS; 119 (24), irabel8/SS; 119 (25), greenland/SS; 119 (22), fivepointsix/SS; 120 (AR), Toby Jorrin/AFP/GI; 120 (CTR), Fox Photos/GI; 120 (AB), DeAgostini/DEA Picture Library/GI; 120-121 (CTR), James P. Blair/NGS; 121 (AR), Evaristo Sa/AFP/GI; 121 (CTR), DeAgostini/DAE Picture Library/GI; 121 (AB), RIA Novosti/AL; 122-123, LIN, CHUN-TSO/SS; 124-125 (Fondo), allylondon/SS; 124 (1), D7INAMI7S/SS; 124 (5), Nayashkova Olga/SS; 124 (7), Albert Michael Cutri/SS; 124 (15), LIN, CHUN-TSO/SS; 124 (18), Stephan Zabel/iStockphoto; 124 (22), Werner Muenzker/SS; 124 (31), hxdbzxy/SS; 125 (14), Dobrinya/SS; 125 (19), Thomas Bedenk/SS; 125 (21), stockerman/SS; 125 (29), Manfred Steinbach/SS; 125 (34), grafvision/SS; 125 (35), Valentyn Volkov/SS; 127, George Dolgikh/SS; 128 (AR), Sean Bolt/SS; 128 (CTR), Henk Bentlage/SS; 128 (AB), Alberto Tirado/SS; 129 (AR), Joe Mercier/SS; 129 (AB), Johan Swanepoel/SS; 130 (1), ultrapro/SS; 130 (4), Irena Misevic/SS; 130 (3), HomeStudio/SS; 130 (6 AR), Peter Spiro/iStockphoto; 130 (6 AB), Diane Picard/SS; 130 (9), holligan78/SS; 130 (8), Neil Overy/SS; 130 (10), Renewer/SS; 130 (11), AP Images/Aliosha Marquez; 131 (13 IZ), Olga Kovalenko/SS; 131 (13 DER), AnatolyM/SS; 131 (14), Jan Hopgood/SS; 131 (15), Gregory James Van Raalte/SS; 131 (17), AP Images/Royal Canadian Mint; 131 (18), Picsfive/SS; 131 (19), David Rochkind/Bloomberg via GI; 131 (20), Sotheby's/GI; 131 (24), jeehyun/SS; 131 (22), Laszlo Podor/AL; 131 (23), Zelenskaya/SS; 131 (25), Goncharuk/SS; 132 (AR), Miao Liao/SS; 132 (AB), UladzimiR/SS; 132-133 (CTR), Dmitriy Shironosov/SS; 133 (AR), Robert Matton AB/AL; 133 (CTR), Vishnevskiy Vasily/SS; 133 (AB), Seppo Hinkula/AL; 134-135, Ariwasabi/SS; 136-173 (Fondo), Time Life Pictures/GI; 136 (AR), NASA; 136 (AB), NASA/JSC; 137 (AR), NASA; 137 (AB), NASA; 138, Ivonne Wierink/SS; 140 (1), Library of Congress; 140 (21), Eric Isselée/SS; 140 (17), Viachaslau Kraskouski/SS; 140, MANDY GODBEHEAR/SS; 140-141 (Fondo), Sebastian Kaulitzki/SS; 141 (48), Anatomical Design/SS; 141 (25), Sebastian Sparenga/iStockphoto; 142 (AR-IZ), Library of Congress; 142 (DER), Viacheslav Zhukovskiy/SS; 142 (AB), BW Folsom/SS; 143 (AR), Galina Dreyzina/SS; 143 (AB-IZ), Chhanda Bewtra/NGMS; 143 (AB-DER), EdBockStock/SS; 143 (AB-CTR), Albert Moldvay/NGS; 144 (AR), Petrenko Andriy/SS; 144 (CTR), Tsekhmister/SS; 144 (AB), Philip Sigin-Lavdanski/iStockphoto; 144-145 (CTR), mikeledray/SS; 145 (AR), AP Images/Chitose Suzuki; 145 (CTR), Sergey Goruppa/SS; 145 (AB), Serhiy Kobyakov/SS; 146 (2 AR), archives/iStockphoto; 146 (2 AB), Glenn Price/SS; 146 (5), Cathy Keifer/SS; 146 (6), EuToch/SS; 146 (7 IZ), Hugh Lansdown/SS; 146 (7 DER), Brian Skerry/NGS; 146 (8), DM7/SS; 146 (11), NASA; 146 (12), Undersea Discoveries/SS; 147 (16), Sokolov Alexey/SS; 147 (14), Philip Dalton/AL; 147 (17), Ferenc Szelepcsenyi/SS; 147 (19), Alexey Repka/SS; 147 (21), xfox01/SS; 147 (23), ajt/SS; 147 (24), Mitya/SS; 147 (25), Neale Cousland/SS; 148-149, stephan kerkhofs/SS; 150 (AR), Robert Gebbie Photography/SS; 150 (CTR), Eric Isselée/SS; 150 (AB), Eric Isselée/SS; 150-151 (Fondo), Graeme Shannon/SS; 151, Lightspring/SS; 152 (AR), Snowshill/SS; 152 (AR-CTR-IZ), Fine Shine/SS; 152 (AR-CTR-DER), ILYA AKINSHIN/SS; 152 (AB-IZ), Eric Isselée/SS; 152 (AB-DER), Tony Wear/SS; 153, Roman Pyshchyk/SS; 154-155 (Fondo), chinahbzyg/SS; 154 (9), John Kimbler/NGMS; 154 (5), Computer Earth/SS; 154 (14), Mike Flippo/SS; 154 (19), Katrina Brown/SS; 154 (39), Fedorov Oleksiy/SS; 154 (43), Feng Yu/SS; 156 (3), Steven Poe/AL; 156 (4), Nuno Andre/SS; 156 (6), Eric Isselée/SS; 156 (7), Plati Photography/SS; 156 (8), Feng Li/GI; 156 (9), CreativeNature.nl/SS; 156 (12), Picsfive/SS; 157 (13), Liv friis-larsen/SS; 157 (15), Veniamin Kraskov/SS; 157 (16), Dinga/SS; 157 (14), Chris leachman/SS; 157 (17), Sandra Caldwell/SS; 157 (18), topseller/SS; 157 (19), italianestro/SS; 157 (20), Jim Barber/SS; 157 (23), Zadiraka Evgenii/SS; 157 (24), jannoon028/SS; 157 (25), Ivaschenko Roman/SS; 158 (AR), HomeArt/SS; 158 (AB), St. Nick/SS; 158-159 (CTR), Annette Shaff/SS; 159 (AR), nutech21/SS; 159 (CTR), Andriy Zholudyev/SS; 159 (AB), Lamella/SS; 160, NASA; 162-163, Fer Gregory/SS; 164, stockpix4u/SS; 165, Eric Isselée/SS; 166-167 (Fondo), Faraways/SS; 166 (AR), YanLev/SS; 166, Louella938/SS; 167 (AB), aslysun/SS; 167, Anatoli Styf/SS; 168 (2), Everett Collection, Inc.; 168 (5), Dr_Flash/SS; 168 (7), Rufous/SS; 168 (6), R. Gino Santa Maria/SS; 168 (8), Everett Collection, Inc.; 168 (9), Shannon West/SS; 168 (12), L Barnwell/SS; 169 (13), phloen/SS; 169 (16), LVV/SS; 169 (15), Bea Cooper/AL; 169 (CTR), aida ricciardiello/SS; 169 (18), sonya etchison/SS; 169 (20), NREY/SS; 169 (21), Paul Nicklen/NGS; 169 (22), Nagel Photography/SS; 169 (23), Samir Hussein/Wire Image/GI; 170 (AR), Beata Slonecka/NGMS; 170 (CTR), Victor Malevankin/SS; 170 (AB), WaterFrame/AL; 170-171 (CTR), Jan-Dirk Hansen/SS; 171 (AR), Sari ONeal/SS; 171 (CTR), Hedrus/SS; 171 (AB), Firmin Carpenter/NGMS; 172 (AR), Nikolai Tsvetkov/SS; 172 (AB), WilleeCole/SS; 173, Africa Studio/SS; 174-175 (Fondo), Mondolithic Studios; 174 (IZ), Mondolithic Studios; 174 (DER), Mondolithic Studios; 175 (AR-DER), Mondolithic Studios; 175 (AB-DER), Mondolithic Studios; 175 (AR-IZ), Mondolithic Studios; 175 (AB-IZ), Mondolithic Studios; 176-177, gary yim/SS; 178-179 (Fondo), Andrew Lever/SS; 178 (2), arindambanerjee/SS; 178 (21), Studio 37/SS; 178 (16), James P. Blair/NGS; 178 (12), Groomee/SS; 179 (45), Montenegro/SS; 179 (43), Brenda Carson/SS; 180 (1), ©Buena Vista Pictures/Courtesy Everett Collection; 180 (4), Popperfoto/GI; 180 (3), Bettmann/Corbis; 180 (6), Bettmann/Corbis; 180 (7), David Muir/GI; 180 (9), Gary Crabbe/Enlightened Images/AL; 180 (10), Mikhail Zahranichny/SS; 181 (11), Keystone/Hulton Archive/GI; 181 (12), Jeff Banke/SS; 181 (13), Paul B. Moore/SS; 181 (17), kwest/SS; 181 (20), Michal Cerny/AL; 181 (24), Memo Angeles/SS; 182 (AR), Stephen Harrison/AL; 182 (AB-IZ), Beepstock/AL; 182 (AB-DER), incamerastock/AL; 182-183 (CTR), charles taylor/SS; 183 (AR), Finnbarr Webster/AL; 183 (CTR), Judith Collins/AL; 183 (AB), Ben Molyneux/AL; 184-185 (Fondo), marcokenya/SS; 186-187 (Fondo), Dirk Ercken/SS; 186 (AR), Vasilius/SS; 186 (CTR), ribeiroantonio/SS; 186 (AB), Gontar/SS; 187 (AR), Kenneth Garrett/NGS; 187 (AB), Smithsonian Institution/Corbis; 188, Kokhanchikov/SS; 190, Sergei Bachlakov/SS; 191 (AR), Bork/SS; 191 (Fondo), Morgan Lane Photography/SS; 191 (AB), Suzanne Tucker/SS; 192 (1), Jason Patrick Ross/SS; 192 (3), Norman Bateman/SS; 192 (2), Sari ONeal/SS; 192 (8), rsooll/SS; 192 (7), Martin Spurny/SS; 192 (5), Joanna Zopoth-Lipiejko/SS; 192 (16), Ivan Hor/SS; 192 (4), Mark Bridger/SS; 192 (25), Kirsanov/SS; 193 (11), aragami12345s/SS; 193 (13), Giuseppe Lancia/SS; 193 (12), Kirsanov/SS; 193 (19), Hannamariah/SS; 193 (18), Peter Waters/SS; 193 (17), Daleen Loest/SS; 193 (20), Doug Lemke/SS; 193 (21), Kirsanov/SS; 193 (15), SunnyS/SS; 194-195, Shane Kirk/NGMS; 196 (AR-DER), Teguh Tirtaputra/SS; 196 (AR-IZ), Jim Agronick/SS; 196 (AB-DER), Takashi Usui/SS; 196 (AB-IZ), Eric Isselée/SS; 196-197 (Fondo), Dirk Ercken/SS; 197 (DER), Pasi Koskela/SS; 198 (1), Joe Ferrer/SS; 198 (4), Dumitrescu Ciprian-Florin/SS; 198 (2), Hulton Archive/GI; 198 (3), VladisChern/SS; 198 (5), EpicStockMedia/SS; 198 (6), NASA/GSFC; 198 (9), gresei/SS; 198 (10 IZ), Ammit/SS;198 (10 DER), apdesign/SS; 198 (8), Andrew Orlemann/SS; 198 (11), DarkOne/SS; 199 (13), leungchopan/SS; 199 (16), Matt Ragen/SS; 199 (14), Amy Nichole Harris/SS; 199 (15), R McIntyre/SS; 199 (17), George F. Mobely/NGS; 199 (19), Indranil Mukherjee/AFP/GI; 199 (20), Melissa Farlow/NGS; 199 (24), Darren Baker/SS; 199 (22), Jens Stolt/SS; 199 (23), Hilda Elisabeth Aardema/iStockphoto; 199 (25), Tharinee M./SS; 200-201 (Fondo), Strider/SS; 200 (AR), phdwhite/SS; 200 (AB-IZ), frantisekhojdysz/SS; 200 (AB-DER), Tatiana Belova/SS; 201 (AR), tristan tan/SS; 201 (AB), Emory Kristof/NGS; 202 (AR), Eric Isselée/SS; 202 (IZ-CTR), Lobke Peers/SS; 202 (DER-CTR), steve greer/iStockphoto; 202 (AB-DER), Eric Isselée/SS; 202 (AB-IZ), Narcis Parfenti/SS; 203 (DER), Vitalij Geraskin/iStockphoto; 203 (IZ), Ivan Kuzmin/SS; 204-205, Scenic Shutterbug/SS; 206 (1), Eric Isselée/SS; 206 (3), James L. Stanfield/NGS; 206 (2), Patrick Poendl/SS; 206 (5), SeDmi/SS; 206 (6), Kenneth Garrett/NGS; 206 (7), Vladimir Melnik/SS; 206 (8), Aaron Amat/SS; 206 (9), Hans Joachim Hoos/iStockphoto; 206 (10), David Evans/NGS; 207 (13), Kenneth Garrett/NGS; 207 (14), Margo Harrison/SS; 207 (17), Sakamoto Photo Research Lablratory/Corbis; 207 (19), Péter Gudella/SS; 207 (20), Dave Einsel/GI; 207 (21), Tyler Olson/SS; 207 (23), The Natural History Museum/AL; 207 (24), Chris Johns/NGS; 207 (25), NG MAPS/NGS; 208-209 (Fondo), 375Ultramag/SS; 208 (6), LittleMiss/SS; 208 (8), STILLFX/SS; 208 (16), Pictureguy/SS; 209 (34), worldswildlifewonders/SS; 209 (38), Graça Victoria/SS; 209 (35), patrimonio designs limited/SS; 209 (39), Alex Uralsky/SS; 209 (31), GrigoryL/SS; 209 (37), Konstantin Sutyagin/SS; 209 (38), nokhoog buchachon/SS; 210-211, Gabriela Maj/Bloomberg/GI; 212 (AR), © APIC/GI; 212 (CTR), stocker1970/SS; 212 (AB), NASA; 212-213 (CTR), Rena Schild/SS; 213 (AR), Chad Buchanan/GI; 213 (CTR), NASA; 213 (AB), nito/SS; 214, Jason Stitt/SS; 215 (AR), Eric Isselée/SS; 215 (CTR), renkshot/SS; 215 (AB-IZ), Stephen Morris/IS; 215 (AB-DER), Vishnevskiy Vasily/SS.

índice

Las ilustraciones aparecen indicadas en **negrita**

IMPRESIONANTES CRéDiTOS

REALIZACIÓN DE ESTE LIBRO

Becky Baines, *Editor de Proyectos*
James Hiscott, Jr., *Director de Arte/Diseñador*
EmDash, *Diseñador*
Lori Epstein, *Editora Senior de Ilustraciones*
Annette Kiesow, *Editora de Ilustraciones*
Julie Beer, Michelle Harris, Emily Krieger, Keith Rutowski, *Redactores Asociados*
Kate Olesin, *Adjunta Editorial*
Michaela Berkon, Susie Charlop, Molly Gasparre, Riley Kirkpatrick, Carly Larkin, Libby Marsh, *Equipo Editorial*
Mary Jones, *Editor de Lanzamiento*
Kathryn Robbins, *Design Production Assistant*
Hillary Moloney, *Adjunta Ilustraciones*
Grace Hill, *Editora de Gestión Asociada*
Joan Gossett, *Editor de Producción*
Lewis R. Bassford, *Director de Producción*
Susan Borke, *Asuntos Legales y Comerciales*

PRODUCCIÓN Y GESTIÓN DE CALIDAD

Phillip L. Schlosser, *Vicepresidente Senior*
Chris Brown, *Vicepresidente, Producción NG Libros*
George Bounelis, *Vicepresidente, Servicios de Producción*
Nicole Elliott, Rachel Faulise, Robert L. Barr, *Directores*

La sociedad National Geographic es una de las organizaciones educativas y científicas sin ánimo de lucro más grande del mundo. Fundada en 1888 para «incrementar y difundir el conocimiento geográfico», esta sociedad trabaja para concienciar a las personas en el cuidado del planeta. National Geographic refleja la realidad del mundo en sus revistas, programas de televisión, documentales, música, radio, cine, libros, DVD, mapas, exposiciones, eventos, programas editoriales educativos, medios interactivos y artículos de *merchandising*. Cada mes llega a más de 400 millones de personas de todo el mundo a través de su revista oficial, *National Geographic*, y de otras publicaciones, así como del Canal National Geographic y de National Geographic Digital Media. National Geographic ha financiado más de 10.000 proyectos de investigación científica, conservación y exploración, y presta apoyo a un programa educativo que promociona la difusión de los conocimientos geográficos.

Para más información, visítenos en www.nationalgeographic.com.es

Título original: *5,000 Awesome Facts (About Everything!)*

Publicado por primera vez por National Geographic Partners, LLC, Washington, D.C. 20036.

Esta edición ha sido publicada por: RBA Libros, S.A., 2017.
Avda. Diagonal, 189 - 08018 Barcelona. rbalibros.com
Edición y maquetación: Editec
Primera edición: noviembre de 2017
Tercera reimpresión: febrero de 2020
REF.: NGLI707
ISBN: 978-84-8298-615-9
DEPÓSITO LEGAL: B-21.824-2017
Impreso en España – *Printed in Spain*